厚大 法考 Judicial Examination 2018

理论卷

向高甲讲

刑诉法

向高甲／编著

厚大出品

中国政法大学出版社

图书在版编目（ＣＩＰ）数据

厚大讲义.理论卷.向高甲讲刑诉法/向高甲编著.—北京：中国政法大学出版社，2017.11
ISBN 978-7-5620-7881-4

Ⅰ.①厚… Ⅱ.①向… Ⅲ.①刑事诉讼法－中国－资格考试－自学参考资料 Ⅳ.①D92

中国版本图书馆 CIP 数据核字(2017)第 282816 号

-------------------------------------------------------------------------------------------------------------------------------

| | |
|---|---|
| 出 版 者 | 中国政法大学出版社 |
| 地　　址 | 北京市海淀区西土城路 25 号 |
| 邮寄地址 | 北京 100088 信箱 8034 分箱　邮编 100088 |
| 网　　址 | http://www.cuplpress.com（网络实名：中国政法大学出版社） |
| 电　　话 | 010-58908285(总编室) 58908433（编辑部）58908334(邮购部) |
| 承　　印 | 三河市人民印务有限公司 |
| 开　　本 | 787mm×1092mm　1/16 |
| 印　　张 | 21 |
| 字　　数 | 500 千字 |
| 版　　次 | 2017 年 11 月第 1 版 |
| 印　　次 | 2017 年 11 月第 1 次印刷 |
| 定　　价 | 64.00 元 |

# 刑事诉讼法

## 全局架构

第一章　刑事诉讼法概述 ★★★ ⎫
第二章　刑事诉讼法的基本原则 ★★★ ⎬ 基础理论

第三章　刑事诉讼中的专门机关和诉讼参与人 ★★ ⎫
第四章　管辖 ★★★
第五章　回避 ★★
第六章　辩护与代理 ★★★★
第七章　刑事证据 ★★★★★ ⎬ 具体制度 ⎫
第八章　强制措施 ★★★★ ⎪
第九章　附带民事诉讼 ★★★ ⎪
第十章　期间、送达 ★ ⎭ 总论

第十一章　立案 ★ ⎫
第十二章　侦查 ★★★★
第十三章　起诉 ★★
第十四章　刑事审判概述 ★★ ⎫
第十五章　第一审程序 ★★★★★ ⎪
第十六章　第二审程序 ★★★★ ⎬ 审判 ⎬ 具体诉讼阶段
第十七章　死刑复核程序 ★★★ ⎪
第十八章　审判监督程序 ★★★ ⎭
第十九章　执行 ★★ ⎭ 分论

第二十章　未成年人刑事案件诉讼程序 ★★★★ ⎫
第二十一章　当事人和解的公诉案件诉讼程序 ★★★
第二十二章　犯罪嫌疑人、被告人逃匿、死亡案件违法
　　　　　　所得的没收程序 ★★★ ⎬ 特别程序
第二十三章　依法不负刑事责任的精神病人的强制医疗程序 ★★
第二十四章　涉外刑事诉讼程序与司法协助制度 ★ ⎭

# C 目 录

## ONTENTS

# 第1章

# 刑事诉讼法概述

## ▶ 复习提要

　　近些年的命题越来越侧重理论问题考查，因此，本章理论试题的出现频率也越来越高。学好本章有助于为后面的刑事诉讼基本制度和基本程序的学习奠定坚实的基础。重点掌握以下内容：刑事诉讼法与刑法的关系、刑事诉讼法与宪法的关系；刑事诉讼的基本理念（包括惩罚犯罪与保障人权、实体公正与程序公正、诉讼效率与司法公正）；刑事诉讼的基本范畴（包括刑事诉讼目的、刑事诉讼价值、刑事诉讼主体、刑事诉讼职能、刑事诉讼构造、刑事诉讼阶段）等。

## ▶ 知识框架

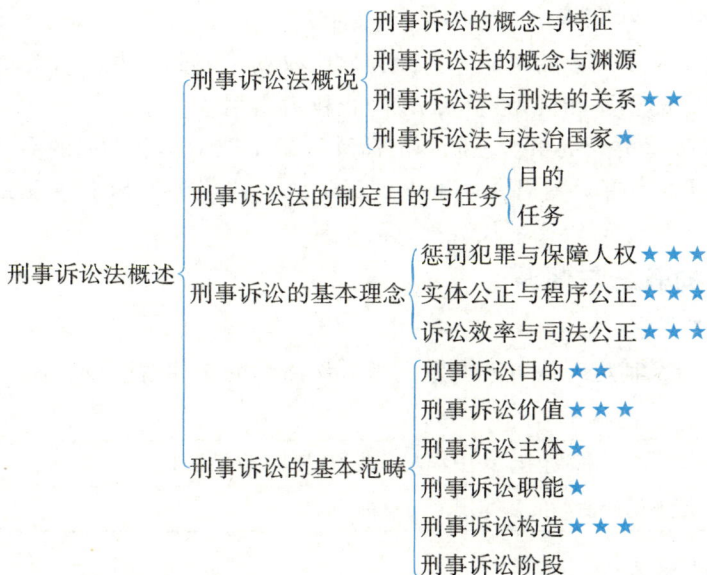

刑事诉讼法概述
- 刑事诉讼法概说
  - 刑事诉讼的概念与特征
  - 刑事诉讼法的概念与渊源
  - 刑事诉讼法与刑法的关系 ★★
  - 刑事诉讼法与法治国家 ★
- 刑事诉讼法的制定目的与任务
  - 目的
  - 任务
- 刑事诉讼的基本理念
  - 惩罚犯罪与保障人权 ★★★
  - 实体公正与程序公正 ★★★
  - 诉讼效率与司法公正 ★★★
- 刑事诉讼的基本范畴
  - 刑事诉讼目的 ★★
  - 刑事诉讼价值 ★★★
  - 刑事诉讼主体 ★
  - 刑事诉讼职能 ★
  - 刑事诉讼构造 ★★★
  - 刑事诉讼阶段

## 第一节 刑事诉讼法概说

### 一、刑事诉讼的概念与特征

#### （一）刑事诉讼的概念

| 诉　　讼 | 是指原告对被告提出告诉，由裁判者解决双方争议的活动。 |
|---|---|
| 刑事诉讼 | 是指人民法院、人民检察院和公安机关（含国家安全机关等其他侦查机关）在当事人及其他诉讼参与人的参加下，依照法律规定的程序，解决被追诉人刑事责任问题的活动。 |

【名师点睛】根据解决的纠纷的性质不同，现代诉讼可分为民事诉讼、刑事诉讼和行政诉讼。简单来说，民事诉讼就是"民告民"，刑事诉讼主要是"官告民"，行政诉讼是"民告官"。

#### （二）刑事诉讼的特征

从上述概念中可以体现出刑事诉讼的几个基本特征：

1. 刑事诉讼是由人民法院、人民检察院和公安机关主持进行的活动。

人民法院、人民检察院和公安机关是国家专门机关，在刑事诉讼中分别行使一定的专门职权。其中，人民法院行使审判权，人民检察院负责批准或者决定逮捕、对直接受理的案件的立案侦查、审查起诉和提起公诉、对刑事诉讼实行法律监督，公安机关负责对刑事案件的立案、预审、侦查、拘留、执行逮捕等。

2. 刑事诉讼是在当事人和其他诉讼参与人的参加下进行的活动。

【名师点睛】由于刑事诉讼的中心内容是解决被追诉人的刑事责任问题，因此，除少数特别程序（如犯罪嫌疑人、被告人逃匿、死亡案件违法所得的没收程序，依法不负刑事责任的精神病人的强制医疗程序）外，刑事诉讼都必须有犯罪嫌疑人、被告人参加。

3. 刑事诉讼是严格依照法律规定的程序进行的活动。

刑事诉讼的结果直接关系到人的生命、自由和财产权利。因此，办案机关追诉犯罪的活动，必须依照法律规定的程序和规则进行，以防止权力滥用。

4. 刑事诉讼是解决被追诉人刑事责任问题的活动，是实现国家刑罚权的活动。

【名师点睛】和民事诉讼有所不同，刑事诉讼解决的是被追诉人的刑事责任问题，而民事诉讼解决的是平等主体之间的民事权益纠纷问题。

### 二、刑事诉讼法的概念与渊源

#### （一）刑事诉讼法的概念

刑事诉讼法，是指国家制定或认可的调整刑事诉讼活动的法律规范的总称。刑事诉讼法有狭义和广义之分。

| 1. 狭义 | 单指刑事诉讼法典，在我国即《中华人民共和国刑事诉讼法》。 |
|---|---|
| 2. 广义 | 指一切调整刑事诉讼活动的法律规范的总称。 |

#### （二）刑事诉讼法的渊源

| 1. 宪法 | 刑事诉讼法是根据《宪法》制定的。《宪法》规定了许多与刑事诉讼直接相关的原则和制度，这些规定是刑事诉讼法的重要渊源。 |
|---|---|

右上角：续表

| 2. 刑事诉讼法典 | 即 1979 年 7 月 1 日通过、1996 年 3 月 17 日修正、2012 年再次修正的《刑事诉讼法》，它是我国刑事诉讼法的主要法律渊源。 |
|---|---|
| 3. 有关的法律 | 指全国人民代表大会及其常务委员会制定的有关刑事诉讼的法律规定。如《刑法》《人民法院组织法》《人民检察院组织法》《国家安全法》《监狱法》《法官法》《检察官法》《律师法》《未成年人保护法》《预防未成年人犯罪法》等。 |
| 4. 有关的解释和规定 | 如最高人民法院《关于执行〈中华人民共和国刑事诉讼法〉若干问题的解释》（以下简称《刑诉解释》），最高人民法院、最高人民检察院、公安部、国家安全部、司法部、全国人大常委会法制工作委员会《关于刑事诉讼法实施中若干问题的规定》（以下简称《六机关规定》），最高人民检察院《人民检察院刑事诉讼规则（试行）》（以下简称《高检规则》）等。 |
| 5. 地方性法规 | 指地方人民代表大会及其常务委员会颁布的地方性法规中关于刑事诉讼程序的规定。 |
| 6. 有关国际条约、公约 | 这些公约、条约须为我国批准或者加入，但保留条款除外。如我国签署、批准加入的《联合国打击跨国有组织犯罪公约》和《联合国反腐败公约》，均涉及诸多刑事程序与证据问题。 |

【考点提示】判断一个法律文件是否属于刑事诉讼法的渊源，关键要看是否满足：形式相符、内容相通。

【小试牛刀】

刑事诉讼法的渊源是指刑事诉讼法律规范的存在形式。下列关于刑事诉讼法渊源的表述正确的是？[1]

A. 刑事诉讼法的渊源仅指我国的刑事诉讼法典，即《中华人民共和国刑事诉讼法》

B. 全国人民代表大会制定的《物权法》，是刑事诉讼法的重要渊源

C. 地方人民代表大会及其常务委员会颁布的地方性法规中关于刑事诉讼程序的规定，也可以成为刑事诉讼法的渊源

D. 湖南省高级人民法院《关于常见犯罪的量刑指导意见》实施细则，也属于刑事诉讼法的渊源

## 三、刑事诉讼法与刑法的关系

1. 刑法是实体法，解决的是犯罪与刑罚的问题；刑事诉讼法是程序法，解决的是以何种程序追究刑事责任的问题。

2. 刑事诉讼法既具有保障刑法正确适用的工具价值，也有自己的独立价值。

---

[1] C

| | |
|---|---|
| 工具价值 | （1）刑事诉讼法通过明确对刑事案件行使侦查权、起诉权、审判权的专门机关，为查明案件事实、适用刑事实体法提供了组织上的保障。<br>（2）刑事诉讼法通过明确行使侦查权、起诉权、审判权主体的权力与职责及诉讼参与人的权利与义务，为查明案件事实及适用刑事实体法的活动提供了基本构架；同时，由于有明确的活动方式和程序，也为刑事实体法适用的有序性提供了保障。<br>（3）刑事诉讼法规定了收集证据的方法与运用证据的规则，既为获取证据、明确案件事实提供了手段，又为收集证据、运用证据提供了程序规范。<br>（4）刑事诉讼法规定了证明责任和证明标准，为规范和准确进行定罪量刑提供了标准和保障。<br>（5）刑事诉讼法关于程序系统的设计，可以在相当程度上避免、减少案件实体上的误差。<br>（6）刑事诉讼法针对不同案件或不同情况设计不同的具有针对性的程序，使得案件处理简繁有别，保证处理案件的效率。<br>【名师点睛】刑事诉讼法的工具价值简单概括就是为刑法的实现提供了各种保障。 |
| 独立价值 | （1）刑事诉讼法所规定的诉讼结构、原则、制度、程序，体现着程序本身的民主、法治、人权精神，也反映出一国刑事司法制度的进步、文明程度，是衡量社会公正的一个极为重要的指标。<br>【拓展阅读】比如刑讯逼供、非法采证、秘密审判等内容是与现代民主、法治精神相背离的。这种程序下，即使案件在实体处理上没有错误，也会因为程序不公让当事人和社会公众对实体处理是否公正产生怀疑，而且会通过程序这个窗口对社会公正产生怀疑。这从反面体现出刑事诉讼法本身具有的独立价值。<br>（2）刑事诉讼法具有弥补刑事实体法之不足并"创制"刑事实体法的功能。<br>【拓展阅读】首先，当刑事实体法规范的语意抽象而模糊时，刑事诉讼担负着特别的"解说"功能，而这种活动是由刑事诉讼法规范的。其次，当法律条文出现歧义时，刑事诉讼法规范下的诉讼中积极有效的争辩、论证，能够对此作出调节和修正。再次，当刑事实体法规范之间出现不协调时，刑事诉讼法可以为解决这种不协调提供程序机制。最后，刑事诉讼法具有创制刑事实体法的功能。即使不是判例法国家，刑事诉讼法也具有该功能。<br>（3）刑事诉讼法具有影响刑事实体法实现的功能。<br>【拓展阅读】刑事诉讼法并非是实施刑事实体法被动的"服务器"，而是在启动或终结实施刑事实体法方面扮演着十分积极的角色。比如，依照不告不理原则，如果没有控诉机关或人员起诉，就不能对现实中的犯罪行为适用刑事实体法；当出现了某些法定情形时，就要结束适用刑事实体法的程序，而不能适用刑事实体法；对同一案件，如果选择不同的刑事程序，适用刑事实体法的结果可能会不同。这些都是刑事诉讼法独立具有而非依赖于刑事实体法的功能。 |

【考点提示】对于刑事诉讼法和刑法的关系，重点要掌握刑事诉讼法的工具价值和独立价值。注意有两个方面，不要以偏概全。另外还要掌握工具价值和独立价值分别体现在哪些方面，不要混淆工具价值和独立价值。

【小试牛刀】

刑事诉讼法既有保障刑法实施的工具价值，又具有自己的独立价值。下列关于刑事诉讼法的独立价值表述正确的是？[1]

A. 通过明确对刑事案件行使侦查权、起诉权、审判权的专门机关，为查明案件事实、适用刑事实体法提供了组织上的保障

B. 通过明确行使侦查权、起诉权、审判权主体的权力与职责及诉讼参与人的权利与义务，为查明案件事实及适用刑事实体法的活动提供了基本构架

C. 刑事诉讼法具有影响刑事实体法实现的功能。刑事诉讼法并非实施刑事实体法的被动的"服务器"，而是在启动或终结实施刑事实体法活动方面扮演着十分积极的角色

D. 刑事诉讼法具有弥补刑事实体法之不足并"创制"刑事实体法的功能

## 四、刑事诉讼法与法治国家

刑事诉讼法在实现法治国家方面的作用，集中体现在与宪法的关系之中。刑事诉讼法与宪法的关系，一方面体现为刑事诉讼法在宪法中的重要地位，以至于宪法中关于程序性条款的规定成为法治国家的基本标志；另一方面体现为其在维护宪法制度方面发挥的重要作用。

| 1. 宪法是静态的刑事诉讼法 | 刑事诉讼法的程序性条款在宪法条文中占据重要地位，这些体现法治主义的有关刑事诉讼的程序性条款，构成了各国宪法关于人权保障条款的核心。 |
|---|---|
| 2. 刑事诉讼法是动态的宪法 | 刑事诉讼法在维护宪法制度方面发挥了重要的作用。宪法规定要保障公民的基本权利，非依法律规定不得侵犯，而刑事诉讼直接涉及公民的权利和自由，所以，必须对国家在刑事诉讼中的权力加以限制。各国刑事诉讼规范中有关强制措施的适用权限、条件、程序，羁押期限，辩护，侦查、审判的原则与程序等规定，都直接体现了宪法关于公民人身、住宅、财产不受非法搜查、逮捕、扣押的精神。 |

【考点提示】宪法的许多规定，一方面，要通过刑事诉讼法保证刑法的实施来实现；另一方面，要通过刑事诉讼法本身的实施来实现。注意，两个方面不能以偏概全。

【小试牛刀】

关于"宪法是静态的刑事诉讼法、刑事诉讼法是动态的宪法"，下列哪些选项是正确的？[2]

A. 有关刑事诉讼的程序性条款，构成各国宪法中关于人权保障条款的核心

B. 刑事诉讼法关于强制措施的适用权限、条件、程序与辩护等规定，都直接体现了宪法关于公民人身、住宅、财产不受非法逮捕、搜查、扣押以及被告人有权获得辩护等规定的精神

C. 刑事诉讼法规范和限制了国家权力，保障了公民享有宪法规定的基本人权和自由

D. 宪法关于人权保障的条款，都要通过刑事诉讼法保证刑法的实施来实现

---

[1] CD。选项 AB 体现的是刑诉法的工具价值，不当选。

[2] ABC

## 第二节 ◂ 刑事诉讼法的制定目的、任务和刑事诉讼的基本理念

### 一、制定目的

保证刑法的正确实施，惩罚犯罪，保护人民，保障国家安全和社会公共安全，维护社会主义社会秩序。

### 二、制定任务

| | |
|---|---|
| 1. 直接任务 | 保证准确、及时地查明犯罪事实，正确适用法律，惩罚犯罪分子，保障无罪的人不受刑事追究。 |
| 2. 重要任务 | 教育公民自觉遵守法律，积极同犯罪行为作斗争。 |
| 3. 根本任务 | 维护社会主义法制，尊重和保障人权，保护公民的人身权利、财产权利、民主权利和其他权利，保障社会主义建设事业的顺利进行。 |

### 三、刑事诉讼的基本理念

#### （一）惩罚犯罪与保障人权

| | |
|---|---|
| 1. 惩罚犯罪 | 指通过刑事诉讼程序，在准确、及时查明案件事实真相的基础上，对构成犯罪的被告人公正地适用刑法，从而打击犯罪。 |
| 2. 保障人权 | 指在通过刑事诉讼惩罚犯罪的过程中，保障公民合法权益不受非法侵犯。具体包括：①无辜的人不受追究；②有罪的人受到公正处罚；③诉讼权利得到充分保障和行使。<br>【拓展阅读】为什么要保障犯罪嫌疑人、被告人的人权？首先，我国宪法庄严规定，国家尊重和保障人权。其次，我国刑事诉讼法不仅规定了尊重和保障人权，保障无罪的人不受刑事追究的任务，而且还规定了一系列保障人权的原则、制度和程序。最后，法律面前人人平等，任何人未经法院判决之前，一律不能确定其有罪。因此，犯罪嫌疑人、被告人的人权也要受到平等保护。 |

【考点提示】惩罚犯罪与保障人权既统一又对立。一方面，惩罚犯罪不能忽视保障人权。如果在刑事诉讼中违反宪法、刑事诉讼法有关权利保障的规范，滥用司法权力，甚至刑讯逼供、诱供等，往往会造成冤假错案。另一方面，保障人权也不能脱离惩罚犯罪。如果不去查明案件事实、惩罚犯罪，不仅被害人的实体权利得不到维护，犯罪嫌疑人、被告人的实体权利易受侵犯，而且诉讼参与人的程序性权利保障也就失去了原本的含义。因此，惩罚犯罪与保障人权是密切联系、同等重要的两个方面。

【小试牛刀】

关于《刑事诉讼法》"尊重和保障人权，保护公民的人身权利、财产权利、民主权利和其他权利"的规定，下列哪一选项是正确的？[1]

A. 体现了以人为本、保障和维护公民基本权利和自由的理念

---

[1] A。选项B将犯罪嫌疑人、被告人的权利表述到至上的高度是错误的，保障人权的同时还需要考虑惩罚犯罪的理念，不能偏废其一。选项CD本身观点没有问题，但是与题干无关。

B. 体现了犯罪嫌疑人、被告人权利至上的理念

C. 体现了实体公正与程序公正并重的理念

D. 体现了公正优先、兼顾效率的理念

### （二）实体公正与程序公正

《中共中央关于全面推进依法治国若干重大问题的决定》指出："公正是法治的生命线。司法公正对社会公正具有重要引领作用，司法不公对社会公正具有致命破坏作用。必须完善司法管理体制和司法权力运行机制，规范司法行为，加强对司法活动的监督，努力让人民群众在每一个司法案件中感受到公平正义。"司法公正，也称诉讼公正，是维护社会正义的最后一道屏障，是体现社会正义的窗口，是诉讼的灵魂和生命。司法公正，包括实体公正和程序公正两个方面。

| | |
|---|---|
| 1. 实体公正 | 实体公正，就是结果公正，指案件实体的结局处理所体现的公正。<br>【考点提示】实体公正的具体要求有：<br>（1）据以定罪量刑的犯罪事实的认定，应当做到证据确实充分；<br>（2）正确适用刑法，准确认定犯罪嫌疑人、被告人是否有罪及其罪名；<br>（3）按照罪刑相适应原则，依法适度判定刑罚；<br>（4）对于错误处理的案件，采取救济方法及时纠正、及时赔偿或者补偿。 |
| 2. 程序公正 | 程序公正，指诉讼过程中所体现的公正。<br>【考点提示】程序公正的具体要求有：<br>（1）严格遵守刑事诉讼法的规定；<br>（2）认真保障当事人和其他诉讼参与人，特别是犯罪嫌疑人、被告人和被害人的诉讼权利；<br>（3）严禁刑讯逼供和以其他非法手段取证；<br>（4）司法机关依法独立行使职权；<br>（5）保障诉讼程序的公开和透明；<br>（6）按法定期限办案、结案。 |

【考点提示】在我国，长期存在着"重实体、轻程序"的做法，应当着重予以纠正。程序公正和实体公正具有内在的一致性，其终极目的都在于追求纠纷的公正解决。程序公正具有保障实体公正的工具价值；程序公正相对于实体公正又具有独立价值，因为程序公正具有不同于实体公正的评判标准。我们要坚持实体公正和程序公正并重原则，但当二者出现价值冲突的时候，要特别注重对程序公正的优先保障。因为如果一个案件连必要程序都没有遵循，公众完全有理由对其结果的公正性产生合理怀疑。

【小试牛刀】

社会主义法治公平正义的实现，应当高度重视程序的约束作用，避免法治活动的任意性和随意化。据此，下列哪一说法是正确的？[1]

A. 程序公正是实体公正的保障，只要程序公正就能实现实体公正

---

[1] B。选项A，只要程序公正就能实现实体公正，夸大了程序的功能，选项A错误。选项C，表述太绝对，有些实物证据虽然违法，但是法律规定可以补正或者合理解释，并非当然排除，选项C错误。选项D，公正的追求过程中，还要兼顾效率的价值。繁简分流发挥了程序的约束作用，而不是限制了程序的约束作用，选项D错误。

B. 刑事程序的公开与透明有助于发挥程序的约束作用

C. 为实现程序的约束作用，违反法定程序收集的证据均应予以排除

D. 对复杂程度不同的案件进行程序上的繁简分流会限制程序的约束作用

### （三）诉讼效率与司法公正

公正和效率是诉讼中的两大价值目标。公正是首要价值目标。然而，在当代社会，犯罪率呈上升趋势，这使刑事司法系统面临的压力越来越大。因而除了司法公正以外，诉讼效率也成为衡量一个国家刑事诉讼是否科学与文明的一个重要的尺度。《刑事诉讼法》规定了"准确、及时地查明犯罪事实"的内容，而且还从诉讼期限、轻罪不起诉和简易程序等多方面体现了诉讼效率的理念。

【考点提示】刑事诉讼应当遵循"公正优先、兼顾效率"的原则。在刑事司法中，应当是在保证司法公正的前提下追求效率，而不能草率办案，损害实体公正和程序公正。如果只讲"从快"而违背诉讼规律，虽然结案率很高，但错案往往也会增多，冤枉了无辜，放纵了犯罪，不仅做不到公正，也难以真正实现效率。

【小试牛刀】

效率与公正都是理想型司法追求的目标，同时也是理想型司法应具备的两个基本要素。关于两者的关系，下列哪一说法是错误的？[1]

A. 司法效率和司法公正是相辅相成的

B. 根据我国司法现状应当作出"公正优先、兼顾效率"的价值选择

C. 细化诉讼程序通常导致效率低下，效率和公正难以兼得

D. 司法工作人员提高业务水平，勤勉敬业，有利于促进司法公正和效率

## 第三节 刑事诉讼的基本范畴

### 一、刑事诉讼目的

#### （一）概念

刑事诉讼目的，是指国家制定刑事诉讼法和进行刑事诉讼活动所期望达到的结果。

#### （二）根本目的

刑事诉讼的根本目的，与法律的一般目的是一致的。任何国家进行刑事诉讼，均期望达到维护社会秩序的目的。

#### （三）直接目的

| 惩罚犯罪 | 国家通过刑事诉讼活动，要在准确、及时地查明案件事实真相的基础上对构成犯罪的被告人正确适用刑法，惩罚犯罪，实现国家刑罚权。 |
|---|---|
| 保障人权 | 国家在进行刑事诉讼过程中保障诉讼参与人的合法权益不受侵犯，特别是保障与案件结果有直接利害关系的犯罪嫌疑人、被告人和被害人的诉讼权利得到充分行使。 |

---

[1] C

💡 拓 展 阅 读

　　我国诉讼理论一般认为，惩罚犯罪与保障人权两个方面应当并重。因为只强调惩罚犯罪，忽视保障人权，势必导致蔑视法制、违反程序、刑讯逼供、滥捕滥判，造成较高的错案率，最终既不能保障人权，也不能准确有效地惩罚犯罪；反之，只强调保障人权，忽视惩罚犯罪，势必放纵犯罪，使社会秩序的稳定难以实现，同样不利于实现刑事诉讼的根本目的。只有将两者结合起来，才符合刑事诉讼的内在规律，才能使刑事诉讼真正符合国家、社会及民众的需要，也才能正确指导司法工作人员进行刑事诉讼活动，维护国家的长治久安。坚持惩罚犯罪与保障人权并重，符合我国刑事诉讼法的基本要求。以上内容可以作为论述题的素材。

　　【名师点睛】刑事诉讼根本目的的实现有赖于直接目的的实现。

### （四）理论分类

　　在美国、日本、德国及我国台湾地区，关于刑事诉讼目的的理论分类，主要包括以下几种学说：

#### 1. 犯罪控制模式和正当程序模式

| 犯罪控制模式 | 犯罪控制模式的理论基点是：控制犯罪绝对为刑事诉讼程序最主要的机能，刑事程序运作的方式与取向，应循此"控制犯罪"之目标进行。该模式的基本价值理念是：刑事诉讼以惩罚犯罪的"效率"为目标与评价标准。 |
|---|---|
| 正当程序模式 | 正当程序模式的理论基础是自然法的学说，认为人类拥有某些与生俱来的基本权利，如果统治者侵犯了这些权利，人民将不信任政府，并撤回授予统治者的权力。因此，该模式主张刑事诉讼目的不单是发现实体真实，更重要的是以公平与合乎正义的程序来保护被告人的人权。 |

#### 2. 家庭模式

　　该模式以家庭中的父母和子女的关系来比喻国家和个人的关系，并以此为出发点，提出解决问题的途径。

#### 3. 实体真实主义和正当程序主义

| 实体真实主义 | 概　念 | | 实体真实主义认为，刑事诉讼旨在追求案件实体真实的诉讼目的。它将刑事诉讼法视为发现实体真实服务的实现刑法的手段，它认为那些违反程序造成侵犯公民权利的后果，是由有关部门给予个别处理，而不影响其后的诉讼行为；实体真实主义可以再分为积极实体真实主义和消极实体真实主义。 |
|---|---|---|---|
| | 子分类 | 积极实体真实主义 | 认为凡出现了犯罪就应该毫无遗漏地去加以发现和处罚，不使一个犯罪脱逃。 |
| | | 消极实体真实主义 | 将发现真实和保障无辜相联系，认为刑事诉讼目的在于发现实体真实，本身应当包含力求避免处罚无辜者的意思，而不是单纯毫无遗漏地处罚任何一个犯罪者。 |

续表

| 正当程序主义 | 正当程序主义认为，刑事诉讼的目的重在维护正当的程序；刑事诉讼中的真实只是有限的真实，人们只能通过诉讼程序的内在活动去接近这种真实。 |
|---|---|

### 【小试牛刀】

在刑事司法实践中坚持不偏不倚、不枉不纵、秉公执法原则，反映了我国刑事诉讼"惩罚犯罪与保障人权并重"的理论观点。如果有观点认为"司法机关注重发现案件真相的立足点是防止无辜者被错误定罪"，该观点属于下列哪一种学说?[1]

A. 正当程序主义　　　　　　　B. 形式真实发现主义

C. 积极实体真实主义　　　　　D. 消极实体真实主义

## 二、刑事诉讼价值

刑事诉讼价值，是指刑事诉讼立法及其实施对国家、社会及其一般成员具有的效用和意义。刑事诉讼价值包括秩序、公正、效益诸项内容，其中每项内容又包含着非常丰富的内涵。

| 公　正 | 公正在刑事诉讼价值中居于核心的地位。刑事诉讼的公正价值包括实体公正和程序公正两个方面。①实体公正既包括通过惩治犯罪实现社会正义，也包括对犯罪惩罚本身的公正性；②程序公正是指程序本身符合特定的公正标准，如近现代刑事诉讼理论所主张的裁判者中立，诉讼参与人尤其是当事人权利的充分保障，在法律关系上最大限度实现权利、义务的平等及在诉讼中各方当事人机会对等，强制措施适用应当适度等。 |
|---|---|
| 秩　序 | 刑事诉讼的秩序价值包括两方面含义：①通过惩治犯罪，维护社会秩序，即恢复被犯罪破坏的社会秩序以及预防社会秩序被犯罪所破坏。②追究犯罪的活动是有序的。国家刑事司法权的行使，必须受到刑事程序的规范。 |
| 效　益 | 刑事诉讼的效益价值既包括效率，也包括在保证社会生产方面所产生的效益，即刑事诉讼对推动社会经济发展方面的效益。 |

### 拓展阅读

刑事诉讼的秩序、公正、效益诸项价值相互依存、相互作用、相互制约，不可偏废。如果不适当地追求高效率处罚，而忽视程序的有序性和公正性，就会造成处罚不公乃至大量冤狱，导致更尖锐的社会矛盾和更多新的犯罪，不仅损害了秩序和公正，而且也没有真正实现效益。反之，同样会造成恶果。

【考点提示】刑事诉讼的秩序、公正、效益价值是通过刑事诉讼法的制定和实施来实现的。一方面，刑事诉讼法保证刑法的正确实施，以实现秩序、公正、效益价值，这称为刑事诉讼法的工具价值；另一方面，刑事诉讼法的制定和适用本身也在实现着秩序、公正、效益价值，这称为刑事诉讼法的独立价值。因此，只有严格执行刑事诉讼法，才能实现刑事诉讼价值。

―――――――――

〔1〕 D

**【小试牛刀】**

关于刑事诉讼价值的理解，下列哪一选项是错误的?[1]

A. 公正在刑事诉讼价值中居于核心的地位

B. 通过刑事程序规范国家刑事司法权的行使，是秩序价值的重要内容

C. 效益价值属刑事诉讼法的工具价值，而不属刑事诉讼法的独立价值

D. 适用强制措施遵循比例原则是公正价值的应有之义

## 三、刑事诉讼主体

刑事诉讼主体是指所有参与刑事诉讼活动，在刑事诉讼中享有一定权利、承担一定义务的国家专门机关和诉讼参与人。

| 专门机关 | 公安机关（国家安全机关、监狱、军队保卫部门） | | |
| --- | --- | --- | --- |
| | 人民检察院 | | |
| | 人民法院 | | |
| 诉讼参与人 | 当事人 | 公诉案件：被害人、犯罪嫌疑人、被告人 | |
| | | 自诉案件：自诉人、被告人 | |
| | | 附带民事诉讼：原告人、被告人 | |
| | 其他参与人 | 法定代理人、诉讼代理人、辩护人、证人、鉴定人和翻译人员等 | |

**【考点提示 1】** 诉讼当事人是直接影响诉讼进程并且与诉讼结果有直接利害关系的人，包括犯罪嫌疑人、被告人、被害人、自诉人、附带民事诉讼的原告人和被告人。其他诉讼参与人是协助国家专门机关和诉讼当事人进行诉讼活动的人，包括法定代理人、诉讼代理人、辩护人、证人、鉴定人和翻译人员。

**【考点提示 2】** 专门机关和诉讼参与人之间没有交集，诉讼参与人是指专门机关之外的那些参与刑事诉讼的人。法官、检察官、书记员、侦查人员都不属于诉讼参与人。

**【小试牛刀】**

在袁某涉嫌故意杀害范某的案件中，下列哪些人员属于诉讼参与人?[2]

A. 侦查阶段为袁某提供少数民族语言翻译的翻译人员

B. 公安机关负责死因鉴定的法医

C. 就证据收集合法性出庭说明情况的侦查人员

D. 法庭调查阶段就范某死因鉴定意见出庭发表意见的有专门知识的人

## 四、刑事诉讼职能

刑事诉讼职能是指根据法律规定，国家专门机关和诉讼参与人在刑事诉讼中所承担的职责、具有的作用和功能。刑事诉讼有三种基本职能，即控诉、辩护和审判。

---

[1] C。选项 C 错误，忽视了刑事诉讼法的独立价值。

[2] AB。选项 C，侦查人员属于专门机关。选项 D，有专门知识的人不属于刑事诉讼主体。

| 控诉职能 | 控诉职能是指提出控诉，要求追究犯罪嫌疑人、被告人的刑事责任。<br>【考点提示】 行使控诉职能的主要有检察机关、自诉人和被害人及其法定代理人、诉讼代理人等。 |
|---|---|
| 辩护职能 | 辩护职能相对于控诉职能，指提出对被控诉人有利的事实和理由，维护被控诉人的合法权益。<br>【考点提示】 行使辩护职能的主要有犯罪嫌疑人、被告人和辩护人等。 |
| 审判职能 | 审判职能是指通过审理确定被告人是否犯有被指控的罪行和应否处以刑罚以及处以何种刑罚。<br>【考点提示】 行使审判职能的只有人民法院。 |

【名师点睛】 证人、见证人、鉴定人、翻译人员不行使控诉、辩护、审判职能。

【小试牛刀】

下列哪些人是承担控诉职能的诉讼参与人？[1]

A. 公诉人　　　　　　　　　　　　B. 自诉人

C. 附带民诉原告人　　　　　　　　D. 控方证人

法官
（审判中立）

（控审分离）

控方　　　　（平等对抗）　　　　辩方

## 五、刑事诉讼构造

刑事诉讼构造是指刑事诉讼法所确立的进行刑事诉讼的基本方式以及专门机关、诉讼参与人在刑事诉讼中形成的法律关系的基本格局，它集中体现为控诉、辩护、审判三方在刑事诉讼中的地位及其相互间的法律关系。

立法者总是基于实现一定刑事诉讼目的的需要，设计适用于该目的实现的诉讼构造。但另一方面，刑事诉讼目的的提出与实现，也必须以刑事诉讼构造本身所具有的功能为前提。一个国家特定时期的刑事诉讼目的与构造具有内在的一致性，它们都受到当时占主导地位的关于刑事诉讼的法律价值观的深刻影响。

现代西方国家刑事诉讼构造类型大致分为两类，即大陆法系国家采职权主义，英美法系国家采当事人主义。日本"二战"后在职权主义背景下大量吸收当事人主义因素，从而形成了以当事人主义为主，以职权主义为补充的混合式诉讼构造。

---

〔1〕 B。选项A，公诉人不属于诉讼参与人。选项C，附带民诉原告人不承担控诉职能。选项D，控方证人不承担控诉职能。

| 1. 当事人主义 | （1）基本含义 | 将开始和推动诉讼的主动权委于当事人，控诉、辩护双方当事人在诉讼中居于主导地位。 |
| | （2）典型代表 | 英美法系国家。 |
| | （3）诉讼目的 | 适用于程序上保障人权的诉讼目的。 |
| 2. 职权主义 | （1）基本含义 | 将诉讼的主动权委于国家专门机关。 |
| | （2）典型代表 | 大陆法系国家。 |
| | （3）诉讼目的 | 适用于实体真实的诉讼目的。 |
| 3. 混合式诉讼构造 | 日本在职权主义背景下大量吸收当事人主义因素，从而形成了以当事人主义为主，以职权主义为补充的混合式诉讼构造。 | |

### 拓 展 阅 读

在人类历史上，曾经出现过"弹劾式诉讼构造"和"纠问式诉讼构造"。

弹劾式诉讼的基本特征是：①控诉与审判职能分立，遵循"不告不理"的原则。案件一般由被害人提起诉讼，由法院直接受理。②诉讼当事人双方地位平等，对各自的诉讼主张负举证责任。③法官只能根据控告的内容和范围进行审理，不得主动追究犯罪。在听取原、被告双方提出的诉讼主张和证据后作出判决。④对于疑难案件，实行神明证据裁判。

纠问式诉讼的主要特点是：①审判官集侦查、控诉、审判职能于一身。不论是否有被害人或其他控告人，审判官根据职权主动追究犯罪。②司法机关负责调查事实，侦查和审判秘密进行。③被害人只是告发人；被告人只是诉讼客体，没有任何诉讼权利，只是被审问、受追诉的对象。④被告人口供为最佳证据。刑讯逼供合法化、制度化。实行法定证据制度。

【考点提示】重点掌握每一种诉讼构造的特征及各自代表的法系以及各自适用的诉讼目的。

### 【小试牛刀】

关于刑事诉讼构造，下列哪一选项是正确的?[1]

A. 刑事诉讼价值观决定了刑事诉讼构造

B. 混合式诉讼构造是当事人主义吸收职权主义的因素形成的

C. 职权主义诉讼构造适用于实体真实的诉讼目的

D. 当事人主义诉讼构造与控制犯罪是矛盾的

## 六、刑事诉讼阶段

在刑事诉讼中，按照一定顺序进行的相互连接的一系列行为过程，可以划分为若干相对独立的单元，即为刑事诉讼阶段。

---

[1] C

1. 一个完整的公诉案件诉讼阶段包括立案、侦查、起诉、审判和执行。

2. 自诉案件包括受理、审判、执行。

【考点提示】每一个诉讼阶段作为一个相对独立和完整的程序，都有其自身的直接任务和形式。划分刑事诉讼阶段的标准是：直接任务、参加诉讼的机关和个人的构成、诉讼行为的方式、诉讼法律关系、诉讼的总结性文书。

# 第2章

# 刑事诉讼法的基本原则

## ▶ 复习提要

　　基本原则是理解法律制度、程序和运行的关键。既要通过对我国刑事诉讼法自身纵向发展的比较，又要通过与国外相关原则的横向比较，来深刻理解我国刑事诉讼法基本原则的内涵。基本原则看似抽象，但是具有可考性，每年至少都会有1道考查基本原则的试题出现。备考的关键是掌握每一个原则的基本含义，同时还需要掌握基本原则的应用以及在制度中的体现。《刑事诉讼法》第15条规定的具有法定情形不予追究刑事责任的原则几乎每年都考，考查的题型却年年不同。其他比较重要的原则包括：严格遵守法律程序；人民检察院依法对刑事诉讼实行法律监督；未经人民法院依法判决，对任何人都不得确定有罪；犯罪嫌疑人、被告人有权获得辩护等原则。

## ▶ 知识框架

刑事诉讼法的基本原则
- 侦查权、检察权、审判权由专门机关依法行使 ★★
- 严格遵守法律程序 ★
- 人民法院、人民检察院依法独立行使职权 ★★★
- 分工负责，互相配合，互相制约 ★
- 人民检察院依法对刑事诉讼实行法律监督 ★★★
- 各民族公民有权使用本民族语言文字进行诉讼 ★
- 犯罪嫌疑人、被告人有权获得辩护 ★
- 未经人民法院依法判决，对任何人都不得确定有罪 ★★★
- 保障诉讼参与人的诉讼权利 ★
- 具有法定情形不予追究刑事责任 ★★★★★
- 追究外国人刑事责任适用我国刑事诉讼法

## 一、基本原则概述

### （一）概念

刑事诉讼法的基本原则，是指反映刑事诉讼理念和目的的要求，贯穿于刑事诉讼的全过程或者主要诉讼阶段，对刑事诉讼过程具有普遍或者重大指导意义和规范作用，为国家专门机关和诉讼参与人参与刑事诉讼必须遵循的基本行为准则。

### （二）特征

刑事诉讼法的基本原则，一般具有以下特点：

1. 体现刑事诉讼活动的基本规律

刑事诉讼法的基本原则有着深厚的法律理论基础和丰富的思想内涵。例如，未经人民法院依法判决，对任何人都不得确定有罪原则，要求确定被告人有罪的权力由人民法院统一行使，其他任何机关、团体和个人都无权行使。这一原则所体现的理念和内涵为法治国家所普遍采纳，体现了刑事审判活动的基本规律。

2. 必须由法律明确规定

刑事诉讼法的基本原则必须由法律作出明确规定。注意，刑事诉讼原则既可以由法律明文规定，包括《宪法》或者宪法性文件、《刑事诉讼法》及其他法律、联合国文件、某些区域性组织的文件等，也可以体现于刑事诉讼法的指导思想、目的、任务、具体制度和程序之中。

【名师点睛】刑事诉讼法规定的基本原则包括两大类：①一般原则，即刑事诉讼和其他性质的诉讼必须共同遵守的原则，如以事实为根据，以法律为准绳原则；公民在法律面前一律平等原则；各民族公民有权使用本民族语言文字进行诉讼原则；审判公开原则；保障诉讼参与人的诉讼权利原则；等等。②刑事诉讼所独有的基本原则，如侦查权、检察权、审判权由专门机关依法行使原则；人民法院、人民检察院依法独立行使职权原则；分工负责、互相配合、互相制约原则；犯罪嫌疑人、被告人有权获得辩护原则；等等。

3. 一般贯穿于刑事诉讼全过程或主要诉讼阶段，具有较普遍的指导意义。

刑事诉讼法的基本原则是规范和调整整个刑事诉讼程序的原则，适用于刑事诉讼的全过程或主要阶段，国家专门机关及其工作人员以及各诉讼参与人都应当遵守。

4. 具有法律约束力

虽然基本原则较为抽象和概括，但各项具体的诉讼制度和程序都必须与之相符合。而且，在具体诉讼制度没有作出详细规定的时候，可以直接适用刑事诉讼法的基本原则，即刑事诉讼法的基本原则具有弥补法律规定不足和填补法律漏洞的功能。

【小试牛刀】

关于刑事诉讼基本原则，下列哪些说法是正确的？[1]

A. 体现刑事诉讼基本规律，有着深厚的法律理论基础和丰富的思想内涵

B. 既可由法律条文明确表述，也可体现于刑事诉讼法的指导思想、目的、任务、具体制度和程序之中

---

[1]　ABC。在具体诉讼制度没有作出详细规定的时候，可以直接适用刑事诉讼法的基本原则，即刑事诉讼法的基本原则具有弥补法律规定不足和填补法律漏洞的功能，选项 D 错误。

C. 既包括一般性原则，也包括独有原则

D. 与规定具体制度、程序的规范不同，基本原则不具有法律约束力，只具有倡导性、指引性

## 二、侦查权、检察权、审判权由专门机关依法行使原则

《刑事诉讼法》第3条第1款规定，对刑事案件的侦查、拘留、执行逮捕、预审，由公安机关负责。检察、批准逮捕、检察机关直接受理的案件的侦查、提起公诉，由人民检察院负责。审判由人民法院负责。除法律特别规定的以外，其他任何机关、团体和个人都无权行使这些权力。该条文包含了以下几层含义：

1. 侦查权、检察权、审判权具有专属性，其行使主体只能是公安机关、人民检察院和人民法院等国家专门机关。其他任何机关、社会团体及其他单位、公民都无权行使这些职权。

2. 公安机关、人民检察院和人民法院分别行使侦查权、检察权和审判权，不能相互代替和混淆。

3. 公安机关、人民检察院和人民法院在行使职权时，还必须严格遵守刑法、刑事诉讼法及其他有关法律的规定。

4. "法律另有规定"主要体现为，除公安机关享有侦查权外，人民检察院、国家安全机关、军队保卫部门、监狱也享有侦查权。

【考点提示】我国享有侦查权的机关有五个：公安机关、人民检察院、国家安全机关、军队保卫部门、监狱。注意：人民法院没有侦查权。

| 公安机关 | 对普通刑事案件享有侦查权。<br>【名师点睛】海关缉私部门（属于公安机关）侦查走私案件。 |
|---|---|
| 人民检察院 | 对直接立案侦查的案件享有侦查权（具体参见管辖部分）。 |
| 军队保卫部门 | 负责侦查军队内部发生的刑事案件。 |
| 国家安全机关 | 对立案侦查的危害国家安全犯罪案件享有侦查权。<br>【考点提示】《刑事诉讼法》第4条规定，国家安全机关依照法律规定，办理危害国家安全的刑事案件，行使与公安机关相同的职权。 |
| 监　狱 | 对立案侦查的罪犯在监狱内犯罪的案件享有侦查权。 |

【小试牛刀】

**1.** 甲将潜艇的部署情况非法提供给一外国著名军事杂志。在审判过程中，法院欲对其逮捕。关于对甲的审判机关，下列哪一选项是正确的？[1]

A. 法院　　　　　　　　　　　　B. 公安机关

C. 军队保卫部门　　　　　　　　D. 国家安全机关

**2.** 甲将潜艇的部署情况非法提供给一外国著名军事杂志。在审判过程中，法院欲对其逮

---

〔1〕　A

捕。关于对甲的侦查机关，下列哪一选项是正确的？[1]

A. 法院　　　　　　　　　　　B. 公安机关

C. 军队保卫部门　　　　　　　D. 国家安全机关

### 三、严格遵守法律程序原则

《刑事诉讼法》第3条第2款规定，人民法院、人民检察院和公安机关进行刑事诉讼，必须严格遵守本法和其他法律的有关规定。该原则的基本含义是：

1. 公、检、法机关进行刑事诉讼活动时，必须严格遵守刑事诉讼法和有关法律的规定。

2. 严重违反法律程序的，应当依法承担相应的法律后果。

【考点提示】考生还需要掌握违反法律程序的法律后果，这是考试的命题点。

| | |
|---|---|
| 收集证据程序违法 | 非法证据的排除。<br>【关联法条】《刑事诉讼法》第54条　采用刑讯逼供等非法方法收集的犯罪嫌疑人、被告人供述和采用暴力、威胁等非法方法收集的证人证言、被害人陈述，应当予以排除。收集物证、书证不符合法定程序，可能严重影响司法公正的，应当予以补正或者作出合理解释；不能补正或者作出合理解释的，对该证据应当予以排除。<br>　　在侦查、审查起诉、审判时发现有应当排除的证据的，应当依法予以排除，不得作为起诉意见、起诉决定和判决的依据。<br>【考点提示】此处表述不能绝对，有些证据（如物证、书证）收集程序违法，依然可以补正或解释。 |
| 一审程序违法 | 二审应当裁定撤销原判，发回重审。<br>【关联法条】《刑事诉讼法》第227条　第二审人民法院发现第一审人民法院的审理有下列违反法律规定的诉讼程序的情形之一的，应当裁定撤销原判，发回原审人民法院重新审判：<br>（一）违反本法有关公开审判的规定的；<br>（二）违反回避制度的；<br>（三）剥夺或者限制了当事人的法定诉讼权利，可能影响公正审判的；<br>（四）审判组织的组成不合法的；<br>（五）其他违反法律规定的诉讼程序，可能影响公正审判的。 |
| 死缓复核程序违法 | 高级人民法院应当裁定不予核准，撤销原判，发回重审。 |
| 死刑复核程序违法 | 最高人民法院应当裁定不予核准，撤销原判，发回重审。 |
| 生效裁判程序违法 | 启动再审进行纠正。 |

### 【小试牛刀】

人民法院、人民检察院和公安机关进行刑事诉讼，必须严格遵守刑事诉讼法的有关规定。下列关于程序违法的情形，处理正确的是？[2]

A. 二审法院发现一审程序公开审理了张三强奸案，二审法院应当撤销原判，发回

---

[1]　D

[2]　AD

重审

B. 最高院在核准死刑时，发现该案二审法院未开庭审理，但是死刑判决没有错误，于是予以核准死刑

C. 人民法院发现公诉机关提供的指控被告人杀人的凶器的收集违反法定程序，应当直接对该证据予以排除

D. 生效判决违反法律规定的诉讼程序，可能影响公正审判，人民法院应当再审

### 拓展阅读

程序法定原则是现代刑事诉讼的基本要求，对于该原则，应当掌握以下内容：

| 基本含义 | 包括两层含义：①立法方面的要求，即刑事诉讼程序应当由法律事先明确规定；②司法方面的要求，即刑事诉讼活动应当依据国家法律规定的程序来进行。 | |
|---|---|---|
| 具体体现 | 大陆法系国家 | 程序法定原则与罪刑法定原则共同构成法定原则的内容。也就是说，法定原则既包括实体上的罪刑法定原则，也包括程序上的程序法定原则。 |
| | 英美法系国家 | 刑事程序法定原则具体表现为正当程序原则。 |
| | 我国刑事诉讼 | 从我国宪法和刑事诉讼法"以法律为准绳"等项规定来看，可以说，我国法律已基本确立了刑事程序法定原则。 |

### 【小试牛刀】

关于程序法定，下列哪些说法是正确的？[1]

A. 程序法定要求法律预先规定刑事诉讼程序

B. 程序法定是大陆法系国家法定原则的重要内容之一

C. 英美国家实行判例制度而不实行程序法定

D. 以法律为准绳意味着我国实行程序法定

## 四、人民法院、人民检察院依法独立行使职权原则

《刑事诉讼法》第5条规定，人民法院依照法律规定独立行使审判权，人民检察院依照法律规定独立行使检察权，不受行政机关、社会团体和个人的干涉。该条文包含了以下几层含义：

| 1. 谁要独立 | 人民法院行使审判权，人民检察院行使检察权，各自在法定职责范围内独立。 |
|---|---|
| 2. 独立于谁 | 不受行政机关、社会团体和个人的干涉。<br>【名师点睛】不受"行政机关"干涉，不能表述成不受"任何机关"干涉。<br>【名师点睛】仍然需要接受党的领导，接受各级人民代表大会的监督，并应当自觉接受人民群众、社会舆论的监督。 |
| 3. 独立前提 | 人民法院行使审判权和人民检察院行使检察权，必须严格遵守宪法和法律的各项规定。 |

---

[1] ABD。在英美法系国家，刑事程序法定原则具体表现为正当程序原则，选项C错误。

续表

| 4. 独立的特点 | 人民法院和人民检察院作为一个组织整体，集体对审判权和检察权的行使负责。<br>【名师点睛】在我国，独立行使审判权和检察权的主体是人民法院、人民检察院，而不是某个审判员或者检察员。 |
|---|---|

【考点提示】法院独立包括外部独立和内部独立，而检察院独立只有外部独立。这是因为人民法院和人民检察院在上下级关系上有所不同。

| 人民法院 | 人民法院的独立是单个法院的独立。人民法院上下级之间是监督与被监督的关系，各具体法院在具体案件的审判过程中独立行使审判权，包括上级人民法院在内的其他人民法院无权干涉。<br>【考点提示】上级人民法院对下级人民法院的监督必须通过法定的程序进行，如改变管辖、在第二审程序中撤销错误的判决等。 |
|---|---|
| 人民检察院 | 人民检察院的独立是整个系统的独立。人民检察院上下级之间是领导与被领导的关系，上级人民检察院有权就具体案件对下级人民检察院作出命令、指示。独立行使检察权，实质上是指整个检察系统作为一个整体独立行使检察权。 |

【小试牛刀】

某案件经中级法院一审判决后引起社会的广泛关注。为回应社会关注和保证办案质量，在案件由高级法院作出二审判决前，基于我国法院和检察院的组织体系与上下级关系，最高法院和最高检察院可采取下列哪些措施?[1]

A. 最高法院可听取高级法院对该案的汇报并就如何审理提出意见

B. 最高法院可召开审判业务会议对该案的实体和程序问题进行讨论

C. 最高检察院可听取省检察院的汇报并对案件事实、证据进行审查

D. 最高检察院可决定检察机关在二审程序中如何发表意见

拓 展 阅 读

在国外，与人民法院、人民检察院依法独立行使职权原则相对应的是司法独立原则。司法独立原则作为现代法治的一项基本原则，源于资产阶级启蒙思想中的三权分立学说，即国家权力分为立法权、行政权、司法权，由议会、总统（或内阁）、法院分别独立行使，彼此分立，互相制约。

| | 我　　国 | 西方国家 |
|---|---|---|
| 原则内容不同 | 人民法院、人民检察院依法独立行使职权原则 | 司法独立原则 |
| 政治体制不同 | 人民代表大会制度 | 三权分立的政治制度 |
| 司法机关不同 | 人民法院、人民检察院 | 法　　院 |
| 独立主体不同 | 整体独立 | 法官个人独立 |

―――――――――

〔1〕　CD

### 五、分工负责、互相配合、互相制约原则

《刑事诉讼法》第 7 条规定，人民法院、人民检察院和公安机关进行刑事诉讼，应当分工负责，互相配合，互相制约，以保证准确有效地执行法律。

| 分工负责 | 公安机关 | 对刑事案件的侦查、拘留、执行逮捕、预审，由公安机关负责。 |
|---|---|---|
| | 检察院 | 检察、批准逮捕、检察机关直接受理的案件的侦查、提起公诉，由人民检察院负责。 |
| | 法　院 | 审判由人民法院负责。 |
| 互相配合 | 公、检、法进行刑事诉讼，应当在分工负责的基础上，相互支持，通力合作，使案件处理能上下衔接，协调一致，共同完成查明案件事实，追究、惩罚犯罪的任务。 | |
| 互相制约 | 公、检、法进行刑事诉讼，应当按照职能分工和程序上的设置，相互约束，相互制衡，防止发生错误或及时纠正错误，保证准确执行法律，做到不错不漏，不枉不纵。 | |

#### 📖 拓 展 阅 读

分工负责、互相配合、互相制约，是保证准确有效地执行法律的三个相互联系的必要条件。分工负责有利于提高办案质量，防止主观片面；互相配合可以使公、检、法三机关互通情况，通力协作，保证准确及时地惩罚犯罪和有效地保护人民；互相制约能够及时发现和纠正错误，保证做到不错不漏，不枉不纵。所以，正确实行这一原则，既可以充分发挥公、检、法三机关各自的职能，保证顺利完成惩罚犯罪和保护人民的共同任务，又可以防止任何一个机关武断专横和滥用职权，防止和减少错误，防止和减少冤、假、错案。

### 六、人民检察院依法对刑事诉讼实行法律监督原则

《刑事诉讼法》第 8 条规定："人民检察院依法对刑事诉讼实行法律监督。"可见，人民检察院是我国专门的法律监督机关。在刑事诉讼活动中，人民检察院有权对公安机关的立案侦查、人民法院的审判和执行机关的执行活动是否合法进行监督。这种监督贯穿于刑事诉讼活动的始终。

#### （一）立案阶段的监督

1. 人民检察院认为公安机关应当立案而不立案的，有权要求公安机关 7 日内说明不立案的理由。人民检察院认为公安机关不立案的理由不能成立的，应当通知公安机关立案，公安机关接到通知后 15 日内应当立案。

【考点提示】公安机关针对报案应当立案却不立案，人民检察院不能直接撤销公安机关不立案的决定，而是应当要求公安机关说明不立案的理由，理由不成立的，应当通知公安机关立案。而且人民检察院对公安机关立案的监督，要注意先后顺序（先要求说理，后通知立案）。如果选项表述为直接通知公安机关立案，则为错误选项。

2. 有证据证明公安机关可能存在违法动用刑事手段插手民事、经济纠纷，或者利用立案实施报复陷害、敲诈勒索以及谋取其他非法利益等违法立案情形，尚未提请批准逮捕

或者移送审查起诉的，经检察长批准，应当要求公安机关书面说明立案理由。经审查，认为公安机关立案理由不能成立的，经检察长或者检察委员会讨论决定，应当通知公安机关撤销案件。

### （二）侦查阶段的监督

1. 对侦查活动的监督。《高检规则》第567条规定，人民检察院根据需要可以派员参加公安机关对于重大案件的讨论和其他侦查活动，发现违法行为，情节较轻的可以口头纠正，情节较重的应当报请检察长批准后，向公安机关发出纠正违法通知书。

2. 对提请批捕的监督。《高检规则》第321条规定，人民检察院办理审查逮捕案件，发现应当逮捕而公安机关未提请批准逮捕的犯罪嫌疑人的，应当建议公安机关提请批准逮捕。如果公安机关仍不提请批准逮捕或者不提请批准逮捕的理由不能成立的，人民检察院也可以直接作出逮捕决定，送达公安机关执行。

【小试牛刀】

高甲、高乙两人共同犯罪，公安机关只对高甲报请检察院批捕，检察院认为高乙也需要报捕，该如何处理？

**答案**：检察院应建议公安机关对高乙提请批准逮捕；如果公安机关仍不提请批准逮捕或者不提请批准逮捕的理由不能成立的，检察院也可以直接作出逮捕高乙的决定。

### （三）审查起诉阶段的监督

1. 对侦查活动的监督。《刑事诉讼法》第55条规定，人民检察院接到报案、控告、举报或者发现侦查人员以非法方法收集证据的，应当进行调查核实。对于确有以非法方法收集证据情形的，应当提出纠正意见；构成犯罪的，依法追究刑事责任。

2. 对移送起诉的监督。《高检规则》第391条规定，人民检察院在办理公安机关移送起诉的案件中，发现遗漏罪行或者依法应当移送审查起诉同案犯罪嫌疑人的，应当要求公安机关补充移送审查起诉；对于犯罪事实清楚，证据确实、充分的，人民检察院也可以直接提起公诉。

### （四）审判阶段的监督

1. 对庭审活动的监督。人民检察院发现人民法院审理案件违反法律规定的诉讼程序，有权向人民法院提出纠正意见。

【名师点睛】人民检察院对违反法定程序的庭审活动提出纠正意见，应当在庭审后以检察机关的名义通过书面形式提出。

2. 对一审尚未生效裁判的监督。地方各级人民检察院认为本级人民法院第一审的判决、裁定确有错误的时候，应当向上一级人民法院提出抗诉，即二审抗诉。

【考点提示】湖南省怀化市中院一审张某故意杀人案，判决被告人无罪，本案在抗诉期内，应当由怀化市检察院向湖南省高院提起二审抗诉。

3. 对生效裁判的监督。上级人民检察院对于下级人民法院已经发生法律效力的判决和裁定，如果发现确有错误，有权按照审判监督程序向同级人民法院提出抗诉，即再审抗诉。

【考点提示】湖南省怀化市中院一审张某故意杀人案，判决被告人无罪，本案在抗诉期满后，应当由湖南省人民检察院或者最高人民检察院向相应的同级人民法院提起再审抗诉。

4. 对死刑复核程序的监督。在复核死刑案件过程中，最高人民检察院可以向最高人民法院提出意见。最高人民法院应当将死刑复核结果通报最高人民检察院。

5. 对特别程序的监督

（1）对没收违法所得或者驳回申请的裁定，人民检察院可以提出抗诉；

（2）人民检察院认为强制医疗决定或者解除强制医疗决定不当，可以在收到决定书后20日内提出书面纠正意见。

（五）执行阶段的监督

1. 对死刑执行的监督。人民法院在交付执行死刑前，应当通知同级人民检察院派员临场监督。

2. 对监外执行的监督。人民检察院认为暂予监外执行不当的，应当自接到通知之日起1个月以内将书面意见送交决定或者批准机关，该机关接到检察院的书面意见后，应当立即对该决定进行重新核查。

3. 对减刑、假释的监督。人民检察院认为人民法院减刑、假释的裁定不当，有权在收到裁定书副本后20日以内，向人民法院提出书面纠正意见。人民法院应当在收到纠正意见后1个月内重新组成合议庭进行审理，作出最终裁定。

【小试牛刀】

下列关于人民检察院的法律监督活动，说法正确的是？[1]

A. 对于公安机关应当立案而不立案的情形，检察院有权直接撤销公安机关不立案的决定

B. 对于一审法院的错误判决，同级检察院有权在抗诉期内向其上一级法院提起二审抗诉

C. 对于二审法院的错误判决，各级检察院均有权向其同级法院提起再审抗诉

D. 认为强制医疗决定不当，有权在收到决定书后5日内提出抗诉

## 七、各民族公民有权使用本民族语言文字进行诉讼原则 ★

《刑事诉讼法》第9条规定，各民族公民都有用本民族语言文字进行诉讼的权利。人民法院、人民检察院、公安机关对于不通晓当地通用的语言文字的诉讼参与人，应当为他们翻译。在少数民族聚居或者多民族杂居的地区，应当用当地通用的语言进行审讯，用当地通用的文字发布判决书、布告和其他文件。该条文包括以下几层含义：

| | |
|---|---|
| 1. 各民族公民都有权 | 各民族公民都有权使用本民族的语言进行陈述、辩论，有权使用本民族文字书写有关诉讼文书。<br>【名师点睛】对于当事人、辩护人、证人、鉴定人，这是他们的一种权利。 |

---

[1] B

续表

| 2. 公、检、法机关有责 | 公、检、法机关在少数民族聚居或者杂居的地区，应当使用当地通用的语言进行侦查、起诉和审判，用当地通用的文字发布判决书、公告、布告和其他文件。<br>【名师点睛】对于公、检、法机关，这是一种义务而非权利。 |
|---|---|
| 3. 应当翻译 | 如果诉讼参与人不通晓当地通用的语言文字，公、检、法机关应当为其指定或者聘请翻译人员进行翻译。<br>【名师点睛】公、检、法机关有提供翻译的义务。 |

【小试牛刀】

下列关于使用本民族语言文字进行诉讼的权利说法正确的是？[1]

A. 当事人在诉讼中有权使用本民族语言进行诉讼

B. 公诉人在公诉时有权使用本民族语言进行诉讼

C. 被告人不通晓当地语言时，人民法院可以为其提供翻译

D. 甲是少数民族人，在北京抢劫，审判机关应当用汉语讯问甲

## 八、犯罪嫌疑人、被告人有权获得辩护

《刑事诉讼法》第11条规定，人民法院审判案件，被告人有权获得辩护，人民法院有义务保证被告人获得辩护。这一原则的基本含义是：

| 1. 犯罪嫌疑人、被告人有权 | 辩护权是犯罪嫌疑人、被告人最基本的诉讼权利，我国法律赋予犯罪嫌疑人、被告人辩护权，并在制度和程序上充分保障犯罪嫌疑人、被告人行使辩护权。在任何情况下，对任何犯罪嫌疑人、被告人都不得以任何理由限制或剥夺其辩护权。 |
|---|---|
| 2. 公、检、法机关有义务保障 | 为保障犯罪嫌疑人、被告人的辩护权，公、检、法机关负有以下义务：①告知义务。在刑事诉讼活动中，应当及时告知犯罪嫌疑人、被告人享有辩护权以及法律赋予的其他诉讼权利，如聘请辩护人的权利、委托辩护人的权利、申请回避的权利、上诉权等。②为犯罪嫌疑人、被告人提供进行辩护的条件，如为符合法定情形的被告人指定承担法律援助义务的律师、认真听取被告人及其辩护人的意见等。辩护应当是实质意义上的，而不应当仅是形式上的，这是有效辩护原则的要求。 |

【考点提示】保障辩护权，并不等于为每一个被告人免费提供法律援助辩护，法律援助辩护是需要符合法定条件的。另外，也不是每一个机关都负有保障辩护权的义务，只有公、检、法这样的专门机关才负有这项义务。

【小试牛刀】

关于犯罪嫌疑人、被告人有权获得辩护原则，下列哪些说法是正确的？[2]

A. 在任何情况下，对任何犯罪嫌疑人、被告人都不得以任何理由限制或者剥夺其辩护权

B. 辩护权是犯罪嫌疑人、被告人最基本的诉讼权利，有关机关应当为每个犯罪嫌疑

---

〔1〕　AD

〔2〕　AD

人、被告人免费提供律师帮助

C. 为保障辩护权，任何机关都有为犯罪嫌疑人、被告人提供辩护帮助的义务

D. 辩护不应当仅是形式上的，而且应当是实质意义上的

## 九、未经人民法院依法判决，对任何人都不得确定有罪原则

《刑事诉讼法》第 12 条规定，未经人民法院依法判决，对任何人都不得确定有罪。

### （一）基本含义

1. 明确规定了确定被告人有罪的权力由人民法院统一行使，其他任何机关、团体和个人都无权行使。

2. 人民法院判决被告人有罪，必须严格依照法定程序。

【名师点睛】该原则虽明确规定只有人民法院享有定罪权，但并不等于无罪推定原则。我国在一定程度上吸收了无罪推定原则的精神，但是尚未达到无罪推定的高度。

### 拓展阅读

无罪推定原则的基本含义是，任何人，在未经依法确定有罪以前，应假定其无罪。无罪推定原则作为宪法原则和刑事诉讼法的基本原则，已为世界多数国家的刑事程序所采用。最早完整阐述无罪推定思想的，是意大利启蒙法学家贝卡利亚，他说："在法官判决之前，一个人是不能被称为罪犯的，只要还不能断定他已侵犯了给予他公共保护的契约，社会就不能取消对他的公共保护。"后来，无罪推定原则逐渐为资产阶级革命后的许多国家所接受。

### （二）该原则在刑事诉讼法中的相应体现

1. 区分犯罪嫌疑人与刑事被告人。公诉案件在提起公诉前将被追究者称为犯罪嫌疑人，提起公诉后始称为刑事被告人。

【考点提示】区分犯罪嫌疑人和被告人的时间界限为提起公诉之日。命题者可能通过当事人的身份来暗示案件所处的阶段。

2. 控诉方承担举证责任。被告人不负证明自己无罪的义务，不得因被告人不能证明自己无罪便推定其有罪。

【考点提示】例外情形，巨额财产来源不明案，被告人需要对财产来源承担提出证据的责任。

3. 疑案作无罪处理。在审判阶段，对于证据不足、不能认定被告人有罪的，人民法院应当作出证据不足、指控罪名不能成立的无罪判决。

【考点提示】针对事实不清、证据不足的情形，在我国的刑诉法中并非一律直接作出无罪判决。比如最高人民法院在核准死刑时，发现事实不清、证据不足的，应当发回重审，此时并非改判无罪；再如在二审审判中，发现一审裁判事实不清、证据不足的，可以撤销原判发回重审，也可以查清改判。

### 【小试牛刀】

社会主义法治的公平正义，要通过法治的一系列基本原则加以体现。"未经法院依法判决，对任何人都不得确定有罪"是《刑事诉讼法》确立的一项基本原则。关于这一原则，下列哪些

说法是正确的?[1]

　A. 明确了定罪权的专属性,法院以外任何机关、团体和个人都无权行使这一权力

　B. 确定被告人有罪需要严格依照法定程序进行

　C. 表明我国刑事诉讼法已经全面认同和确立无罪推定原则

　D. 按照该规定,可以得出疑罪从无的结论

## 十、保障诉讼参与人的诉讼权利原则

《刑事诉讼法》第 14 条规定,人民法院、人民检察院和公安机关应当保障犯罪嫌疑人、被告人和其他诉讼参与人依法享有的辩护权和其他诉讼权利。诉讼参与人对于审判人员、检察人员和侦查人员侵犯公民诉讼权利和人身侮辱的行为,有权提出控告。这项原则的基本含义是:

| 1. 保障谁的权利 | 诉讼权利是诉讼参与人享有的法定权利,法律予以保护,公安司法机关不得以任何方式加以剥夺。<br>【考点提示】注意,保障诉讼参与人的权利,首先要明确诉讼参与人的范围。诉讼参与人包括当事人和其他参与人。其中,当事人包括被害人、自诉人、犯罪嫌疑人、被告人、附带民事诉讼的原告人和被告人,其他参与人包括法定代理人、诉讼代理人、辩护人、证人、鉴定人和翻译人员。 |
|---|---|
| 2. 谁有义务保障 | 公安司法机关有义务保障诉讼参与人充分行使诉讼权利,对于刑事诉讼中妨碍诉讼参与人行使诉讼权利的各种行为,公安司法机关有义务采取措施予以制止。 |
| 3. 权利义务并存 | 诉讼参与人在享有诉讼权利的同时,还应当承担法律规定的诉讼义务。公安司法机关有义务保障诉讼参与人的诉讼权利,也有权力要求诉讼参与人履行相应的诉讼义务。 |

### 【小试牛刀】

关于保障诉讼参与人的诉讼权利原则,下列哪些选项是正确的?[2]

　A. 是对《宪法》和《刑事诉讼法》尊重和保障人权的具体化

　B. 保障诉讼参与人的诉讼权利,核心在于保护犯罪嫌疑人、被告人的辩护权

　C. 要求诉讼参与人在享有诉讼权利的同时,还应承担法律规定的诉讼义务

　D. 保障受犯罪侵害的人的起诉权和上诉权,是这一原则的重要内容

## 十一、具有法定情形不予追究刑事责任原则

《刑事诉讼法》第 15 条规定,有下列情形之一的,不追究刑事责任,已经追究的,应当撤销案件,或者不起诉,或者终止审理,或者宣告无罪:①情节显著轻微、危害不大,不认为是犯罪的;②犯罪已过追诉时效期限的;③经特赦令免除刑罚的;④依照刑法告诉

---

　〔1〕 AB。该原则明确规定只有人民法院享有定罪权,在一定程度上吸收了无罪推定原则的精神,但选项 C 言过其实。选项 D 的错误在于,疑罪从无只是这一原则一个方面的体现,我国并非绝对的疑罪从无,如最高人民法院在核准死刑时发现事实不清是应当发回重审的。

　〔2〕 ABC。在公诉案件中,被害人没有起诉权(除非公诉转自诉),也没有上诉权(但享有申请抗诉权),选项 D 错误。

才处理的犯罪，没有告诉或者撤回告诉的；⑤犯罪嫌疑人、被告人死亡的；⑥其他法律规定免予追究刑事责任的。

**【名师点睛】** 该考点是刑事诉讼法的高频考点，每年试题都会有所涉及。考生首先需要掌握的问题是哪些属于法定不予追究刑事责任的情形。

### （一）不予追究刑事责任的法定情形

1. 情节显著轻微、危害不大，不认为是犯罪的。

**【考点提示】** "显著轻微"不同于"犯罪情节轻微"，前者法律不认为是犯罪，后者已经构成了犯罪。例如，在故意伤害罪中，如果鉴定为轻微伤，就是"显著轻微"，不认为是犯罪，但是如果鉴定为轻伤，就构成犯罪了。前者属于法定不予追究刑事责任的情形，后者如果认为犯罪情节轻微，只能是酌情考虑不追究的情形。

2. 犯罪已过追诉时效期限的。

**【名师点睛】**《刑法》第 87 条规定了对于刑事犯罪的追诉期限：法定最高刑为不满 5 年有期徒刑的，经过 5 年；法定最高刑为 5 年以上不满 10 年有期徒刑的，经过 10 年；法定最高刑为 10 年以上有期徒刑的，经过 15 年；法定最高刑为无期徒刑、死刑的，经过 20 年。

**【考点提示】** 超出上述追诉时效的，一般不再追究刑事责任。如果 20 年以后认为必须追诉的，必须报请最高人民检察院核准。

**【关联法条】**《最高人民检察院关于办理核准追诉案件若干问题的规定》第 4 条 须报请最高人民检察院核准追诉的案件在核准之前，侦查机关可以依法对犯罪嫌疑人采取强制措施。

侦查机关报请核准追诉并提请逮捕犯罪嫌疑人，人民检察院经审查认为必须追诉而且符合法定逮捕条件的，可以依法批准逮捕，同时要求侦查机关在报请核准追诉期间不停止对案件的侦查。

未经最高人民检察院核准，不得对案件提起公诉。

3. 经特赦令免除刑罚的。

**【名师点睛】** 全国人民代表大会常务委员会有权决定特赦。这种特赦命令具有终止刑事追究的法律效力。

4. 依照刑法告诉才处理的犯罪，没有告诉或者撤回告诉的。

**【考点提示】** 这样的犯罪需要自诉人自己去起诉，如果自诉人没有起诉，是不追究刑事责任的。告诉才处理的犯罪包括侮辱、诽谤、暴力干涉婚姻自由、虐待、侵占案件。

5. 犯罪嫌疑人、被告人死亡的。

6. 其他法律规定免予追究刑事责任的。

**【考点提示】** 上述情形并不包括没有犯罪发生的情形，也不包括证据不足的情形。如果没有犯罪发生，当然不能追究责任，但是其并非法定的基本原则；证据不足也不能追究刑事责任，但是其也不属于法定的基本原则。

### 【小试牛刀】

社会主义法治要通过法治的一系列原则加以体现。具有法定情形不予追究刑事责任是《刑事诉讼法》确立的一项基本原则,下列哪一案件的处理体现了这一原则?[1]

A. 甲涉嫌盗窃,立案后发现涉案金额400余元,公安机关决定撤销案件

B. 乙涉嫌抢夺,检察院审查起诉后认为犯罪情节轻微,不需要判处刑罚,决定不起诉

C. 丙涉嫌诈骗,法院审理后认为其主观上不具有非法占有他人财物的目的,作出无罪判决

D. 丁涉嫌抢劫,检察院审查起诉后认为证据不足,决定不起诉

### (二) 不予追究刑事责任的处理方式

1. 不立案或不予受理 (立案阶段)

(1) 对于公诉案件,如果在刑事诉讼开始前,就已经发现具有上述六种情形之一的,公安机关或检察机关应当决定不予立案。

(2) 对于自诉案件,人民法院应当不予受理。

【小试牛刀】

某县公安机关收到孙某控告何某对其强奸的材料,经审查后发现犯罪嫌疑人自杀了,公安机关该如何处理?

**答案:** 决定不予立案。

2. 撤销案件 (侦查阶段)

如果在侦查阶段发现案件具有上述情形之一的,侦查机关应当作出撤销案件的决定。

【小试牛刀】

某人民检察院立案侦查该市工商局长利用职权报复陷害他人,侦查中发现犯罪已过追诉时效期限。本案应当如何处理?

**答案:** 因为本案处于侦查阶段,因此应由检察院作出撤销案件的决定。

3. 不起诉 (审查起诉阶段)

如果在审查起诉阶段发现案件具有上述情形之一的,人民检察院"应当"作出不起诉决定。

【小试牛刀】

**1.** 某人民检察院在审查该市工商局长利用职权报复陷害他人,审查起诉阶段发现犯罪已过追诉时效期限。本案应当如何处理?

**答案:** 决定不起诉。因为本案处于审查起诉阶段,因此应由检察院作出不起诉的决定。

**2.** 人民检察院在审查起诉一盗窃案时,发现根本就没有盗窃行为发生,问该如何处理?

**答案:**《高检规则》第401条第1款规定,人民检察院对于公安机关移送审查起诉的

---

[1] A。选项A,盗窃金额400余元,属于显著轻微的情节,所以不能追究刑事责任,选项A当选。选项B的情况是"犯罪情节轻微",这与法定的"情节显著轻微"有着本质的区别,既然是犯罪情节轻微,说明已经构成犯罪了,那么检察院决定不起诉就不是法定的情形,只是检察院的裁量权,属于酌定不起诉的情形,选项B不当选。选项C,丙根本就没有犯罪故意,不符合犯罪的基本构成要件,而没有犯罪事实并不属于法定不追究刑事责任的原则范围,选项C不当选。选项D,属于证据不足的不起诉,并不是法定不追究刑事责任的情形,选项D不当选。

案件，发现犯罪嫌疑人没有犯罪事实，或者符合《刑事诉讼法》第 15 条规定的情形之一的，经检察长或者检察委员会决定，应当作出不起诉决定。

**3.** 人民检察院在审查起诉张三盗窃案中，发现该盗窃行为是李四所为，问该如何处理？

**答案：**《高检规则》第 401 条第 2 款规定，对于犯罪事实并非犯罪嫌疑人所为，需要重新侦查的，应当在作出不起诉决定后书面说明理由，将案卷材料退回公安机关并建议公安机关重新侦查。

**4.** 人民检察院在审查起诉张三贪污案中，发现张三并没有贪污，问该如何处理？

**答案：**《高检规则》第 402 条规定，公诉部门对于本院侦查部门移送审查起诉的案件，发现具有本规则第 401 条第 1 款规定情形的，应当退回本院侦查部门，建议作出撤销案件的处理。

**4. 终止审理（审判阶段）**

如果在审判阶段发现被告人的行为可能构成犯罪，但具有不追究刑事责任的法定情形的，人民法院应当裁定终止审理。

【小试牛刀】

检察院以涉嫌诈骗罪对某甲提起公诉。经法庭审理，法院认定，某甲的行为属于刑法规定的"将代为保管的他人财物非法占为己有并拒不退还"的侵占行为。对于本案，检察院拒不撤回起诉，法院该如何处理？

**答案：**裁定终止审理。

**5. 宣告无罪（审判阶段）**

（1）如果在审判阶段发现案件具有情节显著轻微、危害不大，不认为是犯罪的，人民法院应当作出判决，宣告被告人无罪。

（2）对于被告人死亡的，一般应当裁定终止审理；但是根据已查明的案件事实和认定的证据材料，能够确认被告人无罪的，应当判决宣告被告人无罪。

【小试牛刀】

**1.** 某法院决定开庭审理张某贪污案，被告人张某在开庭前突发心脏病死亡。该法院应当如何处理？

**答案：**裁定终止审理。

**2.** 人民法院审理张某贪污一案，如果在审理过程中，张某心脏病突发死亡，而根据现有证据证明张某其实根本不构成贪污罪，则法院该如何处理？

**答案：**法院应当"判决"宣告张某无罪。

**3.** 被告人刘某在案件审理期间死亡，法院作出终止审理的裁定。其亲属坚称刘某清白，要求法院作出无罪判决。对于本案的处理，下列哪些选项是正确的？[1]

A. 应当裁定终止审理

B. 根据已查明的案件事实和认定的证据，能够确认无罪的，应当判决宣告刘某无罪

C. 根据刘某亲属要求，应当撤销终止审理的裁定，改判无罪

---

[1] AB

D. 根据刘某亲属要求，应当以审判监督程序重新审理该案

【归纳总结】掌握在不同诉讼阶段出现法定不予追究责任的情形，该如何处理：

| (1) 立案阶段 | 应当作出不立案的决定。 |
|---|---|
| (2) 侦查阶段 | 应当作出撤销案件的决定。 |
| (3) 审查起诉阶段 | 应当作出不起诉的决定。 |
| (4) 审判阶段 | "显著轻"——作出宣告无罪的判决； |
| | "过时效""特赦""告诉""死掉"——作出终止审理的裁定。 |

## 十二、追究外国人刑事责任适用我国刑事诉讼法原则

《刑事诉讼法》第16条规定，对于外国人犯罪应当追究刑事责任的，适用本法的规定。对于享有外交特权和豁免权的外国人犯罪应当追究刑事责任的，通过外交途径解决。该原则的具体含义包括以下两个方面：

1. 外国人、无国籍人犯罪，一般应当按照刑事诉讼法规定的诉讼程序进行追诉。

【名师点睛】这是国家主权原则在刑事诉讼中的体现。

2. 享有外交特权和豁免权的外国人犯罪应当追究刑事责任的，通过外交途径解决。

【名师点睛】所谓"通过外交途径解决"，一般是指建议派遣国依法处理、宣布为不受欢迎的人、责令限期出境、宣布驱逐出境等。

# 第3章

# 刑事诉讼中的专门机关和诉讼参与人

## ▶ 复习提要

　　本章需要掌握的内容主要是专门机关的"权力"和诉讼参与人的"权利"。在刑事诉讼中，公、检、法各自职能不同，备考需要弄清各机关的"权力"分工。比如公安机关是主要的侦查机关，检察院是专门的法律监督机关，法院是唯一的审判机关。同时，我们还要搞清楚每一种诉讼参与人在刑事诉讼中各自享有的诉讼"权利"。比如被害人在刑事诉讼各个阶段如何行使自己的权利，自诉人如何行使自己的权利，犯罪嫌疑人又如何行使自己的权利等。其中，被害人、证人、鉴定人的考查次数最多。

## ▶ 知识框架

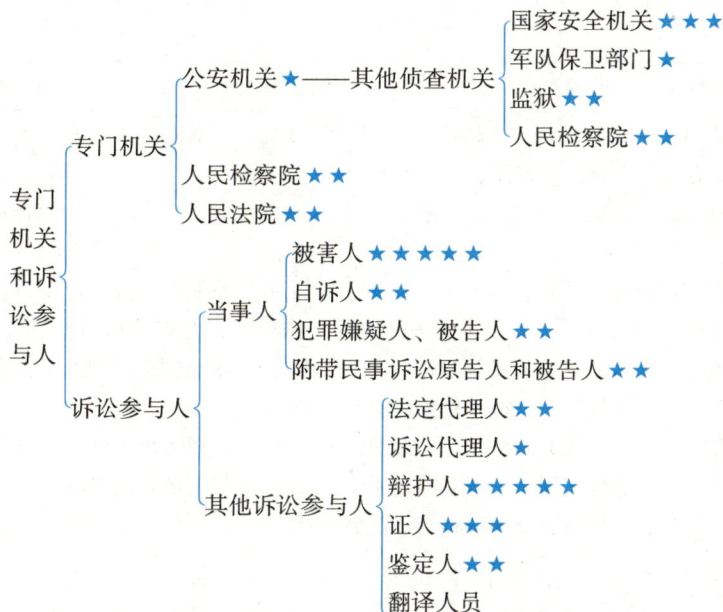

专门机关和诉讼参与人
- 专门机关
  - 公安机关 ★ —— 其他侦查机关
    - 国家安全机关 ★★★
    - 军队保卫部门 ★
    - 监狱 ★★
    - 人民检察院 ★★
  - 人民检察院 ★★
  - 人民法院 ★★
- 诉讼参与人
  - 当事人
    - 被害人 ★★★★★
    - 自诉人 ★★
    - 犯罪嫌疑人、被告人 ★★
    - 附带民事诉讼原告人和被告人 ★★
  - 其他诉讼参与人
    - 法定代理人 ★★
    - 诉讼代理人 ★
    - 辩护人 ★★★★★
    - 证人 ★★★
    - 鉴定人 ★★
    - 翻译人员

## 第一节 ◀ 刑事诉讼中的专门机关

### 一、公安机关

#### （一）公安机关的性质

公安机关在性质上属于行政机关，是国家的治安保卫机关，是各级人民政府即国家行政部门的组成部分。从性质上看，公安机关与人民检察院和人民法院是不同的。人民检察院和人民法院在性质上属于司法机关；公安机关属于同级人民政府的一个职能部门，在性质上属于行政机关。

#### （二）组织体系

公安机关设置在各级人民政府中。其中，国务院设立公安部，是全国公安机关的领导机关；地方各级设立公安厅、公安局、公安分局。

【名师点睛】派出所是基层公安机关的派出机构，并不是一级公安机关。

【考点提示1】公安机关上下级之间是领导与被领导的关系。上级公安机关发现下级公安机关作出的决定或者办理的案件有错误的，有权予以撤销或者变更，也可以指令下级公安机关予以纠正。

公安部和地方公安机关根据工作需要，经国务院批准，可以在一些特殊的部门或单位设立专门公安机关。我国设立的专门公安机关，主要有在国家海关总署设立的海关总署缉私局和在各直属海关设立的缉私局，还有在铁路、交通、林业、民航等系统设立的公安机关。

【考点提示2】海关缉私部门属于公安机关。

#### （三）职权

刑事案件的侦查由公安机关进行，法律另有规定的除外。在刑事诉讼中，公安机关的主要职权有：

| 1. 立案权 | 公安机关是我国主要的侦查机关，一般刑事案件都是由公安机关来负责立案。 |
|---|---|
| 2. 侦查权 | （1）在侦查过程中，公安机关有权依法讯问犯罪嫌疑人，询问证人，有权进行勘验、检查、搜查，有权扣押物证、书证、视听资料、电子数据等证据，查询、冻结存款、汇款、债券、股票、基金份额等财产，组织鉴定、辨认和侦查实验，采取技术侦查措施，实施通缉。<br>（2）有权对犯罪嫌疑人采取拘传、取保候审、监视居住等强制措施。对现行犯或重大嫌疑分子，有权先行拘留。对符合逮捕条件的犯罪嫌疑人，有权申请检察机关批准逮捕；对经人民检察院批准逮捕或人民检察院、人民法院决定逮捕的犯罪嫌疑人，有权执行逮捕。对符合法定条件的案件，有权作出侦查终结的决定。<br>（3）在特别程序中，公安机关还具有一些职权。比如，通知法律援助机构指派律师为没有委托辩护人的未成年犯罪嫌疑人提供辩护；审查刑事和解的自愿性、合法性，并主持制作和解协议书；制作没收财产意见书、强制医疗意见书，并移送人民检察院等。 |
| 3. 执行权 | 主要体现在两个方面：一个是刑罚的执行，一个是强制措施的执行。①在执行阶段，被判处拘役、剥夺政治权利的罪犯的执行由公安机关负责；②在刑事诉讼过程中的强制措施，如取保候审、监视居住、拘留、逮捕，应当由公安机关负责执行。 |

### （四）其他侦查机关的职权

除了公安机关作为主要侦查机关之外，考生还需要掌握法律规定的其他几种行使侦查权的机关。其他侦查机关及其职权如下：

1. 国家安全机关

对危害国家安全的刑事案件，行使与公安机关相同的职权。国家安全机关是国家的安全保卫机关，是各级人民政府的组成部分。

【考点提示】某市政府机关职员段某因涉嫌犯间谍罪被有关部门立案侦查，后被依法采取强制措施。本案应由国家安全机关立案侦查；对段某的取保候审应当由国家安全机关执行。间谍罪属于危害国家安全的犯罪，所以应当由国家安全机关办理。这里"行使与公安机关相同的职权"，不仅仅限于侦查权上，在相应的强制措施的执行上，国家安全机关也行使与公安机关相同的权力。

2. 军队保卫部门

对军队内部发生的刑事案件行使侦查权。军队保卫部门是中国人民解放军的政治安全保卫机关，不是公安机关的组成部分。它在行政、业务上自成体系，不受公安机关的领导。军队保卫部门在刑事诉讼中，可以行使宪法和法律规定的公安机关的侦查、拘留、预审和执行逮捕等职权。

**拓展阅读**

《办理军队和地方互涉刑事案件规定》第5条规定，发生在营区的案件，由军队保卫部门或者军事检察院立案侦查；其中犯罪嫌疑人不明确且侵害非军事利益的，由军队保卫部门或者军事检察院与地方公安机关或者国家安全机关、人民检察院，按照管辖分工共同组织侦查，查明犯罪嫌疑人属于本规定第4条第2款规定管辖的，移交地方公安机关或者国家安全机关、人民检察院处理。发生在营区外的案件，由地方公安机关或者国家安全机关、人民检察院立案侦查；查明犯罪嫌疑人属于本规定第4条第1款规定管辖的，移交军队保卫部门或者军事检察院处理。

**【小试牛刀】**

国家机关工作人员高某与某军事部门有业务往来。一日，高某到该部门洽谈工作，趁有关人员临时离开将一部照相机窃走。该照相机中有涉及军事机密的照片。关于本案，负责立案侦查的是下列哪一机关？[1]

A. 公安机关

B. 检察机关

C. 国家安全机关

D. 军队保卫部门

3. 监狱

对罪犯在监狱内犯罪的案件由监狱进行侦查。

---

[1] D

**拓展阅读**

监狱的职权主要包括：①监狱是国家的刑罚执行机关。依据法律有关规定，被判处死刑缓期二年执行、无期徒刑、有期徒刑的罪犯，在监狱内执行刑罚。②监狱不仅有执行权，监狱对罪犯在监狱内的犯罪还行使侦查权。在刑事诉讼过程中，监狱享有公安机关侦查案件的职权，如讯问犯罪嫌疑人、询问证人、勘验、检查、搜查、扣押、鉴定等。侦查终结后，监狱认为应当追究犯罪嫌疑人刑事责任的，写出起诉意见书，连同案卷材料、证据一并移送人民检察院审查起诉。③罪犯服刑期间，发现在判决时所没有发现的新罪行，监狱有权移送人民检察院处理。④对罪犯应予监外执行的，有权提出书面意见，报省、自治区、直辖市监狱管理机关批准。⑤对被判处死缓的罪犯，如果在执行期间没有故意犯罪的，2年后有权提出减刑建议，报省、自治区、直辖市监狱管理机关审核后，报请相应的高级人民法院裁定。⑥对罪犯在执行期间具备法定的减刑、假释条件的，有权提出减刑或假释建议，报人民法院审核裁定。⑦在刑罚执行过程中，如果认为判决确有错误或罪犯提出申诉的，有权转交人民检察院或人民法院处理。

**【小试牛刀】**

关于监狱在刑事诉讼中的职权，下列哪一选项是正确的？[1]

A. 监狱监管人员指使被监管人体罚虐待其他被监管人的犯罪，由监狱进行侦查

B. 罪犯在监狱内犯罪并被发现判决时所没有发现的罪行，应由监狱一并侦查

C. 被判处有期徒刑罪犯的暂予监外执行均应当由监狱提出书面意见，报省级以上监狱管理部门批准

D. 被判处有期徒刑罪犯的减刑应当由监狱提出建议书，并报法院审核裁定

**4. 人民检察院（详情参见立案管辖章节）**

对于法律规定由人民检察院直接受理的贪污贿赂犯罪、国家工作人员的渎职犯罪、国家机关工作人员利用职权实施的特定的侵犯公民人身、民主权利的犯罪，有权立案侦查。对于国家机关工作人员利用职权实施的其他重大的犯罪案件，需要由人民检察院直接受理的时候，经省级以上人民检察院决定，可以由人民检察院立案侦查。

## 二、人民检察院

### （一）性质

检察机关是国家的法律监督机关，代表国家行使检察权。

**【名师点睛】** 在刑事诉讼中，检察机关既是公诉机关，又是诉讼活动的监督机关。

### （二）组织体系

人民检察院的组织体系包括最高人民检察院、地方各级人民检察院和专门人民检

---

[1] D。选项A，监狱监管人员指使被监管人体罚虐待其他被监管人的犯罪属于虐待被监管人罪，依法应当由检察院立案侦查，监狱无权管辖。选项A错误。选项B，罪犯在监狱内犯罪可以由监狱立案侦查，但是罪犯在监狱之外所犯的判决时没有发现的罪行，则不能由监狱并案侦查，而应当由有管辖权的公安机关或者检察院立案侦查。选项B错误。选项C，关于暂予监外执行的批准、决定机关需要分情形讨论：①在交付执行前，暂予监外执行由交付执行的人民法院决定；②在交付执行后，暂予监外执行由监狱或者看守所提出书面意见，报省级以上监狱管理机关或者设区的市一级以上公安机关批准。选项C错误。

察院。

| 1. 最高人民检察院 | （1）领导地方各级人民检察院和专门人民检察院的工作；<br>（2）对全国的重大刑事案件行使检察权；<br>（3）对各级人民法院已经发生效力的判决和裁定，如果发现确有错误，按照审判监督程序提出抗诉；<br>（4）依法对监狱、看守所的活动进行监督；<br>（5）依法对刑事诉讼、民事审判和行政诉讼实行法律监督；<br>（6）对具体应用法律、法令的问题进行解释；<br>（7）制定检察工作条例、细则和办法；<br>（8）规定各级人民检察院的人员编制。 |
|---|---|
| 2. 地方各级人民检察院 | （1）省、自治区、直辖市人民检察院；<br>（2）省、自治区、直辖市人民检察院分院，自治州和省辖市人民检察院；<br>（3）县、市、自治县和市辖区人民检察院。 |
| 3. 专门人民检察院 | 我国的专门人民检察院包括铁路运输检察院和中国人民解放军军事检察院。铁路运输检察院包括铁路运输检察院分院和基层铁路运输检察院。军事检察院是设立在中国人民解放军中的专门法律监督机关，对现役军人实施的违反职责罪和其他刑事案件依法行使检察权。 |

【考点提示】上级人民检察院领导下级人民检察院的工作，并可以直接指挥、参与下级人民检察院的办案活动。上级人民检察院在必要的时候，可以直接侦查或者组织、指挥、参与侦查下级人民检察院管辖的案件，也可以将本院管辖的案件交由下级人民检察院侦查。

下级人民检察院认为案情重大、复杂，需要由上级人民检察院侦查的案件，可以请求移送上级人民检察院侦查。上级人民检察院可以指定下级人民检察院立案侦查管辖不明或者需要改变管辖的案件。

拓 展 阅 读

为了防止地市级人民检察院随意指定下级人民检察院立案侦查本应由其自行立案侦查的案件，《高检规则》第18条第3款规定，分、州、市人民检察院办理直接立案侦查的案件，需要将属于本院管辖的案件指定下级人民检察院管辖的，应当报请上一级人民检察院批准。

【小试牛刀】

关于人民检察院的组织体系说法正确的是？[1]

A. 上级人民检察院领导下级人民检察院的工作，检察长统一领导检察院的工作

B. 上级人民检察院对下级人民检察院作出的决定，有权予以撤销或者变更；发现下级人民检察院办理的案件有错误的，有权指令下级人民检察院予以纠正

C. 上级人民检察院在必要的时候，可以直接立案侦查或者组织、指挥、参与侦查下

---

[1]　ABCD

级人民检察院管辖的案件

D. 上级人民检察院在必要的时候，也可以将本院管辖的案件指定下级人民检察院立案侦查

### （三）职权

| 1. 立案、侦查权 | 对于法律规定由人民检察院直接受理的贪污贿赂犯罪、国家机关工作人员的渎职犯罪、国家机关工作人员利用职权实施的特定的侵犯公民民主权利的犯罪以及侵犯公民人身权利的犯罪案件等，有权立案、侦查；同时也有权决定对犯罪嫌疑人进行拘传、取保候审、监视居住、拘留和逮捕。 |
|---|---|
| 2. 公诉权 | 检察机关是国家唯一的公诉机关，代表国家行使公诉案件的控诉权。<br>【考点提示】检察院是唯一的公诉机关，但并不是唯一的起诉主体，不要忘了自诉案件是由自诉人提起诉讼。 |
| 3. 法律监督权 | 检察机关有权对立案、侦查、审判活动和执行活动进行监督。 |

## 三、人民法院

### （一）性质

人民法院是国家的审判机关。《刑事诉讼法》第 12 条规定，未经人民法院依法判决，对任何人都不得确定有罪。可见，人民法院是刑事诉讼中唯一有权审理和判决有罪的专门机关。

### （二）组织体系

人民法院的组织体系包括最高人民法院、地方各级人民法院和专门人民法院。

| 1. 最高人民法院 | 最高人民法院是国家最高审判机关。 |
|---|---|
| 2. 地方各级人民法院 | （1）高级人民法院； |
| | （2）中级人民法院； |
| | （3）基层人民法院。 |
| 3. 专门人民法院 | 我国目前建立的专门人民法院有军事法院、铁路运输法院和海事法院，其中海事法院没有刑事案件审判权。 |

【名师点睛】人民法院上下级之间是监督与被监督的关系：上级人民法院通过二审程序、审判监督程序、死刑复核程序维持下级人民法院正确的裁判，纠正错误的裁判来实现监督。人民法院的监督不是通过对具体案件的指导实现的，各级人民法院依照职权独立地进行审判。上级人民法院不应对下级人民法院正在审理的案件作出决定，指令下级人民法院执行；下级人民法院也不应将案件在判决之前报送上级人民法院，请求审查批示。而检察院系统上下级之间是领导与被领导的关系。

【考点提示】最高人民法院于 2010 年 12 月 28 日公布的《关于规范上下级人民法院审判业务关系的若干意见》，进一步将上下级法院的审判业务关系界定为"监督指导"关系。具体监督指导的形式如下表：

| 最高院监督方式 | （1）审理案件、制定司法解释或规范性文件、发布指导性案例、召开审判业务会议、组织法官培训等；<br>（2）最高院发现高院制定的审判业务文件与现行法律、司法解释相抵触的，应当责令其纠正。 |
|---|---|
| 高院的监督方式 | 审理案件、制定审判业务文件、发布参考性案例、召开审判业务会议、组织法官培训等。 |
| 中院的监督方式 | 审理案件、总结审判经验、组织法官培训等形式。 |

### （三）职权

人民法院的职权可以分为审判权以及为保障审判权的实施而享有的其他职权两类。

| 1. 人民法院的审判权 | （1）直接受理自诉案件；<br>（2）有权对人民检察院提起公诉的案件进行审查，对符合起诉条件的，开庭审判；<br>（3）有权作出有罪或者无罪、罪重或者罪轻、处罚或者免刑的判决；<br>（4）有权对诉讼程序问题和部分实体问题作出裁定或者决定；<br>（5）有权对适用没收程序、强制医疗程序等特别程序案件进行审理并进行裁决。 |
|---|---|
| 2. 人民法院为保障审判权的实施而享有的其他职权 | （1）对被告人决定逮捕、拘传、取保候审、监视居住等强制措施；<br>（2）在法庭审理过程中，对证据进行调查核实，必要时可以进行勘验、检查、扣押、查封、鉴定和查询、冻结；<br>（3）对证人的强制出庭及处罚权；<br>（4）对违反法庭秩序的诉讼参与人和旁听人员进行必要的处罚；<br>（5）收缴和处理赃款、赃物及其孳息，执行某些判决和裁定，并对执行中的某些问题进行审核、裁决；<br>（6）向有关单位提出司法建议。 |

【考点提示】对于公、检、法机关的考点，重点要抓住三机关在组织体系上的差别，以及职权上的分工。

【小试牛刀】

关于公检法机关的组织体系及其在刑事诉讼中的职权，下列哪些选项是正确的？[1]

A. 公安机关统一领导、分级管理，对超出自己管辖的地区发布通缉令，应报有权的上级公安机关发布

B. 基于检察一体化，检察院独立行使职权是指检察系统整体独立行使职权

C. 检察院上下级之间是领导关系，上级检察院认为下级检察院二审抗诉不当的，可直接向同级法院撤回抗诉

D. 法院上下级之间是监督指导关系，上级法院如认为下级法院审理更适宜，可将自己管辖的案件交由下级法院审理

---

[1] ABC。在改变管辖的情形下，上级法院有权审理下级法院管辖的案件，但是上级法院无权将本属于自己管辖的案件交给下级法院管辖，选项 D 错误。

## 第二节 ◂ 刑事诉讼中的参与人

诉讼参与人，是指在刑事诉讼过程中享有一定诉讼权利，承担一定诉讼义务的除国家专门机关工作人员以外的人。诉讼参与人一般可分为两大类：一是当事人；二是其他诉讼参与人。

| 诉讼参与人 | 当事人 | 公诉案件：被害人、犯罪嫌疑人、被告人 |
| --- | --- | --- |
| | | 自诉案件：自诉人、被告人 |
| | | 附带民事诉讼：附带民事诉讼的原告人、被告人 |
| | 其他参与人 | 法定代理人、诉讼代理人、辩护人、证人、鉴定人和翻译人员等 |

【考点提示】诉讼参与人不包括公、检、法机关工作人员。

### 一、当事人

#### （一）概述

**1. 概念**

当事人，是指与案件的结局有着直接利害关系，对刑事诉讼进程发挥着较大影响作用的诉讼参与人。

**2. 范围**

| 当事人 | （1）被害人； |
| --- | --- |
| | （2）自诉人； |
| | （3）犯罪嫌疑人； |
| | （4）被告人； |
| | （5）附带民事诉讼的原告人； |
| | （6）附带民事诉讼的被告人。 |

**3. 当事人共有的诉讼权利**

| 当事人共有权利 | （1）用本民族语言文字进行诉讼。 |
| --- | --- |
| | （2）申请回避权。 |
| | （3）控告权。对于侦查人员、检察人员、审判人员侵犯其诉讼权利或者对其人身进行侮辱的行为，有权提出控告。 |
| | （4）有权参加法庭调查和法庭辩论。可以向证人发问并质证，辨认物证和其他证据，并就证据发表意见，申请通知新的证人到庭和调取新的物证，申请重新勘验或者鉴定，互相辩论等。 |
| | （5）申诉权。对已经发生法律效力的判决、裁定不服的，有权向人民法院或者人民检察院提出申诉。 |

【考点提示】当事人共有的诉讼权利本身不重要，关键要掌握哪些权利是某些当事人没有的或者特有的。

**【小试牛刀】**

下列哪些权利是刑事诉讼中当事人所共有的权利？[1]

A. 都有权申请回避

B. 都有权委托诉讼代理人

C. 对一审未生效判决不服都可以上诉

D. 都有权使用本民族语言进行诉讼

## （二）被害人

### 1. 概念

被害人，是指人身、财产或者其他权益遭受犯罪行为直接侵害的人。

| 广义 | 广义的被害人包括以下几种：①公诉案件中的被害人；②在自诉案件中提起刑事诉讼的被害人，即自诉人；③由于被告人的犯罪行为而遭受物质损失的被害人，即附带民事诉讼原告人。 |
|---|---|
| 狭义 | 作为当事人之一的被害人，即本章所讨论的被害人，是狭义的被害人，仅指上述第一类人，即在人民检察院代表国家提起公诉的刑事案件中，以个人身份参与诉讼，并与人民检察院共同行使控诉职能的人。 |

### 2. 被害人的诉讼权利

被害人在刑事诉讼中除享有诉讼参与人共有的诉讼权利以外，还享有以下诉讼权利：

| （1）报案、控告权 | 《刑事诉讼法》第108条第2款规定，被害人对侵犯其人身、财产权利的犯罪事实或者犯罪嫌疑人，有权向公安机关、人民检察院或者人民法院报案或者控告。<br>**【考点提示】** 报案、控告作为被害人的一项诉讼权利，法律并不要求被害人找对管辖的机关，被害人找公、检、法任何一个机关报案、控告都是他的权利。<br>**【关联法条】**《刑事诉讼法》第108条第3款 公安机关、人民检察院或者人民法院对于报案、控告、举报，都应当接受。对于不属于自己管辖的，应当移送主管机关处理，并且通知报案人、控告人、举报人；对于不属于自己管辖而又必须采取紧急措施的，应当先采取紧急措施，然后移送主管机关。 |
|---|---|
| （2）对公安机关不立案的救济权 | ①被害人作为控告人对公安机关不立案的决定如果不服，可以向原公安机关申请复议。<br>②被害人认为公安机关对应当立案侦查的案件而不立案侦查，有权向人民检察院提出申诉。<br>③被害人有证据证明对被告人侵犯自己人身、财产权利的行为应当依法追究刑事责任，且有证据证明曾经提出控告，而公安机关不予立案的案件，被害人有权向人民法院提起自诉。<br>**【小试牛刀】** 段某被黄某强奸，本案公安机关决定不立案，段某该如何救济？**答案：**段某可以分别向公安机关申请复议、向检察院申诉、向法院自诉。这三个救济途径没有先后顺序要求。 |

[1] AD。刑事被告人委托的是辩护人，其不能委托诉讼代理人，选项B不当选。公诉案件的被害人没有上诉权，只能请求检察院抗诉，选项C不当选。

续表

| | |
|---|---|
| （3）对检察院不起诉的救济权 | ①被害人对人民检察院作出的不起诉决定不服的，有权向上一级人民检察院提出申诉。<br>②被害人有证据证明对被告人侵犯自己人身、财产权利的行为应当依法追究刑事责任，且有证据证明曾经提出控告，而检察院决定不起诉的案件，被害人有权向人民法院提起自诉。<br>【小试牛刀】段某被黄某强奸，本案检察院决定不起诉，段某该如何救济？答案：段某有权向上一级检察院申诉，也有权向法院自诉。这两个救济途径没有先后顺序要求。 |
| （4）对法院裁判不服的救济权 | ①被害人不服地方各级人民法院的第一审未生效判决的，有权请求人民检察院抗诉。<br>【考点提示】公诉案件的被害人没有上诉权，只能请求检察院抗诉，其他的当事人对一审法院裁判不服皆可上诉。<br>②被害人不服地方各级人民法院的生效裁判的，有权提出申诉。 |
| （5）委托诉讼代理人的权利 | 自刑事案件移送审查起诉之日起，被害人有权委托诉讼代理人。 |

【考点提示】由于公诉案件的起诉权、撤诉权和抗诉权由检察机关行使，被害人不享有公诉案件的起诉权、撤诉权和抗诉权。

【小试牛刀】▶▶▶

关于刑事诉讼当事人中的被害人的诉讼权利，下列哪些选项是正确的？[1]

A. 撤回起诉、申请回避

B. 委托诉讼代理人、提起自诉

C. 申请复议、提起上诉

D. 申请抗诉、提出申诉

（三）自诉人

1. 概念

自诉人，是指在自诉案件中，以自己的名义直接向人民法院提起诉讼的人。自诉人相当于自诉案件的原告，通常是该案件的被害人。

2. 自诉人的诉讼权利

（1）有权直接向人民法院提起自诉。自诉案件中，自诉人承担控诉职能，向人民法院直接提起刑事诉讼。

【名师点睛】公诉案件的被害人针对犯罪行为不能直接起诉，只能公诉转自诉。

（2）有权随时委托诉讼代理人。

【名师点睛】公诉案件的被害人自案件移送审查起诉之日起才能委托诉讼代理人。

---

[1] BD。公诉案件的被害人无权撤回起诉，因为公诉案件只有检察院才享有撤回起诉的权利，选项A错误。公诉案件的被害人不服地方各级人民法院的第一审判决的，有权请求人民检察院抗诉，无权提起上诉，选项C错误。

（3）和解、撤诉权。自诉人有权同被告人自行和解或者撤回自诉。

**【名师点睛】** 公诉案件的被害人是不能撤诉的。公诉案件可以和解的范围也有严格限制。

（4）调解权。告诉才处理的案件和被害人有证据证明的轻微刑事案件的自诉人有权在人民法院的主持下与被告人达成调解协议。

**【名师点睛】** 公诉案件都不能调解。另外自诉案件有三类，其中第三类即公诉转自诉案件不能调解，这类案件争议较大。例如，强奸案公安机关不立案，被害人自己向法院起诉，此类案件是不能调解的。

**【小试牛刀】**

段某被黄某强奸，本案检察院决定不起诉，段某向法院提起了自诉，该案能否调解？

**答案：** 不可以。公诉转自诉案件不能调解。

（5）有权参加法庭调查和法庭辩论，申请审判人员以及书记员、鉴定人、翻译人员回避。

（6）申请法院调查取证权。人民法院受理自诉案件后，对于因为客观原因不能取得并提供的有关证据，自诉人有权申请人民法院调查取证。人民法院认为必要的，可以依法调取。

（7）上诉权。自诉人有权对第一审人民法院尚未发生法律效力的判决、裁定提出上诉。

**【名师点睛】** 虽然自诉人属于广义上的被害人，但是自诉人是可以上诉的，而公诉案件的被害人没有上诉权。

**【小试牛刀】**

段某被黄某强奸，本案检察院决定不起诉，段某向法院提起了自诉，段某对本案一审判决不服，可否向上一级法院上诉？如果本案是检察院向法院提起了公诉，被害人段某不服，可否上诉？

**答案：** ①可以。自诉人有上诉权。②不可以，公诉案件的被害人没有上诉权，只能请求检察院抗诉。

（8）申诉权。自诉人有权对人民法院已经发生法律效力的判决、裁定提出申诉。

**【小试牛刀】**

关于自诉人和公诉案件被害人的诉讼权利的说法正确的是？[1]

A. 都有权申请回避

B. 都有权对生效裁判申诉

C. 都有权对一审未生效判决上诉

D. 都有权自案件移送审查起诉之日起委托诉讼代理人

---

〔1〕 AB。选项 C 错误，因为被害人不能上诉，只能请求检察院抗诉。选项 D 错误，因为自诉人可以随时委托诉讼代理人。自诉案件直接进入法院，既没有侦查阶段，也没有审查起诉阶段。

### （四）犯罪嫌疑人、被告人

犯罪嫌疑人和被告人是对因涉嫌犯罪而受到刑事追诉的人的两种称谓。公诉案件中，受刑事追诉者在检察机关向人民法院提起公诉以前，称为"犯罪嫌疑人"，在检察机关正式提起公诉以后，则称为"被告人"。

| | |
|---|---|
| **1. 防御性权利** | （1）有权使用本民族语言文字进行诉讼。 |
| | （2）辩护权。<br>【考点提示】公诉案件中，犯罪嫌疑人自被侦查机关第一次讯问或者采取强制措施之日起，有权委托辩护人；在侦查期间，只能委托律师作为辩护人。自诉案件中，被告人有权随时委托辩护人。 |
| | （3）拒绝回答权。犯罪嫌疑人有权拒绝回答侦查人员提出的与本案无关的问题。 |
| | （4）被告人有权在开庭前10日内收到起诉书副本。 |
| | （5）参加法庭调查权。 |
| | （6）参加法庭辩论权。 |
| | （7）最后陈述权。被告人有权向法庭作最后陈述。<br>【考点提示】最后陈述权不能替代也不能省略。即使是未成年被告人，也不能由法定代理人来替代陈述，但是可以待其陈述完毕后，由法定代理人进行补充陈述。 |
| | （8）反诉权。自诉案件的被告人有权对自诉人提出反诉。<br>【考点提示】公诉转自诉案件不能反诉。 |
| **2. 救济性权利** | （1）申请复议权。对驳回申请回避的决定不服的，有权申请复议。 |
| | （2）控告权。对审判人员、检察人员和侦查人员侵犯公民诉讼权利和人身侮辱的行为，有权提出控告。 |
| | （3）申请变更强制措施权。犯罪嫌疑人、被告人被羁押的，有权申请变更强制措施；对于人民法院、人民检察院和公安机关采取的强制措施法定期限届满的，有权要求解除。 |
| | （4）申诉权。①对检察院作出的酌定不起诉决定，有权向该人民检察院申诉；②对已经发生法律效力的裁判，有权向法院、检察院提出申诉。 |
| | （5）上诉权。对一审未生效的裁判，有权向上一级人民法院上诉。 |
| **3. 程序保障权** | （1）在未经人民法院依法判决的情况下，不得被确定有罪； |
| | （2）获得人民法院的公开、独立、公正的审判； |
| | （3）在刑事诉讼过程中，不受审判人员、检察人员、侦查人员以刑讯逼供、威胁、引诱、欺骗及其他非法方法进行讯问； |
| | （4）不受侦查人员实施的非法逮捕、拘留、取保候审、监视居住等强制措施； |
| | （5）不受侦查人员的非法搜查、扣押等侦查行为； |
| | （6）在只有被告人一方提出上诉时不得被加重刑罚，等等。 |

【小试牛刀】

犯罪嫌疑人、被告人在刑事诉讼中享有的诉讼权利可分为防御性权利和救济性权利。下列哪些选项属于犯罪嫌疑人、被告人享有的救济性权利?[1]

A. 侦查机关讯问时，犯罪嫌疑人有申辩自己无罪的权利

B. 对办案人员人身侮辱的行为，犯罪嫌疑人有提出控告的权利

C. 对办案机关应退还取保候审保证金而不退还的，犯罪嫌疑人有申诉的权利

D. 被告人认为一审判决量刑畸重，有提出上诉的权利

### （五）附带民事诉讼当事人

附带民事诉讼当事人包括附带民事诉讼原告人和附带民事诉讼被告人。（关于附带民事诉讼当事人的范围详见第九章"附带民事诉讼"）附带民事诉讼当事人的诉讼权利包括：

1. 有权委托诉讼代理人。

【考点提示】委托时间视公诉、自诉而定，如果是公诉案件，自移送审查起诉之日起可以委托代理人，自诉案件则随时可以委托代理人。

2. 被告人有权提起反诉。

3. 有权申请回避。

4. 有权参加附带民事诉讼部分的法庭调查和法庭辩论。

【考点提示】只能参加附带民事部分，如果要求参加刑事部分的法庭调查和法庭辩论，即为错误选项。

5. 有权要求人民法院主持调解或者附带民事诉讼双方当事人自行和解。

6. 对于一审尚未发生法律效力的附带民事诉讼部分判决、裁定不服的，有权提出上诉。

【考点提示】只能对民事部分上诉，对刑事部分不能上诉。

7. 对于地方各级人民法院已经发生法律效力的判决、裁定的附带民事诉讼部分不服的，有权提出申诉。

【小试牛刀】

下列关于附带民事诉讼当事人的诉讼权利说法正确的是：[2]

A. 附带民事诉讼双方当事人可以随时委托诉讼代理人

B. 附带民事诉讼原告人认为法院对被告人在法定刑以下量刑不当，有权在上诉期内向上一级法院提出上诉

C. 附带民事诉讼双方当事人之间可以就民事赔偿部分进行和解

D. 附带民事诉讼原告人在起诉前可以向人民法院申请财产保全，但应当提供担保

---

〔1〕 BCD。选项A为防御性权利。

〔2〕 CD。附带民事诉讼当事人委托代理人的时间视公诉、自诉而定，如果是公诉案件，自移送审查起诉之日起可以委托代理人，自诉案件则随时可以委托代理人，选项A错误。附带民事诉讼当事人享有的权利只能及于附带民事诉讼范围内，超出民事部分范围则无权享有该权利，选项B错误。

### （六）单位当事人（详见单位犯罪的诉讼程序部分）

| 1. 单位犯罪嫌疑人、被告人 | 在单位犯罪的情况下，单位可以独立成为犯罪嫌疑人、被告人，与作为自然人的直接负责的主管人员和其他直接责任人员一起参与刑事诉讼。 |
| --- | --- |
| 2. 单位被害人 | 被害人一般是指自然人，但单位也可以成为被害人。单位被害人参与刑事诉讼时，应由其法定代表人作为代表参加刑事诉讼。单位被害人在刑事诉讼中的诉讼权利和诉讼义务，与自然人作为被害人时大体相同。 |

## 二、其他诉讼参与人

其他诉讼参与人，是指除公安司法人员以及当事人之外，参与诉讼活动并在诉讼中享有一定的诉讼权利、承担一定的诉讼义务的人。根据《刑事诉讼法》第106条的规定，其他诉讼参与人是指法定代理人、诉讼代理人、辩护人、证人、鉴定人和翻译人员。

### （一）法定代理人

法定代理人，是指由法律规定的对被代理人负有专门保护义务并代其进行诉讼的人。

| 1. 范围 | 被代理人的父母、养父母、监护人和负有保护责任的机关、团体的代表。 |
| --- | --- |
| 2. 对象 | 无行为能力人或者限制行为能力人。 |
| 3. 产生 | 依据法律的规定，而不是基于委托关系。 |
| 4. 权限 | 有广泛的与被代理人相同的诉讼权利。<br>【考点提示】法定代理人不能代替被代理人作陈述，也不能代替被代理人承担与人身相关联的义务，如服刑等。 |
| 5. 地位 | 具有独立的法律地位，在行使代理权限时无须经过被代理人同意。 |

【小试牛刀】

**1.** 被告人的法定代理人有没有最后陈述的权利？

**答案：** 没有。因为该权利具有专属性，不可替代。

**2.** 张某15岁被强奸，检察院对犯罪嫌疑人提起了公诉，在诉讼程序中，张某的父亲李某有没有权利申请回避？

**答案：** 有。因为张某15岁，他的父亲作为法定代理人，享有和当事人一样的诉讼权利。

**3.** 张某15岁被强奸，检察院对犯罪嫌疑人提起了公诉，在诉讼程序中，张某的父亲李某有没有上诉权？

**答案：** 没有。因为张某作为被害人，没有上诉权，所以他的法定代理人也没有上诉权。

**4.** 张某15岁涉嫌强奸，检察院对其提起了公诉，在诉讼程序中，张某的父亲李某有没有上诉权？

**答案：** 有。因为张某作为刑事被告人有上诉权，所以他的法定代理人也有上诉权。

**5.** 张某15岁涉嫌强奸，检察院对其提起了公诉，在诉讼程序中，张某的父亲李某上诉是否需要张某同意？

**答案：** 不需要。因为法定代理人具有独立的法律地位，在行使代理权限时无须经过被代理人同意。

### （二）诉讼代理人

诉讼代理人，是指基于被代理人的委托而代表被代理人参与刑事诉讼的人。

| 1. 范围 | 律师；人民团体或者被代理人所在单位推荐的人；被代理人的监护人、亲友。 |
|---|---|
| 2. 对象 | 被害人、自诉人、附带民事诉讼当事人及其法定代理人有权委托诉讼代理人。另外，被害人的近亲属也可以委托诉讼代理人。<br>【考点提示1】刑事被告人委托的是辩护人，其他的当事人委托的是诉讼代理人。<br>【考点提示2】只有公诉案件的被害人的近亲属可以委托诉讼代理人，其他几类主体的近亲属不可以委托诉讼代理人。<br>【考点提示3】所谓近亲属，是指夫、妻、父、母、子、女、同胞兄弟姐妹。这与民法规定的范围不同。 |
| 3. 产生 | 基于被代理人的委托而代表被代理人参与刑事诉讼的人。 |
| 4. 权限 | 只能在被代理人授权范围内进行诉讼活动，既不得超越代理范围，也不能违背被代理人的意志。 |
| 5. 地位 | 不具有独立的诉讼地位，仅仅是被代理人的代言人。 |

### 【小试牛刀】

**1.** 张某和李某婚后感情一直不好，后李某在外面又另外找了一个女子结婚。本案检察院以重婚罪提起了公诉，张某的父母可否委托代理人？

**答案**：可以。因为被害人的近亲属可以委托代理人。

**2.** 张某和李某婚后感情一直不好，后李某在外面又另外找了一个女子结婚。本案张某以重婚罪提起了自诉，张某的父母可否委托代理人？

**答案**：不能。因为自诉人的近亲属不能委托诉讼代理人。

**3.** 张某和李某婚后感情一直不好，后李某在外面又另外找了一个女子结婚。本案李某可否委托代理人？

**答案**：不能。李某作为刑事被告人无权委托代理人，但有权委托辩护人。

**4.** 关于刑事诉讼中法定代理人与诉讼代理人的区别，下列哪些选项是正确的？[1]

A. 法定代理人基于法律规定或法定程序产生，诉讼代理人基于被代理人委托产生

B. 法定代理人的权利源于法律授权，诉讼代理人的权利源于委托协议授权

C. 法定代理人可以违背被代理人的意志进行诉讼活动，诉讼代理人的代理活动不得违背被代理人的意志

D 法定代理人可以代替被代理人陈述案情，诉讼代理人不能代替被代理人陈述案情

### （三）辩护人（详见第六章"辩护与代理"）

辩护人，是指在刑事诉讼中接受犯罪嫌疑人、被告人及其法定代理人的委托，或者受

---

〔1〕　ABC。被害人以及附带民事诉讼的当事人是特定的人，具有不可替代性。因此，他们陈述案情的行为具有专属性，不能由其他人代替。不论法定代理人还是诉讼代理人，其本身不是被害人或者附带民事诉讼的当事人，不可以代替被代理人陈述案情，选项 D 错误。

法律援助机构指派，依法为犯罪嫌疑人、被告人辩护，以维护其合法权益的人。

### （四）证人

1. 概念

证人，是指在诉讼外了解案件情况的当事人以外的自然人。

2. 特点

（1）证人必须是了解案件情况的人，这是证人的首要条件。

（2）证人必须是在诉讼之外了解案件情况的人。

【名师点睛】参与案件办理的侦查、审查起诉、审判人员以及辩护人、诉讼代理人、鉴定人等在诉讼过程中也了解了案件情况，但其对案件情况的了解是在诉讼开始后的诉讼过程中形成的，因而不属于证人。如果这些人员在诉讼开始之前就了解了案件情况，则应当优先作证人，一般不得参与案件的办理。

【考点提示】向警官在侦查某强奸案的过程中，不断了解该案的真相，但向警官不属于本案的证人，因为其了解案件的时间是在侦查过程中。但是，向警官就其执行职务时目击的犯罪情况，应当作为证人出庭作证。

（3）证人必须是当事人以外的人。被告人、被害人等虽然通常也了解案件情况，但由于其与案件裁判结果存在切身利害关系，因而只能作为当事人，而不能作为证人。

【小试牛刀】

段某被黄某强奸，段某的老婆能否作为本案证人？

**答案**：能，因为段某的老婆属于当事人之外的人。

（4）证人只能是自然人。国家机关、企业、事业单位或者人民团体，不能成为证人，因为它们不能像自然人一样感知案件事实，无法享有证人的诉讼权利或者承担证人的诉讼义务。

【名师点睛】此处要区别于《民事诉讼法》的相关规定。在刑事诉讼中，证人只能是自然人，单位不能作证；但是在民事诉讼中，证人包括单位和个人。

（5）生理上、精神上有缺陷或者年幼，并且不能辨别是非、不能正确表达的人，不得作为证人。

【名师点睛】生理上、精神上有缺陷或者年幼，只有达到不能辨别是非或者不能正确表达的程度，才不能作证。换句话说，生理上、精神上虽然有缺陷或者年幼，但是还没有达到不能辨别是非或者不能正确表达的程度，仍然可以作证。

【小试牛刀】

段某带着8岁的女儿买肉时，与摊主发生争执，继而互殴。段某被摊主用刀背打击造成面部骨折，脑体受损。如该案进入刑事诉讼程序，段某的女儿能否作为本案的证人？

**答案**：能。虽然本案段某女儿只有8岁，但是只要她能够辨别和表达，就可以担任本案的证人。

（6）证人具有优先性和不可替代性。证人对案件事实的感知是其可以证明案件事实的根据，这种感知具有亲历性，是不可能由他人替代的。证人的不可替代性，必然得出证人作证优先规则。当证人的身份与其他诉讼主体的身份发生冲突时，只能优先作为证人。

**【小试牛刀】**

**1.** 某公安机关法医鉴定室的法医向某一天下班途中，目睹了黄某故意伤害案的经过。请问本案中该法医可否作为鉴定人？

**答案：**不能。证人具有优先性，当证人的身份与其他身份产生冲突时，他只能选择作证人。

**2.** 向法官在上班路上目睹自己的妻子杀害了他人，问向法官能否作为本案的证人？

**答案：**能。无论证人与案件当事人有无利害关系，都不需要回避，因为证人具有不可替代性。只不过，与本案有利害关系的证人证言相对于与本案无利害关系的证人证言，一般来说，证明力相对较弱。

3. 证人的权利

（1）有权用本民族语言文字进行诉讼。

（2）有权查阅证言笔录，并在发现笔录的内容与作证的内容不符时要求予以补充或者修改。

（3）对于公安司法机关工作人员侵犯其诉讼权利或者对其有人身侮辱的行为，有权提出控告。

（4）对于其因作证而支出的交通、住宿、就餐等费用，有权要求补助，并且在单位的福利待遇不被克扣。

**【考点提示】**《刑事诉讼法》第 63 条规定，证人因履行作证义务而支出的交通、住宿、就餐等费用，应当给予补助。证人作证的补助列入司法机关业务经费，由同级政府财政予以保障。有工作单位的证人作证，所在单位不得克扣或者变相克扣其工资、奖金及其他福利待遇。注意，刑事诉讼中，证人的经济补助并不包括误工费，此处区别于民事诉讼。

（5）有权要求公安司法机关保证其本人以及其近亲属的安全，防止因作证而遭受不法侵害。

**【关联法条】**《刑事诉讼法》第 62 条　对于危害国家安全犯罪、恐怖活动犯罪、黑社会性质的组织犯罪、毒品犯罪等案件，证人、鉴定人、被害人因在诉讼中作证，本人或者其近亲属的人身安全面临危险的，人民法院、人民检察院和公安机关应当采取以下一项或者多项保护措施：

（一）不公开真实姓名、住址和工作单位等个人信息；

（二）采取不暴露外貌、真实声音等出庭作证措施；

（三）禁止特定的人员接触证人、鉴定人、被害人及其近亲属；

（四）对人身和住宅采取专门性保护措施；

（五）其他必要的保护措施。

证人、鉴定人、被害人认为因在诉讼中作证，本人或者其近亲属的人身安全面临危险的，可以向人民法院、人民检察院、公安机关请求予以保护。人民法院、人民检察院、公安机关依法采取保护措施，有关单位和个人应当配合。

【小试牛刀】

某地法院审理齐某组织、领导、参加黑社会性质组织罪，关于对作证人员的保护，下列哪些选项是正确的?[1]

A. 可指派专人对被害人甲的人身和住宅进行保护

B. 证人乙可申请不公开真实姓名、住址等个人信息

C. 法院通知侦查人员丙出庭说明讯问的合法性，为防止黑社会组织报复，对其采取不向被告人暴露外貌、真实声音的措施

D. 为保护警方卧底丁的人身安全，丁可不出庭作证，由审判人员在庭外核实丁的证言

### 4. 证人的出庭义务

| | |
|---|---|
| 证人应当出庭的条件 | 《刑事诉讼法》第187条第1款规定，公诉人、当事人或者辩护人、诉讼代理人对证人证言有异议，且该证人证言对案件定罪量刑有重大影响，人民法院认为证人有必要出庭作证的，证人应当出庭作证。<br>【考点提示】证人应当出庭需要同时符合三个要件：<br>(1) 公诉人、当事人或者辩护人、诉讼代理人对证人证言有异议；<br>(2) 该证人证言对案件定罪量刑有重大影响；<br>(3) 人民法院认为证人有必要出庭作证的，证人应当出庭作证。 |
| 证人出庭的例外 | 《刑诉解释》第206条规定，证人具有下列情形之一，无法出庭作证的，人民法院可以准许其不出庭：<br>(1) 在庭审期间身患严重疾病或者行动极为不便的；<br>(2) 居所远离开庭地点且交通极为不便的；<br>(3) 身处国外短期无法回国的；<br>(4) 有其他客观原因，确实无法出庭的。<br>具有前款规定情形的，可以通过视频等方式作证。 |
| 证人拒绝作证的后果 | (1) 经人民法院通知，证人没有正当理由不出庭作证的，人民法院可以强制其到庭，但是被告人的配偶、父母、子女除外。<br>(2) 证人没有正当理由拒绝出庭或者出庭后拒绝作证的，予以训诫。<br>(3) 情节严重的，经院长批准，处以10日以下拘留。被处罚人对拘留决定不服的，可以向上一级人民法院申请复议。复议期间不停止执行。 |

【小试牛刀】

关于证人出庭作证，下列哪些说法是正确的?[2]

A. 需要出庭作证的警察就其执行职务时目击的犯罪情况出庭作证，适用证人作证的规定

B. 警察就其非执行职务时目击的犯罪情况出庭作证，不适用证人作证的规定

C. 对了解案件情况的人，确有必要时，可以强制到庭作证

D. 证人没有正当理由拒绝出庭作证的，只有情节严重，才可以处以拘留，且拘留不可以超过10日

[1] ABD。选项C，并非是侦查人员丙目击的犯罪情况，因此丙不适用证人保护规则，选项C错误。
[2] AD

### （五）鉴定人

1. 概念

鉴定人，是指接受公安司法机关的指派或者聘请，运用自己的专门知识或者技能对刑事案件中的专门性问题进行分析判断并提出书面鉴定意见的人。

2. 特点

（1）鉴定人必须具备鉴定某项专门性问题的知识或技能；

（2）鉴定人由公安司法机关指派或者聘请产生，并且在诉讼过程中可以更换。

【小试牛刀】

向某是某证据领域的专家，其接受辩护人的邀请，就某案件的证据问题作出了一份专家意见，向某在本案是否属于鉴定人？

**答案**：不属于。因为鉴定人由公安司法机关指派或者聘请产生。

（3）鉴定人通过参加刑事诉讼的途径了解案件的真实情况。

【名师点睛】证人了解案情是在诉讼外，鉴定人了解案情是在诉讼中。

【小试牛刀】

段某作为某鉴定机构的鉴定人，如果他目击了某个案件的发生，他能否担任本案的鉴定人？

**答案**：不能。段某应当担任本案的证人。

（4）鉴定人必须是与案件或案件当事人没有利害关系的人。

【名师点睛】如果鉴定人与案件或者案件当事人有利害关系，应当适用回避的规定。鉴定人属于回避对象，这一点要区别于证人。证人即使有利害关系也不需要回避。

（5）鉴定人只能是自然人。

【名师点睛】证人也必须是自然人。

3. 鉴定人的诉讼权利

（1）了解与鉴定有关的案件情况；

（2）有权要求指派或者聘请的机关提供足够的鉴定材料，且在提供的鉴定材料不充分、不具备作出鉴定意见的条件时，有权要求有关机关补充材料，否则有权拒绝鉴定；

（3）要求为鉴定提供必要的条件；

（4）收取鉴定费用；

（5）因在诉讼中作证，鉴定人及其近亲属的人身安全依法受到保护。

4. 鉴定人的出庭作证义务

| 通知鉴定人出庭的条件 | 根据《刑诉解释》第205条的规定，公诉人、当事人或者辩护人、诉讼代理人对鉴定意见有异议，申请法庭通知证人、鉴定人出庭作证，人民法院认为有必要的，应当通知鉴定人出庭。<br>【考点提示】应当通知鉴定人出庭的条件需同时符合两个要件：（区别于证人）<br>（1）公诉人、当事人或者辩护人、诉讼代理人对鉴定意见有异议；<br>（2）人民法院认为有必要的。 |
| --- | --- |

续表

| 鉴定人拒绝出庭的后果 | （1）经人民法院通知，鉴定人拒不出庭作证的，鉴定意见不得作为定案的根据。<br>【名师点睛】区别于证人拒不到庭的后果，证人拒不出庭法院可以强制其出庭。<br>（2）鉴定人由于不能抗拒的原因或者有其他正当理由无法出庭的，人民法院可以根据情况决定延期审理或者重新鉴定。<br>（3）对没有正当理由拒不出庭作证的鉴定人，人民法院应当通报司法行政机关或者有关部门。<br>【名师点睛】区别于证人，证人如果拒绝出庭作证，法院可以决定训诫、拘留。 |
| --- | --- |

【归纳总结】

| | 证　人 | 鉴定人 |
| --- | --- | --- |
| 1. 主体要求 | 辨别是非、正确表达 | 专业技能 |
| 2. 利害关系 | 可以有 | 不可有 |
| 3. 来源问题 | 不需要指派、聘请 | 需要指派、聘请 |
| 4. 产生时间 | 诉讼外 | 诉讼中 |
| 5. 可否替代 | 不可替代 | 可以替代 |
| 6. 回避要求 | 无需回避 | 需要回避 |

【小试牛刀】

关于证人证言与鉴定意见，下列哪一选项是正确的？[1]

A. 证人证言只能由自然人提供，鉴定意见可由单位出具

B. 生理上、精神上有缺陷的人有时可以提供证人证言，但不能出具鉴定意见

C. 如控辩双方对证人证言和鉴定意见有异议的，相应证人和鉴定人均应出庭

D. 证人应出庭而不出庭的，其庭前证言仍可能作为证据；鉴定人应出庭而不出庭的，鉴定意见不得作为定案根据

## （六）翻译人员

翻译人员，是指在刑事诉讼过程中接受公安司法机关的指派或者聘请，为参与诉讼的外国人或无国籍人、少数民族人员、盲人、聋人、哑人等进行语言、文字或者手势翻译的人员。

【名师点睛】翻译人员属于诉讼参与人（其他诉讼参与人）。翻译人员是回避的对象。

【小试牛刀】

W国人约翰因涉嫌在我国某市A区从事间谍活动被立案侦查并提起公诉。约翰精通汉语，开庭时法院是否需要为其配备翻译人员？

答案：需要。《刑诉解释》第401条第1款规定，人民法院审判涉外刑事案件，使用中华人民共和国通用的语言、文字，应当为外国籍当事人提供翻译。

---

[1] D。证人只能是自然人，鉴定人也只能是自然人，选项A错误。生理上有缺陷（比如缺胳膊少腿）的人，也可以担任鉴定人，选项B错误。证人、鉴定人应当出庭的条件并不仅仅是控辩双方对证人证言和鉴定意见有异议这一个条件，选项C错误。经人民法院通知，鉴定人拒不出庭作证的，鉴定意见不得作为定案的根据，选项D正确。

💡 **拓 展 阅 读**

**专家辅助人**

《刑事诉讼法》第 192 条第 2、4 款规定，公诉人、当事人和辩护人、诉讼代理人可以申请法庭通知有专门知识的人出庭，就鉴定人作出的鉴定意见提出意见。有专门知识的人出庭，适用鉴定人的有关规定。

【名师点睛】专家辅助人，也需要具备专业技能，但是并不需要具备鉴定人资质。专家辅助人发表的意见不属于法定证据种类。专家辅助人的出庭规则适用鉴定人的有关规定。

【考点提示】专家辅助人并不属于诉讼参与人的范围。

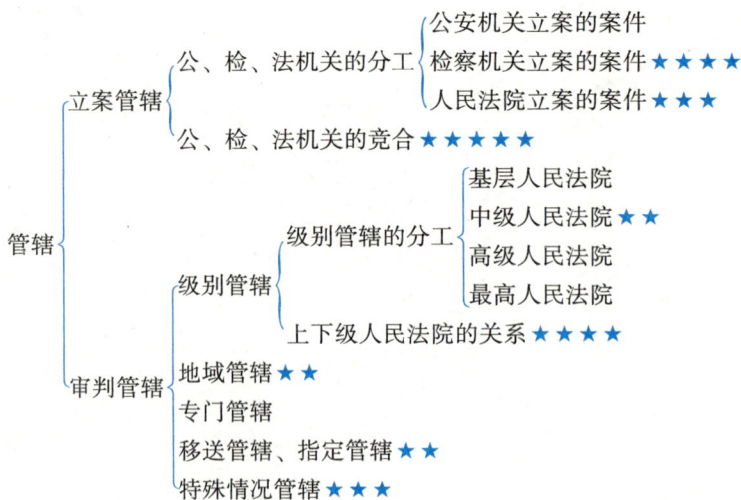

# 第4章 管　辖

## 复习提要

管辖是刑事诉讼法的基础考点，是指公安机关、人民检察院和人民法院之间立案受理刑事案件以及人民法院系统内审判第一审刑事案件的分工制度。刑事诉讼中，管辖要解决两个问题：①立案管辖，考生需要重点记忆检察院自侦案件的范围和法院自诉案件的范围，同时还需要掌握公、检、法之间管辖竞合的处理；②审判管辖，确定的是人民法院上下级之间和不同法院之间地域的管辖。本章的难点是如何确立一个案件的具体管辖：首先，需要确定其立案管辖；其次，在判断是否属于审判管辖中的专门管辖的基础上确定级别管辖和地区管辖；最后，判断是否存在需要移送管辖和指定管辖的情形。

## 知识框架

```
                                              公安机关立案的案件
                          公、检、法机关的分工  检察机关立案的案件 ★★★★
            立案管辖                           人民法院立案的案件 ★★★
                          公、检、法机关的竞合 ★★★★★

                                              基层人民法院
                                              中级人民法院 ★★
管辖                      级别管辖的分工        高级人民法院
                          级别管辖             最高人民法院
                          上下级人民法院的关系 ★★★
            审判管辖      地域管辖 ★★
                          专门管辖
                          移送管辖、指定管辖 ★★
                          特殊情况管辖 ★★★
```

## 一、立案管辖

立案管辖，是指公安机关（包括国家安全机关）、人民检察院和人民法院之间在直接受理刑事案件上的权限分工。

### （一）公安机关立案侦查的案件范围

刑事案件的侦查由公安机关进行，法律另有规定的除外。"法律另有规定的"是指：

1. 由人民检察院直接立案侦查的案件。

2. 由军队保卫部门负责侦查的军队内部发生的刑事案件。

3. 由国家安全机关立案侦查的危害国家安全的刑事案件。

4. 由监狱立案侦查的罪犯在监狱内犯罪的案件。

【考点提示】如果考到了公安机关管辖的案件范围，只能使用排除法解题。

【小试牛刀】

下列哪一案件应由公安机关直接受理立案侦查？[1]

A. 林业局副局长王某违法发放林木采伐许可证案

B. 吴某破坏乡长选举案

C. 负有解救被拐卖儿童职责的李某利用职务阻碍解救案

D. 某地从事实验、保存传染病菌种的钟某，违反国务院卫生行政部门的有关规定，造成传染病菌种扩散构成犯罪的案件

### （二）人民检察院直接受理的案件范围

检察院直接受理的案件简称为自侦案件，属于黄金考点，需记住以下四类案件：

1. 贪污贿赂犯罪案件

贪污贿赂犯罪，是指刑法分则第八章规定的贪污贿赂罪和其他章节中明确规定按照刑法分则第八章贪污贿赂罪的规定定罪处罚的犯罪。

拓展阅读

贪污贿赂犯罪案件，具体包括：贪污案、挪用公款案、受贿案、单位受贿案、行贿案、对单位行贿案、介绍贿赂案、单位行贿案、巨额财产来源不明案、隐瞒境外存款案、私分国有资产案、私分罚没财物案。

【考点提示】向某是非国有商业公司的领导，其收受贿赂，应当由公安机关侦查，本案不属于刑法分则第八章规定的贪污贿赂案件。

2. 国家机关工作人员的渎职犯罪案件

修订后的《刑法》已将渎职罪的主体修改为国家机关工作人员。国家机关工作人员的渎职犯罪，具体指刑法分则第九章规定的渎职罪，共37个罪名。

---

[1] D。选项A，属于渎职犯罪，应由人民检察院立案侦查。选项B，破坏乡长选举案的犯罪主体既可以由国家机关工作人员构成，也可以由一般主体构成。选项C，构成渎职罪，应由人民检察院立案侦查。

### 拓展阅读

渎职犯罪案件，具体包括：滥用职权案，玩忽职守案，故意泄露国家秘密案，过失泄露国家秘密案，徇私枉法案，民事、行政枉法裁判案，执行判决、裁定失职案，执行判决、裁定滥用职权案，枉法仲裁案，私放在押人员案，失职致使在押人员脱逃案，徇私舞弊减刑、假释、暂予监外执行案，徇私舞弊不移交刑事案件案，滥用管理公司、证券职权案，徇私舞弊不征、少征税款案，徇私舞弊发售发票、抵扣税款、出口退税案，违法提供出口退税凭证案，国家机关工作人员签订、履行合同失职被骗案，违法发放林木采伐许可证案，环境监管失职案，食品监管渎职案，传染病防治失职案，非法批准征收、征用、占用土地案，非法低价出让国有土地使用权案，放纵走私案，商检徇私舞弊案，商检失职案，动植物检疫徇私舞弊案，动植物检疫失职案，放纵制售伪劣商品犯罪行为案，办理偷越国（边）境人员出入境证件案，放行偷越国（边）境人员案，不解救被拐卖、绑架妇女、儿童案，阻碍解救被拐卖、绑架妇女、儿童案，帮助犯罪分子逃避处罚案，招收公务员、学生徇私舞弊案，失职造成珍贵文物损毁、流失案。

【名师点睛】下列国家工作人员所实施的具有渎职性质的犯罪由公安机关管辖（因为下列罪名不属于国家机关工作人员渎职）：①非法经营同类营业罪；②为亲友非法牟利罪；③签订、履行合同失职被骗罪；④玩忽职守造成破产、严重损失罪；⑤滥用职权造成破产、严重损失罪；⑥徇私舞弊低价折股、出售国有资产罪。

【考点提示】向某是某国有企业经理，由于滥用职权造成该企业破产清算。该案属于公安机关侦查，因为该案不属于刑法分则第九章渎职罪的范围，向某不属于国家机关工作人员渎职。

3. 国家机关工作人员利用职权实施的侵犯公民人身权利和民主权利的犯罪案件

（1）非法拘禁案（《刑法》第238条）；

（2）非法搜查案（《刑法》第245条）；

（3）刑讯逼供案（《刑法》第247条）；

（4）暴力取证案（《刑法》第247条）；

（5）报复陷害案（《刑法》第254条）；

（6）虐待被监管人案（《刑法》第248条）；

（7）破坏选举案（《刑法》第256条）。

【名师点睛】此类案件需要强调两个要点：①国家机关工作人员利用职权；②侵犯公民人身权利和民主权利。上述案件中，需要注意第1、2、7项，这几个案件的主体是一般主体，因此，如果出现这几个案件，还需要判断这几个案件是不是国家机关工作人员利用职权实施的，其他几个案件就无需判断，因为只有国家机关工作人员利用职权才能构成该罪。

### 【小试牛刀】

下列哪些案件应当由检察院自行侦查？[1]

---

[1] C。选项AB不一定利用职权，如果没有利用职权，则属于公安机关侦查。选项D应由公安机关侦查，只有报复陷害罪才是检察院侦查。

A. 非法拘禁案

B. 非法搜查案

C. 刑讯逼供案

D. 诬告陷害案

4. 国家机关工作人员利用职权实施的其他重大犯罪案件

对于国家机关工作人员利用职权实施的其他重大犯罪案件，需要由人民检察院直接受理的时候，经省级以上人民检察院决定，可以由人民检察院立案侦查。必须符合下列条件：

（1）必须是国家机关工作人员利用职权实施的前三类以外的其他重大犯罪案件；

（2）必须经过省级以上人民检察院决定。

💡 拓 展 阅 读

具体上报程序是：基层人民检察院或者分、州、市人民检察院需要直接立案侦查时，应当层报所在的省级人民检察院决定；分、州、市人民检察院对基层人民检察院层报省级人民检察院的案件，应当进行审查，提出是否需要立案侦查的意见，报送省级人民检察院；报请省级人民检察院决定立案侦查的案件，应当制作提请批准直接受理书，写明案件情况以及需要由人民检察院立案侦查的理由，并附有关材料；省级人民检察院应当在收到提请批准直接受理书后的 10 日以内作出是否立案侦查的决定。

【名师点睛1】省级人民检察院可以决定由下级人民检察院立案侦查，也可以决定本院立案侦查。

【名师点睛2】对于国家机关工作人员利用职权实施的其他重大犯罪案件，也可以由公安立案侦查。

【小试牛刀】

1. 国家机关工作人员李某涉嫌强奸罪，本案公安机关不立案，人民检察院能否直接立案侦查？

**答案**：不能。因为本案不属于国家机关工作人员利用职权实施的其他重大犯罪案件，故其不属于人民检察院侦查的范围，而属于公安侦查的范围。检察院对公安机关不立案，只能进行立案监督，要求公安机关说明不立案的理由，理由不成立的，通知公安机关立案。

2. 孙某系甲省乙市海关科长，与走私集团通谋，利用职权走私国家禁止出口的文物，情节特别严重。本案该如何确定立案管辖？[1]

A. 可由公安机关立案侦查

B. 经甲省检察院决定，可由检察院立案侦查

C. 甲省检察院决定立案侦查后可根据案件情况自行侦查

D. 甲省检察院决定立案侦查后可根据案件情况指定甲省丙市检察院侦查

---

〔1〕 ABCD

### 拓展阅读

　　根据全国人大常委会《关于在北京市、山西省、浙江省开展国家监察体制改革试点工作的决定》的规定，自2016年12月26日起，在北京市、山西省、浙江省暂时调整或者暂时停止适用《刑事诉讼法》第3、18、148条以及第二编第二章第十一节关于检察机关对直接受理的案件进行侦查的有关规定，在试点地区，上述四类由人民检察院直接立案侦查的案件转由监察委员会立案受理。

#### （三）人民法院直接受理的案件范围

　　刑事诉讼中，人民法院仅直接受理自诉案件，且立案后直接进入审理阶段，不需要经过专门机关侦查。这类案件包括三种情形：

　　1. 告诉才处理的案件

　　告诉才处理的案件，是指只有被害人或其法定代理人提出控告和起诉，人民法院才予以受理的案件。具体包括：

　　（1）侮辱、诽谤案（严重危害社会秩序和国家利益的除外）；

　　（2）暴力干涉婚姻自由案（致使被害人死亡的除外）；

　　（3）虐待案（致使被害人重伤、死亡的除外）；

　　（4）侵占案（绝对的告诉才处理）。

　　【名师点睛】告诉才处理的案件并不一定非要被害人本人起诉，如果被害人因受到强制、威胁、无法告诉的，人民检察院或者被害人的近亲属也可以告诉。依据《刑事诉讼法》第112条的规定，告诉才处理的案件，如果被害人死亡或者丧失行为能力，被害人的法定代理人、近亲属有权向人民法院起诉，且人民法院应当依法受理。

### 【小试牛刀】

　　关于告诉才处理的案件与自诉案件，下列哪一选项是正确的？[1]

　　A. 自诉案件是告诉才处理的案件

　　B. 告诉才处理的案件是自诉案件

　　C. 告诉才处理的案件与自诉案件，只是说法不同，含义相同

　　D. 告诉才处理的案件与自诉案件二者之间没有关系

　　2. 被害人有证据证明的轻微刑事案件

　　这类案件必须满足两个条件：①必须是轻微的刑事案件；②被害人必须有相应的证据证明被告人有罪。这类案件主要包括：

　　（1）故意伤害案（轻伤）；

　　（2）非法侵入住宅案；

　　（3）侵犯通信自由案；

　　（4）重婚案；

　　（5）遗弃案；

---

　　〔1〕　B。自诉案件包括告诉才处理的案件，告诉才处理的案件是自诉案件的一种。

（6）生产、销售伪劣商品案；

（7）侵犯知识产权案；

（8）刑法分则第四、五章规定的，对被告人可能判处 3 年有期徒刑以下刑罚的案件。

**【名师点睛】** 此类案件可以公诉也可以自诉。被害人直接向人民法院起诉的，人民法院应当依法受理。对其中证据不足、可以由公安机关受理的，或者认为对被告人可能判处 3 年有期徒刑以上刑罚的，应当告知被害人向公安机关报案，或者移送公安机关立案侦查。被害人向公安机关控告的，公安机关应当受理。

**【小试牛刀】**

1. 家住河西区的张某向公安机关举报自己的丈夫王某有重婚行为，公安机关以重婚罪属于人民法院直接受理的自诉案件范围为由不受理，并告知张某到河西区人民法院提起自诉。请问公安机关的做法是否符合规定？

**答案：** 不符合。重婚罪属于自诉案件的第二类，即被害人有证据证明的轻微刑事案件，该类案件属于公诉和自诉交叉的案件。被害人直接向人民法院起诉的，人民法院应当依法受理；被害人向公安机关控告的，公安机关也应当立案侦查。

2. 甲偷偷将乙家的一群羊赶走卖掉，获得赃款 3000 元。乙直接向法院起诉，并提供了足以证明甲盗窃的证据，要求追究甲盗窃罪的刑事责任。法院该如何处理？

**答案：** 依法受理。本案中，甲盗窃乙家的羊群并出卖的行为属于刑法分则第五章"侵犯财产罪"中第 264 条规定的可以判处 3 年有期徒刑以下刑罚的情形，因而既可公诉又可自诉，被害人直接向人民法院起诉的，人民法院应当依法受理。

3. 公诉转自诉的案件

被害人有证据证明对被告人侵犯自己人身、财产权利的行为应当依法追究刑事责任，且有证据证明曾经提出控告，而公安机关或者人民检察院不予追究被告人刑事责任的案件。（简称"公诉转自诉的案件"）

公诉转自诉的案件，从性质上说，原本属于公诉案件范围，若要成为自诉案件，必须具备四个条件：

（1）被害人有足够证据；

（2）被告人侵犯了被害人的人身、财产权利；

（3）应当追究被告人刑事责任；

（4）被害人有证据证明曾经提出控告，而公安机关或者人民检察院不予追究刑事责任。

**【名师点睛】** 这类刑事案件范围很广，既包括公安机关或者检察机关不立案侦查或撤销的案件，也包括检察机关决定不起诉的案件。

**【小试牛刀】**

1. 段某被黄某强奸，段某将黄某控告到公安机关，公安机关不予立案，段某于是向法院起诉，法院能否受理此案？

**答案：** 可以。本案属于自诉案件的第三类，即公诉转自诉的案件。

**2.** 下列关于公诉转自诉的案件，说法正确的是？[1]

A. 该类案件不能调解

B. 该类案件不能反诉

C. 所有公诉案件，都可能转为自诉案件

D. 公诉转自诉案件，被告人可以随时委托辩护人

## 二、公安机关、人民检察院和人民法院管辖权竞合的处理

### （一）公安机关与人民检察院的交叉管辖

公安机关与人民检察院侦查刑事案件涉及对方机关管辖的案件时，应当将不属于本机关管辖的案件移送对方机关。在上述情况中，如果涉嫌主罪属于其中一个机关管辖，则由该机关为主侦查，另一侦查机关予以配合。

【关联法条】《六机关规定》第1条　公安机关侦查刑事案件涉及人民检察院管辖的贪污贿赂案件时，应当将贪污贿赂案件移送人民检察院；人民检察院侦查贪污贿赂案件涉及公安机关管辖的刑事案件，应当将属于公安机关管辖的刑事案件移送公安机关。在上述情况中，如果涉嫌主罪属于公安机关管辖，由公安机关为主侦查，人民检察院予以配合；如果涉嫌主罪属于人民检察院管辖，由人民检察院为主侦查，公安机关予以配合。

【小试牛刀】

**1.** 检察院在查办国家机关工作人员刘某贪污贿赂案件中，发现刘某还涉嫌伙同其同事苏某实施盗窃罪。关于新发现的盗窃罪，检察院该如何处理？

**答案**：将盗窃罪移送公安机关。因为本案盗窃罪属于公安机关侦查范围。

**2.** 检察院在侦查国家机关工作人员刘某贪污贿赂案件中，发现刘某还涉嫌伙同其同事苏某利用职权实施非法拘禁罪。关于新发现的非法拘禁罪，检察院该如何处理？

**答案**：将贪污罪和非法拘禁罪一并侦查。因为本案非法拘禁是国家机关工作人员利用职权实施的犯罪，属于检察院侦查范围。

【关联法条】《高检规则》第392条　人民检察院立案侦查时认为属于直接立案侦查的案件，在审查起诉阶段发现不属于人民检察院管辖，案件事实清楚、证据确实充分，符合起诉条件的，可以直接起诉；事实不清、证据不足的，应当及时移送有管辖权的机关办理。

### （二）公诉案件与自诉案件的交叉管辖

公安机关或人民检察院在侦查过程中，如果发现被告人还犯有属于人民法院直接受理的罪行时，应分情况进行处理：

1. 对于属于告诉才处理的案件，告知被害人向人民法院直接提起诉讼。

2. 对于属于人民法院可以受理的其他类型自诉案件的，可以立案进行侦查，然后在人民检察院提起公诉时，随同公诉案件移送人民法院，由人民法院合并审理。

【小试牛刀】

**1.** 公安机关在侦查一个盗窃案时发现该嫌疑人还犯有一个侵占罪，此时公安机关该如何

---

[1]　ABD。选项C错误的原因是并非所有公诉案件都能转为自诉案件，如贪污案就不可能，因为没有被害人。

处理？

**答案**：继续侦查盗窃罪；对于侵占罪，只能告知被害人自己向法院提起诉讼。

2. 公安机关在侦查一个盗窃案时发现该嫌疑人还犯有一个重婚罪，此时公安机关该如何处理？

**答案**：一并侦查，一并移送起诉。因为重婚是可以公诉可以自诉的案件。

### （三）自诉案件与公诉案件的交叉

人民法院在审理自诉案件过程中，如果发现被告人还犯有必须由人民检察院提起公诉的罪行时，应将新发现的罪行另案移送有管辖权的公安机关或者人民检察院处理。

**【小试牛刀】**

1. 某法院在审理张某自诉伤害案中，发现被告人还实施过抢劫。对此，法院该如何处理？

**答案**：继续审理伤害案，并将抢劫案移送有管辖权的公安机关。

2. 某检察院在对国家机关工作人员张某巨额财产来源不明案进行侦查时，发现其巨额财产2/3为诈骗所得，1/3为盗窃所得。关于此案，下列哪一选项是正确的？[1]

A. 本案应当继续由检察院侦查

B. 本案应当由检察院为主侦查，公安机关予以配合

C. 本案应当由公安机关为主侦查，检察院予以配合

D. 检察院应当将案件移送公安机关

### 三、并案管辖

《六机关规定》第3条规定，具有下列情形之一的，人民法院、人民检察院、公安机关可以在其职责范围内并案处理：

1. 一人犯数罪的。

2. 共同犯罪的。

3. 共同犯罪的犯罪嫌疑人、被告人还实施其他犯罪的。

4. 多个犯罪嫌疑人、被告人实施的犯罪存在关联，并案处理有利于查明案件事实的。

**【关联法条】**《高检规则》第12条第2款　对于一人犯数罪、共同犯罪、多个犯罪嫌疑人实施的犯罪相互关联，并案处理有利于查明案件事实和诉讼进行的，人民检察院可以对相关犯罪案件并案处理。

**【小试牛刀】**

田某涉嫌挪用公款被立案侦查并逮捕，侦查过程中发现田某还涉嫌重婚。如挪用公款与重婚互有牵连，检察院可否一并侦查？

**答案**：可以。并案处理如果有利于查明案件事实和诉讼进行的，人民检察院可以对相关犯罪案件并案处理。

### 四、审判管辖

审判管辖，是指各级人民法院之间、同级人民法院之间以及普通人民法院与专门人民

---

〔1〕 D。本案全部案件都属于公安机关管辖，所以不存在主罪的判断问题。不要误选C。

法院之间、各专门法院之间，在审判第一审刑事案件上的权限划分。审判管辖所要解决的是人民法院系统内部受理案件的分工问题，包括级别管辖、地域管辖、移送管辖、指定管辖。

### （一）级别管辖

级别管辖，是指各级人民法院之间在审判第一审刑事案件上的权限划分。其是对第一审刑事案件审判权的纵向划分，解决的是上下级人民法院之间的权限分工问题。

**1. 级别管辖的分工**

| | |
|---|---|
| 基层人民法院 | 基层人民法院管辖第一审普通刑事案件，但是依照《刑事诉讼法》由上级人民法院管辖的除外。 |
| 中级人民法院 | （1）危害国家安全、恐怖活动案件；<br>（2）可能判处无期徒刑、死刑的案件；<br>（3）违法所得没收程序。<br>【名师点睛1】危害国家安全案件是指刑法分则第一章规定的危害国家安全的案件；恐怖活动案件的范围主要依据刑法分则规定的罪名是否属于恐怖活动予以明确。<br>【名师点睛2】上述规定并不是说这些案件必须由中级人民法院进行第一审，而是最低应由中级人民法院进行第一审，并不排除由高级人民法院、最高人民法院对这些案件进行第一审。 |
| 高级人民法院 | 高级人民法院管辖全省（自治区、直辖市）性的重大刑事案件。 |
| 最高人民法院 | 最高人民法院管辖在全国范围内具有重大影响的，性质、情节都特别严重的刑事案件。 |

【考点提示】重点掌握中院管辖范围，如果考到基层法院管辖范围记得使用排除法。

【小试牛刀】

下列哪些案件属于基层法院管辖？[1]

A. M 国人汤姆在 G 国殴打一中国留学生，致其耳聋

B. B 国人达卡威斯在中国盗窃一旅客手包，内有财物价值 2500 元

C. 中国籍的马某在中国内地将一台湾商人打成轻伤

D. 中国籍的黄某在中国内地绑架一 G 国籍富商，因未勒索到赎金将其杀害

**2. 级别管辖的变通**

| | |
|---|---|
| 上可审下 | （1）上级法院在必要时，可以审判下级法院管辖的第一审刑事案件。<br>【名师点睛】上级法院认为下级法院虽有管辖权，但不宜审理此案，且自行审理更为适宜的，可以决定提级管辖。但这种决定必须在下级法院第一审宣判之前作出，并应当下达改变管辖决定书，并书面通知同级人民检察院。<br>（2）下级人民法院认为案情重大、复杂，需要由上级人民法院审判的第一审刑事案件，可以请求移送上一级人民法院审判。 |

---

〔1〕　ABC

续表

| | |
|---|---|
| 下不可审上 | （1）下级法院绝对不能审理上级法院管辖的案件。依法应当由上级法院管辖的一审案件，不能再指定下级法院管辖。<br><br>（2）基层法院对可能判处无期徒刑、死刑的第一审刑事案件，应当移送中级人民法院审判。<br><br>**【关联法条】**《刑诉解释》第15条第3款 需要将案件移送中级人民法院审判的，应当在报请院长决定后，至迟于案件审理期限届满15日前书面请求移送。中级人民法院应当在接到申请后10日内作出决定。不同意移送的，应当下达不同意移送决定书，由请求移送的人民法院依法审判；同意移送的，应当下达同意移送决定书，并书面通知同级人民检察院。<br><br>《刑诉解释》第12条 人民检察院认为可能判处无期徒刑、死刑，向中级人民法院提起公诉的案件，中级人民法院受理后，认为不需要判处无期徒刑、死刑的，应当依法审判，不再交基层人民法院审判。 |
| 数罪就高不就低 | 一人犯数罪、共同犯罪和其他需要并案审理的案件，只要其中一人或者一罪属于上级人民法院管辖的，全案由上级人民法院管辖。 |

**【名师点睛】**此考点与民事诉讼有所不同。在民事诉讼中，上级人民法院可以将本院管辖的一审民事案件交下级人民法院审理。因此，民诉简称"能上能下"，刑诉简称"上可审下，下不可审上"。

## 拓 展 阅 读

刑诉中检察院上下级关系不同于法院。《高检规则》第14条规定，上级人民检察院在必要的时候，可以直接立案侦查或者组织、指挥、参与侦查下级人民检察院管辖的案件，也可以将本院管辖的案件指定下级人民检察院立案侦查；下级人民检察院认为案情重大、复杂，需要由上级人民检察院立案侦查的案件，可以请求移送上级人民检察院立案侦查。故检察院上下级关系也可以简称为"能上能下"。

**【关联法条】**《高检规则》第18条第3款 分、州、市人民检察院办理直接立案侦查的案件，需要将属于本院管辖的案件指定下级人民检察院管辖的，应当报请上一级人民检察院批准。

**【小试牛刀】**

某县破获一团伙抢劫案，该团伙涉嫌多次入户抢劫，该县法院审理后认为，该团伙中只有主犯赵某可能被判处无期徒刑。关于该案的移送管辖，下列哪些选项是正确的？[1]

A. 应当将赵某移送中级法院审理，其余被告人继续在县法院审理

B. 团伙中的未成年被告人应当一并移送中级法院审理

C. 中级法院审查后认为赵某不可能被判处无期徒刑，可不同意移送

D. 中级法院同意移送的，应当书面通知其同级检察院

---

[1] CD。本案虽然只有一人可能被判处无期徒刑，但是应当全案移送中院审理，选项A错误。未成年人和成年人共同犯罪是可以分别在不同法院审理的，选项B错误。

### （二）地域管辖

地域管辖，是指同级人民法院之间，在审判第一审刑事案件时的权限划分。其是对第一审刑事案件审判权的横向划分，解决的是同级人民法院之间的权限分工问题。

1. 以犯罪地管辖为主，被告人居住地管辖为辅原则

刑事案件由犯罪地的人民法院管辖。如果被告人居住地的人民法院审判更为适宜的，可以由被告人居住地的人民法院管辖。

（1）犯罪地包括犯罪行为发生地和犯罪结果发生地。

【小试牛刀】

段某非法拘禁黄某于某市A区，后又用汽车经该市B区、C区，将黄某转移到D区继续拘禁。对于段某所涉非法拘禁案，哪些法院依法享有管辖权？

**答案：** A区、B区、C区、D区四区法院都有管辖权。

【关联法条】《刑诉解释》第2条　犯罪地包括犯罪行为发生地和犯罪结果发生地。

针对或者利用计算机网络实施的犯罪，犯罪地包括犯罪行为发生地的网站服务器所在地，网络接入地，网站建立者、管理者所在地，被侵害的计算机信息系统及其管理者所在地，被告人、被害人使用的计算机信息系统所在地以及被害人财产遭受损失地。

【小试牛刀】

周某采用向计算机植入木马程序的方法窃取齐某的网络游戏账号、密码等信息，将窃取到的相关数据存放在其租用的服务器中，并利用这些数据将齐某游戏账户内的金币、点券等虚拟商品放在第三方网络交易平台上进行售卖，获利5000元。下列哪些地区的法院对本案具有管辖权？[1]

A. 周某计算机所在地

B. 齐某计算机所在地

C. 周某租用的服务器所在地

D. 经营该网络游戏的公司所在地

（2）居住地是指被告人的户籍地。经常居住地与户籍地不一致的，经常居住地为其居住地。经常居住地为被告人被追诉前已连续居住1年以上的地方，但住院就医的除外。

【名师点睛】由被告人居住地的人民法院管辖更为适宜的情况一般包括：被告人流窜作案，主要犯罪地难以确定，而其居住地的群众更多地了解案件情况的；被告人在居住地民愤极大，当地群众要求在当地审判的；可能对被告人适用缓刑、管制或者单独适用剥夺政治权利等刑罚，因而需要在其居住地执行的；等等。

2. 以最初受理的人民法院审判为主，主要犯罪地人民法院审判为辅原则

几个同级人民法院都有权管辖的案件，由最初受理的人民法院审判。在必要的时候，可以移送主要犯罪地的人民法院审判。

---

[1]　ABCD

---

**拓 展 阅 读**

"必要的时候"，一般应从有利于查清犯罪事实、及时处理案件以及充分发挥审判活动的教育作用等方面考虑。所谓主要犯罪地，包括案件涉及多个地点时，对该犯罪的成立起主要作用的行为地，也包括一人犯数罪时，主要罪行的实行地。

【名师点睛】在此问题上，民事诉讼规定为最先立案的人民法院管辖。

### （三）专门管辖

专门管辖，是指专门人民法院与普通人民法院之间，各种专门人民法院之间以及各专门人民法院系统内部在受理第一审刑事案件上的权限分工。在我国，管辖刑事案件的专门人民法院包括军事法院和铁路运输法院。

| 军事法院 | 一般而言，军人和非军人共同犯罪的，分别由军事法院和地方人民法院或者其他专门人民法院管辖。但涉及国家军事秘密的，全案由军事法院管辖。 |
|---|---|
| 铁路运输法院 | 铁路运输法院管辖的案件是铁路公安机关、铁路检察院负责侦破的刑事案件。主要包括：①铁路工作区域发生的犯罪案件；②针对铁路设备、设施的犯罪案件；③火车上发生的犯罪案件；④铁路运输系统的职务犯罪案件。 |

### （四）指定管辖

指定管辖，是指当管辖不明或者有管辖权的法院不宜行使管辖权时，由上级人民法院以指定的方式确定案件的管辖。

1. 指定管辖的情形

| 管辖不明 | 对管辖权发生争议的，应当在审限内协商解决；协商不成的，由争议的人民法院分别逐级报请共同的上级人民法院指定管辖。<br>【名师点睛】协商是必经程序，而且必须是逐级报请。 |
|---|---|
| 管辖不宜 | 有管辖权的人民法院因案件涉及本院院长需要回避等原因，不宜行使管辖权的，可以请求上一级人民法院管辖；上一级人民法院可以管辖，也可以指定与提出请求的人民法院同级的其他人民法院管辖。 |
| 规避管辖 | 第二审人民法院发回重新审判的案件，人民检察院撤回起诉后，又向原第一审人民法院的下级人民法院重新提起公诉的，下级人民法院应当将有关情况层报原第二审人民法院。原第二审人民法院根据具体情况，可以决定将案件移送原第一审人民法院或者其他人民法院审判。 |

**【小试牛刀】**

齐某在 A 市 B 区利用网络捏造和散布虚假事实，宣称向某系当地黑社会组织"大哥"，A 市中级法院院长黄某为其"保护伞"。向某以齐某诽谤为由，向 B 区法院提起自诉。关于本案管辖该如何处理？

**答案：**本案属于管辖不宜的情形，B 区法院受理该案后，可以请求上一级人民法院指定管辖。

2. 指定管辖后的处理

**《刑诉解释》第19条**　上级人民法院指定管辖，应当将指定管辖决定书分别送达被指定管辖的人民法院和其他有关的人民法院。

| 公诉案件 | 原受理案件的人民法院应当书面通知提起公诉的人民检察院，并将全部案卷材料退回，同时书面通知当事人。 |
|---|---|
| 自诉案件 | 原受理案件的人民法院应当将全部案卷材料移送被指定管辖的人民法院，并书面通知当事人。 |

【小试牛刀】

甲省 A 市副市长涉嫌受贿 2000 万元，为保证诉讼顺利进行，如甲省高级法院指定 B 市中级法院审理，A 市中级法院能否直接将案卷材料移送 B 市中级法院？

**答案：**不能。因为本案属于公诉案件，原受理案件的人民法院应当书面通知提起公诉的人民检察院，并将全部案卷材料退回，同时书面通知当事人。

**（五）特殊案件的审判管辖**

1. 外国人犯罪的情形

| （1）普遍管辖 | 对中华人民共和国缔结或者参加的国际条约所规定的罪行，中华人民共和国在所承担条约义务的范围内，行使刑事管辖权的，由被告人被抓获地的人民法院管辖。 |
|---|---|
| （2）保护管辖 | 外国人在中华人民共和国领域外对中华人民共和国国家或者公民犯罪，根据《中华人民共和国刑法》应当受处罚的，由该外国人入境地、入境后居住地或者被害中国公民离境前居住地的人民法院管辖。 |

【小试牛刀】

马航飞机在越南领空飞行期间，美国人杰克段在该飞机上杀害了中国人黄有博（家住广州），该飞机经停上海最终飞往北京。杰克段在北京入境，最终在居住地天津被抓获。问哪些地方的法院有管辖权？

**答案：**北京、天津、广州。北京是罪犯的入境地，天津是罪犯入境后的居住地，广州是被害人离境前的居住地。

2. 中国的交通工具在领域外

| （1）飞机 | 在中华人民共和国领域外的中国航空器内的犯罪，由该航空器在中国最初降落地的人民法院管辖。 |
|---|---|
| （2）船舶 | 在中华人民共和国领域外的中国船舶内的犯罪，由该船舶最初停泊的中国口岸所在地的人民法院管辖。 |
| （3）列车 | 在国际列车上的犯罪，按照中国与相关国家签订的有关管辖协定确定管辖；没有协定的，由该列车最初停靠的中国车站所在地或者目的地的铁路运输法院管辖。 |

【小试牛刀】

**1.** 中国一架飞机在越南领空飞行期间，美国人杰克向在飞机上杀害了中国人段小波（家住广州），该飞机经停上海最终飞往北京。杰克向在北京入境，最终在天津被抓获。哪个地方的法院有管辖权？

**答案：** 上海。上海是该航空器在中国最初降落地。

**2.** 段某，甲市人，中国乙市远洋运输公司"黎明号"货轮船员。"黎明号"航行在公海时，段某因与另一船员黄某发生口角将其打成重伤。货轮返回中国首泊丙市港口时，段某趁机潜逃，后在丁市被抓获。该案由哪一法院行使管辖权？

**答案：** 丙市法院。

### 3. 中国人在国外犯罪

| | |
|---|---|
| (1) 使领馆内 | 中国公民在中国驻外使领馆内的犯罪，由其主管单位所在地或者原户籍地的人民法院管辖。 |
| (2) 使领馆外 | 中国公民在中华人民共和国领域外的犯罪，由其入境地或者离境前居住地的人民法院管辖；被害人是中国公民的，也可由被害人离境前居住地的人民法院管辖。 |

### 4. 服刑期间发现漏罪、新罪

| | |
|---|---|
| (1) 漏罪 | 正在服刑的罪犯在判决宣告前还有其他罪没有判决的，由原审地人民法院管辖；由罪犯服刑地或者犯罪地的人民法院审判更为适宜的，可以由罪犯服刑地或者犯罪地的人民法院管辖。 |
| (2) 新罪 | 罪犯在服刑期间又犯罪的，由服刑地的人民法院管辖。罪犯在脱逃期间犯罪的，由服刑地的人民法院管辖。除非在犯罪地抓获罪犯并发现其在脱逃期间的犯罪的，由犯罪地的人民法院管辖。 |

**【小试牛刀】**

段某因犯强奸罪被甲县人民法院判处有期徒刑 7 年，判决生效后被送至乙县监狱服刑。期间，段某越狱脱逃，并在丙县抢劫向某人民币 50 元，后被捕。请问，本案管辖如何确定？

**答案：** 如果是在丙县捕获时发现其犯抢劫罪的，由丙县法院管辖；如果是被缉捕押解回监狱后发现其犯抢劫罪的，由乙县法院管辖。

**拓展阅读**

**《关于办理网络犯罪案件适用刑事诉讼程序若干问题的意见》**（注意条文中的重点标记部分）

**第 2 条** 网络犯罪案件由犯罪地公安机关立案侦查。必要时，可以由犯罪嫌疑人居住地公安机关立案侦查。

网络犯罪案件的犯罪地包括用于实施犯罪行为的网站服务器所在地，网络接入地，网站建立者、管理者所在地，被侵害的计算机信息系统或其管理者所在地，犯罪嫌疑人、被害人使用的计算机信息系统所在地，被害人被侵害时所在地，以及被害人财产遭受损失地等。

涉及多个环节的网络犯罪案件，犯罪嫌疑人为网络犯罪提供帮助的，其犯罪地或者居住地公安机关可以立案侦查。

**第3条** 有多个犯罪地的网络犯罪案件，由最初受理的公安机关或者主要犯罪地公安机关立案侦查。有争议的，按照有利于查清犯罪事实、有利于诉讼的原则，由共同上级公安机关指定有关公安机关立案侦查。需要提请批准逮捕、移送审查起诉、提起公诉的，由该公安机关所在地的人民检察院、人民法院受理。

**第5条** 对因网络交易、技术支持、资金支付结算等关系形成多层级链条、跨区域的网络犯罪案件，共同上级公安机关可以按照有利于查清犯罪事实、有利于诉讼的原则，指定有关公安机关一并立案侦查，需要提请批准逮捕、移送审查起诉、提起公诉的，由该公安机关所在地的人民检察院、人民法院受理。

**第6条** 具有特殊情况，由异地公安机关立案侦查更有利于查清犯罪事实、保证案件公正处理的跨省（自治区、直辖市）重大网络犯罪案件，可以由公安部商最高人民检察院和最高人民法院指定管辖。

**第7条** 人民检察院对于公安机关移送审查起诉的网络犯罪案件，发现犯罪嫌疑人还有犯罪被其他公安机关立案侦查的，应当通知移送审查起诉的公安机关。

人民法院受理案件后，发现被告人还有犯罪被其他公安机关立案侦查的，可以建议人民检察院补充侦查。人民检察院经审查，认为需要补充侦查的，应当通知移送审查起诉的公安机关。

经人民检察院通知，有关公安机关根据案件具体情况，可以对犯罪嫌疑人所犯其他犯罪并案侦查。

**第8条** 为保证及时结案，避免超期羁押，人民检察院对于公安机关提请批准逮捕、移送审查起诉的网络犯罪案件，第一审人民法院对于已经受理的网络犯罪案件，经审查发现没有管辖权的，可以依法报请共同上级人民检察院、人民法院指定管辖。

**第9条** 部分犯罪嫌疑人在逃，但不影响对已到案共同犯罪嫌疑人、被告人的犯罪事实认定的网络犯罪案件，可以依法先行追究已到案共同犯罪嫌疑人、被告人的刑事责任。在逃的共同犯罪嫌疑人、被告人归案后，可以由原公安机关、人民检察院、人民法院管辖其所涉及的案件。

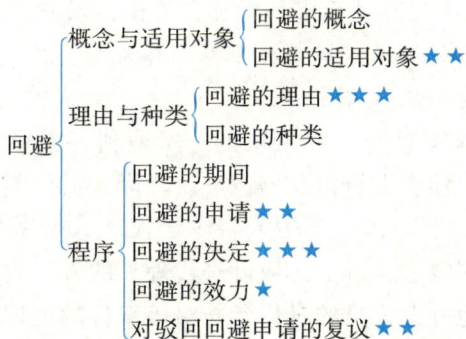

# 第5章 回 避

**复习提要**

　　刑事诉讼中的回避，是指根据刑事诉讼法和有关法律的规定，侦查人员、检察人员、审判人员以及书记员、翻译人员和鉴定人等同案件有法定利害关系或者其他可能影响案件公正处理的关系，因而不得参与该案诉讼活动的一项诉讼制度。本章的难点是回避的理由的判断和针对不同人员回避的决定主体，重点是回避的申请、决定、救济的相关程序。

**知识框架**

```
         ┌ 概念与适用对象 ┌ 回避的概念
         │               └ 回避的适用对象 ★★
         │
         │ 理由与种类 ┌ 回避的理由 ★★★
         │           └ 回避的种类
回避 ┤
         │           ┌ 回避的期间
         │           │ 回避的申请 ★★
         └ 程序 ┤ 回避的决定 ★★★
                     │ 回避的效力 ★
                     └ 对驳回回避申请的复议 ★★
```

## 一、回避的概念与适用对象

### （一）概念

刑事诉讼中的回避，是指根据刑事诉讼法和有关法律的规定，侦查人员、检察人员、审判人员等同案件有法定利害关系或者其他可能影响案件公正处理的关系，因而不得参加该案诉讼活动的一项诉讼制度。

### （二）适用对象

| | |
|---|---|
| 审判人员 | 审判人员指各级人民法院院长、副院长、审判委员会委员、庭长、副庭长、审判员、助理审判员以及人民陪审员。<br>【考点提示】人民陪审员属于审判人员，所以也属于回避对象。 |
| 检察人员 | 检察人员包括人民检察院检察长、副检察长、检察委员会委员、检察员和助理检察员。 |
| 侦查人员 | 侦查人员包括具体侦查人员和对具体案件的侦查有权参与讨论和作出决定的负责人。 |
| 其他人员 | 其他人员包括参与侦查、起诉、审判活动的书记员、翻译人员、鉴定人。 |

【考点提示】证人不适用回避，辩护人和诉讼代理人也不属于回避对象。

【小试牛刀】

聋哑被告人张某开庭审理前要求其懂哑语的妹妹担任他的辩护人和翻译人员。对于张某的要求，法院应当作出哪种决定？[1]

A. 准予担任辩护人

B. 不准担任辩护人

C. 准予担任翻译人员

D. 既准予担任翻译人员，也准予担任辩护人

## 二、回避的理由

1. 是本案的当事人或者是当事人的近亲属的。根据《刑事诉讼法》第106条的规定，当事人是指被害人、自诉人、犯罪嫌疑人、被告人、附带民事诉讼的原告人和被告人；近亲属是指夫、妻、父、母、子、女、同胞兄弟姊妹。

【名师点睛】最高人民法院《关于审判人员在诉讼活动中执行回避制度若干问题的规定》第1条对此作了进一步的解释，规定与当事人有夫妻、直系血亲、三代以内旁系血亲以及近姻亲关系的审判人员都应当回避。

2. 本人或者其近亲属和本案有利害关系的。所谓利害关系是指本案的处理结果会影响到审判人员、检察人员、侦查人员以及书记员、翻译人员、鉴定人或其近亲属的利益。

3. 担任过本案的证人、鉴定人、辩护人、诉讼代理人或者翻译人员的。在同一个案件中，曾经担任过证人、鉴定人、辩护人或诉讼代理人的人，对案件事实往往已经形成了自己的看法，如果再以其他办案人员的身份参与对该案件的处理，就很难做到客观公正。

4. 与本案的辩护人、诉讼代理人有近亲属关系的。

---

〔1〕　A。因为辩护人不是回避对象，而翻译人员是回避对象，故妹妹可以担任辩护人，不能担任翻译人员。

5. 与本案当事人有其他关系，可能影响公正处理案件的。这是对上述四种情形以外的概括性规定，内容比较广泛，既可以是同学、朋友等友好关系，也可以是不睦关系，即与当事人有过仇隙、纠纷等，具体则由公安司法机关裁量决定。

【名师点睛】上述关系只有达到影响案件公正处理的程度时，相关人员才应当回避。

6. 接受本案当事人及其委托的人的请客送礼，或者违反规定会见当事人及其委托人的。

【关联法条】《刑诉解释》第24条　审判人员违反规定，具有下列情形之一的，当事人及其法定代理人有权申请其回避：

（一）违反规定会见本案当事人、辩护人、诉讼代理人的；

（二）为本案当事人推荐、介绍辩护人、诉讼代理人，或者为律师、其他人员介绍办理本案的；

（三）索取、接受本案当事人及其委托人的财物或者其他利益的；

（四）接受本案当事人及其委托人的宴请，或者参加由其支付费用的活动的；

（五）向本案当事人及其委托人借用款物的；

（六）有其他不正当行为，可能影响公正审判的。

【名师点睛】对此种情形的回避，当事人及其法定代理人应当提供相关证据材料。

7. 参加过本案侦查、起诉的侦查、检察人员。（参前不参后）

【关联法条】《高检规则》第30条　参加过本案侦查的侦查人员，不得承办本案的审查逮捕、起诉和诉讼监督工作。

该规定适用于人民检察院书记员、司法警察和人民检察院聘请或指派的翻译人员和鉴定人。

【关联法条】《刑诉解释》第25条第1款　参与过本案侦查、审查起诉的侦查、检察人员，调至人民法院工作的，不得担任本案的审判人员。

该规定适用于法庭书记员、翻译人员和鉴定人。

8. 在一个审判程序中参与过本案审判工作的合议庭组成人员，不得再参与本案其他程序的审判。该规定适用于法庭书记员、翻译人员和鉴定人。（参前不参后）

【名师点睛】对于第二审人民法院经过第二审程序裁定发回重审或者按照审判监督程序重新审理的案件，原审人民法院负责审理此案的原合议庭组成人员不得再参与对本案的审理。但是，发回重新审判的案件，在第一审人民法院作出裁判后又进入第二审程序或者死刑复核程序的，原第二审程序或者死刑复核程序中的合议庭组成人员，无需因之前曾参与本案的审理程序而回避。此情形可以简称为"发回重组，回来不限"。

【小试牛刀】

**1.** 张某在某案件的审理中担任了审判人员，后来该案件启动了再审程序，再审是否需要另行组成合议庭？

答案：需要，原合议庭成员需要回避。

**2.** 某中院二审认为一审程序违法，裁定撤销原判发回重审，原一审合议庭是否需要回避？

答案：需要。

**3.** 某中院二审认为一审程序违法，裁定撤销原判发回重审，重审后该案件再次上诉，原中院二审合议庭是否需要回避？

**答案：**不需要。

### 三、回避的种类

| | |
|---|---|
| 自行回避 | 指审判人员、检察人员、侦查人员等，在诉讼过程中遇有法定回避情形时，主动要求退出刑事诉讼活动。 |
| 申请回避 | 指案件当事人及其法定代理人、辩护人或者诉讼代理人认为审判人员、检察人员、侦查人员等具有法定回避情形，而向他们所在的机关提出申请，要求他们回避。<br>【名师点睛】申请回避的主体一共有四个：当事人、法定代理人、诉讼代理人、辩护人。近亲属并不能申请回避。<br>【小试牛刀1】请问犯罪嫌疑人张某15岁，他父亲可否申请回避？**答案：**可以。父亲作为法定代理人有申请回避权。<br>【小试牛刀2】请问犯罪嫌疑人张某19岁，他父亲可否申请回避？**答案：**不能。近亲属不能申请回避。 |
| 指令回避 | 指令回避是指审判人员、检察人员、侦查人员等遇有法定的回避情形时，没有自行回避，当事人及其法定代理人也没有申请回避，公、检、法机关等有关组织或负责人可以依职权命令其退出案件诉讼活动的制度。 |

**【小试牛刀】**

未成年人小付涉嫌故意伤害袁某，袁某向法院提起自诉。小付的父亲委托律师黄某担任辩护人，袁某委托其在法学院上学的儿子担任诉讼代理人。本案中，下列哪些人有权要求审判人员回避？[1]

A. 黄某　　　　　　　　　　　　　B. 袁某

C. 袁某的儿子　　　　　　　　　　D. 小付的父亲

### 四、回避的程序

#### （一）期间

在刑事诉讼的各个阶段，如侦查、起诉和审判等阶段，都可以启动回避程序。侦查人员、检察人员、审判人员应当在相应的诉讼阶段及时告知当事人有申请回避权。

#### （二）申请

当事人及其法定代理人、辩护人或者诉讼代理人要求司法工作人员回避的，应当书面或者口头向公安司法机关提出，并说明理由或者提供有关证明材料。被申请回避的人员一般应暂停参与本案的诉讼活动。

**【名师点睛】**对侦查人员的回避在作出决定前，侦查人员不能停止对案件的侦查工作，以免影响及时收集犯罪证据和查明案件事实；但是作出回避决定后，被申请回避的公安机关负责人、侦查人员不得再参与本案的侦查工作。

---

[1] ABCD

### （三）决定

| 1. 审判人员、检察人员、侦查人员 | 应当分别由院长、检察长、县级以上公安机关负责人决定。 |
|---|---|
| 2. 院长、检察长和公安机关负责人 | （1）人民法院院长的回避，由本院审判委员会决定。审判委员会讨论院长回避时，由副院长主持，院长不得参加。<br>（2）检察长和公安机关负责人的回避，由同级检察院检察委员会决定。<br>【名师点睛】这里的公安机关负责人，是指公安机关的正职负责人。对公安机关副职负责人的回避，由正职负责人决定。检察委员会讨论检察长回避问题时，由副检察长主持，检察长不得参加。 |
| 3. 书记员、翻译人员和鉴定人 | 一般应当按照诉讼进行的阶段，分别由公安机关负责人、检察长或法院院长决定。书记员、翻译人员和鉴定人实行"谁聘请，谁决定"。<br>【名师点睛】书记员、翻译人员和鉴定人的回避在刑事诉讼中由法院院长、检察长、公安机关负责人决定，这与民事诉讼及行政诉讼中由审判长决定不同。 |

**【小试牛刀】**

**1.** 王某是某公安机关的法医，在一起刑事案件的法庭审理过程中，人民法院聘请王某担任该案鉴定人。本案的被告人提出王某与本案有利害关系，申请回避。依照刑事诉讼法的有关规定，谁有权对王某是否回避作出决定？

**答案：** 王某是人民法院聘请的，所以应由该人民法院院长决定其是否回避。

**2.** 庭审过程中，被告人赵某指出，公诉人的书记员李某曾在侦查阶段担任鉴定人，并据此要求李某回避。对于赵某的回避申请，应当由谁来决定？

**答案：** 李某应否回避需提交人民检察院检察长决定。该书记员是隶属于公诉机关的，因此应由检察长决定是否回避。

**【关联法条】**《刑诉解释》第31条 当事人及其法定代理人申请出庭的检察人员回避的，人民法院应当决定休庭，并通知人民检察院。

### （四）效力

1. 根据《公安机关办理刑事案件程序规定》（以下简称《公安部规定》）第37条的规定，被决定回避的公安机关负责人、侦查人员在回避决定作出以前所进行的诉讼活动是否有效，由作出决定的机关根据案件情况决定。

2. 根据《高检规则》第31条的规定，被决定回避的检察人员，在回避决定作出以前所取得的证据和进行的诉讼行为是否有效，由检察委员会或者检察长根据案件具体情况决定。

**【小试牛刀】**

某市检察人员段某在办理一起受贿案件时，发现犯罪嫌疑人之一系其堂妹焉某，故申请回避并经检察长同意。段某在被申请回避前所取得的证据是否有效？

**答案：** 段某取得的证据和进行的诉讼行为是否有效，由检察委员会或检察长决定。

### （五）对驳回回避申请的复议

1. 人民法院、人民检察院和公安机关处理回避问题应当使用"决定"的形式。回避的决定可以采用口头方式或者书面方式作出，采用口头方式的，必须将决定记录在案。对于自行回避和指令回避，回避决定的作出不需要告知当事人。

【名师点睛】 只有作出驳回申请回避的决定才需要告知当事人。

2. 有关回避的决定一经作出，一般即发生法律效力。

3. 当事人及其法定代理人、辩护人、诉讼代理人对驳回申请的决定不服，可以申请复议一次。

【名师点睛1】 在复议主体作出复议决定前，不影响被申请回避的人员参与案件的处理活动。

【名师点睛2】 复议主体只包括当事人及其法定代理人、辩护人、诉讼代理人。被申请回避的人不能申请复议。

4. 对于不属于《刑事诉讼法》第28、29条所列情形的回避申请，由法庭当庭驳回，并不得申请复议。

【小试牛刀】

1. 在法庭审判中，被告人季某以水平太低为由，申请出席法庭的公诉人王某回避，对季某的回避申请，法庭应当如何处理？

答案：法庭应当庭驳回，且季某不得申请复议。

2. 甲涉嫌刑讯逼供罪被立案侦查。甲以该案侦查人员王某与被害人存在近亲属关系为由，提出回避申请。对此，下列哪一选项是错误的？[1]

A. 王某可以口头提出自行回避的申请

B. 作出回避决定以前，王某不能停止案件的侦查工作

C. 王某的回避由公安机关负责人决定

D. 如甲的回避申请被驳回，甲有权申请复议一次

---

〔1〕　C

# 辩护与代理

## 复习提要

　　辩护权是我国法律赋予犯罪嫌疑人、被告人的重要的诉讼权利，是刑事诉讼的核心制度。刑事辩护制度包括辩护的种类、辩护人的范围与人数、辩护人的诉讼地位、辩护人的职责、辩护人的权利、辩护人的义务、拒绝辩护等；刑事代理制度包括刑事代理的含义和种类，诉讼代理人的范围、责任和权利等。本章的难点在于法律援助辩护和辩护人的各项权利。对于法律援助辩护，应当注意掌握申请法律援助辩护和通知法律援助辩护适用的不同情形及具体程序。对于辩护人的权利，应当注意掌握阅卷权，会见、通信权，调查取证权，提出意见权，申诉、控告权和人身保障权的具体内容与行使方式。

## 知识框架

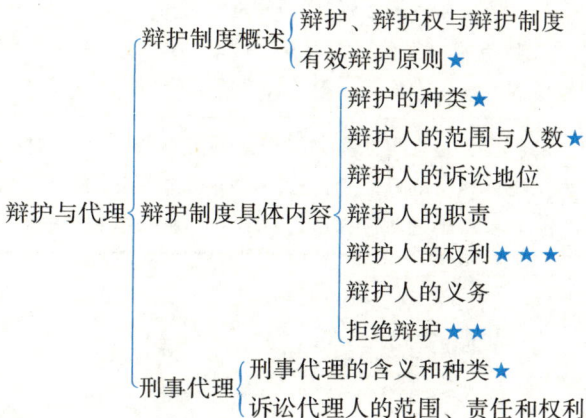

辩护与代理
- 辩护制度概述
  - 辩护、辩护权与辩护制度
  - 有效辩护原则★
- 辩护制度具体内容
  - 辩护的种类★
  - 辩护人的范围与人数★
  - 辩护人的诉讼地位
  - 辩护人的职责
  - 辩护人的权利★★★
  - 辩护人的义务
  - 拒绝辩护★★
- 刑事代理
  - 刑事代理的含义和种类★
  - 诉讼代理人的范围、责任和权利

## 一、辩护、辩护权与辩护制度

| | |
|---|---|
| 辩护 | 是指辩方（犯罪嫌疑人、被告人及其辩护人）针对控方（公诉机关或者自诉人）对犯罪嫌疑人、被告人的指控，从实体和程序上提出有利于犯罪嫌疑人、被告人的事实和理由，以辩明犯罪嫌疑人、被告人无罪、罪轻或者应当减轻、免除刑事处罚，以及在犯罪嫌疑人、被告人的程序权利受到侵犯时，维护犯罪嫌疑人、被告人诉讼权利的诉讼活动。辩护与控诉相对应，是刑事诉讼中的一种防御性的诉讼活动。 |
| 辩护权 | 是法律赋予受到刑事追诉的人针对所受到的指控进行反驳、辩解和申辩，以维护自身合法权益的一种诉讼权利。辩护权是犯罪嫌疑人、被告人各项诉讼权利中最为基本的权利，在各项权利中居于核心地位。辩护权是犯罪嫌疑人、被告人所享有的一项宪法性权利。辩护权归纳起来有以下几个特点：①辩护权贯穿于整个刑事诉讼的过程中，不受诉讼阶段的限制；②辩护权不受犯罪嫌疑人、被告人是否有罪以及罪行轻重的限制；③辩护权不受案件调查情况的限制，无论案件事实是否清楚，证据是否确实充分，犯罪嫌疑人、被告人都依法享有辩护权；④辩护权不受犯罪嫌疑人、被告人认罪态度的限制，无论他们是否认罪，是否坦白交代，均不能作为限制其辩护权的理由；⑤辩护权的行使不受辩护理由的限制。 |
| 辩护制度 | 是法律规定的关于犯罪嫌疑人、被告人行使辩护权和公安司法机关等有义务保障他们行使辩护权的一系列规则的总称。包括辩护权、辩护种类、辩护方式、辩护人的范围、辩护人的责任、辩护人的权利与义务等。 |

## 二、有效辩护原则

| | |
|---|---|
| 基本要求 | 有效辩护原则是辩护权的体现，也是对辩护权的保障。在刑事诉讼中，辩护应当对保护犯罪嫌疑人、被告人的权利具有实质意义，而不仅仅是形式上的。这就是有效辩护原则的基本要求。 |
| 基本内容 | （1）犯罪嫌疑人、被告人作为刑事诉讼的当事人在整个诉讼过程中应当享有充分的辩护权；<br>（2）允许犯罪嫌疑人、被告人聘请合格的能够有效履行辩护职责的辩护人为其辩护，这种辩护同样应当覆盖从侦查到审判甚至执行阶段的整个刑事诉讼过程；<br>（3）国家应当保障犯罪嫌疑人、被告人自行辩护权的充分行使，并通过设立法律援助制度确保犯罪嫌疑人、被告人能够获得符合最低标准并具有实质意义的律师帮助。 |
| 基本意义 | 有效辩护原则的确立，是人类社会文明、进步在刑事诉讼中的体现，体现了犯罪嫌疑人、被告人刑事诉讼主体地位的确立和人权保障的理念，还有助于强化辩方成为影响诉讼进程的重要力量，维系控辩平等对抗和审判方居中"兼听则明"的刑事诉讼构造。 |

**【小试牛刀】**

关于有效辩护原则，下列哪些理解是正确的？[1]

A. 有效辩护原则的确立有助于实现控辩平等对抗

---

[1] ACD。犯罪嫌疑人、被告人作为刑事诉讼的当事人在整个诉讼过程中应当享有充分的辩护权，不能仅仅体现在审判阶段，选项 B 错误。

B. 有效辩护是一项主要适用于审判阶段的原则，但侦查、审查起诉阶段对辩护人权利的保障是审判阶段实现有效辩护的前提

C. 根据有效辩护原则的要求，法庭审理过程中一般不应限制被告人及其辩护人发言的时间

D. 指派没有刑事辩护经验的律师为可能被判处无期徒刑、死刑的被告人提供法律援助，有违有效辩护原则

## 三、辩护的种类

辩护有三种类型，分别是自行辩护、委托辩护和法律援助辩护。

### （一）自行辩护

自行辩护是指犯罪嫌疑人、被告人针对控诉进行辩解和反驳，自己为自己所作的辩护，这种辩护方式贯穿于刑事诉讼过程的始终，也是犯罪嫌疑人、被告人实现其辩护权的最基本方式。

### （二）委托辩护

委托辩护是指犯罪嫌疑人、被告人依法委托律师或其他公民担任辩护人，协助其进行辩护。

1. 委托时间

| 公诉案件 | 公诉案件的犯罪嫌疑人在被侦查机关第一次讯问或者采取强制措施之日起，有权委托辩护人。<br>【名师点睛】需要注意的是，侦查阶段只能聘请律师担任辩护人。 |
| --- | --- |
| 自诉案件 | 自诉案件的被告人有权随时委托辩护人为自己辩护。 |

2. 公、检、法机关的告知义务

| 侦查机关 | 侦查机关在第一次讯问犯罪嫌疑人或者对犯罪嫌疑人采取强制措施的时候，应当告知犯罪嫌疑人有权委托辩护人。 |
| --- | --- |
| 人民检察院 | 人民检察院自收到移送审查起诉的案件材料之日起3日以内，应当告知犯罪嫌疑人有权委托辩护人。 |
| 人民法院 | 人民法院自受理案件之日起3日以内，应当告知被告人有权委托辩护人。 |

3. 委托主体

| 自己委托 | 犯罪嫌疑人、被告人可以自己委托辩护人。 |
| --- | --- |
| 代为委托 | 犯罪嫌疑人、被告人在押的，也可以由其监护人、近亲属代为委托辩护人。辩护人接受犯罪嫌疑人、被告人委托后，应当及时告知办理案件的机关。 |

### （三）法律援助辩护

1. 概念

法律援助辩护是指犯罪嫌疑人、被告人及其近亲属因经济困难或者其他原因没有委托辩护人而向法律援助机构申请，或者具备法定情形时由公检法机关直接通知法律援助机构，由法律援助机构指派律师为其提供辩护。

2. 特点

根据《刑事诉讼法》第34条的规定，适用法律援助辩护具有以下几个特点：

| 前　提 | 法律援助辩护必须以犯罪嫌疑人、被告人没有委托辩护人为前提。 |
|---|---|
| 阶　段 | 法律援助辩护适用于从侦查、审查起诉到审判整个刑事诉讼过程。 |
| 人　员 | 法律援助辩护只能由律师担任辩护人，其他人不得担任。 |
| 机　关 | 公、检、法三机关都有权通知法援机构安排律师。 |

3. 种类

| 申请法律援助 | 犯罪嫌疑人、被告人因经济困难等原因没有委托辩护人的，本人及其近亲属可以向法律援助机构提出申请，符合法律援助条件的"应当"为其提供法律援助辩护。 |
|---|---|
| 强制法律援助 | 犯罪嫌疑人、被告人有下列情形时应当通知法援机构指派律师担任辩护人：①盲、聋、哑人；②未完全丧失辨认或者控制自己行为能力的精神病人；③可能被判处无期徒刑、死刑；④未成年人。<br>【名师点睛】高级人民法院复核死刑案件，被告人没有委托辩护人的，人民法院应当通知法律援助机构指派律师为其提供辩护。 |
| 裁量法律援助 | 根据《刑诉解释》第43条的规定，具有下列情形之一，被告人没有委托辩护人的，人民法院可以通知法律援助机构指派律师为其提供辩护：①共同犯罪案件中，其他被告人已经委托辩护人；②有重大社会影响的案件；③人民检察院抗诉的案件；④被告人的行为可能不构成犯罪；⑤有必要指派律师提供辩护的其他情形。<br>【名师点睛】对于这些情况，人民法院可以根据具体情况裁量决定是否通知法律援助机构指派律师担任辩护人，人民法院决定不通知的，犯罪嫌疑人、被告人仍可申请法律援助。 |

【考点提示】关于辩护种类的考点，重点需要掌握法律援助辩护中的强制法律援助的情形，这不仅可以单独考查，而且还会与相关考点结合考查。

【小试牛刀】

甲、乙涉嫌共同盗窃国家一级文物并致文物损毁，某中级法院受理案件后，甲委托其弟弟为辩护人，乙因经济困难没有委托辩护人。下列哪一选项是正确的?[1]

A. 法院应当通知法律援助机构为乙指派律师

B. 法院可以通知法律援助机构为乙指派律师

C. 法院应当指定乙的近亲属作为其辩护人

D. 法院可以指定乙的近亲属作为其辩护人

## 四、辩护人

### (一) 概念

辩护人，是指接受犯罪嫌疑人、被告人的委托或法律援助机构指派，帮助犯罪嫌疑人、被告人行使辩护权，以维护其合法权益的人。

---

[1] A。本案中盗窃国家一级文物并致文物损毁，属于可能判处无期徒刑的案件，因此应当强制法律援助。

### （二）人数

1. 1名被告人可以委托1~2人作为辩护人，即1名犯罪嫌疑人、被告人最多可以委托2名辩护人。

2. 1名辩护人不得为2名以上的同案被告人，或者未同案处理但犯罪事实存在关联的被告人辩护。

**【小试牛刀】**

鲁某与洪某共同犯罪，洪某在逃。沈律师为鲁某担任辩护人。案件判决生效3年后，洪某被抓获并被起诉。关于沈律师可否担任洪某辩护人，下列哪一说法是正确的？[1]

A. 沈律师不得担任洪某辩护人

B. 洪某系法律援助对象，沈律师可以担任洪某辩护人

C. 如果被告人洪某同意，沈律师可以担任洪某辩护人

D. 如果公诉人未提出异议，沈律师可以担任洪某辩护人

### （三）辩护人的范围

1. 可以担任辩护人的人

（1）律师；

（2）人民团体或者犯罪嫌疑人、被告人所在单位推荐的人；

（3）犯罪嫌疑人、被告人的监护人、亲友。

2. 不能担任辩护人的人 （重点掌握）

| | |
|---|---|
| 绝对禁止 | （1）正在被执行刑罚或者处于缓刑、假释考验期间的人；<br>（2）依法被剥夺、限制人身自由的人；<br>（3）无行为能力或者限制行为能力的人。<br>**【名师点睛】** 以上三类情形绝对禁止，不管是否属于被告人近亲属，都不能担任被告人的辩护人。 |
| 相对禁止 | （1）人民法院、人民检察院、公安机关、国家安全机关、监狱的现职人员；<br>（2）人民陪审员；<br>（3）与本案审理结果有利害关系的人；<br>（4）外国人或者无国籍人。<br>**【名师点睛】** 以上四类人员，如果是被告人的监护人、近亲属，由被告人委托担任辩护人的，可以准许。 |

**【小试牛刀】**

郭某涉嫌招摇撞骗罪。在检察机关审查起诉时，郭某希望委托辩护人。下列哪一人员可以被委托担任郭某的辩护人？[2]

A. 郭某的爷爷，美籍华人

B. 郭某的儿子，16岁

---

〔1〕 A

〔2〕 D

C. 郭某的朋友甲，曾为郭某招摇撞骗伪造国家机关证件

D. 郭某的朋友乙，司法行政部门负责人

3. 审判人员担任辩护人的限制情形

《刑诉解释》第 36 条对于审判人员离任后担任辩护人的问题作出了限制：

（1）审判人员和法院其他工作人员从人民法院离任后 2 年内，不得以律师身份担任辩护人；

（2）审判人员和法院其他工作人员从人民法院离任后，不得担任原任职法院所审理案件的辩护人，但作为被告人的监护人、近亲属进行辩护的除外；

（3）审判人员和人民法院其他工作人员的配偶、子女或者父母不得担任其任职法院所审理案件的辩护人，但作为被告人的监护人、近亲属进行辩护的除外。

【小试牛刀】

法官齐某从 A 县法院辞职后，在其妻洪某开办的律师事务所从业。关于齐某与洪某的辩护人资格，下列哪一选项是正确的？[1]

A. 齐某不得担任 A 县法院审理案件的辩护人

B. 齐某和洪某不得分别担任同案犯罪嫌疑人的辩护人

C. 齐某和洪某不得同时担任同一犯罪嫌疑人的辩护人

D. 洪某可以律师身份担任 A 县法院审理案件的辩护人

4. 检察人员担任辩护人的限制情形

《高检规则》第 39 条对于检察人员离任后担任辩护人的问题作出了限制：

（1）审判人员、检察人员从人民法院、人民检察院离任后 2 年以内，不得以律师身份担任辩护人。

（2）检察人员从人民检察院离任后，不得担任原任职检察院办理案件的辩护人。但作为犯罪嫌疑人的监护人、近亲属进行辩护的除外。

（3）检察人员的配偶、子女不得担任该检察人员所任职检察院办理案件的辩护人。

【名师点睛】第 3 项限制仅针对检察人员的配偶和子女，没有限制其父母。并且，此处无例外的规定，不管他们是否作为被告人的近亲属都不允许在该检察人员所在的检察院担任辩护人。

**（四）辩护人的地位和职责**

1. 辩护人是独立的诉讼参与人，享有独立的诉讼地位，以自己的名义，独立进行辩护，不受犯罪嫌疑人、被告人意思表示的约束。

【名师点睛】辩护人与犯罪嫌疑人、被告人的关系，不同于诉讼代理人和当事人的关系。辩护律师参与诉讼是履行法律规定的职责，而不是基于犯罪嫌疑人、被告人的授权。辩护人不是犯罪嫌疑人、被告人的"代言人"。

2. 辩护人在刑事诉讼中只承担辩护职能，是犯罪嫌疑人、被告人合法权益的专门维护者。辩护人在刑事诉讼中一般不能检举、揭发犯罪嫌疑人、被告人已经实施的犯罪

---

[1]　D

行为。

3. 辩护人所维护的只能是犯罪嫌疑人、被告人的合法权益。因此辩护人只能依据事实和法律为犯罪嫌疑人、被告人进行辩护，而不能为其当事人谋取非法利益，更不得教唆犯罪嫌疑人、被告人翻供，帮助犯罪嫌疑人、被告人威胁、引诱证人改变证言或者进行其他妨碍诉讼的活动。

【小试牛刀】

关于律师担任刑事案件被告人的辩护人，下列哪些选项是正确的？[1]

A. 辩护人不是被告人的代言人

B. 辩护人应当维护被告人的合法权益

C. 辩护人须按照被告人的要求作无罪辩护

D. 辩护人有权独立发表辩护意见

### （五）辩护人的权利

1. 阅卷权

《刑事诉讼法》第 38 条规定，辩护律师自人民检察院对案件审查起诉之日起，可以查阅、摘抄、复制本案的案卷材料。其他辩护人经人民法院、人民检察院许可，也可以查阅、摘抄、复制上述材料。

| | | |
|---|---|---|
| 律　师 | 无需许可 | 无需办案机关许可即可阅卷。 |
| | 阅卷时间 | 自人民检察院对案件审查起诉之日起。<br>【名师点睛】在审查起诉阶段，辩护人应当到人民检察院阅卷；案件起诉到人民法院后，辩护人应当到人民法院阅卷。 |
| | 阅卷方法 | 查阅、复印、拍照、扫描、电子数据拷贝等。 |
| | 阅卷范围 | 案卷材料，指包括诉讼文书和证据材料在内的案卷中的所有材料。<br>【名师点睛】合议庭、审判委员会的讨论记录以及其他依法不公开的材料不得查阅、摘抄、复制。 |
| | 阅卷保障 | 辩护人、诉讼代理人复制案卷材料的，检察院和法院只收取工本费；法律援助律师复制必要的案卷材料的，应当免收或者减收费用。 |
| 非律师 | | 需要经人民法院、人民检察院许可。 |

【小试牛刀】

段某涉嫌强奸黄某一案，段某委托向律师担任其辩护人，向律师可否在侦查阶段申请查阅案卷材料？

**答案：**不可以，因为侦查阶段无阅卷权，自审查起诉之日起方可阅卷。侦查阶段，可以向侦查机关了解犯罪嫌疑人涉嫌的罪名，当时已查明的该罪的主要事实，犯罪嫌疑人被采取、变更、解除强制措施的情况以及侦查机关延长侦查羁押期限等情况。

---

[1] ABD。辩护人的辩护职能是独立的，不受被告人的意思左右，选项 C 错误。

### 2. 会见、通信权

《刑事诉讼法》第 37 条第 1 款规定，辩护律师可以同在押的犯罪嫌疑人、被告人会见和通信。其他辩护人经人民法院、人民检察院许可，也可以同在押的犯罪嫌疑人、被告人会见和通信。

| 律　师 | 无需许可 | 辩护律师无需许可有权同在押的或者监视居住的犯罪嫌疑人、被告人会见和通信。 |
|---|---|---|
| | 证件要求 | 辩护律师持律师执业证书、律师事务所证明和委托书或者法律援助公函即有权要求会见在押的犯罪嫌疑人、被告人。 |
| | 安排时间 | 看守所应当及时安排会见，至迟不得超过 48 小时。<br>【关联法条】《六机关规定》第 7 条　辩护律师要求会见在押的犯罪嫌疑人、被告人的，看守所应当及时安排会见，保证辩护律师在 48 小时以内见到在押的犯罪嫌疑人、被告人。<br>【拓展阅读】看守所安排会见不得附加其他条件或者变相要求辩护律师提交法律规定以外的其他文件、材料，不得以未收到办案机关通知为由拒绝安排辩护律师会见。看守所应当设立会见预约平台，采取网上预约、电话预约等方式为辩护律师会见提供便利，但不得以未预约会见为由拒绝安排辩护律师会见。 |
| | 特殊许可 | 危害国家安全犯罪、恐怖活动犯罪、特别重大贿赂犯罪[1]案件，在侦查期间辩护律师会见在押的或者被监视居住的犯罪嫌疑人，应当经侦查机关许可。上述案件，侦查机关应当事先通知看守所。<br>【拓展阅读】侦查机关应当依法及时审查辩护律师提出的会见申请，在 3 日以内将是否许可的决定书面答复辩护律师，并明确告知负责与辩护律师联系的部门及工作人员的联系方式。对许可会见的，应当向辩护律师出具许可决定文书；因有碍侦查或者可能泄露国家秘密而不许可会见的，应当向辩护律师说明理由。有碍侦查或者可能泄露国家秘密的情形消失后，应当许可会见，并及时通知看守所和辩护律师。对特别重大贿赂案件在侦查终结前，侦查机关应当许可辩护律师至少会见 1 次犯罪嫌疑人。 |
| | 会见内容 | （1）辩护律师会见在押的或者被监视居住的犯罪嫌疑人、被告人，可以了解案件有关情况，提供法律咨询等。<br>（2）自案件移送审查起诉之日起，可以向犯罪嫌疑人、被告人核实有关证据。<br>【名师点睛】侦查阶段没有核实证据的权利。 |

[1]【关联法条】《高检规则》第 45 条第 2 款　有下列情形之一的，属于特别重大贿赂犯罪：
（一）涉嫌贿赂犯罪数额在 50 万元以上，犯罪情节恶劣的；
（二）有重大社会影响的；
（三）涉及国家重大利益的。
第 46 条　对于特别重大贿赂犯罪案件，辩护律师在侦查期间提出会见在押或者被监视居住的犯罪嫌疑人的，人民检察院侦查部门应当提出是否许可的意见，在 3 日以内报检察长决定并答复辩护律师。
人民检察院办理特别重大贿赂犯罪案件，在有碍侦查的情形消失后，应当通知看守所或者执行监视居住的公安机关和辩护律师，辩护律师可以不经许可会见犯罪嫌疑人。对于特别重大贿赂犯罪案件，人民检察院在侦查终结前应当许可辩护律师会见犯罪嫌疑人。

续表

| 律　师 | 不被监听 | 会见在押的或者被监视居住的犯罪嫌疑人时，不得监听，不得派员在场。<br>【拓展阅读】在律师会见室不足的情况下，看守所经辩护律师书面同意，可以安排在讯问室会见，但应当关闭录音、监听设备。 |
|---|---|---|
| | 会见人员 | （1）犯罪嫌疑人、被告人委托2名律师担任辩护人的，2名辩护律师可以共同会见，也可以单独会见。<br>（2）辩护律师可以带1名律师助理协助会见。助理人员随同辩护律师参加会见的，应当出示律师事务所证明和律师执业证书或申请律师执业人员实习证。办案机关应当核实律师助理的身份。 |
| | 通信权利 | 看守所应当及时传递辩护律师同犯罪嫌疑人、被告人的往来信件。看守所可以对信件进行必要的检查，但不得截留、复制、删改信件，不得向办案机关提供信件内容，但信件内容涉及危害国家安全、公共安全、严重危害他人人身安全以及涉嫌串供、毁灭证据等情形的除外。 |
| 非律师 | | 需要经人民法院、人民检察院许可。<br>【关联法条】《高检规则》第48条第3款　对于律师以外的辩护人申请查阅、摘抄、复制案卷材料或者申请同在押、被监视居住的犯罪嫌疑人会见和通信，具有下列情形之一的，人民检察院可以不予许可：<br>（一）同案犯罪嫌疑人在逃的；<br>（二）案件事实不清，证据不足，或者遗漏罪行、遗漏同案犯罪嫌疑人需要补充侦查的；<br>（三）涉及国家秘密或者商业秘密的；<br>（四）有事实表明存在串供、毁灭、伪造证据或者危害证人人身安全可能的。 |

**【小试牛刀】**

张某涉嫌受贿1000万元，犯罪情节恶劣。被侦查机关决定监视居住，侦查阶段律师会见本案犯罪嫌疑人需要哪个机关的许可？[1]

A. 公安机关　　　B. 检察院　　　C. 法院　　　D. 监狱

3. 调查取证权，申请取证、核实证据权

| 律　师 | 辩方证人 | 经证人或有关单位和个人同意，可以向他们收集与本案有关的材料。 |
|---|---|---|
| | 控方证人 | 经检察院或者法院许可，并且经被害人或者其近亲属、被害人提供的证人同意，可以向他们收集与本案有关的材料。（双重许可）<br>【关联法条】《刑诉解释》第50条　辩护律师申请向被害人及其近亲属、被害人提供的证人收集与本案有关的材料，人民法院认为确有必要的，应当签发准许调查书。<br>【拓展阅读】人民检察院、人民法院应当在7日以内作出是否许可的决定，并通知辩护律师。辩护律师书面申请时，办案机关不许可的，应当书面说明理由；辩护律师口头申请的，办案机关可以口头答复。 |

---

[1]　B。本案属于特别重大贿赂犯罪案件，需要侦查机关检察院许可。

续表

| 律　师 | 申请<br>代为取证 | 辩护律师可以申请人民检察院、人民法院代为调查取证。<br>【关联法条】《六机关规定》第8条　对于辩护律师申请人民检察院、人民法院收集、调取证据，人民检察院、人民法院认为需要调查取证的，应当由人民检察院、人民法院收集、调取证据，不得向律师签发准许调查决定书，让律师收集、调取证据。<br>【拓展阅读1】人民检察院、人民法院应当在3日以内作出是否同意的决定，并通知辩护律师。辩护律师书面申请时，办案机关不同意的，应当书面说明理由；辩护律师口头申请的，办案机关可以口头答复。<br>【拓展阅读2】辩护律师因证人或者有关单位、个人不同意，申请人民法院收集、调取证据，或者申请通知证人出庭作证，人民法院认为确有必要的，应当同意。辩护律师直接申请人民法院向证人或者有关单位、个人收集、调取证据材料，人民法院认为确有收集、调取必要，且不宜或者不能由辩护律师收集、调取的，应当同意。人民法院收集、调取证据材料时，辩护律师可以在场。 |
|---|---|---|
| 非律师 | | 没有亲自调查取证权。<br>【关联法条】《刑事诉讼法》第39条　辩护人认为在侦查、审查起诉期间公安机关、人民检察院收集的证明犯罪嫌疑人、被告人无罪或者罪轻的证据材料未提交的，有权申请人民检察院、人民法院调取。<br>【拓展阅读】上述申请经审查，认为辩护律师申请调取的证据材料已收集并且与案件事实有联系的，应当及时调取。相关证据材料提交后，人民检察院、人民法院应当及时通知辩护律师查阅、摘抄、复制。经审查决定不予调取的，应当书面说明理由。 |

4. 申请解除超期的强制措施的权利

根据《刑事诉讼法》第95条的规定，犯罪嫌疑人、被告人及其法定代理人、近亲属或者辩护人有权申请变更强制措施。人民法院、人民检察院和公安机关收到申请后，应当在3日以内作出决定；辩护律师的申请符合法律规定的，办案机关应当及时变更或者解除强制措施；经审查认为不应当变更或者解除强制措施的，应当告知辩护律师，并书面说明理由。

【名师点睛】所有辩护人不管是律师还是非律师，都有权为犯罪嫌疑人、被告人申请取保候审以及申请变更强制措施。

5. 获得通知的权利（知情权）

《刑事诉讼法》第160条规定，公安机关侦查终结的案件，应当做到犯罪事实清楚，证据确实、充分，并且写出起诉意见书，连同案卷材料、证据一并移送同级人民检察院审查决定；同时将案件移送情况告知犯罪嫌疑人及其辩护律师。

根据《刑事诉讼法》第182条的规定，人民法院决定开庭审判后，应当将人民检察院的起诉书副本至迟在开庭10日以前送达被告人及其辩护人。人民法院应当在开庭3日以前将开庭的时间、地点通知辩护人。

根据《刑事诉讼法》第196条的规定，人民法院应当将判决书送达辩护人和诉讼代理人。

【关联法条】《关于依法保障律师执业权利的规定》第6条　辩护律师接受犯罪嫌疑人、被告人委托或者法律援助机构的指派后，应当告知办案机关，并可以依法向办案机关了解犯罪嫌疑人、被告人涉嫌或者被指控的罪名及当时已查明的该罪的主要事实，犯罪嫌疑人、被告人被采取、变更、解除强制措施的情况，侦查机关延长侦查羁押期限等情况，办案机关应当依法及时告知辩护律师。

办案机关作出移送审查起诉、退回补充侦查、提起公诉、延期审理、二审不开庭审理、宣告判决等重大程序性决定的，以及人民检察院将直接受理立案侦查案件报请上一级人民检察院审查决定逮捕的，应当依法及时告知辩护律师。

6. 参加法庭调查和辩论权

在法庭调查阶段，辩护人在公诉人讯问被告人后经审判长许可，可以向被告人发问；经审判长许可，可以对证人、鉴定人发问。法庭审理中，辩护人有权申请通知新的证人到庭，调取新的物证，重新鉴定或者勘验。在法庭辩论阶段，辩护人可以对证据和案件情况发表意见并且可以和控方展开辩论。律师可以根据需要，向人民法院申请带律师助理参加庭审。律师助理参加庭审仅能从事相关辅助工作，不得发表辩护、代理意见。

7. 提出意见权

| | |
|---|---|
| 无条件的 | （1）人民检察院审查批准逮捕和人民法院决定逮捕，应当讯问未成年犯罪嫌疑人、被告人，应当听取辩护律师的意见。<br>（2）人民检察院审查案件，应当讯问犯罪嫌疑人，听取辩护人、被害人及其诉讼代理人的意见，并记录在案。辩护人、被害人及其诉讼代理人提出书面意见的，应当附卷。<br>（3）第二审法院决定不开庭审理的，应当讯问被告人，听取其他当事人、辩护人、诉讼代理人的意见。 |
| 附条件的 | （1）人民检察院审查批准逮捕，可以询问证人等诉讼参与人，听取辩护律师的意见；辩护律师提出要求的，应当听取辩护律师的意见。<br>（2）在案件侦查终结前，辩护律师提出要求的，应当听取辩护律师的意见，并记录在案。辩护律师提出书面意见的，应当附卷。<br>（3）最高人民法院复核死刑案件，应当讯问被告人，辩护律师提出要求的，应当听取辩护律师的意见。 |

【关联法条】《关于依法保障律师执业权利的规定》第35条　辩护律师作无罪辩护的，可以当庭就量刑问题发表辩护意见，也可以庭后提交量刑辩护意见。

8. 申诉、控告权

《刑事诉讼法》第47条规定，辩护人、诉讼代理人认为公安机关、人民检察院、人民法院及其工作人员阻碍其依法行使诉讼权利的，有权向同级或者上一级人民检察院申诉或者控告。人民检察院对申诉或者控告应当及时进行审查，情况属实的，通知有关机关予以纠正。

9. 人身保障权

《刑事诉讼法》第42条第2款规定，违反前款规定的，应当依法追究法律责任，辩护人涉嫌犯罪的，应当由办理辩护人所承办案件的侦查机关以外的侦查机关办理。辩护人是律师的，应当及时通知其所在的律师事务所或者所属的律师协会。

【关联法条】《六机关规定》第9条　刑事诉讼法第42条第2款中规定："违反前款规定的，应当依法追究法律责任，辩护人涉嫌犯罪的，应当由办理辩护人所承办案件的侦查机关以外的侦查机关办理。"根据上述规定，公安机关、人民检察院发现辩护人涉嫌犯罪，或者接受报案、控告、举报、有关机关的移送，依照侦查管辖分工进行审查后认为符合立案条件的，应当按照规定报请办理辩护人所承办案件的侦查机关的上一级侦查机关指定其他侦查机关立案侦查，或者由上一级侦查机关立案侦查。不得指定办理辩护人所承办案件的侦查机关的下级侦查机关立案侦查。

**《关于依法保障律师执业权利的规定》第40条**　侦查机关依法对在诉讼活动中涉嫌犯罪的律师采取强制措施后，应当在48小时以内通知其所在的律师事务所或者所属的律师协会。

10. 保密权

《刑事诉讼法》第46条规定，辩护律师对在执业活动中知悉的委托人的有关情况和信息，有权予以保密。

**【考点提示】** 辩护律师在执业活动中知悉委托人或者其他人，准备或者正在实施危害国家安全、公共安全以及严重危害他人人身安全的犯罪的，应当及时告知司法机关。

11. 拒绝辩护权

如果遇有当事人委托事项违法或者委托人利用律师提供的服务从事违法活动或者委托人隐瞒事实的情形，律师有权拒绝辩护。

**【小试牛刀】**

**1.** 刘某涉嫌特别重大贿赂犯罪被指定居所监视居住，律师洪某担任其辩护人。关于洪某在侦查阶段参与刑事诉讼，下列哪些选项是正确的?[1]

A. 会见刘某应当经公安机关许可

B. 可申请将监视居住的地点变更为刘某的住处

C. 可向刘某核实有关证据

D. 会见刘某不受监听

**2.** 犯罪嫌疑人甲委托其弟乙作为自己的辩护人。在审查起诉阶段，乙享有哪些诉讼权利?[2]

A. 申请检察人员回避

B. 可以享有阅卷权，但是需要经过检察院的批准

C. 有权为甲申请取保候审

D. 经被害人同意，向其收集与本案有关的材料

**3.** 郭某涉嫌参加恐怖组织罪被逮捕，随后委托律师姜某担任辩护人。关于姜某履行辩护职责，下列哪一选项是正确的?[3]

A. 姜某到看守所会见郭某时，可带1~2名律师助理协助会见

---

[1]　BD。本案是特别重大贿赂犯罪，律师会见也需要经过侦查机关检察院许可，选项A错误。自案件移送审查起诉之日起，可以向犯罪嫌疑人、被告人核实有关证据。本案还在侦查阶段，律师还不能向犯罪嫌疑人、被告人核实有关证据，选项C错误。

[2]　ABC。D选项的错误在于非律师没有取证权。

[3]　D。选项A错误，辩护律师只可以带1名律师助理协助会见。选项B错误，如果信件内容涉及危害国家安全、公共安全、严重危害他人人身安全以及涉嫌串供、毁灭证据等情形，看守所可以截留、复制。选项C错误，如果辩护律师口头提出申请的，办案机关也可以口头答复。

B. 看守所可对姜某与郭某的往来信件进行必要的检查，但不得截留、复制

C. 姜某申请法院收集、调取证据而法院不同意的，法院应书面说明不同意的理由

D. 法庭审理中姜某作无罪辩护的，也可当庭对郭某从轻量刑的问题发表辩护意见

### （六）辩护人的义务

**1. 不得干扰司法机关诉讼活动**

辩护律师和其他辩护人不得帮助犯罪嫌疑人、被告人隐匿、毁灭、伪造证据或者串供，不得威胁、引诱证人作伪证及进行其他干扰司法机关诉讼活动的行为。否则，应当依法追究法律责任。

**2. 及时告知接受委托的情况**

辩护人接受委托后，应当及时告知办理案件的机关其接受委托的情况。《刑诉解释》第 46 条规定，审判期间，辩护人接受被告人委托的，应当在接受委托之日起 3 日内，将委托手续提交人民法院。法律援助机构决定为被告人指派律师提供辩护的，承办律师应当在接受指派之日起 3 日内，将法律援助手续提交人民法院。

**3. 证据开示的义务**

辩护人收集的有关犯罪嫌疑人不在犯罪现场、未达到刑事责任年龄、属于不负刑事责任的精神病人的证据，应当及时告知公安机关、人民检察院，以避免对不必要的案件进行侦查和审查起诉，节约司法资源。

【小试牛刀】

根据《刑事诉讼法》的规定，辩护律师收集到的下列哪一证据应及时告知公安机关、检察院?[1]

A. 强奸案中被害人系精神病人的证据

B. 故意伤害案中犯罪嫌疑人系正当防卫的证据

C. 投放危险物质案中犯罪嫌疑人案发时在外地出差的证据

D. 制造毒品案中犯罪嫌疑人犯罪时刚满 16 周岁的证据

**4. 揭发告知违法行为义务**

辩护律师对在执业活动中知悉的委托人或者其他人，准备或正在实施危害国家安全、公共安全以及严重危害他人人身安全的犯罪的，应当及时告知公安司法机关，但公安司法机关应当为辩护律师保密。

【名师点睛】 对过去曾经犯罪的事实要保密，仅对准备或正在实施的上述犯罪才能揭发。不是所有事项都应当揭发，仅包括：①危害国家安全；②危害公共安全；③严重危害他人人身安全的犯罪。

**5. 会见在押犯罪嫌疑人、被告人时，应当遵守看管场所的规定。**

**6. 参加法庭审判时要遵守法庭秩序。**

**7. 依法取证**

未经人民检察院或者人民法院许可，不得向被害人或被害人提供的证人收集与本案有

---

[1] C

关的材料。

**8. 不得违规会见、贿赂司法人员**

不得违反规定会见法官、检察官以及其他有关工作人员；不得向法官、检察官以及其他有关工作人员行贿，介绍贿赂或者指使、诱导当事人行贿，或者以其他不正当方式影响法官、检察官以及其他有关工作人员依法办理案件。

### 五、拒绝辩护

刑事诉讼中有两种拒绝辩护：①犯罪嫌疑人、被告人拒绝辩护人为其辩护；②律师拒绝继续为犯罪嫌疑人、被告人辩护。

**1. 被告人拒绝辩护**

在审判过程中，被告人可以拒绝辩护人继续为他辩护，也可以另行委托辩护人辩护。

| | |
|---|---|
| 强制辩护的被告人 | （1）拒绝法律援助的辩护人为其辩护，如果有正当理由，人民法院应当准许；如果没有正当理由，人民法院不予准许。<br>【名师点睛】被告人虽然属于强制辩护的情形，但是，被告人想拒绝自己委托的辩护人时，不需要理由。<br>（2）人民法院准许时，被告人可以另行委托辩护人，也可以由法院指定。<br>（3）重新开庭后再次拒绝的，无论有无理由，都不予准许。<br>【名师点睛】此类情形可总结为：强制辩护拒绝要理由，只能拒1次，最终必须有人辩护。<br>【小试牛刀】段某强奸案，被告人段某可能被判处死刑，法院依法通知法援机构为其指派了辩护人，但是被告人拒绝指派的辩护人为其辩护。对此，法院应当如何处理？最终能否只由段某自行辩护？**答案**：人民法院应当先审查，被告人有正当理由的应当准许；本案不能只由段某自己辩护，因为被告人可能判死刑，属于强制辩护的情形。 |
| 非强制辩护的被告人 | 如果被告人拒绝辩护的，人民法院应当准许；应当准许被告人另行委托；再次拒绝的，可以准许，但是最终只能自行辩护。<br>【名师点睛】此类情形可总结为：非强制辩护拒绝不用理由，可以拒绝2次，最终只能自行辩护。<br>【小试牛刀】黄某故意伤害案，2次拒绝辩护人为其辩护，还能否再聘请辩护人为其辩护？**答案**：不能。拒绝2次之后，只能自行辩护，不能再委托辩护人。 |

**【关联法条】**《刑诉解释》**第254条**　被告人当庭拒绝辩护人辩护，要求另行委托辩护人或者指派律师的，合议庭应当准许。被告人拒绝辩护人辩护后，没有辩护人的，应当宣布休庭；仍有辩护人的，庭审可以继续进行。

有多名被告人的案件，部分被告人拒绝辩护人辩护后，没有辩护人的，根据案件情况，可以对该被告人另案处理，对其他被告人的庭审继续进行。

重新开庭后，被告人再次当庭拒绝辩护人辩护的，可以准许，但被告人不得再次另行委托辩护人或者要求另行指派律师，由其自行辩护。

被告人属于应当提供法律援助的情形，重新开庭后再次当庭拒绝辩护人辩护的，不予准许。

**第256条**　依照前2条规定另行委托辩护人或者指派律师的，自案件宣布休庭之日起至第 15 日止，由辩护人准备辩护，但被告人及其辩护人自愿缩短时间的除外。

**【小试牛刀】**

在法庭审判中，被告人翻供，否认犯罪，并当庭拒绝律师为其进行有罪辩护。合议庭对此问题的处理，下列哪一选项是正确的?[1]

A. 被告人有权拒绝辩护人辩护，合议庭应当准许

B. 辩护律师独立辩护，不受当事人意思表示的约束，合议庭不应当准许拒绝辩护

C. 属于应当提供法律援助的情形的，合议庭不应当准许拒绝辩护

D. 有多名被告人的案件，部分被告人拒绝辩护人辩护的，合议庭不应当准许

2. 辩护人拒绝辩护

我国《律师法》第 32 条第 2 款规定，律师接受委托后，无正当理由的，不得拒绝辩护或者代理。但是，委托事项违法、委托人利用律师提供的服务从事违法活动或者委托人故意隐瞒与案件有关的重要事实的，律师有权拒绝辩护或者代理。可见，与犯罪嫌疑人、被告人拒绝辩护不同，律师拒绝继续为犯罪嫌疑人、被告人辩护具有严格的法定条件。

## 六、刑事代理

### (一) 含义

刑事诉讼中的代理，是指代理人接受公诉案件的被害人及其法定代理人或者近亲属、自诉案件的自诉人及其法定代理人、附带民事诉讼的当事人及其法定代理人的委托，以被代理人的名义参加诉讼，由被代理人承担代理行为的法律后果的一项诉讼活动。

### (二) 种类

1. 从刑事代理产生的方式看，刑事代理可分为两种：

| 法定代理 | 即基于法律规定而产生的代理。 |
|---|---|
| 委托代理 | 即基于被代理人的委托、授权而产生的代理。 |

2. 从刑事代理的委托主体看，刑事诉讼中的代理主要有：

| 公诉案件被害人的代理 | 公诉案件的被害人及其法定代理人或者近亲属，自案件移送审查起诉之日起，有权委托诉讼代理人。<br>【名师点睛】公诉案件在侦查阶段，被害人不能委托代理人。 |
|---|---|
| 自诉案件的代理 | 自诉案件的自诉人及其法定代理人，有权随时委托诉讼代理人。<br>【名师点睛】在刑事自诉案件中，被告人依法有权提起反诉。当被告人对其提起反诉后，本诉的自诉人又成了反诉中的被告人，本诉中自诉人委托的代理人，也可以接受反诉的被告人的委托做他的辩护人，即由行使控诉职能转变为兼行控诉与辩护职能。同样，自诉案件的被告人提起反诉，其原来承担辩护职能的辩护人也可以成为既承担控诉职能又承担辩护职能的代理人及辩护人。反诉案件的代理人，一般都具有双重身份，既是被告人的辩护人，又是反诉的诉讼代理人。因此，必须办理双重委托手续，明确代理权限。 |

---

[1] A

续表

| | |
|---|---|
| 附带民事诉讼当事人的代理 | 律师在附带民事诉讼中的代理，实质上是民事诉讼代理。但附带民事诉讼代理人也有特殊之处，例如，附带民事诉讼的代理人可能身兼数职，比如既担任刑事被告人的辩护人，又担任附带民诉被告人的代理人。①公诉案件附带民事诉讼的当事人及其法定代理人，自案件移送审查起诉之日起，有权委托诉讼代理人；②自诉案件附带民事诉讼的当事人及其法定代理人，有权随时委托诉讼代理人。 |
| 没收程序中的代理 | 犯罪嫌疑人、被告人逃匿、死亡案件违法所得没收程序中也有代理人。<br>【关联法条】《刑事诉讼法》第281条第2款　犯罪嫌疑人、被告人的近亲属和其他利害关系人有权申请参加诉讼，也可以委托诉讼代理人参加诉讼。 |
| 精神病人的强制医疗程序中的代理 | "依法不负刑事责任的精神病人的强制医疗程序"也涉及代理问题。<br>【关联法条】《刑事诉讼法》第286条第2款　人民法院审理强制医疗案件，应当通知被申请人或者被告人的法定代理人到场。被申请人或者被告人没有委托诉讼代理人的，人民法院应当通知法律援助机构指派律师为其提供法律帮助。 |

【小试牛刀】

甲因积怨将乙打成重伤，致乙丧失劳动能力。本案中，哪些人有权为乙委托诉讼代理人？[1]

A. 乙的母亲　　　　　　　　　　B. 乙的祖父

C. 乙本人　　　　　　　　　　　D. 乙的好友丙

### （三）诉讼代理人的范围和权利

1. 范围

在刑事诉讼中，委托诉讼代理人的范围以及人数，与辩护人的范围相同。

2. 权利

诉讼代理人除享有代理授权范围内的被代理人的权利外，还享有以下权利：

（1）阅卷权。经人民检察院、人民法院许可，可以查阅、摘抄、复制与本案有关的材料，了解案情。在审查起诉阶段，可以到人民检察院查阅、摘抄、复制本案的案卷材料；在审判阶段，可以到人民法院查阅、摘抄、复制本案的案卷材料。

（2）调查取证权。律师担任代理人的，可以进行调查取证，也可以申请人民检察院、人民法院调查取证。具体程序参照辩护人申请人民检察院、人民法院调查取证程序适用。非律师担任代理人的，不享有调查取证权。

（3）申诉、控告权。诉讼代理人认为公安机关、人民检察院、人民法院及其工作人员阻碍其依法行使诉讼权利的，有权向同级或者上一级人民检察院申诉或者控告。具体申诉、控告程序与辩护人相同。

---

〔1〕　AC。乙的祖父以及乙的好友丙并非是乙的法定代理人或近亲属，无权委托诉讼代理人，选项BD不当选。

### （四）比较辩护人和代理人的差异

|  | 辩护人 | 代理人 |
|---|---|---|
| 地位不同 | 具有独立的诉讼地位，以自己名义进行辩护。 | 不具有独立的诉讼地位，是附属于被代理人的，依被代理人意志从事活动。 |
| 职能不同 | 承担的是辩护职能。 | 维护被代理人的合法权益。<br>【名师点睛】代理人并非都承担控诉职能。比如，附带民诉当事人的代理人就不承担控辩职能。 |
| 委托主体不同 | 公诉案件犯罪嫌疑人、被告人、自诉案件的被告人以及他们的监护人或近亲属。 | （1）公诉案件的被害人及其法定代理人或近亲属；<br>（2）自诉人及其法定代理人；<br>（3）附带民事诉讼当事人及其法定代理人。 |
| 委托时间不同 | 公诉案件第一次讯问或采取强制措施之日起，自诉案件随时委托。 | 公诉案件移送审查起诉之日起，自诉案件随时委托。 |

【小试牛刀】

在张某故意毁坏李某汽车案中，张某聘请赵律师为辩护人，李某聘请孙律师为诉讼代理人。关于该案辩护人和诉讼代理人，下列哪一选项是正确的？[1]

A. 赵律师、孙律师均自案件移送审查起诉之日起方可接受委托担任辩护人、诉讼代理人

B. 赵律师、孙律师均有权申请该案的审判人员和公诉人员回避

C. 赵律师可在审判中向张某发问，孙律师无权向张某发问

D. 赵律师应以张某的意见作为辩护意见，孙律师应以李某的意见为代理意见

---

[1] B

# 第7章

# 刑事证据

## ▶ 复习提要

　　刑事证据制度是用来规范证据资格、证据收集和司法证明活动的法律规则体系。证据制度是整个刑事诉讼法中最重要、最核心的内容之一。应当理解和把握关于证据制度的法律规定及关于证据的理论和学说。要注意把握以下内容：刑事证据的三大基本属性，刑事证据制度的三大基本原则，八种法定证据种类的划分和审查，刑事证据的四组理论分类，七种刑事证据规则的内容及我国的现状，刑事诉讼的证明对象、证明责任、证明标准，等等。

## ▶ 知识框架

刑事证据制度

刑事证据
- 刑事证据的概念、特征
- 刑事证据的原则 ★
- 刑事证据的种类 ★★★
- 刑事证据的审查、判断、应用 ★★★★★
- 刑事证据的理论分类 ★★★★
- 刑事证据规则 ★★★★

刑事证明
- 证明概述
- 证明对象 ★★★
- 证明责任 ★★★
- 证明标准 ★★

## 一、证据概述

### （一）概念

我国刑事诉讼中的证据，是指以法律规定的形式表现出来的能够证明案件真实情况的一切事实。对于刑事证据的概念，可以从以下三个方面理解：①刑事证据本身是一种客观存在的材料；②刑事证据是证明案件真实情况的根据和认定案件事实的手段；③刑事证据必须符合法律规定的八种表现形式。

【关联法条】《刑事诉讼法》第48条第1款　可以用于证明案件事实的材料，都是证据。证据包括：

（一）物证；

（二）书证；

（三）证人证言；

（四）被害人陈述；

（五）犯罪嫌疑人、被告人供述和辩解；

（六）鉴定意见；

（七）勘验、检查、辨认、侦查实验等笔录；

（八）视听资料、电子数据。

### （二）特征

| | |
|---|---|
| 1. 客观性 | 客观性，是指证据是客观存在的，不以人的主观意志为转移。任何一种犯罪行为都是在一定的时间和空间发生的，只要有行为的发生，就必然留下各种痕迹和印象并形成证据，这是不以人的意志为转移的客观存在。<br>【考点提示】任何主观想象、虚构、猜测、假设、臆断、梦境以及来源不清的道听途说等并非客观存在的材料，都不能成为刑事诉讼中的证据。 |
| 2. 关联性 | 关联性，是指证据必须与案件事实有客观联系，对证明刑事案件事实具有某种实际意义。证据关联性主要从以下几个方面理解：<br>（1）关联性是证据的一种客观属性，不是办案人员的主观想象或者强加的联系。<br>（2）证据与案件事实相关联的形式是多种多样、十分复杂的。<br>【拓展阅读】最常见的关联是因果联系，即证据事实是犯罪的原因或结果的事实。其次是与犯罪相关的空间、时间、条件、方法、手段的事实。它们或者反映犯罪的动机，或者反映犯罪的手段，或者反映犯罪过程和实施犯罪的环境、条件，或者反映犯罪后果。还有反映犯罪事实不存在或犯罪并非犯罪嫌疑人、被告人所为等。<br>（3）证据的关联性是证据证明力的原因。<br>【拓展阅读】证据对案件事实有无证明力以及证明力的大小，取决于证据本身与案件事实有无联系以及联系的紧密、强弱程度。一般来说，如果证据与案件事实之间的联系紧密，则该证据的证明力较强，在诉讼中所起的作用也较大。<br>【考点提示】类似事件、品格事实、表情、被害人过去的行为都不具关联性。 |

续表

| | |
|---|---|
| 3. 合法性 | 合法性是指对证据必须依法加以收集和运用。证据的合法性主要包括以下内容：<br>（1）证据的收集和运用主体要合法。<br>（2）证据的形式应当合法。<br>【拓展阅读】作为证明案件事实的证据材料形式上必须符合法律要求。《刑事诉讼法》第48条规定了证据种类：物证；书证；证人证言；被害人陈述；犯罪嫌疑人、被告人供述和辩解；鉴定意见；勘验、检查、辨认、侦查实验等笔录；视听资料、电子数据。<br>（3）证据的提供、收集和审查，必须符合法定的程序要求。无论是公安司法人员收集证据，还是当事人或其他诉讼参与人提供证据，都应当合法。<br>（4）证据必须经法定程序出示和查证。<br>【拓展阅读】根据《刑事诉讼法》的规定，证人证言必须在法庭上经过公诉人、被害人和被告人、辩护人双方询问、质证；物证必须当庭出示，让当事人辨认；未到庭的证人的证言笔录、鉴定意见、勘验、检查等笔录和其他作为证据的文书，应当当庭宣读，听取公诉人、当事人和辩护人、诉讼代理人的意见。未经法庭查证属实的材料，均不得作为定案的根据。 |

【名师点睛】刑事证据具有客观性、关联性和合法性三个基本属性。三者是互相联系、缺一不可的。客观性和关联性涉及的是刑事证据的内容，合法性涉及的是刑事证据的形式。刑事证据的客观性、关联性需要通过诉讼程序来审查和检验，而刑事证据的合法性是刑事证据客观性和关联性的法律保证。客观性、关联性和合法性表明了刑事证据内容和形式的统一。

【小试牛刀】

关于证据的关联性，下列哪一选项是正确的？[1]

A. 关联性仅指证据事实与案件事实之间具有因果关系

B. 具有关联性的证据即具有可采性

C. 证据与待证事实的关联度决定证据证明力的大小

D. 类似行为一般具有关联性

### （三）证据制度的基本原则

证据制度的基本原则包括证据裁判原则、自由心证原则、直接言词原则。这里主要介绍证据裁判原则与自由心证原则，直接言词原则将在第十四章"刑事审判概述"中介绍。

1. 证据裁判原则

证据裁判原则，又称证据裁判主义，其基本含义是指对于诉讼中事实的认定，应依据

---

　　[1]　C。选项A，将关联性仅仅表述为因果关系不妥，还有其他方面的联系，都属于关联性的联系，选项A错误。选项B，证据的关联性是证据证明力的原因。但是具有证据力不一定就具有可采性，比如虽然证据具有了关联性，但是如果没有具备合法性，那么该证据依然没有可采性，选项B错误。选项C，证据对案件事实有无证明力以及证明力的大小，取决于证据本身与案件事实有无联系以及联系的紧密、强弱程度，选项C正确。选项D，被告人在其他场合的某一行为与他在当前场合的类似行为通常没有关联性，因为之前的类似行为，并不能证明当前行为就是其所为，选项D错误。

有关的证据作出；没有证据，不得认定事实。在现代诉讼制度下，证据裁判原则至少包含有以下三个方面的含义：

（1）对事实问题的裁判必须依靠证据，没有证据不得认定事实。

（2）裁判所依据的必须是具有证据资格的证据。

（3）裁判所依据的必须是经过法庭调查的证据，除非法律另有规定。

【关联法条】《刑事诉讼法》第53条　对一切案件的判处都要重证据，重调查研究，不轻信口供。只有被告人供述，没有其他证据的，不能认定被告人有罪和处以刑罚；没有被告人供述，证据确实、充分的，可以认定被告人有罪和处以刑罚。

证据确实、充分，应当符合以下条件：

（一）定罪量刑的事实都有证据证明；

（二）据以定案的证据均经法定程序查证属实；

（三）综合全案证据，对所认定事实已排除合理怀疑。

【名师点睛】上述法律条文表明，证据裁判原则在我国已经逐步得到确立，并且基本采纳了该原则的主要内容。

2. 自由心证原则

自由心证原则是指证据的取舍、证据的证明力大小以及对案件事实的认定规则等，法律不预先加以明确规定，而由裁判主体按照自己的良心、理性形成内心确信，以此作为对案件事实认定的一项证据原则。

【名师点睛】自由心证原则并不适用于证据的发现、收集、质证、认证全过程，它是只适用于最终的裁判阶段的原则。

### 拓展阅读

我国对自由心证原则一直存有较大争议。在过去很长一段时间内不承认自由心证，认为自由心证以唯心主义为思想基础，与我国判断证据的指导思想和原则相违背。近年来，国内逐步认识到自由心证原则有其合理之处。《最高人民法院关于民事诉讼证据的若干规定》第64条规定："审判人员应当依照法定程序，全面、客观地审核证据，依据法律的规定，遵循法官职业道德，运用逻辑推理和日常生活经验，对证据有无证明力和证明力大小独立进行判断，并公开判断的理由和结果。"这条规定吸纳了自由心证原则的精神，表明自由心证原则在一定程度上得到了我国的认可。

## 二、刑事证据的种类

证据种类实际上是证据在法律上的分类，是证据的法定形式。《刑事诉讼法》第48条规定，可以用于证明案件事实的材料，都是证据。证据包括：①物证；②书证；③证人证言；④被害人陈述；⑤犯罪嫌疑人、被告人供述和辩解；⑥鉴定意见；⑦勘验、检查、辨认、侦查实验等笔录；⑧视听资料、电子数据。证据必须经过查证属实，才能作为定案的根据。

## （一）物证和书证

| | | |
|---|---|---|
| 1. 物证 | 概　念 | 物证，是指证明案件真实情况的一切**物品**和**痕迹**。<br>【名师点睛】所谓物品，是指与案件事实有联系的客观实在物，如作案工具、赃款赃物等；所谓痕迹，是指物体相互作用所产生的印痕和物体运动时所产生的轨迹，如脚印、指纹等。<br>【考点提示】对某些难以移动或易于消失的物品、痕迹复制的**模型或拍摄的照片**，是对物证的固定和保全。在运用时，作为物证发挥作用的，不是这些照片和模型本身，而是被拍摄的照片、复制的模型所反映的原物和痕迹。 |
| | 特　点 | （1）物证是以其外部特征、物品属性、存在状况等来发挥证明作用的，因此，与其他证据相比，物证具有较强的**客观性、稳定性**。<br>（2）物证所包含的信息内容通常只能反映案件中的某些片段或个别情节，而不能一步到位地直接证明案件中的主要事实，因此，**通常只能作为间接证据**。 |
| 2. 书证 | 概　念 | 书证，是指以文字、符号、图画等**记载的内容和反映的思想**来证明案件真实情况的书面材料或其他物质材料。<br>【名师点睛】书证的表现形式和制作方法多种多样，不限于"书写的文字材料"。事实上，作为书证载体的材料是十分广泛的，既可以是纸张，也可以是布匹、绸缎以及竹片、木板，甚至可能直接写在地上或者墙壁上；书写的方法，既可以用手写，也可用刀刻、印刷、剪贴、拼接、复印等方法；至于书证内容的表达，多数情况下是用文字表述，但不限于文字，也可用图形和符号来表示。 |
| | 特　点 | （1）书证必须以一定的**物质材料为载体**，属于**实物证据**范围，客观性较强。<br>【名师点睛】比如手机中的短信内容，并非通过物质材料承载，因此不属于书证，而是电子数据。<br>（2）该项材料所记载的内容或者所表达的思想，**必须与待证明的案件事实有关联**，能够被用来证明案件事实。<br>【名师点睛】比如，盗窃的图书、录像带等所记载的内容与盗窃案件无关，它们便只是物证而不是书证。但如果在制作、贩卖、传播淫秽物品案件中，所缴获的图书所记载的内容（系淫秽内容）与该案有关，因而这些图书就属于书证。 |

　　【名师点睛】考生需要正确区分物证和书证：书证以其内容证明案件事实，物证则以其物质属性和外观特征证明案件事实。**如果一个物体同时以以上两种方式发挥证明作用，它就既是书证又是物证。**

### 【小试牛刀】

　　1. 侦查人员在杀人案现场收集到一封信和一张字条，信的内容与案件无关，但根据通信对方的姓名和地址查出了犯罪分子。字条的内容也与案件无关，但根据笔迹鉴定找到了字条的书写人，从而发现了犯罪分子。本案中的信件和字条分别属于何种证据种类？

　　**答案**：信件是书证，字条是物证。

　　2. 在一起杀人案的现场，侦查人员发现了一封遗书，根据遗书记载的内容，侦查人员推断出死者的家庭、身份。同时，又根据笔迹鉴定，推断出此遗书确实是死者所写。本案中的遗书属于哪种证据？

**答案**：既是物证，又是书证。

**3.** 下列哪些属于书证？[1]

A. 某强奸案，在犯罪嫌疑人住处收集的笔记本，其中记载着其作案经过及对被害人的描述

B. 某贪污案，为查明账册涂改人而进行鉴定的笔迹

C. 某故意伤害案，证人书写的书面证词

D. 某走私淫秽物品案，犯罪嫌疑人非法携带的淫秽书刊

### 拓展阅读

**物证、书证的收集**

1. 收集和调取的物证应当是原物。只有在原物不便搬运、不宜保存或者依法应当由有关部门保管、处理或者依法应当返还时，才可以拍摄或者制作足以反映原物外形或者内容的照片、录像或者复制品。

2. 物证的照片、录像或者复制品经与原物核实无误或者经鉴定证明为真实的，或者以其他方式确能证明其真实的，可以作为证据使用。原物的照片、录像或者复制品，不能反映原物的外形和特征的，不能作为证据使用。

3. 拍摄物证的照片、录像，制作人不得少于 2 人，并应当附有制作过程的文字说明及原物存放何处的说明，并由制作人签名或者盖章。

4. 所有已经收集到的物证都必须妥善保管，任何人都不得使用，更不允许毁坏；对于可能产生环境污染和有伤风化的物证，应当按照有关规定保管和处置。案件中的物证能附卷的都应当附卷保存。移送案件时，应当将物证随同案卷一并移送。

**【名师点睛】** 书证的收集规则与物证基本相同。

### （二）证人证言，被害人陈述，犯罪嫌疑人、被告人供述和辩解

| | | |
|---|---|---|
| 证人证言 | 概念 | 证人证言，是指证人就其所了解的案件情况向公安司法机关所作的陈述。<br>**【考点提示】** 证人证言的保存形式并不改变证据的性质，比如证人将证言书写在纸上，这份笔录还是证人证言，公安司法人员对证人陈述进行录音录像，该录音带和录像带依然属于证人证言。 |
| | 特点 | （1）证人是犯罪嫌疑人、被告人、被害人以外的人，一般而言，与犯罪嫌疑人、被告人、被害人相比，其陈述受利害关系影响较小。<br>（2）陈述的是亲身感知的事实。证人的猜测性、评论性、推断性的证言，不得作为证据使用，但根据一般生活经验判断符合事实的除外。<br>（3）容易受到其他因素的影响。证人证言是证人对感知情况的反映，往往会受到证人的主观因素和客观条件的影响。<br>（4）证人证言不可替代。证人既不能由公安司法机关自由选择和指定，也不能由别人代替和更换。 |

---

〔1〕 AD。选项 A 中的笔记本和选项 D 中的淫秽书刊是以其记载的内容和表达的思想起证明作用的，为书证。选项 B 中的笔迹是以其外部特征证明案件事实的实物和痕迹，属于物证。选项 C 为证人证言。

续表

| 被害人陈述 | 概　念 | 被害人陈述，是指刑事被害人就其受害情况和其他与案件有关的情况向公安司法机关所作的陈述。<br>【名师点睛】被害人既可以是自然人，也可以是单位。自诉人和附带民事诉讼的原告人如果是被害人，他们的陈述也是被害人陈述。 |
|---|---|---|
| 犯罪嫌疑人、被告人供述和辩解 | 概　念 | 犯罪嫌疑人、被告人的供述和辩解，是指犯罪嫌疑人、被告人就有关案件的情况向侦查、检察和审判人员所作的陈述，通常称之为口供。它的内容主要包括犯罪嫌疑人、被告人承认自己有罪的供述和说明自己无罪、罪轻的辩解。 |
| | 特　点 | (1) 可以全面、具体地反映案件事实。<br>(2) 由于犯罪嫌疑人、被告人与案件的处理结果有直接的切身利害关系，口供的内容必然受诉讼地位和复杂心理活动的影响，所以这种供述或辩解虚假的可能性也比较大。<br>(3) 常常呈现出反复无常的"易变性"。 |

【考点提示】犯罪嫌疑人、被告人检举他人犯罪的性质和内容的证据属于何种证据，应当具体分析。共犯中同案犯罪嫌疑人、被告人检举其他人共犯内的犯罪事实属于犯罪嫌疑人、被告人供述和辩解的内容，不是证人证言。因为共犯相互之间就共同犯罪的情况相互检举，与个人的罪责有关。而犯罪嫌疑人、被告人检举他人共犯外的犯罪事实，或同案犯罪嫌疑人、被告人对非共犯的检举，则与自己的罪责无关，应属于证人证言。

【小试牛刀】

段某、黄某共同抢劫被抓获。段某下列哪一陈述属于证人证言？[1]

A. 我确实参加了抢劫银行

B. 黄某逼我去抢的

C. 黄某策划了整个抢劫，抢的钱他拿走了一大半

D. 黄某在这次抢劫前还杀了赵某

拓 展 阅 读

**证人证言，被害人陈述，犯罪嫌疑人、被告人供述和辩解的收集**

| 证人证言 | (1) 询问证人应当首先告知他应当如实提供证言，如有意作伪证或者隐匿罪证要负法律责任；<br>(2) 询问证人应当个别和口头进行；<br>(3) 严禁对证人采用拘留、刑讯、威胁、引诱、欺骗等非法方法收集证言，也不得诱导证人提供证言；<br>(4) 询问时，应当全面、如实地对证言内容进行客观记录，不能加入办案人员的主观臆想和个人判断。 |
|---|---|
| 被害人陈述 | 被害人陈述的收集程序参照适用证人证言的收集程序。 |

──────────

〔1〕　D。选项ABC属于犯罪嫌疑人、被告人的供述和辩解，不当选。

续表

| 犯罪嫌疑人、被告人供述和辩解 | （1）重证据、重调查研究，不轻信口供。<br>（2）在收集口供中要严禁刑讯逼供，禁止以威胁、引诱、欺骗等非法方法提取口供。采用刑讯逼供等非法手段取得的犯罪嫌疑人、被告人供述，不能作为定案的根据。<br>（3）只有被告人供述，没有其他证据的，不能认定被告人有罪和处以刑罚；没有被告人供述，证据确实充分的，可以认定被告人有罪和处以刑罚。 |
| :---: | :--- |

## （三）鉴定意见，勘验、检查、辨认、侦查实验等笔录

| | | |
| :---: | :---: | :--- |
| 鉴定意见 | 概念 | 鉴定意见是指公安司法机关为了解决案件中某些专门性问题，指派或聘请具有这方面专门知识和技能的人，进行鉴定后所作的书面意见。 |
| | 特点 | （1）具有特定的书面形式。<br>【名师点睛】实行鉴定人负责制，必须有鉴定人签名，单位公章只能用于证明鉴定人身份，不能代替个人签名。<br>（2）是鉴定人对专门性问题从科学、技术的角度提出的分析意见。<br>（3）内容仅限于解决案件所涉及的科学技术问题，而不是法律问题。<br>（4）受利害关系影响较小。<br>（5）鉴定意见必须是由公安司法机关指派或者聘请的具有这方面专业知识和技能的人作出的。仅仅具有相关方面的专业知识和技能，而非公安司法机关指派或者聘请的人，不能作为鉴定人。<br>【考点提示】犯罪嫌疑人在犯罪前曾到某精神病医院看病，精神病医生对其所作的患有精神病的诊断结论，并不能作为鉴定意见使用。<br>（6）鉴定意见必须当庭宣读，鉴定人一般应当出庭，对鉴定过程和内容、结论作出说明，接受质证。 |
| 勘验、检查、辨认、侦查实验等笔录 | | （1）勘验笔录，是指办案人员对与犯罪有关的场所、物品、尸体等进行勘查、检验后所作的记录；<br>（2）检查笔录，是指办案人员为确定被害人、犯罪嫌疑人、被告人的某些特征、伤害情况和生理状态，对他们的人身进行检验和观察后所作的客观记录；<br>（3）辨认笔录，是指客观、全面记录辨认过程和辨认结果，并由有关在场人员签名的记录；<br>（4）侦查实验笔录，是指对侦查实验的试验条件、试验过程和试验结果的客观记录。<br>【名师点睛】上述笔录是一种书面形式的证据材料，但其在形成时间、制作主体以及内容等方面都有别于书证。 |

## （四）视听资料、电子数据

| | | |
| :---: | :---: | :--- |
| 概念 | 视听资料 | 视听资料，是指以录音、录像模拟信号的形式存储的信息证明案件真实情况的资料。 |
| | 电子数据 | 案件发生过程中形成的，以数字化形式存储、处理、传输的，能够证明案件事实的数据。 |

续表

| 概　念 | 电子数据 | 【考点提示】电子数据包括但不限于下列信息、电子文件：①网页、博客、微博客、朋友圈、贴吧、网盘等网络平台发布的信息；②手机短信、电子邮件、即时通信、通讯群组等网络应用服务的通信信息；③用户注册信息、身份认证信息、电子交易记录、通信记录、登录日志等信息；④文档、图片、音视频、数字证书、计算机程序等电子文件。<br>【名师点睛】以数字化形式记载的证人证言、被害人陈述以及犯罪嫌疑人、被告人供述和辩解等证据，不属于电子数据。确有必要的，对相关证据的收集、提取、移送、审查，可以参照适用《关于办理刑事案件收集提取和审查判断电子数据若干问题的规定》。 |
|---|---|---|
| 特　点 | | （1）成为视听资料、电子数据的录音、录像内容一定要和案件有关。否则可能是物证而非视听资料。<br>【小试牛刀】在超市盗窃的几张光盘，属于何种证据？**答案：**物证，因为该光盘内容与案件无关。<br>（2）作为视听资料、电子数据的录音、录像，一般产生于诉讼开始之前，犯罪实施过程之中。<br>【名师点睛】如果是在刑事诉讼启动之后，公安司法机关为了收集、固定和保全证据而制作的录音、录像等，不是视听资料。<br>【考点提示】在询问证人、被害人，讯问犯罪嫌疑人、被告人过程中进行的录音、录像，应当分别属于证人证言，被害人陈述，犯罪嫌疑人、被告人的供述；勘验、检查中进行的录像，应当是勘验、检查笔录的组成部分。但是，该资料用于证明讯问、询问或勘验、检查程序是否合法这一争议问题时，则属于视听资料、电子数据。 |

**【小试牛刀】**

法院审理一起受贿案时，被告人石某称因侦查人员刑讯不得已承认犯罪事实，并讲述受到刑讯的具体时间。检察机关为证明侦查讯问程序合法，当庭播放了有关讯问的录音录像，并提交了书面说明。关于该录音录像的证据种类，下列哪一选项是正确的？[1]

A. 犯罪嫌疑人供述和辩解　　　　B. 电子数据

C. 书证　　　　　　　　　　　　D. 物证

**拓 展 阅 读**

**《关于办理刑事案件收集提取和审查判断电子数据若干问题的规定》**

| 收集提取 | 人数 | **第7条**　收集、提取电子数据，应当由2名以上侦查人员进行。取证方法应当符合相关技术标准。 |
|---|---|---|
| | 收集原始介质 | **第8条**　收集、提取电子数据，能够扣押电子数据原始存储介质的，应当扣押、封存原始存储介质，并制作笔录，记录原始存储介质的封存状态。 |

[1] B

续表

| 收集提取 | 收集原始介质 | 封存电子数据原始存储介质，应当保证在不解除封存状态的情况下，无法增加、删除、修改电子数据。封存前后应当拍摄被封存原始存储介质的照片，清晰反映封口或者张贴封条处的状况。<br><br>封存手机等具有无线通信功能的存储介质，应当采取信号屏蔽、信号阻断或者切断电源等措施。 |
|---|---|---|
| | 提取数据 | **第9条** 具有下列情形之一，无法扣押原始存储介质的，可以提取电子数据，但应当在笔录中注明不能扣押原始存储介质的原因、原始存储介质的存放地点或者电子数据的来源等情况，并计算电子数据的完整性校验值：<br><br>（一）原始存储介质不便封存的；<br><br>（二）提取计算机内存数据、网络传输数据等不是存储在存储介质上的电子数据的；<br><br>（三）原始存储介质位于境外的；<br><br>（四）其他无法扣押原始存储介质的情形。<br><br>对于原始存储介质位于境外或者远程计算机信息系统上的电子数据，可以通过网络在线提取。<br><br>为进一步查明有关情况，必要时，可以对远程计算机信息系统进行网络远程勘验。进行网络远程勘验，需要采取技术侦查措施的，应当依法经过严格的批准手续。 |
| | 打印固定 | **第10条** 由于客观原因无法或者不宜依据第8条、第9条的规定收集、提取电子数据的，可以采取打印、拍照或者录像等方式固定相关证据，并在笔录中说明原因。 |
| | 冻结数据 | **第11条** 具有下列情形之一的，经县级以上公安机关负责人或者检察长批准，可以对电子数据进行冻结：<br><br>（一）数据量大，无法或者不便提取的；<br><br>（二）提取时间长，可能造成电子数据被篡改或者灭失的；<br><br>（三）通过网络应用可以更为直观地展示电子数据的；<br><br>（四）其他需要冻结的情形。 |
| | 笔录清单 | **第14条** 收集、提取电子数据，应当制作笔录，记录案由、对象、内容、收集、提取电子数据的时间、地点、方法、过程，并附电子数据清单，注明类别、文件格式、完整性校验值等，由侦查人员、电子数据持有人（提供人）签名或者盖章；电子数据持有人（提供人）无法签名或者拒绝签名的，应当在笔录中注明，由见证人签名或者盖章。有条件的，应当对相关活动进行录像。 |
| | 见证人 | **第15条** 收集、提取电子数据，应当根据刑事诉讼法的规定，由符合条件的人员担任见证人。由于客观原因无法由符合条件的人员担任见证人的，应当在笔录中注明情况，并对相关活动进行录像。<br><br>针对同一现场多个计算机信息系统收集、提取电子数据的，可以由1名见证人见证。 |

续表

| 收集提取 | 检查 | 第16条　对扣押的原始存储介质或者提取的电子数据，可以通过恢复、破解、统计、关联、比对等方式进行检查。必要时，可以进行侦查实验。<br><br>电子数据检查，应当对电子数据存储介质拆封过程进行录像，并将电子数据存储介质通过写保护设备接入到检查设备进行检查；有条件的，应当制作电子数据备份，对备份进行检查；无法使用写保护设备且无法制作备份的，应当注明原因，并对相关活动进行录像。<br><br>电子数据检查应当制作笔录，注明检查方法、过程和结果，由有关人员签名或者盖章。进行侦查实验的，应当制作侦查实验笔录，注明侦查实验的条件、经过和结果，由参加实验的人员签名或者盖章。 |
|---|---|---|
| 移送展示 | 展示 | 第18条　收集、提取的原始存储介质或者电子数据，应当以封存状态随案移送，并制作电子数据的备份一并移送。<br><br>对网页、文档、图片等可以直接展示的电子数据，可以不随案移送打印件；人民法院、人民检察院因设备等条件限制无法直接展示电子数据的，侦查机关应当随案移送打印件，或者附展示工具和展示方法说明。<br><br>对冻结的电子数据，应当移送被冻结电子数据的清单，注明类别、文件格式、冻结主体、证据要点、相关网络应用账号，并附查看工具和方法的说明。 |
| | 补正 | 第20条　公安机关报请人民检察院审查批准逮捕犯罪嫌疑人，或者对侦查终结的案件移送人民检察院审查起诉的，应当将电子数据等证据一并移送人民检察院。人民检察院在审查批准逮捕和审查起诉过程中发现应当移送的电子数据没有移送或者移送的电子数据不符合相关要求的，应当通知公安机关补充移送或者进行补正。<br><br>对于提起公诉的案件，人民法院发现应当移送的电子数据没有移送或者移送的电子数据不符合相关要求的，应当通知人民检察院。<br><br>公安机关、人民检察院应当自收到通知后3日内移送电子数据或者补充有关材料。 |
| 审查与判断 | 强制排除 | 第28条　电子数据具有下列情形之一的，不得作为定案的根据：<br>（一）电子数据系篡改、伪造或者无法确定真伪的；<br>（二）电子数据有增加、删除、修改等情形，影响电子数据真实性的；<br>（三）其他无法保证电子数据真实性的情形。 |
| | 可以补正 | （略） |

【小试牛刀】

甲涉嫌利用木马程序盗取Q币并转卖他人，公安机关搜查其住处时，发现一个U盘内存储了用于盗取账号密码的木马程序。关于该U盘的处理，下列哪些选项是正确的?[1]

―――――――――

〔1〕　ABCD

A. 应扣押 U 盘并制作笔录

B. 检查 U 盘内的电子数据时，应将 U 盘拆分过程进行录像

C. 公安机关移送审查起诉时，对 U 盘内提取的木马程序，应附有该木马程序如何盗取账号密码的说明

D. 如 U 盘未予封存，且不能补正或作出合理解释的，U 盘内提取的木马程序不得作为定案的根据

## 三、证据的审查判断

### (一) 物证、书证的审查判断规则

| 坚决排除的<br>(背诵) | (1)《刑诉解释》第70条第2款规定，物证的照片、录像、复制品，不能反映原物的外形和特征的，不得作为定案的根据。 |
|---|---|
| | (2)《刑诉解释》第71条第2款规定，书证有更改或者更改迹象不能作出合理解释，或者书证的副本、复制件不能反映原件及其内容的，不得作为定案的根据。 |
| | (3)《刑诉解释》第73条第1款规定，在勘验、检查、搜查过程中提取、扣押的物证、书证，未附笔录或者清单，不能证明物证、书证来源的，不得作为定案的根据。 |
| | (4)《关于建立健全防范刑事冤假错案工作机制的意见》第9条规定，现场遗留的可能与犯罪有关的指纹、血迹、精斑、毛发等证据，未通过指纹鉴定、DNA鉴定等方式与被告人、被害人的相应样本作同一认定的，不得作为定案的根据。涉案物品、作案工具等未通过辨认、鉴定等方式确定来源的，不得作为定案的根据。 |
| 可以补正的<br>(了解) | 《刑诉解释》第73条第2、3款规定，物证、书证的收集程序、方式有下列瑕疵，经补正或者作出合理解释的，可以采用：①勘验、检查、搜查、提取笔录或者扣押清单上没有侦查人员、物品持有人、见证人签名，或者对物品的名称、特征、数量、质量等注明不详的；②物证的照片、录像、复制品，书证的副本、复制件未注明与原件核对无异，无复制时间，或者无被收集、调取人签名、盖章的；③物证的照片、录像、复制品，书证的副本、复制件没有制作人关于制作过程和原物、原件存放地点的说明，或者说明中无签名的；④有其他瑕疵的。对物证、书证的来源、收集程序有疑问，不能作出合理解释的，该物证、书证不得作为定案的根据。 |

【小试牛刀】

1. 搜查获得的杀人案凶器，未附搜查笔录，不能证明该凶器来源，该物证能否作为定案依据？

**答案**：不可以。

2. 扣押物品清单上没有侦查人员、物品持有人、见证人签名，该物证能否作为定案依据？

**答案**：经补正或者作出合理解释的，可以采用。

3. 公安机关发现一具被焚烧过的尸体，因地处偏僻且天气恶劣，无法找到见证人，于是对勘验过程进行了全程录像，并在笔录中注明原因。法庭审理时，辩护人以勘验时没有见证人在场为由，申请排除勘验现场收集的物证。关于本案证据，下列哪一选项是正确的?[1]

---

[1] D

A. 因违反取证程序的一般规定，应当排除

B. 应予以补正或者作出合理解释，否则予以排除

C. 不仅物证应当排除，对物证的鉴定意见等衍生证据也应排除

D. 有勘验过程全程录像并在笔录中已注明理由，不予排除

### （二）证人证言的审查判断

| | |
|---|---|
| 坚决排除的<br>（背诵） | （1）处于明显醉酒、中毒或者麻醉等状态，不能正常感知或者正确表达的证人所提供的证言，不得作为证据使用；（《刑诉解释》第75条第1款）<br>（2）证人的猜测性、评论性、推断性的证言，不得作为证据使用，但根据一般生活经验判断符合事实的除外；（《刑诉解释》第75条第2款）<br>（3）询问证人没有个别进行的，不得作为证据使用；（《刑诉解释》第76条第1项）<br>（4）书面证言没有经证人核对确认的，不得作为证据使用；（《刑诉解释》第76条第2项）<br>（5）询问聋、哑人，应当提供通晓聋、哑手势的人员而未提供的，不得作为证据使用；（《刑诉解释》第76条第3项）<br>（6）询问不通晓当地通用语言、文字的证人，应当提供翻译人员而未提供的，不得作为证据使用；（《刑诉解释》第76条第4项）<br>（7）采用暴力、威胁以及非法限制人身自由等非法方法收集的证人证言、被害人陈述，应当予以排除；[《关于办理刑事案件严格排除非法证据若干问题的规定》（以下简称《非法证据排除规定》）第6条]<br>（8）经人民法院通知，证人没有正当理由拒绝出庭或者出庭后拒绝作证，法庭对其证言的真实性无法确认，该证人证言不得作为定案的根据。（《刑诉解释》第78条第3款） |
| 可以补正的<br>（了解） | 《刑诉解释》第77条规定，证人证言的收集程序、方式有下列瑕疵，经补正或者作出合理解释的，可以采用；不能补正或者作出合理解释的，不得作为定案的根据：①询问笔录没有填写询问人、记录人、法定代理人姓名以及询问的起止时间、地点的；②询问地点不符合规定的；③询问笔录没有记录告知证人有关作证的权利义务和法律责任的；④询问笔录反映出在同一时段，同一询问人员询问不同证人的。 |

【考点提示】需要重点掌握的是证人证言什么情况下需要排除，至于可以补正、解释的内容只需要简单了解即可，万一考到了可以补正、解释的情形，记得用排除法。

### 【小试牛刀】

关于证人证言的收集程序和方式存在瑕疵，经补正或作出合理解释后，可以作为证据使用的情形，下列哪一选项是正确的？[1]

A. 询问证人时没有个别进行的

B. 询问笔录反映出在同一时间内，同一询问人员询问不同证人的

C. 询问聋哑人时应当提供翻译而未提供的

D. 没有经证人核对确认并签名（盖章）、捺指印的

---

[1] B

### （三）犯罪嫌疑人、被告人供述的审查判断

| | |
|---|---|
| 坚决排除的<br>（背诵） | 《刑诉解释》第81条规定，被告人供述具有下列情形之一的，不得作为定案的根据：①讯问笔录没有经被告人核对确认的；②讯问聋、哑人，应当提供通晓聋、哑手势的人员而未提供的；③讯问不通晓当地通用语言、文字的被告人，应当提供翻译人员而未提供的。<br>**【关联法条】**《关于建立健全防范刑事冤假错案工作机制的意见》第8条第2款　除情况紧急必须现场讯问以外，在规定的办案场所外讯问取得的供述，未依法对讯问进行全程录音录像取得的供述，以及不能排除以非法方法取得的供述，应当排除。<br>《非法证据排除规定》第3条　采用以暴力或者严重损害本人及其近亲属合法权益等进行威胁的方法，使犯罪嫌疑人、被告人遭受难以忍受的痛苦而违背意愿作出的供述，应当予以排除。<br>《非法证据排除规定》第4条　采用非法拘禁等非法限制人身自由的方法收集的犯罪嫌疑人、被告人供述，应当予以排除。 |
| 可以补正的<br>（了解） | 《刑诉解释》第82条规定，讯问笔录有下列瑕疵，经补正或者作出合理解释的，可以采用；不能补正或者作出合理解释的，不得作为定案的根据：①讯问笔录填写的讯问时间、讯问人、记录人、法定代理人等有误或者存在矛盾的；②讯问人没有签名的；③首次讯问笔录没有记录告知被讯问人相关权利和法律规定的。 |

**【小试牛刀】**

某强奸杀人案，在法庭审理过程中，被告人段某、黄某提出在侦查期间遭到非法取证，要求确认其审前供述不具备证据能力。下列哪些情形下应当根据法律规定排除上述证据？[1]

A. 将段某"大"字型吊铐在窗户的铁栏杆上，双脚离地

B. 对黄某进行引诱，说"讲了就可以回去"

C. 对段某讯问中，未依法进行录像所取得的供述

D. 当着黄某殴打其儿子进行威胁，说"不配合我们的工作就把你儿子打到死为止"

### （四）鉴定意见的审查判断（简单了解）

| | |
|---|---|
| 坚决排除的<br>（了解） | 《刑诉解释》第85、86条规定，鉴定意见具有下列情形之一的，不得作为定案的根据：①鉴定机构不具备法定资质，或者鉴定事项超出该鉴定机构业务范围、技术条件的；②鉴定人不具备法定资质，不具有相关专业技术或者职称，或者违反回避规定的；③送检材料、样本来源不明，或者因污染不具备鉴定条件的；④鉴定对象与送检材料、样本不一致的；⑤鉴定程序违反规定的；⑥鉴定过程和方法不符合相关专业的规范要求的；⑦鉴定文书缺少签名、盖章的；⑧鉴定意见与案件待证事实没有关联的；⑨违反有关规定的其他情形；⑩经人民法院通知，鉴定人拒不出庭作证的，鉴定意见不得作为定案的根据。 |
| 可以补正的 | （无） |

---

[1]　ACD

### （五）勘验、检查、侦查实验笔录和视听资料的审查判断（简单了解）

| 勘验、检查笔录 | 《刑诉解释》第89条　勘验、检查笔录存在明显不符合法律、有关规定的情形，不能作出合理解释或者说明的，不得作为定案的根据。 |
|---|---|
| 侦查实验笔录 | 《刑诉解释》第91条第2款　侦查实验的条件与事件发生时的条件有明显差异，或者存在影响实验结论科学性的其他情形的，侦查实验笔录不得作为定案的根据。 |
| 视听资料、电子数据 | 《刑诉解释》第94条　视听资料、电子数据具有下列情形之一的，不得作为定案的根据：<br>（一）经审查无法确定真伪的；<br>（二）制作、取得的时间、地点、方式等有疑问，不能提供必要证明或者作出合理解释的。 |

### （六）辨认笔录的审查判断

| 坚决排除的（背诵） | 《刑诉解释》第90条　对辨认笔录应当着重审查辨认的过程、方法，以及辨认笔录的制作是否符合有关规定。<br>　　辨认笔录具有下列情形之一的，不得作为定案的根据：<br>（一）辨认不是在侦查人员主持下进行的；<br>（二）辨认前使辨认人见到辨认对象的；<br>（三）辨认活动没有个别进行的；<br>（四）辨认对象没有混杂在具有类似特征的其他对象中，或者供辨认的对象数量不符合规定的；<br>（五）辨认中给辨认人明显暗示或者明显有指认嫌疑的；<br>（六）违反有关规定、不能确定辨认笔录真实性的其他情形。 |
|---|---|
| 可以补正的（了解） | 《关于办理死刑案件审查判断证据若干问题的规定》第30条第2款　有下列情形之一的，通过有关办案人员的补正或者作出合理解释的，辨认结果可以作为证据使用：<br>（一）主持辨认的侦查人员少于2人的；<br>（二）没有向辨认人详细询问辨认对象的具体特征的；<br>（三）对辨认经过和结果没有制作专门的规范的辨认笔录，或者辨认笔录没有侦查人员、辨认人、见证人的签名或者盖章的；<br>（四）辨认记录过于简单，只有结果没有过程的；<br>（五）案卷中只有辨认笔录，没有被辨认对象的照片、录像等资料，无法获悉辨认的真实情况的。 |

【考点提示】需要重点掌握的是辨认笔录什么情况下需要排除，至于可以补正、解释的内容只需要简单了解即可，万一考到了可以补正、解释的情形，记得用排除法。

【小试牛刀】

**1.** 关于辨认程序不符合有关规定，经补正或者作出合理解释后，辨认笔录可以作为证据使用的情形，下列哪一选项是正确的?[1]

---

〔1〕　C

A. 辨认前使辨认人见到辨认对象的

B. 供辨认的对象数量不符合规定的

C. 案卷中只有辨认笔录，没有被辨认对象的照片、录像等资料，无法获悉辨认的真实情况的

D. 辨认活动没有个别进行的

**2.** 关于证据的审查判断，下列哪一说法是正确的？[1]

A. 被害人有生理缺陷，对案件事实的认知和表达存在一定困难，故其陈述在任何情况下都不得采信

B. 与被告人有利害冲突的证人提供的对被告人不利的证言，在任何情况下都不得采信

C. 公安机关制作的放火案的勘验、检查笔录没有见证人签名，一律不得采信

D. 搜查获得的杀人案凶器，未附搜查笔录，不能证明该凶器来源，一律不得采信

## 四、刑事证据的理论分类

刑事证据的分类，是指对证据进行理论研究中，按照证据本身的不同特点，从不同角度在理论上将证据划分为不同的类别。

【名师点睛】证据的理论分类不同于证据的法定种类。证据种类的划分依据是证据的存在及其表现形式，这种划分由法律明确规定，具有法定的约束力，不具有法定形式的证据不得作为定案的根据。而证据的分类则是在理论上从不同角度对证据种类所作的划分，某一具体的证据，依一种标准分类，属于这一类别，而按另一种标准分类，则属于其他类别。例如，被害人陈述这一法定种类，在分类上不仅可以是直接证据或间接证据，也可以是原始证据或传来证据。该考点平均每年一题。

### （一）原始证据与传来证据

原始证据与传来证据是根据证据的来源，对证据进行的分类。

| 原始证据 | 凡是直接来源于案件事实，未经过复制、转述的证据，是原始证据，也就是通常所说的第一手材料。<br>【考点提示】公安机关勘验杀人现场时，提取了插在被害人胸部上的一把匕首。该匕首属于原始证据，因为其直接来源于案件事实。 |
|---|---|
| 传来证据 | 凡不是直接来源于案件事实，而是间接地来源于案件事实，经过复制或者转述原始证据而派生出来的证据，是传来证据，即通常所说的第二手材料。<br>【名师点睛】通常情况下原始证据的证明价值大于传来证据。例如，张某酒后跟李某讲述了其杀人的经过，事后李某向侦查人员陈述了有关事实，该内容属于传来证据。因为是经过转述的内容，属于第二手材料。 |

### （二）有罪证据与无罪证据

根据证据是否能够证明犯罪事实的存在或者犯罪行为系犯罪嫌疑人、被告人所为，可

---

[1] D。生理上、精神上有缺陷，或者与案件有利害关系的人的证言并非当然排除，经过其他证据的补强仍然可以采信，选项 AB 错误。勘验检查笔录没有见证人签名的也并非当然排除，选项 C 错误。

以将证据分为有罪证据和无罪证据。

| 有罪证据 | 凡是能够证明犯罪事实存在和犯罪行为系犯罪嫌疑人、被告人所为的证据，是有罪证据。 |
|---|---|
| 无罪证据 | 凡是能够否定犯罪事实存在，或者能够证明犯罪嫌疑人、被告人未实施犯罪行为的证据，是无罪证据。 |

【名师点睛】 凡是证明犯罪存在，不论是犯罪情节重还是犯罪情节轻的证据都是有罪证据。

【考点提示】 公安机关向与犯罪嫌疑人习某住同一单元的黄某了解情况时，黄某述称一次醉酒后，习某曾讲出自己因疏忽而导致董某死亡的事实。关于黄某的陈述，就属于有罪证据。

### （三）言词证据与实物证据

根据证据的表现形式不同，可以将证据分为言词证据和实物证据。

| 言词证据 | 凡是表现为人的陈述，即以言词作为表现形式的证据，是言词证据。<br>【考点提示】 证人证言，被害人陈述，犯罪嫌疑人、被告人供述和辩解都是言词证据。辨认笔录和侦查实验笔录，一般认为也属于言词证据。鉴定意见也是言词证据。 |
|---|---|
| 实物证据 | 凡是表现为物品、痕迹和以其内容具有证据价值的书面文件，即以实物作为表现形式的证据，是实物证据。<br>【考点提示】 物证，书证，勘验、检查笔录属于实物证据。对于视听资料、电子数据，一般认为属于实物证据。 |

【考点提示】 讯问犯罪嫌疑人、被告人以及询问证人、被害人时的录音、录像应分属犯罪嫌疑人、被告人供述和辩解，证人证言，被害人陈述，属于言词证据。

### （四）直接证据与间接证据（重点掌握）

根据证据与案件主要事实的证明关系的不同，可以将证据划分为直接证据与间接证据。

所谓刑事案件的主要事实，是指犯罪行为是否系犯罪嫌疑人、被告人所实施；所谓证明关系的不同，是指某一证据是否可以单独、直接地证明案件的主要事实。

| 直接证据 | 直接证据是能够单独、直接证明案件主要事实的证据。也就是说，某一项证据的内容，无须经过推理过程，即可以直观地说明犯罪行为是不是犯罪嫌疑人、被告人所实施。<br>【考点提示】 犯罪嫌疑人供认其实施了某项犯罪行为，某目击证人陈述的何人实施了何种犯罪行为的证言，被害人指控何人实施了某项犯罪行为的陈述，犯罪嫌疑人、被告人的书信或日记中关于自己实施犯罪行为的记载，都属于直接证据。<br>【名师点睛1】 虽然直接证据能够单独地、直接地证明案件主要事实，但在直接证据的运用中应当坚持孤证不能定案的原则。<br>【名师点睛2】 直接证据可以分为肯定性直接证据和否定性直接证据。肯定性直接证据必须能够同时证明发生了犯罪事实和谁是犯罪人这两个要素，而否定性直接证据只要足以否定其中的一个要素。 |
|---|---|

续表

| 间接证据 | 间接证据是 不能单独、直接证明刑事案件主要事实，需要与其他证据相结合才能证明的证据。<br><br>【考点提示】杀人现场发现的菜刀，只能表明在杀人现场遗留了一把菜刀，至于这把菜刀与杀人案件到底是什么关系，还需要其他证据予以证明。再如，案件现场有某人的指纹，只能说明该人到过案发现场，而不能说明该人就是作案人。这些证据都属于间接证据。<br><br>【名师点睛】直接证据和间接证据都可以是原始证据或传来证据。 |
|---|---|

💡 拓 展 阅 读

没有直接证据，只有间接证据可否定案？也有可能，但是要注意间接证据定案的规则。《刑诉解释》第 105 条规定，没有直接证据，但间接证据同时符合下列条件的，可以认定被告人有罪：①证据已经查证属实；②证据之间相互印证，不存在无法排除的矛盾和无法解释的疑问；③全案证据已经形成完整的证明体系；④根据证据认定案件事实足以排除合理怀疑，结论具有唯一性；⑤运用证据进行的推理符合逻辑和经验。

【小试牛刀】

**1.** 甲涉嫌盗窃室友乙存放在储物柜中的笔记本电脑一台并转卖他人，但甲辩称该电脑系其本人所有，只是暂存于乙处。下列哪一选项既属于原始证据，又属于直接证据?[1]

A. 侦查人员在乙储物柜的把手上提取的甲的一枚指纹

B. 侦查人员在室友丙手机中直接提取的视频，内容为丙偶然拍下的甲打开储物柜取走电脑的过程

C. 室友丁的证言，内容是曾看到甲将一台相同的笔记本电脑交给乙保管

D. 甲转卖电脑时出具的现金收条

**2.** 甲驾车将昏迷的乙送往医院，并垫付了医疗费用。随后赶来的乙的家属报警称甲驾车撞倒乙。急救中，乙曾短暂清醒并告诉医生自己系被车辆撞倒。医生将此话告知警察，并称从甲送乙入院时的神态看，甲应该就是肇事者。关于本案证据，下列哪些选项是正确的?[2]

A. 甲垫付医疗费的行为与交通肇事不具有关联性

B. 乙告知医生"自己系被车辆撞倒"属于直接证据

C. 医生基于之前乙的陈述，告知警察乙系被车辆撞倒，属于传来证据

D. 医生认为甲是肇事者的证词属于符合一般生活经验的推断性证言，可作为定案依据

## 五、刑事证据规则

刑事证据规则，是指在刑事证据制度中，控辩双方收集和出示证据，法庭采纳、运用证据认定案件事实必须遵循的重要准则。无论是取证、举证、质证还是认证，都要在既定规则框架下进行。

---

〔1〕 C。室友丁的证言，属于第一手材料，直接来源于案件事实，属于原始证据。同时该证据能够直接证明案件主要事实，无需经过推理过程，即可以直观地说明犯罪行为是否为犯罪嫌疑人、被告人所实施。选项 C 当选。

〔2〕 AC

从内容上看，证据规则大体包括两类：①调整证据能力的规则，例如传闻证据规则、非法证据排除规则、意见证据规则、最佳证据规则等；②调整证明力的规则，例如关联性规则、补强证据规则等。

【小试牛刀】

下列哪一证据规则属于调整证据证明力的规则？[1]

A. 传闻证据规则　　　　　　　　　B. 非法证据排除规则

C. 关联性规则　　　　　　　　　　D. 意见证据规则

【名师点睛】在我国，立法虽然没有对"刑事证据规则"作出明确规定，但刑事诉讼法及司法解释的相关规定实际上已经对一些刑事证据规则有所涉及。这些规定有的较为笼统，只是体现了某一刑事证据规则的精神，有的则作了较为细化的规定。

## （一）非法证据排除规则

非法证据排除规则，是指违反法定程序，以非法方法获取的证据，原则上不具有证据能力，不能为法庭采纳。

【考点提示】在历年考试中，非法证据排除规则考查过多次，主要考查角度是非法证据排除的范围和非法证据排除的程序。

### 1. 排除的范围

| | |
|---|---|
| 言词证据 | 《刑事诉讼法》第54条　采用刑讯逼供等非法方法收集的犯罪嫌疑人、被告人供述和采用暴力、威胁等非法方法收集的证人证言、被害人陈述，应当予以排除。<br><br>【关联法条】《非法证据排除规定》<br>第2条　采取殴打、违法使用戒具等暴力方法或者变相肉刑的恶劣手段，使犯罪嫌疑人、被告人遭受难以忍受的痛苦而违背意愿作出的供述，应当予以排除。<br>第3条　采用以暴力或者严重损害本人及其近亲属合法权益等进行威胁的方法，使犯罪嫌疑人、被告人遭受难以忍受的痛苦而违背意愿作出的供述，应当予以排除。<br>第4条　采用非法拘禁等非法限制人身自由的方法收集的犯罪嫌疑人、被告人供述，应当予以排除。<br>第6条　采用暴力、威胁以及非法限制人身自由等非法方法收集的证人证言、被害人陈述，应当予以排除。<br><br>【名师点睛】关于"引诱""欺骗"这样的手段，虽然违法，但是法律并没有规定需要排除。<br><br>【拓展阅读】《非法证据排除规定》第5条　采用刑讯逼供方法使犯罪嫌疑人、被告人作出供述，之后犯罪嫌疑人、被告人受该刑讯逼供行为影响而作出的与该供述相同的重复性供述，应当一并排除，但下列情形除外：<br>（一）侦查期间，根据控告、举报或者自己发现等，侦查机关确认或者不能排除以非法方法收集证据而更换侦查人员，其他侦查人员再次讯问时告知诉讼权利和认罪的法律后果，犯罪嫌疑人自愿供述的；<br>（二）审查逮捕、审查起诉和审判期间，检察人员、审判人员讯问时告知诉讼权利和认罪的法律后果，犯罪嫌疑人、被告人自愿供述的。 |

---

[1]　C

续表

| 实物证据 | 《刑事诉讼法》第 54 条　收集物证、书证不符合法定程序，可能严重影响司法公正的，应当予以补正或者作出合理解释；不能补正或者作出合理解释的，对该证据应当予以排除。 |
|---|---|

【名师点睛】根据上述条文可知，对非法言词证据采用严格排除，因为非法收集言词证据，严重侵犯当事人的人身权利，破坏了司法公正，极易造成冤假错案。而对于物证、书证采取相对排除规则，因为物证、书证的违法一般并不会影响证据的可信度，而且，许多物证、书证具有唯一性，一旦排除就不可能再次取得。

2. 排除的阶段

在侦查、审查起诉、审判时发现有应当排除的证据的，应当依法予以排除，不得作为起诉意见、起诉决定和判决的依据。

| 侦查阶段 | 《非法证据排除规定》第 14 条　犯罪嫌疑人及其辩护人在侦查期间可以向人民检察院申请排除非法证据。对犯罪嫌疑人及其辩护人提供相关线索或者材料的，人民检察院应当调查核实。调查结论应当书面告知犯罪嫌疑人及其辩护人。对确有以非法方法收集证据情形的，人民检察院应当向侦查机关提出纠正意见。<br><br>侦查机关对审查认定的非法证据，应当予以排除，不得作为提请批准逮捕、移送审查起诉的根据。<br><br>对重大案件，人民检察院驻看守所检察人员应当在侦查终结前询问犯罪嫌疑人，核查是否存在刑讯逼供、非法取证情形，并同步录音录像。经核查，确有刑讯逼供、非法取证情形的，侦查机关应当及时排除非法证据，不得作为提请批准逮捕、移送审查起诉的根据。 |
|---|---|
| 审查起诉阶段 | 《非法证据排除规定》第 17 条　审查逮捕、审查起诉期间，犯罪嫌疑人及其辩护人申请排除非法证据，并提供相关线索或者材料的，人民检察院应当调查核实。调查结论应当书面告知犯罪嫌疑人及其辩护人。<br><br>人民检察院在审查起诉期间发现侦查人员以刑讯逼供等非法方法收集证据的，应当依法排除相关证据并提出纠正意见，必要时人民检察院可以自行调查取证。<br><br>人民检察院对审查认定的非法证据，应当予以排除，不得作为批准或者决定逮捕、提起公诉的根据。被排除的非法证据应当随案移送，并写明为依法排除的非法证据。 |
| 审判阶段 | 《非法证据排除规定》第 23 条　人民法院向被告人及其辩护人送达起诉书副本时，应当告知其有权申请排除非法证据。<br><br>被告人及其辩护人申请排除非法证据，应当在开庭审理前提出，但在庭审期间发现相关线索或者材料等情形除外。人民法院应当在开庭审理前将申请书和相关线索或者材料的复制件送交人民检察院。 |

3. 程序的启动

| 依职权 | 法庭审理过程中，审判人员认为可能存在《刑事诉讼法》第 54 条规定的以非法方法收集证据情形的，应当对证据收集的合法性进行法庭调查。 |
|---|---|

续表

| 依申请 | 当事人及其辩护人、诉讼代理人有权申请人民法院对以非法方法收集的证据依法予以排除。 |
|---|---|

### 4. 法院审查

| | |
|---|---|
| 开庭前 | 《非法证据排除规定》第25条　被告人及其辩护人在开庭审理前申请排除非法证据，按照法律规定提供相关线索或者材料的，人民法院应当召开庭前会议。人民检察院应当通过出示有关证据材料等方式，有针对性地对证据收集的合法性作出说明。人民法院可以核实情况，听取意见。<br><br>　　人民检察院可以决定撤回有关证据，撤回的证据，没有新的理由，不得在庭审中出示。<br><br>　　被告人及其辩护人可以撤回排除非法证据的申请。撤回申请后，没有新的线索或者材料，不得再次对有关证据提出排除申请。<br>【名师点睛】开庭前，法院不会直接排除非法证据，只是召开庭前会议，听取意见，了解情况。《非法证据排除规定》第26条规定："公诉人、被告人及其辩护人在庭前会议中对证据收集是否合法未达成一致意见，人民法院对证据收集的合法性有疑问的，应当在庭审中进行调查；人民法院对证据收集的合法性没有疑问，且没有新的线索或者材料表明可能存在非法取证的，可以决定不再进行调查。" |
| 庭审中 | 《非法证据排除规定》第28条　公诉人宣读起诉书后，法庭应当宣布开庭审理前对证据收集合法性的审查及处理情况。<br>第29条　被告人及其辩护人在开庭审理前未申请排除非法证据，在法庭审理过程中提出申请的，应当说明理由。<br><br>　　对前述情形，法庭经审查，对证据收集的合法性有疑问的，应当进行调查；没有疑问的，应当驳回申请。<br><br>　　法庭驳回排除非法证据申请后，被告人及其辩护人没有新的线索或者材料，以相同理由再次提出申请的，法庭不再审查。<br>第30条　庭审期间，法庭决定对证据收集的合法性进行调查的，应当先行当庭调查。但为防止庭审过分迟延，也可以在法庭调查结束前进行调查。 |

### 5. 证明责任和证明方法

| | |
|---|---|
| 初步证明 | 《刑诉解释》第96条规定，当事人及其辩护人、诉讼代理人申请人民法院排除以非法方法收集的证据的，应当提供涉嫌非法取证的人员、时间、地点、方式、内容等相关线索或者材料。<br>【名师点睛】这种证明标准只需要达到"引起法官怀疑"的程度就可以了。根据《非法证据排除规定》第24条的规定，被告人及其辩护人在开庭审理前申请排除非法证据，未提供相关线索或者材料，不符合法律规定的申请条件的，人民法院对申请不予受理。 |
| 证明责任 | 《刑事诉讼法》第57条规定，在对证据收集的合法性进行法庭调查的过程中，人民检察院应当对证据收集的合法性加以证明。检察院的证明需要达到确实、充分的标准。<br>【名师点睛】这种证明标准需要达到确实、充分的标准，否则法院将认定该证据不合法予以排除。 |

💡 拓 展 阅 读

《非法证据排除规定》第 31 条　公诉人对证据收集的合法性加以证明，可以出示讯问笔录、提讯登记、体检记录、采取强制措施或者侦查措施的法律文书、侦查终结前对讯问合法性的核查材料等证据材料，有针对性地播放讯问录音录像，提请法庭通知侦查人员或者其他人员出庭说明情况。

被告人及其辩护人可以出示相关线索或者材料，并申请法庭播放特定时段的讯问录音录像。

侦查人员或者其他人员出庭，应当向法庭说明证据收集过程，并就相关情况接受发问。对发问方式不当或者内容与证据收集的合法性无关的，法庭应当制止。

公诉人、被告人及其辩护人可以对证据收集的合法性进行质证、辩论。

《非法证据排除规定》第 32 条　法庭对控辩双方提供的证据有疑问的，可以宣布休庭，对证据进行调查核实。必要时，可以通知公诉人、辩护人到场。

《刑事诉讼法》第 57 条第 2 款　现有证据不能证明证据收集的合法性的，人民检察院可以提请法院通知有关侦查人员或者其他人员出庭说明情况；法院可以通知有关侦查人员或者其他人员出庭说明情况。有关侦查人员或者其他人员也可以要求出庭说明情况。经人民法院通知，有关人员应当出庭。

《刑诉解释》第 101 条第 2 款　公诉人提交的取证过程合法的说明材料，应当经有关侦查人员签名，并加盖公章。未经有关侦查人员签名的，不得作为证据使用。上述说明材料不能单独作为证明取证过程合法的根据。

6. 法庭处理结果

| | |
|---|---|
| 排除情形 | 确认或者不能排除存在以非法方法收集证据情形的，对有关证据应当予以排除。<br>【关联法条】《非法证据排除规定》第 34 条　经法庭审理，确认存在本规定所规定的以非法方法收集证据情形的，对有关证据应当予以排除。法庭根据相关线索或者材料对证据收集的合法性有疑问，而人民检察院未提供证据或者提供的证据不能证明证据收集的合法性，不能排除存在本规定所规定的以非法方法收集证据情形的，对有关证据应当予以排除。<br>　　对依法予以排除的证据，不得宣读、质证，不得作为判决的根据。 |
| 作出决定 | 《非法证据排除规定》第 33 条　法庭对证据收集的合法性进行调查后，应当当庭作出是否排除有关证据的决定。必要时，可以宣布休庭，由合议庭评议或者提交审判委员会讨论，再次开庭时宣布决定。<br>　　在法庭作出是否排除有关证据的决定前，不得对有关证据宣读、质证。 |
| 裁判文书 | 《非法证据排除规定》第 36 条　人民法院对证据收集合法性的审查、调查结论，应当在裁判文书中写明，并说明理由。 |

7. 二审中的证据合法性审查

有下列情形之一的，第二审人民法院应当对证据收集的合法性进行审查：

（1）第一审人民法院对当事人及其辩护人、诉讼代理人排除非法证据的申请没有审查，且以该证据作为定案根据的；

（2）人民检察院或者被告人、自诉人及其法定代理人不服第一审人民法院作出的有关证据收集合法性的调查结论，提出抗诉、上诉的；

（3）当事人及其辩护人、诉讼代理人在第一审结束后才发现相关线索或者材料，申请人民法院排除非法证据的。

> **拓 展 阅 读**
>
> 《非法证据排除规定》第38条　人民检察院、被告人及其法定代理人提出抗诉、上诉，对第一审人民法院有关证据收集合法性的审查、调查结论提出异议的，第二审人民法院应当审查。
>
> 被告人及其辩护人在第一审程序中未申请排除非法证据，在第二审程序中提出申请的，应当说明理由。第二审人民法院应当审查。
>
> 人民检察院在第一审程序中未出示证据证明证据收集的合法性，第一审人民法院依法排除有关证据的，人民检察院在第二审程序中不得出示之前未出示的证据，但在第一审程序后发现的除外。
>
> 第39条　第二审人民法院对证据收集合法性的调查，参照上述第一审程序的规定。

**【小试牛刀】**

关于非法证据的排除，下列哪些说法是正确的？[1]

A. 非法证据排除的程序，可以根据当事人的申请而启动，也可以由法庭依职权启动

B. 申请排除以非法方法收集的证据的，应当提供相关线索或者材料

C. 检察院应当对证据收集的合法性加以证明

D. 只有确认存在《刑事诉讼法》第54条规定的以非法方法收集证据情形时，才可以对有关证据予以排除

**（二）自白任意规则**

自白任意规则，又称非任意自白排除规则，是指在刑事诉讼中，只有基于被追诉人自由意志而作出的自白（即承认有罪的供述），才具有可采性；违背当事人意愿或违反法定程序而强制作出的供述不是自白，而是逼供，不具有可采性，必须予以排除。

**【名师点睛】**我国《刑事诉讼法》第50条规定，严禁刑讯逼供和以威胁、引诱、欺骗以及其他非法方法收集证据。不得强迫任何人证实自己有罪。从法律规定来看，我国已经基本确立了自白任意规则。

**【小试牛刀】**

下列哪一选项表明我国基本确立了自白任意性规则？[2]

A. 侦查人员在讯问犯罪嫌疑人的时候，可以对讯问过程进行录音或者录像

B. 不得强迫任何人证实自己有罪

---

〔1〕　ABC。要排除非法证据并不是必须确认存在《刑事诉讼法》第54条规定的以非法方法收集证据情形时，才可以对有关证据予以排除，如果不能排除存在的可能性，也应排除，选项D错误。

〔2〕　B

C. 逮捕后应当立即将被逮捕人送交看守所羁押

D. 不得以连续拘传的方式变相拘禁犯罪嫌疑人、被告人

### （三）传闻证据规则

传闻证据规则，也称传闻证据排除规则，即法律排除传闻证据作为认定犯罪事实的根据的规则。如无法定理由，证人在庭审期间以外的陈述，不得作为认定被告人有罪的证据。

所谓传闻证据，主要包括两种形式：①书面传闻证据，即亲身感受了案件事实的证人在庭审之外所作的书面证人证言，及警察、检察人员所作的（证人）询问笔录；②言词传闻证据，即证人并非就自己亲身感知的事实作证，而是向法庭转述他从别人那里听到的情况。

> **拓 展 阅 读**
>
> 之所以排除传闻证据，主要理由是：①传闻证据有可能失真。传闻证据因具有复述的性质，可能因故意或过失导致转述错误或偏差；②传闻证据无法接受交叉询问，无法在法庭上当面对质，真实性无法证实，也妨碍当事人权利的行使；③传闻证据并非在裁判官面前的陈述。由于裁判官未能直接听取原陈述人的陈述，无法观察原始证人作证时的表情和反应，因而很难判断真实性和准确性，故而予以排除。

**【名师点睛】**我国《刑事诉讼法》第59条规定，证人证言必须在法庭上经过公诉人、被害人和被告人、辩护人双方质证并且查实以后，才能作为定案的根据。但是，我国在立法上也允许一部分证人可以不出庭作证。由此可见，我国现行立法并没有规定传闻证据排除规则，只是部分地体现了该规则的精神。

**【小试牛刀】**

下列哪一选项属于传闻证据？[1]

A. 甲作为专家辅助人在法庭上就一起伤害案的鉴定意见提出的意见

B. 乙了解案件情况但因重病无法出庭，法官自行前往调查核实的证人证言

C. 丙作为技术人员"就证明讯问过程合法性的同步录音录像是否经过剪辑"在法庭上所作的说明

D. 丁曾路过发生杀人案的院子，其开庭审理时所作的"当时看到一个人从那里走出来，好像喝了许多酒"的证言

### （四）意见证据规则

意见证据规则，是指证人只能陈述自己亲身感受和经历的事实，而不得陈述对该事实的意见或者结论。

**【关联法条】**《刑诉解释》第75条第2款　证人的猜测性、评论性、推断性的证言，不得作为证据使用，但根据一般生活经验判断符合事实的除外。

**【名师点睛】**意见证据规则只约束证人，不适用于鉴定人。鉴定意见是一种独立的证

---

[1] B

据种类，作为某一方面专家的鉴定人的意见可以作为诉讼中的证据。注意，<u>证人不能发表猜测性、评论性、推断性的证言，但是鉴定人却可以发表自己的专业意见。</u>

【小试牛刀】

"证人猜测性、评论性、推断性的证言，不能作为证据使用"，系下列哪一证据规则的要求?[1]

　　A. 传闻证据规则　　　　　　　　B. 意见证据规则
　　C. 补强证据规则　　　　　　　　D. 最佳证据规则

### （五）补强证据规则

补强证据规则是指为了防止误认事实或发生其他危险性，而<u>在运用某些证明力显然薄弱的证据认定案情时，必须有其他证据补强其证明力，才能被法庭采信为定案根据。</u>

所谓补强证据，是指<u>用以增强另一证据证明力的证据</u>。一开始收集到的对证实案情有重要意义的证据，称为"<u>主证据</u>"，而用以印证该证据真实性的其他证据，就称之为"<u>补强证据</u>"。补强证据必须满足以下条件：

1. <u>补强证据必须具有证据能力</u>。

【小试牛刀】

用暴力手段获取的一份 A 证言能否成为 B 证言的补强证据?

**答案：**不能，因为暴力获得的 A 证言本身就不具备证据能力。

2. 补强证据本身必须有<u>担保补强对象真实</u>的能力。

【名师点睛】设立补强证据的重要目的就在于确保特定证据的真实性，从而降低误认风险，如果补强证据没有证明价值，就不可能支持特定证据的证明力。注意，补强证据的作用仅仅在于担保特定补强对象的真实性，而非对整个待证事实或案件事实具有补强作用。

【小试牛刀】

证明获取被告人口供过程合法性的书面说明材料，能否构成该口供的补强证据?

**答案：**不能，补强证据必须能担保补强对象真实性而非合法性。

3. 补强证据<u>必须具有独立的来源</u>。

【名师点睛】补强证据与补强对象之间不能重叠，而必须独立于补强对象，具有独立的来源，否则就无法担保补强对象的真实性。

【小试牛刀】

**1.** 被告人在审前程序中所作的供述能不能作为其当庭供述的补强证据?

**答案：**不能，审前供述和当庭供述属于同一来源。

**2.** 根据被告人供述提取到的隐蔽性极强、并能与被告人供述和其他证据相印证的物证能否作为供述的补强证据?

**答案：**不能，该物证属于供述派生的证据，不具有独立来源。

---

[1]　B

【名师点睛1】《刑事诉讼法》第53条第1款规定，对一切案件的判处都要重证据，重调查研究，不轻信口供。只有被告人供述，没有其他证据的，不能认定被告人有罪和处以刑罚；没有被告人供述，证据确实、充分的，可以认定被告人有罪和处以刑罚。由此可见，我国刑事诉讼法确立了口供需要补强的规则。

【名师点睛2】根据《刑诉解释》第109条的规定，下列证据应当慎重使用，有其他证据印证的，可以采信：①生理上、精神上有缺陷，对案件事实的认知和表达存在一定困难，但尚未丧失正确认知、表达能力的被害人、证人和被告人所作的陈述、证言和供述；②与被告人有亲属关系或者其他密切关系的证人所作的有利被告人的证言，或者与被告人有利害冲突的证人所作的不利被告人的证言。这是关于证人证言的补强规则。

### （六）最佳证据规则

最佳证据规则，又称原始证据规则，是指以文字、符号、图形等方式记载的内容来证明案情时，其原件才是最佳证据。该规则要求书证的提供者应尽量提供原件，如果提供副本、抄本、影印本等非原始材料，则必须提供充足理由加以说明，否则，该书证不具有可采性。

【名师点睛】《刑诉解释》第70条第1款规定："据以定案的物证应当是原物。原物不便搬运，不易保存，依法应当由有关部门保管、处理，或者依法应当返还的，可以拍摄、制作足以反映原物外形和特征的照片、录像、复制品。"《刑诉解释》第71条第1款规定："据以定案的书证应当是原件。取得原件确有困难的，可以使用副本、复制件。"该规定体现了最佳证据规则的精神。

### （七）关联性规则（参照证据的关联性）

关联性规则，是指只有与案件事实有关的材料，才能作为证据使用。关联性是证据被采纳的首要条件。没有关联性的证据不具有可采性，但具有关联性的证据未必都具有可采性。

| | |
|---|---|
| 不具有关联性的证据 | （1）品格证据。<br>【名师点睛】一个人的品格或者品格特征的证据，在证明这个人于特定环境下实施了与此品格相一致的行为问题上不具有关联性。 |
| | （2）类似行为。<br>【名师点睛】被告人在其他场合的某一行为与他在当前场合的类似行为通常没有关联性。 |
| | （3）特定的诉讼行为。<br>【名师点睛】例如曾作有罪答辩后来又撤回等，不得作为不利于被告人的证据采纳。 |
| | （4）特定的事实行为。<br>【名师点睛】例如出租车司机将受害人送医的事实，一般情况下不得作为行为人对该事实负有责任的证据加以采用。 |
| | （5）被害人过去的行为。<br>【名师点睛】例如在性犯罪案件中，有关受害人过去性行为方面的名声或评价的证据，一律不予采纳。 |

### 六、刑事诉讼证明

刑事诉讼证明是指国家公诉机关和诉讼当事人在法庭审理中依照法律规定的程序和要求向审判机关提出证据，运用证据阐明系争事实，论证诉讼主张成立的活动。刑事诉讼中的证明具有以下特征：

第一，刑事诉讼证明的主体是国家公诉机关和诉讼当事人。

**【名师点睛】** 在我国刑事诉讼中，公诉机关和自诉人实际上处于原告一方，负有向法庭提出证据证明被告人有罪的责任。被告人原则上不负证明责任，仅在特定情况下承担证明责任。

**【考点提示】** 公安机关和人民法院不是证明的主体。公安机关虽然承担主要的侦查任务，协助检察机关行使控诉职能，但是其侦查行为只是为公诉机关的刑事诉讼证明活动做准备，公安机关本身并不是刑事诉讼证明的主体。法院的职责是居中裁断，对诉讼双方当事人的证明活动作出评价，因此法院不是证明主体，在法定情况下依照职权调查证据，是为了审查证据，而不是证明自己的主张。

**【小试牛刀】**

关于我国刑事诉讼的证明主体，下列哪些选项是正确的?[1]

A. 故意毁坏财物案中的附带民事诉讼原告人是证明主体

B. 侵占案中提起反诉的被告人是证明主体

C. 妨害公务案中就执行职务时目击的犯罪情况出庭作证的警察是证明主体

D. 证明主体都是刑事诉讼主体

第二，刑事诉讼证明的客体是诉讼中需要运用证据加以证明的事项，即证明对象。

第三，严格意义上的刑事诉讼证明只存在于审判阶段。

**【名师点睛】** 侦查人员、检察人员在审前阶段对证据的收集审查活动属于"查明"，而非"证明"。庭审前的收集、提取证据只是为法庭上的证明活动奠定基础，创造条件，而不属于严格意义上的刑事诉讼证明。

第四，刑事诉讼证明受到证明责任的影响或支配。在刑事诉讼证明的各个构成环节中，证明责任是衔接各个环节的桥梁和纽带，它不仅直接决定证明的主体，而且通过行为责任与证明客体联系起来，通过结果责任与证明标准联系起来，可谓刑事诉讼证明的中心环节。

第五，刑事诉讼证明不仅是一种认识活动，还是一种诉讼行为，直接受各类诉讼法律的规范和调整。诉讼中争议事项的解决，虽然通常以查明争议事实为基础，但并不是必然前提。而且，刑事诉讼证明是在程序法规制下进行的活动，蕴含着一系列法律价值的实现和选择过程。

### （一）刑事诉讼证明对象

刑事诉讼的证明对象指的是证明主体运用一定的证明方法所要证明的一切法律要件事实。正是因为在观念上首先设定了证明对象，才产生了证明主体、证明责任、证明程序等

---

[1] ABD

概念。证明对象和证明标准一起，形成了证明的方向、内容和目标。整个诉讼证明活动，都是围绕证明对象进行的。

**1. 需要证明的对象**

需要证明的对象是指必须运用证据予以证明的案件事实，主要是由实体法所规定的行为人的行为是否构成犯罪以及应当处以何种刑罚的事实。此外，在诉讼中对解决诉讼程序具有法律意义的事实，由于与正确处理案件密切相关，也是应当予以证明的事实。

| | |
|---|---|
| 实体法方面的事实 | （1）犯罪构成要件的诸事实。<br>【名师点睛】即关于犯罪主体、犯罪客体、犯罪的主观方面和客观方面的事实。具体包括何人，何时，何地，基于何种动机、目的，采用何种方法、手段，实施了何种犯罪行为，造成了何种危害结果。<br>（2）影响量刑轻重的各种量刑事实。<br>【名师点睛】即作为影响量刑的从重或者从轻、减轻、免除处罚理由的法定情节或者酌定情节。<br>（3）足以排除行为的违法性、可罚性和行为人刑事责任的事实。<br>【名师点睛】比如正当防卫、紧急避险、行使职权以及意外事件等虽然在客观上造成了损害后果，但由于以合法形式出现，从根本上就排除了违法性。 |
| 程序法方面的事实 | 关于回避的事实；影响采取某种强制措施的事实；关于耽误期限是否有不能抗拒的原因等事实；违反法定程序的事实；有关管辖争议的事实；与执行的合法性有关的事实，如关于罪犯"是否怀孕"的事实；其他需要证明的程序性事实。 |

【关联法条】《刑诉解释》第64条第1款 应当运用证据证明的案件事实包括：

（一）被告人、被害人的身份；

（二）被指控的犯罪是否存在；

（三）被指控的犯罪是否为被告人所实施；

（四）被告人有无刑事责任能力，有无罪过，实施犯罪的动机、目的；

（五）实施犯罪的时间、地点、手段、后果以及案件起因等；

（六）被告人在共同犯罪中的地位、作用；

（七）被告人有无从重、从轻、减轻、免除处罚情节；

（八）有关附带民事诉讼、涉案财物处理的事实；

（九）有关管辖、回避、延期审理等的程序事实；

（十）与定罪量刑有关的其他事实。

【考点提示】证据事实不是证明对象。案件事实情况是证明对象，而证据事实归根结底是用以证明案件事实的证明手段和工具。

【小试牛刀】

某强奸案中，用于鉴定的体液检材是否被污染的事实是否属于证明对象？

**答案：**不属于，体液属于证据事实，不属于案件事实。

**2. 免证事实**

免证事实是指免除控辩双方举证、由法院直接确认的事实。

《高检规则》第 437 条规定了免证事实，即在法庭审理中下列事实不必提出证据进行证明：①为一般人共同知晓的常识性事实；②人民法院生效裁判所确认的并且未依审判监督程序重新审理的事实；③法律、法规的内容以及适用等属于审判人员履行职务所应当知晓的事实；④在法庭审理中不存在异议的程序事实；⑤法律规定的推定事实；⑥自然规律或者定律。

【名师点睛】如果试题中考查哪些是需要证明的对象，记得使用排除法。

【小试牛刀】

甲、乙两家曾因宅基地纠纷诉至法院，尽管有法院生效裁判，但甲、乙两家关于宅基地的争议未得到根本解决。一日，甲、乙因各自车辆谁先过桥引发争执继而扭打，甲拿起车上的柴刀砍中乙颈部，乙当场死亡。对此，下列哪些选项需要用证据证明？[1]

A. 甲的身份状况

B. 甲用柴刀砍乙颈部的时间、地点、手段、后果

C. 甲用柴刀砍乙颈部时精神失常

D. 法院就甲、乙两家宅基地纠纷所作出的裁判事项

### （二）刑事诉讼证明责任

| 概念 | 是指人民检察院或某些当事人应当承担的收集或提供证据证明应予认定的案件事实或有利于自己的主张的责任，否则，将承担其主张不能成立的后果。 | | |
|---|---|---|---|
| 特点 | （1）证明责任总是与一定的诉讼主张相联系。（谁主张、谁举证）<br>【名师点睛】这里的主张是指积极主张，消极主张一方不承担证明责任，即"否认者不负证明责任"。<br>（2）证明责任是提供证据责任和说服责任的统一。<br>【名师点睛】所谓提供证据责任，就是当事人就其主张的事实或反驳的事实提供证据加以证明。所谓说服责任，即负有证明责任的当事人应当承担运用证据对案件事实进行说明、论证，使法官形成对案件事实的确信的责任。仅仅提出证据并不等于履行了证明责任，还必须尽可能地说服裁判者相信所主张的事实存在或不存在。<br>（3）证明责任总是和一定的不利的诉讼后果相联系。<br>【名师点睛】如果承担证明责任一方不能提出足够说服法官确认自己主张的证据，则需要承担败诉或者其他不利的后果。 | | |
| 分配 | 控方 | 公诉案件 | 检察院承担证明犯罪嫌疑人、被告人有罪的证明责任。 |
| | | 自诉案件 | 自诉人应对其控诉承担证明责任。 |
| | 辩方 | | 一般情况下不承担证明责任。既不证明自己有罪，也不证明自己无罪。<br>【考点提示】巨额财产来源不明罪、持有型犯罪（非法持有假币罪、非法持有毒品罪）犯罪嫌疑人、被告人也负有提出证据的责任。 |
| | 法院 | | 人民法院不承担证明责任。 |

---

[1]　ABC

**【小试牛刀】**

**1.** 关于刑事诉讼中的证明责任,下列哪些选项是正确的?[1]

A. 总是与一定的积极诉讼主张相联系,否认一方不负证明责任

B. 总是与一定的不利诉讼后果相联系,受到不利裁判的不一定承担证明责任

C. 是提出证据责任与说服责任的统一,提出证据并非完全履行了证明责任

D. 是专属于控诉方独自承担的责任,具有一定的责任排他性

**2.** 关于《刑事诉讼法》规定的证明责任分担,下列哪一选项是正确的?[2]

A. 公诉案件中检察院负有证明被告人有罪的责任,证明被告人无罪的责任由被告方承担

B. 自诉案件的证明责任分配依据"谁主张,谁举证"的法则确定

C. 巨额财产来源不明案中,被告人承担说服责任

D. 非法持有枪支案中,被告人负有提出证据的责任

### (三) 刑事诉讼证明标准

刑事诉讼中的证明标准,是指法律规定的检察机关和当事人运用证据证明案件事实要求达到的程度。在刑事诉讼的各个诉讼阶段,由于诉讼行为的不同,以及实体法事实和程序法事实的不同,证明的标准也有所不同。

1. 立案时的证明标准

立案时诉讼证明的要求是具有犯罪事实和需要追究刑事责任。

2. 逮捕时的证明标准

逮捕时诉讼证明的要求是有证据证明有犯罪事实。

(1) 有证据证明发生了犯罪事实;

(2) 有证据证明该犯罪事实是犯罪嫌疑人实施的;

(3) 犯罪嫌疑人实施犯罪行为的证据已有查证属实的。

3. 侦查终结、提起公诉、作出有罪判决时的证明标准

这三个阶段的诉讼证明的要求统一是犯罪事实清楚,证据确实、充分。

| 事实清楚 | 是指构成犯罪的各种事实情节,或者定罪量刑所依据的各种事实情节,都必须是清楚的、真实的。 |
|---|---|
| 证据确实 | 是指所有证据都必须经过查证属实,具有真实性和证明力。证据确实是指对定案的证据在质量上的要求:①据以定案的单个证据,必须经查证属实;②单个证据与案件事实之间,必须存在客观联系。 |

---

[1] ABC

[2] D。选项 A,错在后半句"证明被告人无罪的责任由被告方承担",因为一般而言,证明责任就是由控诉方承担,选项 A 错误。选项 B,自诉案件的证明责任分配依据不仅仅是"谁主张,谁举证"的法则,还包括"否认者不负证明责任"和"无罪推定",消极主张一方并不承担证明责任,选项 B 错误。选项 C,在少数持有类的特定案件中,犯罪嫌疑人、被告人也负有提出证据的责任,而非说服责任,选项 C 错误。

续表

| 证据充分 | 是指案件的证明对象都有相应的证据证明其真实可靠，排除其他一切可能性。证据充分，是指对定案的证据在数量上的要求：证据的量必须充足，能够组成一个完整的证明体系，所有属于犯罪构成要件及量刑情节的事实均有相应证据加以证明，不存在任何一环的脱漏，而且证据在总体上已足以对所要证明的案件事实得出确定无疑的结论，即排除其他一切可能性的、唯一的结论。 |
|---|---|

【关联法条】《刑事诉讼法》第53条第2款　证据确实、充分，应当符合以下条件：

（一）定罪量刑的事实都有证据证明；

（二）据以定案的证据均经法定程序查证属实；

（三）综合全案证据，对所认定事实已排除合理怀疑。

4. 疑罪从无的处理（重点）

所谓疑罪，是指既有相当的证据说明犯罪嫌疑人、被告人有犯罪嫌疑，但全案证据又未达到确实、充分的要求，不能确定无疑地作出犯罪嫌疑人、被告人犯罪的结论。疑罪从无具体体现在以下方面：

（1）人民检察院在审查起诉阶段，经过2次补充侦查，仍然认为证据不足，不符合起诉条件的，应当作出不起诉决定；

（2）人民法院在一审阶段，合议庭对证据不足，不能认定被告有罪的，应当作出证据不足，指控的犯罪不能成立的无罪判决。

【考点提示1】如果是在二审程序中发现事实不清，证据不足，二审法院既可以查清事实后改判，也可以裁定撤销原判，发回原审法院重新审判。

【考点提示2】如果是在死缓复核中发现事实不清，证据不足，可以依法改判，也可以裁定不予核准，撤销原判，发回重审。

【考点提示3】如果是在死刑立即执行案件复核中发现事实不清，证据不足的，应当裁定不予核准，并撤销原判，发回重审。

【关联法条】《最高人民法院关于建立健全防范刑事冤假错案工作机制的意见》第6条　定罪证据不足，应当坚持疑罪从无原则，依法宣告被告人无罪，不得降格作出"留有余地"的判决。（不能定罪，疑罪从无）

定罪证据确实、充分，但影响量刑的证据存疑的，应当在量刑时作出有利于被告人的处理。（可以定罪，疑案从轻）

死刑案件，认定对被告人适用死刑的事实证据不足的，不得判处死刑。（可以定罪，疑案从轻）

【小试牛刀】

下列案件能够作出有罪认定的是哪一选项？[1]

A. 甲供认自己强奸了乙，乙否认，该案没有其他证据

---

[1]　D

B. 甲指认乙强奸了自己，乙坚决否认，该案没有其他证据

C. 某单位资金 30 万元去向不明，会计说局长用了，局长说会计用了，该案没有其他证据

D. 甲、乙二人没有通谋，各自埋伏，几乎同时向丙开枪，后查明丙身中一弹，甲、乙对各自犯罪行为供认不讳，但收集到的证据无法查明这一枪到底是谁打中的

## 七、有关证据的其他规定

| | |
|---|---|
| 行政证据向刑事证据的转化 | 《刑诉解释》第65条 行政机关在行政执法和查办案件过程中收集的物证、书证、视听资料、电子数据等证据材料，在刑事诉讼中可以作为证据使用；经法庭查证属实，且收集程序符合有关法律、行政法规规定的，可以作为定案的根据。<br><br>根据法律、行政法规规定行使国家行政管理职权的组织，在行政执法和查办案件过程中收集的证据材料，视为行政机关收集的证据材料。<br><br>《高检规则》第64条 行政机关在行政执法和查办案件过程中收集的物证、书证、视听资料、电子数据证据材料，应当以该机关的名义移送，经人民检察院审查符合法定要求的，可以作为证据使用。<br><br>行政机关在行政执法和查办案件过程中收集的鉴定意见、勘验、检查笔录，经人民检察院审查符合法定要求的，可以作为证据使用。<br><br>人民检察院办理直接受理立案侦查的案件，对于有关机关在行政执法和查办案件过程中收集的涉案人员供述或者相关人员的证言、陈述，应当重新收集；确有证据证实涉案人员或者相关人员因路途遥远、死亡、失踪或者丧失作证能力，无法重新收集，但供述、证言或者陈述的来源、收集程序合法，并有其他证据相印证，经人民检察院审查符合法定要求的，可以作为证据使用。<br><br>根据法律、法规赋予的职责查处行政违法、违纪案件的组织属于本条规定的行政机关。 |
| 矛盾证言的处理 | 《刑诉解释》第78条 证人当庭作出的证言，经控辩双方质证、法庭查证属实的，应当作为定案的根据。<br><br>证人当庭作出的证言与其庭前证言矛盾，证人能够作出合理解释，并有相关证据印证的，应当采信其庭审证言；不能作出合理解释，而其庭前证言有相关证据印证的，可以采信其庭前证言。<br><br>经人民法院通知，证人没有正当理由拒绝出庭或者出庭后拒绝作证，法庭对其证言的真实性无法确认的，该证人证言不得作为定案的根据。 |
| 矛盾供述的处理 | 《刑诉解释》第83条 审查被告人供述和辩解，应当结合控辩双方提供的所有证据以及被告人的全部供述和辩解进行。<br><br>被告人庭审中翻供，但不能合理说明翻供原因或者其辩解与全案证据矛盾，而其庭前供述与其他证据相互印证的，可以采信其庭前供述。<br><br>被告人庭前供述和辩解存在反复，但庭审中供认，且与其他证据相互印证的，可以采信其庭审供述；被告人庭前供述和辩解存在反复，庭审中不供认，且无其他证据与庭前供述印证的，不得采信其庭前供述。 |

续表

| 自首、坦白、立功的证据认定 | 《刑诉解释》第110条 证明被告人自首、坦白、立功的证据材料，没有加盖接受被告人投案、坦白、检举揭发等的单位的印章，或者接受人员没有签名的，不得作为定案的根据。<br><br>对被告人及其辩护人提出有自首、坦白、立功的事实和理由，有关机关未予认定，或者有关机关提出被告人有自首、坦白、立功表现，但证据材料不全的，人民法院应当要求有关机关提供证明材料，或者要求相关人员作证，并结合其他证据作出认定。 |
|---|---|
| 未成年年龄证据认定 | 《刑诉解释》第112条 审查被告人实施被指控的犯罪时或者审判时是否达到相应法定责任年龄，应当根据户籍证明、出生证明文件、学籍卡、人口普查登记、无利害关系人的证言等证据综合判断。<br><br>证明被告人已满14周岁、16周岁、18周岁或者不满75周岁的证据不足的，应当认定被告人不满14周岁、不满16周岁、不满18周岁或者已满75周岁。 |

## 第8章

# 强制措施

### ⬛ 复习提要

　　刑事诉讼中的强制措施，是指公安机关、人民检察院和人民法院为了保证刑事诉讼的顺利进行，依法对刑事案件的犯罪嫌疑人、被告人的人身自由进行限制或者剥夺的各种强制性方法，从轻到重依次包括拘传、取保候审、监视居住、拘留、逮捕。本章主要内容为五种刑事强制措施，重点在于每种强制措施的适用主体、对象与程序。

### ⬛ 知识框架

```
                    ┌─ 强制措施概述
                    │
                    │                  ┌─ 拘传 ★
                    │                  │
                    │                  ├─ 取保候审 ★★★★
                    │                  │
   强制措施 ────────┼─ 强制措施的种类 ┼─ 监视居住 ★★
                    │                  │
                    │                  ├─ 拘留 ★★
                    │                  │
                    │                  └─ 逮捕 ★★★★
                    │
                    ├─ 羁押必要性审查
                    │
                    └─ 强制措施的撤销与变更 ★★★
```

## 一、强制措施概述

### (一) 概念

刑事诉讼中的强制措施，是指公、检、法机关为了保证刑事诉讼的顺利进行，依法对刑事案件的犯罪嫌疑人、被告人的人身自由进行限制或者剥夺的各种强制性方法。

### (二) 特点

| | |
|---|---|
| 1. 主体特定 | 有权适用强制措施的主体只能是公、检、法机关，其他任何机关、团体或个人都无权采取。<br>【小试牛刀】公民针对犯罪分子的扭送是不是刑事强制措施？**答案**：不是，因为强制措施的实施主体只能是公、检、法专门机关。 |
| 2. 对象唯一 | 强制措施的适用对象是犯罪嫌疑人、被告人，对于诉讼参与人和案外人不得采用强制措施。<br>【小试牛刀】强制措施可否针对证人、被害人、附带民事诉讼当事人、单位犯罪的诉讼代表人？**答案**：不能，因为刑事强制措施是专门针对犯罪嫌疑人、被告人的。 |
| 3. 剥夺权利具有人身性 | 强制措施的内容是限制或者剥夺犯罪嫌疑人、被告人的人身自由，不包括对物的强制处分。<br>【小试牛刀】侦查中，查封犯罪嫌疑人的财产是否属于强制措施？**答案**：不属于，因为强制措施仅仅针对犯罪嫌疑人、被告人的人身自由。 |
| 4. 目的具有预防性 | 强制措施的性质是预防性措施，而不是惩戒性措施，即适用强制措施的目的是保证刑事诉讼的顺利进行，防止犯罪嫌疑人、被告人逃避侦查、起诉和审判，进行毁灭、伪造证据，继续犯罪等妨害刑事诉讼的行为。 |
| 5. 适用上具有法定性 | 强制措施是一种法定措施，《刑事诉讼法》对各种强制措施的适用机关、适用条件和程序都进行了严格的规定。 |
| 6. 时间上具有临时性 | 强制措施是一种临时性措施，随着刑事诉讼的进程，强制措施可根据案件的进展情况而予以变更或者解除。 |

### 【小试牛刀】

关于刑事诉讼强制措施的适用对象，下列哪一选项是正确的？[1]

A. 只适用于公诉案件的犯罪嫌疑人、被告人

B. 可以适用于自诉案件的被告人

C. 可以适用于自诉人

D. 可以适用于单位犯罪案件的诉讼代表人

### (三) 适用强制措施的原则

适用强制措施应当遵循必要性原则、相当性原则和变更性原则。

---

[1] B

| 必要性原则 | 是指只有在为保证刑事诉讼的顺利进行而有必要时方能采取，若无必要，不得随意适用强制措施。 |
|---|---|
| 相当性原则 | 又称为比例原则，是指适用何种强制措施，应当与犯罪嫌疑人、被告人的人身危险性程度和涉嫌犯罪的轻重程度相适应。 |
| 变更性原则 | 是指强制措施的适用，需要随着诉讼的进展、犯罪嫌疑人、被告人及案件情况的变化而及时变更或解除。 |

【小试牛刀】

我国强制措施的适用应遵循变更性原则。下列哪些符合变更性原则的要求?[1]

A. 拘传期间因在身边发现犯罪证据而直接予以拘留

B. 犯罪嫌疑人在取保候审期间被发现另有其他罪行，要求其相应地增加保证金的数额

C. 犯罪嫌疑人在取保候审期间违反规定后对其先行拘留

D. 犯罪嫌疑人被羁押的案件，不能在法律规定的侦查羁押期限内办结的，予以释放

### （四）强制措施应当考虑的因素

由于强制措施涉及宪法所保障的公民的人身自由权，因此其适用必须慎重，遵循相应的原则并全面考虑相关因素。适用强制措施应当遵循必要性原则、相当性原则和变更性原则。除遵循上述两项原则外，适用强制措施还要全面考虑一系列的因素：

1. 犯罪嫌疑人、被告人所实施的行为性质和社会危害性大小。

2. 犯罪嫌疑人、被告人是否有逃避侦查、起诉、审判的可能性以及可能性大小。

3. 公安司法机关对案件事实的调查情况和对案件证据的掌握情况。

4. 犯罪嫌疑人、被告人的个人情况。

### （五）扭送

扭送是指公民将具有法定情形的人立即送交公、检、法机关处理的行为。根据《刑事诉讼法》第 82 条的规定，任何公民对于有下列情形的人都可以立即扭送公安机关、人民检察院或者人民法院处理：①正在实行犯罪或者在犯罪后即时被发觉的；②通缉在案的；③越狱逃跑的；④正在被追捕的。

【名师点睛】公民扭送并不是刑事诉讼法规定的一种强制措施，而只是配合公安司法机关采取强制措施的一种辅助手段。因为其实施主体是任何公民，而不是专门机关。

【小试牛刀】

依据刑事诉讼法的规定，对于下列哪种情形的人，任何公民都可以立即将其扭送公安机关、人民检察院或者人民法院处理?[2]

A. 有流窜作案嫌疑的人

B. 不讲真实姓名、住址，身份不明的人

C. 在身边或者住处发现犯罪证据的人

D. 正在实施犯罪或者犯罪后即时被发觉的人

---

[1] ACD

[2] D

## 二、强制措施的具体种类

### （一）拘传★★

拘传是指公安机关、人民检察院和人民法院对未被羁押的犯罪嫌疑人、被告人，依法强制其到案接受讯问的一种强制措施。拘传是我国刑事诉讼强制措施体系中最轻的一种。

#### 1. 拘传的程序

| | |
|---|---|
| 适用对象 | 只能适用于未被羁押的犯罪嫌疑人、被告人，对于已经被拘留、逮捕的犯罪嫌疑人，可以直接进行讯问，不需要经过拘传程序。<br>【名师点睛】对自诉人、被害人、附带民事诉讼的原告人和被告人，以及证人、鉴定人、翻译人员等诉讼参与人不能适用强制措施的拘传。 |
| 决定机关 | 有权决定适用拘传的机关包括公安机关、检察机关和人民法院。<br>【名师点睛】其他行使侦查权的机关也有权适用拘传的强制措施，如国家安全机关、军队保卫部门等。 |
| 执行机关 | 人民法院、人民检察院和公安机关都有执行拘传的权力。<br>【名师点睛】所有强制措施中，能由公、检、法三机关执行的只有拘传。其他都只能由公安机关执行。 |
| 适用程序 | **时间**　传唤、拘传持续的时间不得超过12小时；案情特别重大、复杂，需要采取拘留、逮捕措施的，传唤、拘传持续的时间不得超过24小时。<br>【关联法条】《高检规则》第80条第2、3款　两次拘传间隔的时间一般不得少于12小时，不得以连续拘传的方式变相拘禁犯罪嫌疑人。<br>拘传犯罪嫌疑人，应当保证犯罪嫌疑人的饮食和必要的休息时间。 |
| | **地点**　拘传犯罪嫌疑人，应当在犯罪嫌疑人所在市、县内的地点进行。<br>【关联法条】《高检规则》第81条第2款　犯罪嫌疑人的工作单位与居住地不在同一市、县的，拘传应当在犯罪嫌疑人的工作单位所在的市、县进行；特殊情况下，也可以在犯罪嫌疑人居住地所在的市、县内进行。 |
| | **人数**　执行拘传时，执行人员不得少于2人。 |
| | **手续**　执行拘传时，应当出示拘传证。<br>【名师点睛】拘传必须出示拘传证，没有例外情况。拘传票必须由县级以上公、检、法机关负责人签发，派出所所长不能签发。 |
| | **讯问**　应当立即进行讯问，讯问结束后，应当由其在拘传证上填写讯问结束时间。犯罪嫌疑人拒绝填写的，侦查人员应当在拘传证上注明。 |

#### 2. 拘传与传唤的区别

在刑事诉讼中，拘传和传唤虽然都是要求犯罪嫌疑人、被告人到案接受讯问，但二者是性质不同的诉讼行为。具体来说，拘传和传唤两者的区别表现在：

| | |
|---|---|
| 对象不同 | 拘传的对象是未被羁押的犯罪嫌疑人、被告人。 |
| | 传唤适用的是所有当事人。 |

续表

| | |
|---|---|
| 强度不同 | 拘传具有强制性，是强制措施。 |
| | 传唤不具有强制性。 |
| 文书不同 | 拘传时必须出示拘传证。 |
| | 传唤出示传唤通知书。 |
| | 【名师点睛】《刑事诉讼法》第117条规定，对在现场发现的犯罪嫌疑人，侦查人员经出示工作证件，可以口头传唤，但应当在讯问笔录中注明。 |

【考点提示】传唤并非拘传的必经程序，可以不经传唤，直接拘传犯罪嫌疑人、被告人。（区别民诉）

【小试牛刀】

关于拘传，下列哪些说法是正确的?[1]

A. 对在现场发现的犯罪嫌疑人，经出示工作证件可以口头拘传，并在笔录中注明

B. 拘传持续的时间不得超过12小时

C. 案情特别重大、复杂，需要采取拘留、逮捕措施的，拘传持续的时间不得超过24小时

D. 对于被拘传的犯罪嫌疑人，可以连续讯问24小时

### （二）取保候审

取保候审是指在刑事诉讼过程中，公安机关、人民检察院、人民法院责令犯罪嫌疑人、被告人提出保证人或者交纳保证金，保证犯罪嫌疑人、被告人不逃避或妨碍侦查、起诉和审判，并随传随到的一种强制措施。

1. 适用主体

| | |
|---|---|
| 决定机关 | 公安机关、人民检察院、人民法院。 |
| 执行机关 | 公安机关。 |
| | 【名师点睛】如涉及危害国家安全的犯罪，由国家安全机关来执行取保候审。 |

【小试牛刀】

甲将潜艇的部署情况非法提供给一外国著名军事杂志。在审判过程中，法院决定对其取保候审。对甲取保候审的执行机关是哪个机关?

**答案**：国家安全机关。

2. 适用条件

| | |
|---|---|
| 积极条件 | 《刑事诉讼法》第65条规定，人民法院、人民检察院和公安机关对有下列情形之一的犯罪嫌疑人、被告人，可以取保候审：①可能判处管制、拘役或者独立适用附加刑的；②可能判处有期徒刑以上刑罚，采取取保候审不致发生社会危险性的；③患有严重疾病、生活不能自理，怀孕或者正在哺乳自己婴儿的妇女，采取取保候审不致发生社会危险性的；④羁押期限届满，案件尚未办结，需要采取取保候审的。 |

---

〔1〕 BC

续表

| 消极条件 | 【关联法条】《高检规则》第84条　人民检察院对于严重危害社会治安的犯罪嫌疑人，以及其他犯罪性质恶劣、情节严重的犯罪嫌疑人不得取保候审。<br>《公安部规定》第78条　对累犯，犯罪集团的主犯，以自伤、自残办法逃避侦查的犯罪嫌疑人，严重暴力犯罪以及其他严重犯罪的犯罪嫌疑人不得取保候审，但犯罪嫌疑人具有本规定第77条第1款第3、4项（即积极条件的③、④）规定情形的除外。 |
|---|---|

### 3. 保证方式

取保候审有两种保证方式：①保证人保证方式；②保证金保证方式。

【名师点睛】对同一犯罪嫌疑人、被告人决定取保候审的，不能同时适用保证人保证和保证金保证。

#### （1）保证人

保证人保证又称人保，是指公安机关、人民检察院、人民法院责令犯罪嫌疑人、被告人提出保证人并出具保证书，保证被保证人在取保候审期间履行法定义务和酌定义务，不逃避和妨碍侦查、起诉和审判，并随传随到的保证方式。

| 适用情形 | 下列情形之一的，可以责令其提出1~2名保证人：①无力交纳保证金的；②未成年或者已满75周岁的；③不宜收取保证金的其他被告人。 |
|---|---|
| 资格条件 | 保证人的条件包括：①与本案无牵连；②有能力履行保证义务；③享有政治权利，人身自由未受到限制；④有固定的住处和收入。 |
| 责任义务 | ①监督被保证人遵守《刑事诉讼法》规定的义务；②发现被保证人可能发生或者已经发生违反《刑事诉讼法》第69规定的行为的，应当及时向执行机关报告；③保证人未履行保证义务的，经查证属实后，由县级以上执行机关对保证人处1000元以上2万元以下罚款；④根据案件事实，认为已经构成犯罪的被告人在取保候审期间逃匿的，如果保证人与该被告人串通，协助其逃匿以及明知藏匿地点而拒绝向司法机关提供的，对保证人应当依照《刑法》有关规定追究刑事责任。<br>【名师点睛】保证人在这里没有连带民事赔偿责任。 |
| 责任认定 | 《六机关规定》第14条规定，对取保候审保证人是否履行了保证义务，由公安机关认定，对保证人的罚款决定，也由公安机关作出。<br>【名师点睛】取保候审的决定机关可能是公、检、法机关，但是取保候审过程中对保证人的罚款决定只能是执行机关（公安机关）作出。 |

【小试牛刀】

未成年人郭某涉嫌犯罪被检察院批准逮捕。在审查起诉中，经羁押必要性审查，拟变更为取保候审并适用保证人保证。关于保证人，下列哪一选项是正确的？[1]

A. 可由郭某的父亲担任保证人，并由其交纳1000元保证金

B. 可要求郭某的父亲和母亲同时担任保证人

C. 如果保证人协助郭某逃匿，应当依法追究保证人的刑事责任，并要求其承担相应

---

[1]　B

的民事连带赔偿责任

D. 保证人未履行保证义务应处罚款的，由检察院决定

（2）保证金

保证金保证又称财产保，是指公安机关、人民检察院、人民法院责令犯罪嫌疑人、被告人交纳保证金并出具保证书，保证被保证人在取保候审期间履行法定义务和酌定义务，不逃避和妨碍侦查、起诉和审判，并随传随到的保证方式。

| 收取数额 | | 保证金应当以人民币交纳，起点额为 1000 元。（未成年人 500 元以上）<br>【考点提示】保证金的收取数额由决定机关来决定。 |
|---|---|---|
| 收取管理 | | 取保候审保证金由县级以上执行机关统一收取和管理。提供保证金的人应当将保证金存入执行机关指定银行的专门账户。<br>【考点提示】保证金的没收、退还决定，应当由执行机关作出。 |
| 考虑因素 | | 保证诉讼活动正常进行的需要，被取保候审人的社会危险性，案件的性质、情节，可能判处刑罚的轻重，被取保候审人的经济状况等情况。 |
| 退还程序 | | 犯罪嫌疑人、被告人在取保候审期间未违反《刑事诉讼法》第 69 条规定的，取保候审结束的时候，凭解除取保候审的通知或者有关法律文书到银行领取退还的保证金。 |
| 没收程序 | 违规 | 人民法院发现使用保证金保证的被取保候审人违反规定的，应当提出没收部分或者全部保证金的书面意见，连同有关材料一并送交负责执行的公安机关处理。决定没收 5 万元以上保证金的，应当经设区的市一级以上公安机关负责人批准。 |
| | 犯罪 | 取保候审期间涉嫌重新犯罪被公安司法机关立案侦查的，执行机关应当暂扣其保证金，待人民法院判决生效后，决定是否没收。对故意重新犯罪的，应当没收保证金；对过失重新犯罪或者不构成犯罪的，应当退还保证金。 |

【小试牛刀】

被取保候审人高某在取保候审期间涉嫌重新犯罪，被公安机关立案侦查。本案保证金该如何处理？

**答案**：由取保候审的执行机关暂扣其交纳的保证金。

4. 取保候审的程序

| 启动 | 依职权 | 公、检、法机关根据案件具体情况，直接主动地决定取保候审。 |
|---|---|---|
| | 依申请 | 被羁押的犯罪嫌疑人、被告人及其法定代理人、近亲属、辩护人有权申请取保候审。 |
| 期限 | | 取保候审的期限最长不超过 12 个月。<br>（1）被取保候审人违反《刑事诉讼法》第 69 条规定，被依法没收保证金后，人民检察院或者人民法院仍决定对其取保候审的，取保候审的期限应当连续计算；<br>（2）公安机关已经对犯罪嫌疑人采取取保候审的，案件移交到人民检察院后，以及人民检察院、公安机关已对犯罪嫌疑人取保候审，案件起诉到人民法院后，办案机关对于符合取保候审条件的，应当依法对被告人重新办理取保候审，取保候审的期限重新计算。 |

续表

| 期　限 | 【名师点睛】在同一个诉讼阶段，多次适用取保候审的，应当连续计算取保候审期限；但是，从一个阶段进入后一个阶段，应当重新计算取保候审的期限。简言之：同一阶段连续计算，不同阶段重新计算。 |
|---|---|

### 【小试牛刀】

高某因涉嫌偷税被公安机关刑事拘留，拘留期间，下列哪些人有权为高某申请取保候审？[1]

A. 高某本人

B. 高某的妻子

C. 高某的叔叔

D. 高某聘请的辩护人

### 5. 被取保候审人的义务

| 法定义务 | 被取保候审的犯罪嫌疑人、被告人应当遵守以下规定：<br>(1) 未经执行机关批准不得离开所居住的市、县。<br>【名师点睛】此处的执行机关是公安机关。《六机关规定》第13条规定，如果取保候审、监视居住是由人民检察院、人民法院决定的，执行机关在批准犯罪嫌疑人、被告人离开所居住的市、县或者执行监视居住的处所前，应当征得决定机关同意。<br>(2) 住址、工作单位和联系方式发生变动的，在24小时以内向执行机关报告。<br>(3) 在传讯的时候及时到案。<br>(4) 不得以任何形式干扰证人作证。<br>(5) 不得毁灭、伪造证据或者串供。 |
|---|---|
| 酌定义务 | 人民法院、人民检察院和公安机关可以根据案件情况，责令被取保候审的犯罪嫌疑人、被告人遵守以下一项或者多项规定：①不得进入特定的场所；②不得与特定的人员会见或者通信；③不得从事特定的活动；④将护照等出入境证件、驾驶证件交执行机关保存。 |

### 【小试牛刀】

甲与邻居乙发生冲突致乙轻伤，甲被刑事拘留期间，甲的父亲代为与乙达成和解，公安机关决定对甲取保候审。关于甲在取保候审期间应遵守的义务，下列哪一选项是正确的？[2]

A. 将驾驶证件交执行机关保存

B. 不得与乙接触

C. 工作单位调动的，在24小时内报告执行机关

D. 未经公安机关批准，不得进入特定的娱乐场所

### 6. 违反取保候审义务的后果

被取保候审的犯罪嫌疑人、被告人违反上述义务，已交纳保证金的，没收部分或者全部保证金，并且区别情形，责令犯罪嫌疑人、被告人具结悔过、重新交纳保证金、提出保证人，或者监视居住、予以逮捕。对违反取保候审规定，需要予以逮捕的，可以对犯罪嫌疑人、被告人先行拘留。

---

[1] ABD

[2] C。本题中，选项ABD都属于酌定遵守的义务，而选项C属于应当遵守的义务，故选项C正确。

对于人民法院和人民检察院决定的取保候审，如果发现犯罪嫌疑人、被告人在取保候审期间有违反上述法定义务和酌定义务的行为，执行取保候审的县级公安机关应当及时通知作出取保候审决定的人民法院和人民检察院。

### （三）监视居住

监视居住是指公安机关、人民检察院、人民法院在刑事诉讼过程中责令犯罪嫌疑人、被告人在一定期限内不得离开指定的区域，并对其活动予以监视和控制的一种强制措施。

#### 1. 适用主体

| 决定机关 | 公安机关（国家安全机关）、人民检察院、人民法院。 |
| --- | --- |
| 执行机关 | 公安机关（国家安全机关）。<br>【名师点睛】如果涉及危害国家安全的犯罪，由国家安全机关来执行监视居住。 |

#### 2. 适用情形

| 替代逮捕 | 《刑事诉讼法》第72条第1款规定，人民法院、人民检察院和公安机关对符合逮捕条件，有下列情形之一的犯罪嫌疑人、被告人，可以监视居住：①患有严重疾病、生活不能自理的；②怀孕或者正在哺乳自己婴儿的妇女；③系生活不能自理的人的唯一扶养人；④因为案件的特殊情况或者办理案件的需要，采取监视居住措施更为适宜的；⑤羁押期限届满，案件尚未办结，需要采取监视居住措施的。<br>【关联法条】《高检规则》第109条第2款 扶养包括父母、祖父母、外祖父母对子女、孙子女、外孙子女的抚养和子女、孙子女、外孙子女对父母、祖父母、外祖父母的赡养以及配偶、兄弟姐妹之间的相互扶养。 |
| --- | --- |
| 替代取保候审 | 《刑事诉讼法》第72条第2款规定，对符合取保候审条件，但犯罪嫌疑人、被告人不能提出保证人，也不交纳保证金的，可以监视居住。 |

**【小试牛刀】**

在符合逮捕条件时，对下列哪些人员可以适用监视居住措施？[1]

A. 甲患有严重疾病、生活不能自理

B. 乙正在哺乳自己婴儿

C. 丙系生活不能自理的人的唯一扶养人

D. 丁系聋哑人

#### 3. 适用程序

（1）期限

监视居住的期限。监视居住的期限最长不超过6个月，在此期限内不得中断对案件的侦查、起诉和审理。

【考点提示】公安机关已经对犯罪嫌疑人采取监视居住的，案件移交到人民检察院后，以及人民检察院、公安机关已对犯罪嫌疑人监视居住，案件起诉到人民法院后，办案机关

---

[1] ABC

对于符合监视居住条件的，应当依法对被告人重新办理监视居住手续。监视居住的期限重新计算。

【名师点睛】取保候审期限是12个月，监视居住的期限是6个月。

（2）方法

《刑事诉讼法》第76条规定，执行机关对被监视居住的犯罪嫌疑人、被告人，可以采取电子监控、不定期检查等监视方法对其遵守监视居住规定的情况进行监督；在侦查期间，可以对被监视居住的犯罪嫌疑人的通信进行监控。

【名师点睛】《公安部规定》第112条规定，侦查期间可以对被监视居住的犯罪嫌疑人的通信进行监控的范围包括电话、传真、信函、邮件、网络等通信。

（3）监视居住的场所

| 住处监视 | 一般都在住处。 |
|---|---|
| 指定居所（重点） | （1）犯罪嫌疑人、被告人无固定住处的。<br>【关联法条】《高检规则》第110条第2款　固定住处是指犯罪嫌疑人在办案机关所在地的市、县内工作、生活的合法居所。<br>（2）涉嫌危害国家安全犯罪、恐怖活动犯罪、特别重大贿赂犯罪，在住处执行可能有碍侦查的，经上一级人民检察院或者公安机关批准的。<br>【关联法条】《高检规则》第110条第4款　有下列情形之一的，属于有碍侦查：<br>（一）可能毁灭、伪造证据，干扰证人作证或者串供的；<br>（二）可能自杀或者逃跑的；<br>（三）可能导致同案犯逃避侦查的；<br>（四）在住处执行监视居住可能导致犯罪嫌疑人面临有人身危险的；<br>（五）犯罪嫌疑人的家属或者其所在单位的人员与犯罪有牵连的；<br>（六）可能对举报人、控告人、证人及其他人员等实施打击报复的。 |

（4）指定居所监视居住的特殊规定

| 适用情形 | 同上表情形。 |
|---|---|
| 居所条件 | 指定的居所还应当符合下列条件：①具备正常的生活、休息条件；②便于监视、管理；③能够保证办案安全。<br>【名师点睛】不得指定在羁押场所、专门的办案场所执行。指定居所监视居住的，不得要求被监视居住人支付费用。 |
| 通知 | 指定居所监视居住，除无法通知，应在24小时内通知家属。<br>【关联法条】《刑诉解释》第126条第2款　对被告人指定居所监视居住后，人民法院应当在24小时内，将监视居住的原因和处所通知其家属；确实无法通知的，应当记录在案。<br>【名师点睛】《高检规则》第114条第2款　无法通知的具体情形包括：①没有家属的；②提供的家属联系方式无法取得联系的；③因自然灾害等不可抗力导致无法通知的。 |
| 折抵刑期 | （1）指定居所监视的，被判处管制，监视居住1日折抵刑期1日；<br>（2）指定居所监视的，被判处拘役、有期徒刑的，监视居住2日折抵刑期1日。 |

续表

| | |
|---|---|
| 必要性审查 | 对于特别重大贿赂犯罪案件决定指定居所监视居住的，人民检察院侦查部门应当自决定指定居所监视居住之日起每2个月对指定居所监视居住的必要性进行审查，没有必要继续指定居所监视居住或者案件已经办结的，应当解除指定居所监视居住或者变更强制措施。解除指定居所监视居住或者变更强制措施的。无需上一级人民检察院决定，但下级人民检察院侦查部门应当报送上一级人民检察院备案。（《高检规则》第112条第1、3款） |

（5）监视居住的解除

| | |
|---|---|
| 依职权 | 监视居住期限届满或者发现不应追究犯罪嫌疑人、被告人刑事责任的，应当及时解除监视居住。解除监视居住的，应当由办案人员提出意见，报部门负责人审核，最后由公安机关负责人、人民检察院检察长或者人民法院院长决定。解除监视居住的决定，应当及时通知执行机关，并将解除或撤销监视居住的决定书送达犯罪嫌疑人、被告人。 |
| 依申请 | 犯罪嫌疑人、被告人及其法定代理人、近亲属或者辩护人认为监视居住期限届满或不应继续监视居住的，有权向人民法院、人民检察院、公安机关提出申请。要求解除监视居住。人民法院、人民检察院和公安机关收到申请后，应当在3日以内作出决定。不同意解除或变更的，应当告知申请人，并说明不同意的理由。 |

4. 被监视居住人的义务

根据《刑事诉讼法》第75条第1款的规定，被监视居住的犯罪嫌疑人、被告人应当遵守以下规定：

（1）未经执行机关批准不得离开执行监视居住的处所。（区别取保候审）

【名师点睛1】所谓"处所"，包括犯罪嫌疑人、被告人的住处，也包括办案机关为其指定的执行监视居住的居所。

【名师点睛2】此处的执行机关是公安机关。如果取保候审、监视居住是由人民检察院、人民法院决定的，执行机关在批准犯罪嫌疑人、被告人离开所居住的市、县或者执行监视居住的处所前，应当征得决定机关同意。

（2）未经执行机关批准不得会见他人或者通信。（区别取保候审）

【名师点睛】这里的他人是指与被监视居住人共同居住的家庭成员和辩护律师以外的人。被监视居住的犯罪嫌疑人、被告人会见辩护律师不需要经过批准。但危害国家安全犯罪、恐怖活动犯罪和特别重大贿赂犯罪案件除外。

（3）在传讯的时候及时到案。（同取保候审）

（4）不得以任何形式干扰证人作证。（同取保候审）

（5）不得毁灭、伪造证据或者串供。（同取保候审）

（6）将护照等出入境证件、身份证件、驾驶证件交执行机关保存。（区别取保候审）

【名师点睛】此处命题者喜欢将监视居住的义务和取保候审的义务进行混淆考查，张冠李戴。

【小试牛刀】

关于被法院决定取保候审的被告人在取保候审期间应当遵守的法定义务，下列哪些选项是正确的?[1]

  A. 未经法院批准不得离开所居住的市、县

  B. 未经公安机关批准不得会见他人

  C. 在传讯的时候及时到案

  D. 不得以任何形式干扰证人作证

  5. 违反监视居住义务的后果

  被监视居住的犯罪嫌疑人、被告人违反前款规定，情节严重的，可以予以逮捕；需要予以逮捕的，可以对犯罪嫌疑人、被告人先行拘留。

### （四）拘留

  1. 概念

  刑事诉讼强制措施中的拘留，是指公安机关、人民检察院等侦查机关对直接受理的案件，在侦查过程中，遇到紧急情况，依法临时剥夺某些现行犯或者重大嫌疑分子的人身自由的一种强制措施。

  2. 刑事拘留与行政拘留的关系

| 法律性质不同 | 刑事拘留是刑诉中的保障性措施，是一种诉讼行为，本身不具有惩罚性； |
| --- | --- |
| | 行政拘留是治安管理的一种处罚方式，是一种行政制裁，具有惩罚性。 |
| 适用对象不同 | 刑事拘留适用于刑事诉讼中的现行犯或者重大嫌疑分子； |
| | 行政拘留则适用于尚未构成犯罪的一般违法行为人。 |
| 适用目的不同 | 刑事拘留的目的是保证刑事诉讼顺利进行； |
| | 行政拘留的目的是惩罚和教育一般违法行为者。 |
| 羁押期限不同 | 刑事拘留一般不超过10日，案情重大、复杂的不超过14日，对流窜作案、多次作案、结伙作案的重大嫌疑分子的拘留期限，不超过37日； |
| | 行政拘留的期限则最长为15日。 |
| 适用机关不同 | 刑事拘留的机关是公安机关和人民检察院； |
| | 行政拘留只能由公安机关适用。 |

  3. 刑事拘留与司法拘留的区别

| 法律性质不同 | 刑事拘留是一种预防性的刑事强制措施； |
| --- | --- |
| | 司法拘留是一种排除性司法强制措施，是针对已经出现的妨碍诉讼程序的严重行为而采取的。 |
| 适用机关不同 | 刑事拘留由公安机关或人民检察院决定，由公安机关执行； |
| | 司法拘留由人民法院决定，并由人民法院的司法警察执行。 |

---

  [1]　CD。不管取保候审和监视居住是哪个机关决定的，执行机关统一为公安机关，选项 A 错误。不得会见他人是被监视居住人的义务，而不是取保候审人的义务，选项 B 错误。

续表

| 适用对象不同 | 刑事拘留只适用于现行犯或者重大犯罪嫌疑分子； |
| --- | --- |
| | 司法拘留适用于实施了妨碍诉讼程序行为的所有人员，既包括诉讼参与人，又包括案外人。 |
| 羁押期限不同 | 刑事拘留一般不超过10日，案情重大、复杂的不超过14日，对流窜作案、多次作案、结伙作案的重大嫌疑分子的拘留期限，不超过37日； |
| | 司法拘留最长为15日。 |
| 与判决的关系不同 | 刑事拘留的羁押期限可以折抵刑期； |
| | 司法拘留与判决结果没有关系。 |

【小试牛刀】

下列关于司法拘留、行政拘留与刑事拘留的表述，哪一项是正确的？[1]

A. 司法拘留是对妨害诉讼的强制措施，行政拘留是行政制裁方法，被司法拘留和行政拘留的人均羁押在行政拘留所；刑事拘留是一种强制措施，被刑事拘留的人羁押在看守所

B. 司法拘留、行政拘留、刑事拘留都是一种处罚手段

C. 司法拘留、行政拘留、刑事拘留都是一种强制措施

D. 司法拘留、行政拘留、刑事拘留均可由公安机关决定

4. 拘留的情形

| 公安机关 | 《刑事诉讼法》第80条规定，公安机关对于现行犯或者重大嫌疑分子，如果有下列情形之一的，可以先行拘留：①正在预备犯罪、实行犯罪或者在犯罪后即时被发觉的；②被害人或者在场亲眼看见的人指认他犯罪的；③在身边或者住处发现有犯罪证据的；④犯罪后企图自杀、逃跑或者在逃的；⑤有毁灭、伪造证据或者串供可能的；⑥不讲真实姓名、住址，身份不明的（指其本人拒不说明其姓名、住址、职业等基本情况的）；⑦有流窜作案、多次作案、结伙作案重大嫌疑的。 |
| --- | --- |
| 检察院 | 《高检规则》第129条规定，人民检察院在直接受理的案件的侦查过程中，可以在以下两种情形下决定拘留：①犯罪后企图自杀、逃跑或者在逃的；②有毁灭、伪造证据或者串供可能的。 |

【关联法条】《刑事诉讼法》第69条第4款　对违反取保候审规定，需要予以逮捕的，可以对犯罪嫌疑人、被告人先行拘留。

第75条第2款　被监视居住的犯罪嫌疑人、被告人违反前款规定，情节严重的，可以予以逮捕；需要予以逮捕的，可以对犯罪嫌疑人、被告人先行拘留。

【小试牛刀】

在侦查中，下列哪些情形，检察院有权对犯罪嫌疑人决定拘留？[2]

---

[1]　A

[2]　BC

A．张某刑讯逼供案，在场的人指认他犯罪

B．姚某徇私枉法案，在取保候审期间企图自杀

C．王某贪污案，在取保候审期间毁灭证据并串供

D．高某受贿案，在其家中发现赃款、赃物

### 5. 拘留的主体

| 决定主体 | 公安机关和人民检察院都有权对符合法定情形的现行犯或重大嫌疑分子作出拘留的决定。<br>【名师点睛】人民法院不能决定刑事拘留，但人民法院可以决定司法拘留。例如，诉讼过程中某人严重扰乱法庭秩序，法院可以决定对其司法拘留。 |
| --- | --- |
| 执行主体 | 拘留只能由公安机关（国家安全机关）执行。<br>【名师点睛】人民检察院有拘留的决定权，但是没有拘留的执行权。 |

> 💡 拓展阅读
>
> 公安机关依法需要拘留现行犯或者重大嫌疑分子的，由承办单位填写呈请拘留报告书，由县级以上公安机关负责人批准，制作拘留证，然后由提请批准拘留的单位负责执行。人民检察院决定拘留的案件，应当由办案人员提出意见，经办案部门负责人审核后，由检察长决定。人民检察院应当将有关法律文书和案由、犯罪嫌疑人基本情况的材料送交同级公安机关，由公安机关负责执行。

### 6. 拘留的具体程序

| 文书要求 | | 公安机关执行拘留的时候，必须出示拘留证。<br>【考点提示】拘留证由县级以上公安机关负责人签发；检察院不签发拘留证。<br>【关联法条】《公安部规定》第121条　拘留犯罪嫌疑人，应当填写呈请拘留报告书，经县级以上公安机关负责人批准，制作拘留证。执行拘留时，必须出示拘留证，并责令被拘留人在拘留证上签名、捺指印，拒绝签名、捺指印的，侦查人员应当注明。<br>　　紧急情况下，对于符合本规定第120条所列情形之一的，应当将犯罪嫌疑人带至公安机关后立即审查，办理法律手续。<br>可见，特殊情形下也可能先拘留再补办手续。 |
| --- | --- | --- |
| 24小时必经程序 | 送看守所 | 拘留后，应当立即将被拘留人送看守所羁押，至迟不得超过24小时。<br>【关联法条】《公安部规定》第122条第2款　异地执行拘留的，应当在到达管辖地后24小时以内将犯罪嫌疑人送看守所羁押。 |
| | 通知家属 | 除无法通知或者涉嫌危害国家安全犯罪、恐怖活动犯罪通知可能有碍侦查的情形以外，应当在拘留后24小时以内，通知被拘留人的家属。<br>【关联法条】《公安部规定》第123条第3、4款　有下列情形之一的，属于本条规定的"有碍侦查"：<br>（一）可能毁灭、伪造证据，干扰证人作证或者串供的；<br>（二）可能引起同案犯逃避、妨碍侦查的；<br>（三）犯罪嫌疑人的家属与犯罪有牵连的。<br>无法通知、有碍侦查的情形消失以后，应当立即通知被拘留人的家属。 |

续表

| 24 小时必经程序 | 开始讯问 | 公安机关或者人民检察院对于各自立案侦查的案件中被拘留的人，应当在拘留后的 24 小时以内进行讯问。在发现不应当拘留的时候，必须立即释放，并发给释放证明。<br>【名师点睛】谁决定拘留，谁负责讯问、通知。 |
|---|---|---|
| 特殊对象 | | (1) 担任县级以上人民代表大会代表的犯罪嫌疑人因现行犯被拘留的，人民检察院应当立即向该代表所属的人民代表大会主席团或者常务委员会报告；<br>(2) 因为其他情形需要拘留的，人民检察院应当报请该代表所属的人民代表大会主席团或者常务委员会许可。<br>【名师点睛】现行犯先拘留后报告；其他情况先报许可后拘留。 |
| 异地拘留 | | 公安机关在异地执行拘留、逮捕的时候，应当通知被拘留、逮捕人所在地的公安机关，被拘留、逮捕人所在地的公安机关应当予以配合。 |

### 7. 拘留的期限

| 公安机关立案侦查的案件 | (1) 一般案件，应当在拘留后的 3 日以内提请人民检察院审查批捕。在特殊情况下，可以延长 1~4 日。人民检察院应当自接到公安机关提请批准逮捕书后的 7 日以内，作出批准逮捕或者不批准逮捕的决定。在这种情况下，拘留后的最长羁押期限是 14 日。<br>【名师点睛】此情形可概括为一般 3+7=10 天；特殊 7+7=14 天。<br>(2) 对于流窜作案、多次作案、结伙作案的重大嫌疑分子，提请审查批捕的时间可以延长至 30 日。人民检察院应当自接到公安机关提请批准逮捕书后的 7 日以内，作出批准逮捕或者不批准逮捕的决定。在这种情况下，拘留后的最长羁押期限是 37 日。<br>【名师点睛】此情形概括为 30+7=37 天。<br>【关联法条】《公安部规定》第 125 条第 3 款 本条规定的"流窜作案"，是指跨市、县管辖范围连续作案，或者在居住地作案后逃跑到外市、县继续作案；"多次作案"，是指 3 次以上作案；"结伙作案"，是指 2 人以上共同作案。 |
|---|---|
| 检察院直接受理的案件 | 《高检规则》第 329 条第 1 款规定，犯罪嫌疑人已被拘留的，下级人民检察院侦查部门应当在拘留后 7 日以内报上一级人民检察院审查逮捕。上一级人民检察院应当在收到报请逮捕书后 7 日以内作出是否逮捕的决定，特殊情况下，决定逮捕的时间可以延长 1~3 日。<br>【名师点睛】此情形概括为一般 7+7=14 天；特殊 7+10=17 天。 |

### 8. 拘留的后续程序

| 逮捕 | 需要逮捕的，在拘留期限内，依法办理提请批准逮捕手续。 |
|---|---|
| 变更 | (1) 应当追究刑事责任，但不需要逮捕的，依法直接向人民检察院移送审查起诉，或者依法办理取保候审或者监视居住手续后，向人民检察院移送审查起诉；<br>(2) 拘留期限届满，案件尚未办结，需要继续侦查的，依法办理取保候审或者监视居住手续。 |
| 释放 | 具有不需要追究刑事责任的情形之一的，释放被拘留人，发给释放证明书；需要行政处理的，依法予以处理或者移送有关部门。 |

**【小试牛刀】**

甲涉嫌黑社会性质组织犯罪，10月5日上午10时被刑事拘留。下列哪一处置是违法的？[1]

A. 甲于当月6日上午10时前被送至看守所羁押

B. 甲涉嫌黑社会性质组织犯罪，因考虑通知家属有碍进一步侦查，决定暂不通知

C. 甲在当月6日被送至看守所之前，公安机关对其进行了讯问

D. 讯问后，发现甲依法需要逮捕，当月8日提请检察院审批

### （五）逮捕

1. 概念

逮捕是指公安机关、人民检察院和人民法院，为了防止犯罪嫌疑人或者被告人实施妨碍刑事诉讼的行为，逃避侦查、起诉、审判或者发生社会危险性，而依法暂时剥夺其人身自由的一种强制措施。逮捕是刑事诉讼强制措施中最严厉的一种。

2. 主体

| 人民检察院 | 批　准 | 对于公安移送要求审查批准逮捕的案件，人民检察院有批准权。 |
| | 决　定 | 检察院在侦查及审查起诉中，认为应予逮捕的，有权自行决定。 |
| 人民法院 | 决　定 | （1）对于直接受理的自诉案件，认为需要逮捕被告人时，由办案人员提交法院院长决定，对于重大、疑难、复杂案件的被告人的逮捕，提交审判委员会讨论决定；（2）对于检察机关提起公诉时未予逮捕的被告人，人民法院认为符合逮捕条件应予逮捕的，也可以决定逮捕。 |
| 公安机关 | 执　行 | 公安机关无权自行决定逮捕，但执行机关是公安机关（国安机关）。 |

**【小试牛刀】**

张某涉嫌间谍罪，在审查起诉过程中检察院认为需要逮捕张某，请问本案逮捕张某的决定机关和执行机关分别是哪个？

**答案：**本案应当由检察院来决定逮捕，但是逮捕应当由国家安全机关来执行。

3. 逮捕的条件

（1）逮捕的基本条件

《刑事诉讼法》第79条第1款规定了逮捕的三个基本条件：

| 证据因素 | 有证据证明有犯罪事实。<br>**【关联法条】**《高检规则》第139条第2、3款　有证据证明有犯罪事实是指同时具备下列情形：<br>（一）有证据证明发生了犯罪事实；<br>（二）证据证明该犯罪事实是犯罪嫌疑人实施的；<br>（三）证明犯罪嫌疑人实施犯罪行为的证据已经查证属实的。<br>犯罪事实既可以是单一犯罪行为的事实，也可以是数个犯罪行为中任何一个犯罪行为的事实。 |

---

[1]　B

续表

| 刑罚因素 | 可能判处徒刑以上刑罚。 |
|---|---|
| 危险因素 | 采取取保候审尚不足以防止发生社会危险性的。<br>【名师点睛】根据《刑事诉讼法》第79条第1款的规定，社会危险性包括以下五项的一个或多个：①可能实施新的犯罪的；②有危害国家安全、公共安全或者社会秩序的现实危险的；③可能毁灭、伪造证据，干扰证人作证或者串供的；④可能对被害人、举报人、控告人实施打击报复的；⑤企图自杀或者逃跑的。 |

【名师点睛】上述三个条件相互联系、缺一不可。犯罪嫌疑人、被告人只有同时具备这三个条件，才应当对其逮捕。

【小试牛刀】

公安局长王某涉嫌非法拘禁罪被立案侦查。在决定是否逮捕王某时，应当具备下列哪些条件？[1]

A. 有证据能够证明王某实施了非法拘禁犯罪

B. 王某可能被判处徒刑以上的刑罚

C. 王某具有很大的社会危险性

D. 王某在境外有住宅

（2）径行逮捕的条件

《刑事诉讼法》第79条第2款规定的逮捕情形，即只要符合下列三种具体情形之一的，就应当逮捕：

❶ 有证据证明有犯罪事实+可能判处10年有期徒刑以上刑罚的；

❷ 有证据证明有犯罪事实+可能判处徒刑以上刑罚+曾经故意犯罪的；

❸ 有证据证明有犯罪事实+可能判处徒刑以上刑罚+身份不明的。

（3）转化型逮捕条件

《刑事诉讼法》第79条第3款规定的逮捕情形，被取保候审、监视居住的犯罪嫌疑人、被告人违反取保候审、监视居住规定，情节严重的，可以予以逮捕。

【名师点睛】《全国人大常委关于〈中华人民共和国刑事诉讼法〉第七十九条第三款的解释》规定，对于被取保候审、监视居住的可能判处徒刑以下刑罚的犯罪嫌疑人、被告人，违反取保候审、监视居住规定，严重影响诉讼活动正常进行的，可以予以逮捕。可见，一般逮捕都要满足可能判徒刑以上刑罚的条件，但是转化型逮捕突破了徒刑的底线要求。

（4）不予逮捕的情形

| 应当<br>不予逮捕 | 《高检规则》第143条规定，对具有下列情形之一的犯罪嫌疑人，人民检察院应当作出不批准逮捕的决定或者不予逮捕：①不符合上述应当或可以逮捕条件的；②具有《刑事诉讼法》第15条规定的情形之一的。 |
|---|---|

---

[1] ABC

续表

| | |
|---|---|
| 可以<br>不予逮捕 | 《高检规则》第 144 条规定，犯罪嫌疑人涉嫌的罪行较轻，且没有其他重大犯罪嫌疑，具有以下情形之一的，可以作出不批准逮捕的决定或者不予逮捕：①属于预备犯、中止犯，或者防卫过当、避险过当的；②主观恶性较小的初犯，共同犯罪中的从犯、胁从犯，犯罪后自首、有立功表现或者积极退赃、赔偿损失、确有悔罪表现的；③过失犯罪的犯罪嫌疑人，犯罪后有悔罪表现，有效控制损失或者积极赔偿损失的；④犯罪嫌疑人与被害人双方根据《刑事诉讼法》的有关规定达成和解协议，经审查，认为和解系自愿、合法且已经履行或者提供担保的；⑤犯罪嫌疑人系已满 14 周岁未满 18 周岁的未成年人或者在校学生，本人有悔罪表现，其家庭、学校或者所在社区、居民委员会、村民委员会具备监护、帮教条件的；⑥年满 75 周岁以上的老年人。 |

【关联法条】《高检规则》第 145 条　对符合刑事诉讼法第 72 条第 1 款规定的犯罪嫌疑人，人民检察院经审查认为不需要逮捕的，可以在作出不批准逮捕或者不予逮捕决定的同时，向侦查机关提出监视居住的建议。

4. 逮捕的审查、批捕、决定程序

（1）人民检察院对公安机关提请逮捕的批准程序

| | | |
|---|---|---|
| 准备程序 | 公安机关请求逮捕犯罪嫌疑人时，应当经县级以上公安机关负责人批准，制作提请批准逮捕书，连同案卷材料、证据，一并移送同级人民检察院审查批准。 | |
| 批捕期限 | 已拘留 | 人民检察院应当在 7 日内作出是否批准逮捕的决定。 |
| | 未拘留 | 应当在接到提请批准逮捕书后的 15 日以内作出是否批准逮捕的决定，重大、复杂的案件不得超过 20 日。 |
| 审查处理 | 批捕 | 对符合逮捕条件的，作出批准逮捕的决定，制作批准逮捕决定书。 |
| | 不批捕 | 对不符合逮捕条件的，作出不批准逮捕的决定，制作不批准逮捕决定书，说明不批准逮捕的理由，需要补充侦查的，应当同时通知公安机关。 |
| | 【关联法条】《高检规则》第 304 条第 2 款　侦查监督部门办理审查逮捕案件，不另行侦查，不得直接提出采取取保候审措施的意见。<br>第 145 条　对符合刑事诉讼法第 72 条第 1 款规定的犯罪嫌疑人，人民检察院经审查认为不需要逮捕的，可以在作出不批准逮捕或者不予逮捕决定的同时，向侦查机关提出监视居住的建议。 | |
| 批捕前的<br>讯问 | 根据《刑事诉讼法》第 86 条第 1 款和《高检规则》第 305 条第 1 款的规定，人民检察院审查批准逮捕，有下列情形之一的，应当讯问犯罪嫌疑人：①对是否符合逮捕条件有疑问的；②犯罪嫌疑人要求向检察人员当面陈述的；③侦查活动可能有重大违法行为的；④案情重大疑难复杂的；⑤犯罪嫌疑人系未成年人的；⑥犯罪嫌疑人是盲、聋、哑人或者是尚未完全丧失辨认或者控制自己行为能力的精神病人的。 | |
| 听取律师<br>意见 | 人民检察院审查批准逮捕，可以听取辩护律师的意见。如果辩护律师提出表达意见的要求的，人民检察院办案人员应当听取辩护律师的意见。对于犯罪嫌疑人、被告人是未成年人的，应当听取辩护律师的意见。 | |

续表

| 公安机关的救济 | 公安机关对人民检察院不批准逮捕的决定，认为有错误的时候，可以向原机关要求复议，但是必须将被拘留的人立即释放。如果意见不被接受，可以向上一级人民检察院提请复核。 |

**【小试牛刀】**

检察机关审查批准逮捕，下列哪些情形存在时应当讯问犯罪嫌疑人?[1]

A. 犯罪嫌疑人的供述前后反复且与其他证据矛盾

B. 犯罪嫌疑人要求向检察机关当面陈述

C. 侦查机关拘留犯罪嫌疑人 36 小时以后将其送交看守所羁押

D. 犯罪嫌疑人是聋哑人

（2）人民检察院自行决定逮捕的程序

| 公安移送 | | 人民检察院对于公安机关移送起诉的案件认为需要逮捕的，人民检察院决定逮捕的，由检察长签发决定逮捕通知书，通知公安机关执行。 |
|---|---|---|
| 自行侦查 | 省级以下（不含省级） | 应当报请上一级人民检察院审查决定。<br>**【拓展阅读】**犯罪嫌疑人已被拘留的，下级人民检察院侦查部门应当在拘留后 7 日以内报上一级人民检察院审查逮捕。上一级人民检察院应当在收到报请逮捕书后，在 7 日以内由检察长或检察委员会作出是否逮捕的决定，特殊情况下，决定逮捕的时间可以延长 1~3 日。犯罪嫌疑人未被拘留的，上一级人民检察院应当在收到报请逮捕书后 15 日以内作出是否逮捕决定，重大、复杂的案件，不得超过 20 日。报送案卷材料、送达法律文书的路途时间计算在上一级人民检察院审查逮捕期限以内。 |
| | 省级以上（含省级） | 由本院侦查监督部门办理。<br>**【拓展阅读】**犯罪嫌疑人已被拘留的，侦查部门应当在拘留后 7 日以内将案件移送本院侦查监督部门审查。对本院侦查部门移送审查逮捕的案件，犯罪嫌疑人已被拘留的，应当在侦查监督部门收到逮捕犯罪嫌疑人意见书后的 7 日以内，由检察长或者检察委员会决定是否逮捕，特殊情况下，决定逮捕的时间可以延长 1~3 日；犯罪嫌疑人未被拘留的，应当在侦查监督部门收到逮捕犯罪嫌疑人意见书后的 15 日以内由检察长或者检察委员会决定是否逮捕，重大、复杂的案件，不得超过 20 日。 |

（3）人民法院决定逮捕的程序

| 公诉案件 | 对于检察机关提起公诉时未予逮捕的被告人，人民法院认为符合逮捕条件应予逮捕的，也可以决定逮捕。 |
|---|---|
| 自诉案件 | 对于直接受理的自诉案件，认为需要逮捕被告人时，由办案人员提交法院院长决定，对于重大、疑难、复杂案件的被告人的逮捕，提交审判委员会讨论决定。 |

---

[1] ABCD

### 5. 逮捕的执行程序

| 主　体 | （1）对于人民检察院批准逮捕的决定，公安机关应当立即执行，并将执行回执及时送达批准逮捕的人民检察院。如果未能执行，也应当将回执送达人民检察院，并写明未能执行的原因。<br>（2）对于人民检察院决定不批准逮捕的，公安机关在收到不批准逮捕决定书后，应当立即释放在押的犯罪嫌疑人或者变更强制措施，并将执行回执在收到不批准逮捕决定书后的3日内送达作出不批准逮捕决定的人民检察院。 |
|---|---|
| 人　数 | 公安机关逮捕犯罪嫌疑人的时候，执行逮捕的人员不得少于2人。 |
| 手　续 | 必须向被逮捕人出示逮捕证（县级以上公安机关负责人签发）。 |
| 场　所 | 逮捕后，应当立即将被逮捕人送看守所羁押。（区别拘留） |
| 通　知 | 除无法通知的以外，应当在逮捕后24小时以内，将逮捕原因和羁押处所通知被逮捕人的家属。<br>【名师点睛】除无法通知的以外，无其他例外情形，区别于拘留中通知的例外情形。 |
| 讯　问 | 逮捕后，应当在24小时以内进行讯问；如果发现不应当逮捕的，应当立即释放并发给释放证明。<br>【名师点睛】讯问主体遵循"谁办案、谁讯问、谁通知"原则。 |
| 异　地 | 公安机关在异地执行拘留、逮捕的时候，应当通知被拘留、逮捕人所在地的公安机关，被拘留、逮捕人所在地的公安机关应当予以配合。 |

【小试牛刀】▶▶

在审判阶段，法院认为被告人某甲有毁灭证据的可能，遂决定逮捕某甲。关于该案逮捕程序，下列哪一选项是正确的？[1]

A. 法院可以自行执行逮捕

B. 异地执行逮捕的，可以由当地公安机关负责执行

C. 执行逮捕后，应当由法院负责对某甲进行讯问

D. 执行逮捕后，应当由公安机关负责通知被逮捕人的家属或所在单位

### 6. 几种特殊对象强制措施的审批机关

### （1）人大代表

| 本　级 | 报请本级人大主席团或者常委会许可。 |
|---|---|
| 上　级 | 层报所属人大同级的检察院报请许可。 |
| 下　级 | 直接报请该代表所属人大主席团或者常委会许可，也可以委托该代表所属的人大同级的检察院报请许可。 |
| 乡　级 | 由县级检察院报告乡、民族乡、镇人大。 |
| 两　级 | 分别依照以上规则报请许可。 |
| 外　地 | 委托该代表所属的人大同级的人民检察院报请许可。 |

---

[1] C。逮捕一律由公安机关执行，选项A错误。异地执行逮捕时，当地公安机关应予以协助，而不是负责执行，选项B错误。在审判阶段，法院决定逮捕时，应由法院负责通知被逮捕人的家属，选项D错误。

（2）外国人

| 特　殊 | 危害国家安全犯罪，涉及国与国之间政治、外交关系以及在适用法律上确有疑难的，检察院层报最高检，最高检征求外交部的意见后，作出是否批捕的批复，报送的检察院依据该批复作出是否逮捕的决定。<br>【名师点睛】下级检察院认为不需要逮捕的，可以直接依法作出不批准逮捕的决定，无需上报。 |
|---|---|
| 一　般 | 其他的涉外案件，应当在作出批准逮捕决定后48小时以内报上一级检察院备案，同时向同级政府外事部门通报。 |

【小试牛刀】

无国籍人吉姆涉嫌在甲市为外国情报机构窃取我国秘密，侦查机关报请检察机关批准逮捕吉姆。甲市检察院应当如何审查批捕?[1]

A. 可以直接审查批准逮捕吉姆

B. 应当报请省检察院审查批准

C. 应当审查并提出意见后，层报最高人民检察院审查，最高人民检察院经征求外交部的意见后，作出是否批捕的批复，报送的检察院依据该批复作出是否逮捕的决定

D. 应当层报最高人民检察院审查，最高人民检察院经审查认为不需要逮捕的，报经外交部备案后，作出不批准逮捕的决定

（3）危害国家安全案件

危害国家安全的案件，应当报上一级人民检察院备案。

### 三、羁押必要性审查

犯罪嫌疑人、被告人被逮捕后，人民检察院仍应当对羁押的必要性进行审查。对不需要继续羁押的，应当建议予以释放或者变更强制措施。

| 审查对象 | 对被逮捕的犯罪嫌疑人、被告人有无继续羁押的必要性进行审查，对不需要继续羁押的，建议办案机关予以释放或者变更强制措施的监督活动。 | |
|---|---|---|
| 审查主体 | 羁押必要性审查案件由办案机关对应的同级人民检察院刑事执行检察部门统一办理，侦查监督、公诉、侦查、案件管理、检察技术等部门予以配合。 | |
| 启动方式 | 依职权 | 犯罪嫌疑人、被告人被逮捕后，人民检察院仍应当对羁押的必要性进行审查。对不需要继续羁押的，应当建议予以释放或者变更强制措施。 |
| | 依申请 | 犯罪嫌疑人、被告人及其法定代理人、近亲属或者辩护人也可以申请人民检察院进行羁押必要性审查，申请时应当说明不需要继续羁押的理由，有相关证据或者其他材料的，应当提供。 |

---

〔1〕 C

续表

| | | |
|---|---|---|
| 立案程序 | | （1）经初审，对于犯罪嫌疑人、被告人可能具有本规定变更情形之一的，检察官应当制作立案报告书，经检察长或者分管副检察长批准后予以立案；<br>（2）对于无理由或者理由明显不成立的申请，或者经人民检察院审查后未提供新的证明材料或者没有新的理由而再次申请的，由检察官决定不予立案，并书面告知申请人。 |
| 审查方法 | 公开审查 | 人民检察院可以对羁押必要性审查案件进行公开审查。但是，涉及国家秘密、商业秘密、个人隐私的案件除外。公开审查可以邀请与案件没有利害关系的人大代表、政协委员、人民监督员、特约检察员参加。 |
| | 审查方式 | 人民检察院进行羁押必要性审查，可以采取以下方式：①审查犯罪嫌疑人、被告人不需要继续羁押的理由和证明材料；②听取犯罪嫌疑人、被告人及其法定代理人、辩护人的意见；③听取被害人及其法定代理人、诉讼代理人的意见，了解是否达成和解协议；④听取现阶段办案机关的意见；⑤听取侦查监督部门或者公诉部门的意见；⑥调查核实犯罪嫌疑人、被告人的身体状况；⑦其他方式。 |
| 审查结果 | 应当建议 | 经羁押必要性审查，发现犯罪嫌疑人、被告人具有下列情形之一的，应当向办案机关提出释放或者变更强制措施的建议：①案件证据发生重大变化，没有证据证明有犯罪事实或者犯罪行为系犯罪嫌疑人、被告人所为的；②案件事实或者情节发生变化，犯罪嫌疑人、被告人可能被判处拘役、管制、独立适用附加刑、免予刑事处罚或者判决无罪的；③继续羁押犯罪嫌疑人、被告人，羁押期限将超过依法可能判处的刑期的；④案件事实基本查清，证据已经收集固定，符合取保候审或者监视居住条件的。 |
| | 可以建议（了解） | 经羁押必要性审查，发现犯罪嫌疑人、被告人具有下列情形之一，且具有悔罪表现，不予羁押不致发生社会危险性的，可以向办案机关提出释放或者变更强制措施的建议：①预备犯或者中止犯；②共同犯罪中的从犯或者胁从犯；③过失犯罪的；④防卫过当或者避险过当的；⑤主观恶性较小的初犯；⑥系未成年人或者年满75周岁的人；⑦与被害方依法自愿达成和解协议，且已经履行或者提供担保的；⑧患有严重疾病、生活不能自理的；⑨系怀孕或者正在哺乳自己婴儿的妇女；⑩系生活不能自理的人的唯一扶养人；⑪可能被判处1年以下有期徒刑或者宣告缓刑的；⑫其他不需要继续羁押犯罪嫌疑人、被告人的情形。 |
| 审查期限 | | 立案后10个工作日以内决定是否提出释放或者变更建议。案件复杂的，可以延长5个工作日。 |
| 结案程序 | 继续羁押 | 经审查认为有继续羁押必要的，由检察官决定结案，并通知办案机关。 |
| | 变更羁押 | （1）经审查认为无继续羁押必要的，检察官应当报经检察长或者分管副检察长批准，以本院名义向办案机关发出释放或者变更强制措施建议书，并要求办案机关在10日以内回复处理情况；<br>（2）释放或者变更强制措施建议书应当说明不需要继续羁押犯罪嫌疑人、被告人的理由和法律依据；<br>（3）办案机关未在10日以内回复处理情况的，可以报经检察长或者分管副检察长批准，以本院名义向其发出纠正违法通知书，要求及时回复。 |

**【小试牛刀】**

甲涉嫌盗窃罪被逮捕。在侦查阶段，甲父向检察院申请进行羁押必要性审查。关于羁押必要性审查的程序，下列哪一选项是正确的?[1]

A. 由检察院侦查监督部门负责

B. 审查应不公开进行

C. 检察院可向公安机关了解本案侦查取证的进展情况

D. 如对甲父的申请决定不予立案的，应由检察长批准

## 四、强制措施的变更

### （一）启动方式

| | |
|---|---|
| 依职权 | 人民法院、人民检察院和公安机关如果发现对犯罪嫌疑人、被告人采取强制措施不当的，应当及时撤销或者变更。<br>**【名师点睛1】** 公安机关释放被逮捕的人或者变更逮捕措施的，应当通知原批准的人民检察院。此处无需报请检察院批准。<br>**【名师点睛2】** 下级人民检察院在发现不应当逮捕的时候，应当立即释放犯罪嫌疑人或者变更强制措施，并向上一级人民检察院报告。 |
| 依申请 | 犯罪嫌疑人、被告人及其法定代理人、近亲属或者辩护人有权申请变更强制措施。人民法院、人民检察院和公安机关收到申请后，应当在3日以内作出决定。不同意变更强制措施的，应当告知申请人，并说明不同意的理由。 |

### （二）变更的情形

| | |
|---|---|
| 可以变更 | 被逮捕的被告人具有下列情形之一的，人民法院可以变更强制措施：①患有严重疾病、生活不能自理的；②怀孕或者正在哺乳自己婴儿的；③系生活不能自理的人的唯一扶养人。 |
| 应当变更 | 第一审人民法院判决被告人无罪、不负刑事责任或者免除刑事处罚，被告人在押的，应当在宣判后立即释放。被逮捕的被告人具有下列情形之一的，人民法院应当变更强制措施或者予以释放：①第一审人民法院判处管制、宣告缓刑、单独适用附加刑，判决尚未发生法律效力的；②被告人被羁押的时间已到第一审人民法院对其判处的刑期期限的；③案件不能在法律规定的期限内审结的。<br>**【关联法条】**《刑事诉讼法》第96条　犯罪嫌疑人、被告人被羁押的案件，不能在本法规定的侦查羁押、审查起诉、一审、二审期限内办结的，对犯罪嫌疑人、被告人应当予以释放；需要继续查证、审理的，对犯罪嫌疑人、被告人可以取保候审或者监视居住。 |

**【小试牛刀】**

下列哪些情形，法院应当变更或解除强制措施?[2]

A. 甲涉嫌绑架被逮捕，案件起诉至法院时发现怀有身孕

---

[1]　C

[2]　BD

B. 乙涉嫌非法拘禁被逮捕，被法院判处有期徒刑 2 年，缓期二年执行，判决尚未发生法律效力

C. 丙涉嫌妨害公务被逮捕，在审理过程中突发严重疾病

D. 丁涉嫌故意伤害被逮捕，因对被害人伤情有异议而多次进行鉴定，致使该案无法在法律规定的一审期限内审结

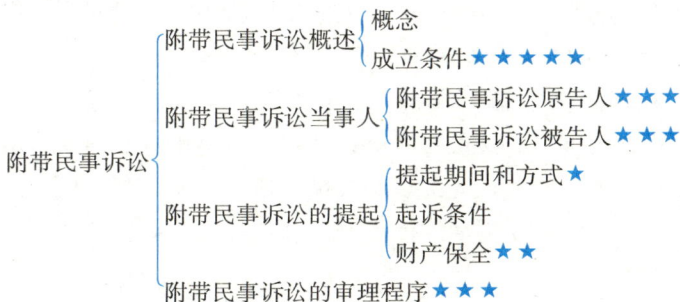

第9章

## 附带民事诉讼

### 复习提要

　　刑事附带民事诉讼，是指公安司法机关在解决被告人是否负刑事责任的问题的同时，附带解决由遭受物质损失的被害人或者人民检察院所提起的，因犯罪嫌疑人、被告人的犯罪行为所引起的物质损失的赔偿问题而进行的诉讼。附带民事诉讼本质上就是民事诉讼，只不过它的存在必须以刑事诉讼为前提，如果刑事诉讼不存在那就没有附带民事诉讼存在的依据。同学们在备考中需要掌握附带民事诉讼的成立条件、赔偿范围以及诉讼主体；同时还需要掌握附带民事诉讼中一些特有的规定，比如调解原则、财产保全规则、当事人缺席的处理规则，这些都是有别于刑事诉讼的。

### 知识框架

```
                              ┌ 概念
            附带民事诉讼概述 ┤
                              └ 成立条件★★★★★

                                ┌ 附带民事诉讼原告人★★★
            附带民事诉讼当事人 ┤
                                └ 附带民事诉讼被告人★★★
附带民事诉讼
                              ┌ 提起期间和方式★
            附带民事诉讼的提起 ┤ 起诉条件
                              └ 财产保全★★

            附带民事诉讼的审理程序★★★
```

### 一、附带民事诉讼的概念

附带民事诉讼是指司法机关在刑事诉讼过程中，在解决被告人是否负刑事责任的问题的同时，附带解决因被告人的犯罪行为所造成的物质损失的赔偿问题而进行的诉讼活动。

> **拓 展 阅 读**
>
> 附带民事诉讼解决的是物质损失赔偿问题，与民事诉讼解决的损害赔偿性质相同。但是，附带民事诉讼又与通常的民事诉讼有所不同。从实体上说，这种赔偿是由犯罪行为所引起的；从程序上说，它是在刑事诉讼的过程中提起的，通常由审判刑事案件的审判组织一并审判。其成立和解决都与刑事诉讼密不可分，依附于刑事诉讼。由附带民事诉讼的这种特殊性所决定，附带民事诉讼适用的法律具有复合性特点。就实体法而言，对损害事实的认定，不仅要遵循刑法关于具体罪名的犯罪构成要件的规定，而且要受民事法律规范调整；就程序法而言，除刑事诉讼法有特殊规定的以外，应当适用民事诉讼法的规定，如证据、先行给付、保全、调解、和解、撤诉、反诉等，都要遵循民事诉讼法的有关规定。

### 二、附带民事诉讼的成立条件

#### （一）附带民事诉讼成立的前提是刑事诉讼已经成立

附带民事诉讼是由刑事诉讼所追究的涉嫌犯罪的行为引起的，是在追究被告人刑事责任的同时，附带解决其应承担的民事赔偿责任问题。因此附带民事诉讼必须以刑事诉讼的成立为前提，如果刑事诉讼不能成立，附带民事诉讼也不能成立，但可以另行提起独立的民事诉讼。

【考点提示1】人民法院认定公诉案件被告人的行为不构成犯罪，对已经提起的附带民事诉讼，经调解不能达成协议的，应当一并作出刑事附带民事判决。（《刑诉解释》第160条第1款）

【考点提示2】人民法院准许人民检察院撤回起诉的公诉案件，对已经提起的附带民事诉讼，可以进行调解；不宜调解或者经调解不能达成协议的，应当裁定驳回起诉，并告知附带民事诉讼原告人可以另行提起民事诉讼。（《刑诉解释》第160条第2款）

#### （二）被害人遭受的必须是因犯罪行为造成的物质损失

附带民事诉讼的赔偿范围仅限于因被告人的犯罪行为造成的实际的必然的物质损失。

【考点提示1】精神损害不予支持。

【关联法条】《刑诉解释》第138条　被害人因人身权利受到犯罪侵犯或财物被犯罪分子毁坏而遭受物质损失的，有权在刑事诉讼过程中提起附带民事诉讼；被害人死亡或者丧失行为能力的，其法定代理人、近亲属有权提起附带民事诉讼。

因受到犯罪侵犯，提起附带民事诉讼或者单独提起民事诉讼要求赔偿精神损失的，人民法院不予受理。

【考点提示2】非法占有、处置的财产犯罪不予支持。

【关联法条】《刑诉解释》第139条　被告人非法占有、处置被害人财产的，应当依法予以追缴或者责令退赔。被害人提起附带民事诉讼的，人民法院不予受理。追缴、退赔的情况，可以作为量刑情节考虑。

**【考点提示3】** 公权力侵权不予支持。

**【关联法条】**《刑诉解释》第140条 国家机关工作人员在行使职权时，侵犯他人人身、财产权利构成犯罪，被害人或者其法定代理人、近亲属提起附带民事诉讼的，人民法院不予受理，但应当告知其可以依法申请国家赔偿。

**【考点提示4】** 非实际、必然的损失不予支持。

| 实际的损失 | 如犯罪分子作案时破坏的门窗、车辆、物品，被害人的医疗费、营养费等，这种损失又称积极损失。 |
|---|---|
| 必然的损失 | 因伤残减少的劳动收入、今后继续医疗的费用、被毁坏的丰收在望的庄稼等，这种损失又称消极损失。 |

**【名师点睛】** 例如，段某殴打向某，致向某长期昏迷，检察院以故意伤害罪对段某提起公诉。向某的医药费属于附带民事诉讼赔偿范围。但是因向某昏迷无法继续履行与某公司签订的合同造成的财产损失不属于附带民事诉讼的赔偿范围。

**【考点提示5】** 残疾赔偿金、死亡赔偿金不予支持。

**【关联法条】**《刑诉解释》第155条第2~4款 犯罪行为造成被害人人身损害的，应当赔偿医疗费、护理费、交通费等为治疗和康复支付的合理费用，以及因误工减少的收入。造成被害人残疾的，还应当赔偿残疾生活辅助具费等费用；造成被害人死亡的，还应当赔偿丧葬费等费用。

驾驶机动车致人伤亡或者造成公私财产重大损失，构成犯罪的，依照《中华人民共和国道路交通安全法》第76条的规定确定赔偿责任。

附带民事诉讼当事人就民事赔偿问题达成调解、和解协议的，赔偿范围、数额不受第2款、第3款规定的限制。

**【考点提示6】** 非因犯罪行为所导致的损失不予支持。

**【名师点睛】** 段某欠向某10万元借款，向某要债不成，反而被段某殴打成重伤，向某的医药费属于附带民事诉讼赔偿的范围，但是10万元的借款就不属于附带民事诉讼赔偿范围。

**【小试牛刀】**

**1.** 法院可以受理被害人提起的下列哪一附带民事诉讼案件？[1]

A. 抢夺案，要求被告人赔偿被夺走并变卖的手机

B. 寻衅滋事案，要求被告人赔偿所造成的物质损失

C. 虐待被监管人案，要求被告人赔偿因体罚虐待致身体损害所产生的医疗费

D. 故意杀人案，要求被告人赔偿死亡赔偿金和丧葬费

**2.** 甲系某地交通运输管理所工作人员，在巡查执法时致一辆出租车发生重大交通事故，司机乙重伤，乘客丙当场死亡，出租车严重受损。甲以滥用职权罪被提起公诉。关于本案处理，

---

〔1〕 B

下列哪一选项是正确的?[1]

　　A. 乙可成为附带民事诉讼原告人

　　B. 交通运输管理所可成为附带民事诉讼被告人

　　C. 丙的妻子提起附带民事诉讼的，法院应裁定不予受理

　　D. 乙和丙的近亲属可与甲达成刑事和解

### 三、附带民事诉讼当事人

附带民事诉讼当事人包括附带民事诉讼原告人和附带民事诉讼被告人。

#### （一）附带民事诉讼原告人

附带民事诉讼原告人，是指以自己的名义向司法机关提起附带民事诉讼赔偿请求的人。

**【关联法条】**《刑事诉讼法》第99条　被害人由于被告人的犯罪行为而遭受物质损失的，在刑事诉讼过程中，有权提起附带民事诉讼。被害人死亡或者丧失行为能力的，被害人的法定代理人、近亲属有权提起附带民事诉讼。

如果是国家财产、集体财产遭受损失的，人民检察院在提起公诉的时候，可以提起附带民事诉讼。

根据刑事诉讼法和有关司法解释的规定，以下主体有权提起附带民事诉讼：

1. 因犯罪行为遭受物质损失的公民。

2. 因犯罪行为遭受物质损失的企业、事业单位、机关、团体等。

3. 被害人死亡或者丧失行为能力的，其法定代理人、近亲属有权提起附带民事诉讼。

**【考点提示】**法定代理人是指被代理人的父母、养父母、监护人和负有保护责任的机关、团体的代表；近亲属是指夫、妻、父、母、子、女、同胞兄弟姊妹。

4. 当被害人是未成年人或限制行为能力人时，其法定代理人可以代为提起附带民事诉讼。

**【名师点睛】**此情形中，被害人本人作为附带民事诉讼原告人，法定代理人只是代为提起附带民事诉讼。

5. 如果是国家财产、集体财产遭受损失的，且受损单位没有提起的，人民检察院在提起公诉的时候，可以提起附带民事诉讼。

**【名师点睛】**人民检察院提起附带民事诉讼的，应当列为附带民事诉讼原告人。

**【关联法条】**《刑诉解释》第156条　人民检察院提起附带民事诉讼的，人民法院经审理，认为附带民事诉讼被告人依法应当承担赔偿责任的，应当判令附带民事诉讼被告人直接向遭受损失的单位作出赔偿；遭受损失的单位已经终止，有权利义务继受人的，应当判令其向继受人作出赔偿；没有权利义务继受人的，应当判令其向人民检察院交付赔偿款，由人民检察院上缴国库。

---

[1]　C。本案中，甲系某地交通运输管理所工作人员，在巡查执法时犯罪属于《刑诉解释》第140条规定的情形，不能提起附带民事诉讼，应当告知其依法申请国家赔偿。

### （二）附带民事诉讼被告人

附带民事诉讼被告人，是指对被害人因犯罪行为所造成的物质损失负有赔偿责任的人。附带民事诉讼中依法负有赔偿责任的人包括以下自然人或者单位：

1. 刑事被告人以及未被追究刑事责任的其他共同侵害人。

2. 刑事被告人的监护人。

3. 死刑罪犯的遗产继承人。

4. 共同犯罪案件中，案件审结前死亡的被告人的遗产继承人。

5. 对被害人的物质损失依法应当承担赔偿责任的其他单位和个人。

【考点提示1】附带民事诉讼被告人不一定是承担刑事责任的被告人。

【考点提示2】附带民事诉讼被告人的亲友自愿代为赔偿的，应当准许。

【小试牛刀】

张一、李二、王三因口角与赵四发生斗殴，赵四因伤势过重死亡。其中张一系未成年人，王三情节轻微未被起诉，李二在一审开庭前意外死亡。本案依法负有民事赔偿责任的人是：[1]

A. 张一、李二

B. 张一父母、李二父母

C. 张一父母、王三

D. 张一父母、李二父母、王三

### （三）共同侵害人的处理

1. 被害人或者其法定代理人、近亲属仅对部分共同侵害人提起附带民事诉讼的，人民法院应当告知其可以对其他共同侵害人，包括没有被追究刑事责任的共同侵害人，一并提起附带民事诉讼，但共同犯罪案件中同案犯在逃的除外。

2. 共同犯罪案件中，同案犯在逃的，不应列为附带民事诉讼被告人。逃跑的同案犯到案后，被害人或者其法定代理人、近亲属可以对其提起附带民事诉讼，但已经从其他共同犯罪人处获得足额赔偿的除外。

【小试牛刀】

甲、乙殴打丙，致丙长期昏迷，乙在案发后潜逃，检察院以故意伤害罪对甲提起公诉。关于本案，下列哪些选项是正确的?[2]

A. 丙的妻子、儿子和弟弟都可成为附带民事诉讼原告人

B. 甲、乙可作为附带民事诉讼共同被告人，对故意伤害丙造成的物质损失承担连带

---

〔1〕 D。本案中，张一为未成年人，负有赔偿责任的为张一的监护人，即张一父母；李二属于共同犯罪案件中，案件审结前死亡的被告人，故负有赔偿责任的为李二的遗产继承人，即李二父母；王三为刑事被告人，由其自己承担赔偿责任。

〔2〕 ACD。选项A，被害人死亡或者丧失行为能力的，被害人的法定代理人、近亲属有权提起附带民事诉讼。可见，丙的妻子、儿子、弟弟属于被害人的近亲属，可以提起附带民事诉讼，选项A正确。选项B，乙在逃，不能被列为附带民事诉讼共同被告人，选项B错误。选项C，物质损失必须是因犯罪侵犯直接造成。本案中，丙被殴打产生的医疗费等费用属于因犯罪行为直接侵害造成的物质损失，而因被伤害继而导致的合同无法履行，不属于犯罪行为造成被害人人身损害的赔偿范围，选项C正确。选项D，《刑诉解释》第143条第2款规定："附带民事诉讼被告人的亲友自愿代为赔偿的，应当准许。"选项D正确。

赔偿责任

C. 丙因昏迷无法继续履行与某公司签订的合同造成的财产损失不属于附带民事诉讼的赔偿范围

D. 如甲的朋友愿意代为赔偿，法院应准许并可作为酌定量刑情节考虑

## 四、附带民事诉讼的提起

### （一）提起期间

1. 附带民事诉讼应当在刑事案件立案后及时提起

【考点提示】第一审期间未提起附带民事诉讼，在第二审期间提起的，第二审人民法院可以依法进行调解；调解不成的，告知当事人可以在刑事判决、裁定生效后另行提起民事诉讼。

【小试牛刀】

在罗某放火案中，钱某、孙某和吴某三家房屋均被烧毁。一审时，钱某和孙某提起要求罗某赔偿损失的附带民事诉讼，吴某未主张。一审判决宣告后，吴某欲让罗某赔偿财产损失。二审法院该如何处理？

答案：第二审人民法院可以依法进行调解；调解不成的，告知当事人可以在刑事判决、裁定生效后另行提起民事诉讼。

2. 侦查、审查起诉期间提起附带民事诉讼的处理

侦查、审查起诉期间，有权提起附带民事诉讼的人提出赔偿要求，经公安机关、人民检察院调解，当事人双方已经达成协议并全部履行，被害人或者其法定代理人、近亲属又提起附带民事诉讼的，人民法院不予受理，但有证据证明调解违反自愿、合法原则的除外。

【名师点睛】①侦查、审查起诉期间可以提起附带民事诉讼的赔偿要求；②公安机关、人民检察院可以主持调解，但是公安机关、人民检察院无权作出裁判；③该调解如果达成协议并全部履行的，不能反悔，有证据证明调解违反自愿、合法原则的除外。

### （二）提起方式

提起附带民事诉讼应当提交附带民事起诉状。

### （三）提起条件

1. 起诉人符合法定条件。

2. 有明确的被告人。

3. 有请求赔偿的具体要求和事实、理由。

4. 属于人民法院受理附带民事诉讼的范围。

### （四）财产保全

附带民事诉讼的财产保全是指在刑事诉讼过程中，在可能因被告人或其他人的行为导致将来发生法律效力的附带民事诉讼判决不能或难以得到执行时，司法机关对被告人的财产采取一定的保全措施，从而保证附带民事判决能够得到执行。人民法院可以采取的保全措施包括查封、扣押与冻结三种。

| 诉前财产保全 | 启动方式 | 在提起附带民事诉讼前，可以向<u>被保全财产所在地</u>、<u>被申请人居住地</u>或者<u>对案件有管辖权</u>的人民法院<u>申请</u>采取保全措施。 | |
|---|---|---|---|
| | 担保要求 | 诉前财产保全，申请人<u>应当</u>提供担保，不提供担保的，裁定驳回申请。 | |
| | 裁定时间 | 法院接受申请后，<u>必须在 48 小时内</u>作出裁定。 | |
| | 起诉要求 | 申请人在人民法院<u>受理刑事案件后 15 日内</u>未提起附带民事诉讼的，人民法院应当解除保全措施。 | |
| 诉讼中的财产保全 | 启动方式 | 依申请 | 根据附带民事诉讼<u>原告人</u>或<u>检察院申请</u>，可以裁定采取保全措施。 |
| | | 依职权 | 未提出申请的，必要时，<u>人民法院</u>也可以采取保全措施。 |
| | 担保要求 | <u>可以</u>责令申请人提供担保，申请人不提供担保的，裁定驳回申请。 | |
| | 裁定时间 | 法院接受申请后，对<u>情况紧急的，必须在 48 小时</u>内作出裁定。 | |

**【小试牛刀】**

王某被姜某打伤致残，在开庭审判前向法院提起附带民事诉讼，并提出财产保全的申请。法院对于该申请的处理，下列哪一选项是正确的?[1]

A. 不予受理

B. 可以采取查封、扣押或者冻结被告人财产的措施

C. 只有在王某提供担保后，法院才予以财产保全

D. 移送财产所在地的法院采取保全措施

## 五、附带民事诉讼审理程序

### （一）受理

人民法院应当在 7 日内决定是否立案。符合条件的，应当受理；不符合的，裁定不予受理。

### （二）证明责任分配

附带民事诉讼当事人对自己提出的主张，有责任提供证据。

### （三）附带民事诉讼的调解

1. 可以根据<u>自愿、合法</u>的原则进行<u>调解</u>。

2. 经调解达成协议的，<u>应当</u>制作<u>调解书</u>。调解书经<u>双方当事人签收后，即具有法律效力</u>。

3. 调解<u>达成协议并即时履行完毕的，可以不制作调解书</u>，但应<u>当制作笔录</u>，经双方当事人、审判人员、书记员<u>签名</u>或者<u>盖章后即发生法律效力</u>。

4. 调解<u>未达成协议或调解书签收前当事人反悔的</u>，附带民事诉讼应当同刑事诉讼<u>一并判决</u>。

### （四）当事人缺席的后果

| 原告人 | 附带民事诉讼原告人经传唤，无正当理由拒不到庭，或者未经法庭许可中途退庭的，<u>应当</u>按<u>撤诉</u>处理。 |
|---|---|

---

〔1〕 B。选项 A，于法无据，选项 A 错误。选项 C，在诉中财产保全中，人民法院可以责令申请人提供担保，也可以不要求申请人提供担保，选项 C 错误。选项 D，受理诉中财产保全的人民法院可以直接裁定采取保全措施，而无需移送财产所在地的法院，选项 D 错误。

续表

| 被告人 | 刑事被告人以外的附带民事诉讼被告人经传唤，无正当理由拒不到庭，或者未经法庭许可中途退庭的，附带民事部分可以缺席判决。<br>【名师点睛】刑事被告人不可以缺席判决，必须到庭。 |
|---|---|

### 【小试牛刀】

张一、李二、王三因口角与赵四发生斗殴，赵四因伤势过重死亡。其中张一系未成年人，王三情节轻微未被起诉，李二在一审开庭前意外死亡。在一审过程中，如果发生附带民事诉讼原、被告当事人不到庭情形，法院的下列做法正确的是：[1]

A. 赵四父母经传唤，无正当理由不到庭，法庭应当择期审理

B. 赵四父母到庭后未经法庭许可中途退庭，法庭应当按撤诉处理

C. 王三经传唤，无正当理由不到庭，法庭应当采取强制手段强制其到庭

D. 李二父母未经法庭许可中途退庭，就附带民事诉讼部分，法庭应当缺席判决

### （五）审判组织

附带民事诉讼应当同刑事案件一并审判，只有为了防止刑事案件审判的过分迟延的情况下，才可以在刑事案件审判后，由同一审判组织继续审理附带民事诉讼；同一审判组织的成员确实不能继续参与审判的，可以更换。

【名师点睛】①先审理刑事部分，后审理附带民事部分。②必须由审理刑事案件的同一审判组织继续审理附带民事部分，不得另行组成合议庭。如果同一审判组织的成员确实不能继续参加审判的，可以更换审判组织成员。③附带民事诉讼部分的判决对案件事实的认定不得同刑事判决相抵触。④附带民事诉讼部分的延期审理，一般不影响刑事判决的生效。

### （六）处理结果

1. 人民法院认定公诉案件被告人的行为不构成犯罪，对已经提起的附带民事诉讼，经调解不能达成协议的，应当一并作出刑事附带民事判决。

2. 审理刑事附带民事诉讼案件，人民法院应当结合被告人赔偿被害人物质损失的情况认定其悔罪表现，并在量刑时予以考虑。

### 【小试牛刀】

韩某和苏某共同殴打他人，致被害人李某死亡、吴某轻伤，韩某还抢走吴某的手机。后韩某被抓获，苏某在逃。关于本案的附带民事诉讼，下列哪一选项是正确的？[2]

A. 李某的父母和祖父母都有权提起附带民事诉讼

B. 韩某和苏某应一并列为附带民事诉讼的被告人

C. 吴某可通过附带民事诉讼要求韩某赔偿手机

D. 吴某在侦查阶段与韩某就民事赔偿达成调解协议并全部履行后又提起附带民事诉讼，法院不予受理

---

[1]　B

[2]　D

# 第10章

# 期间、送达

## ▶ 复习提要

　　刑事诉讼中的期间，是指公安机关、人民检察院和人民法院，以及当事人和其他诉讼参与人分别进行一定的刑事诉讼活动所必须遵守的时间期限。它与实体条件、步骤、举证责任、法律后果等一样，都是法律程序规则体系的重要组成部分。本章考查的主要是一些特殊期间的计算方法，比如，期间的重新计算问题、期间的恢复计算问题。送达制度仅需要了解它的概念和特点即可。

## ▶ 知识框架

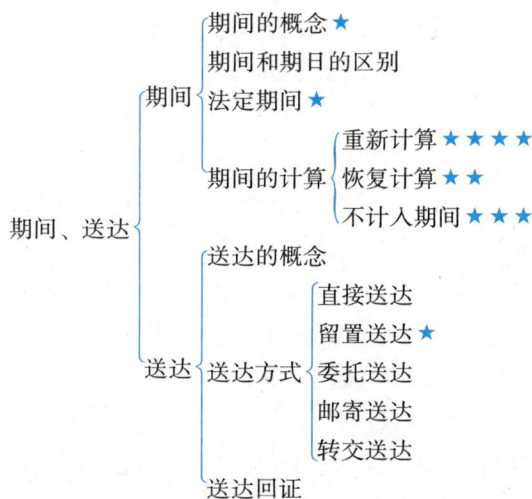

## 一、期间和期日

### (一) 期间

期间，是指公安机关、人民检察院和人民法院，以及当事人和其他诉讼参与人分别进行一定的刑事诉讼活动所必须遵守的时间期限。刑事诉讼期间分为法定期间和指定期间两种。所谓法定期间，是指由法律明确规定的期间；所谓指定期间，是指由公安司法机关指定的期间。

### (二) 期日

期日是指公安司法机关和诉讼参与人共同进行刑事诉讼活动的特定时间。《刑事诉讼法》对期日未作具体规定。在诉讼实践中，由公安机关、人民检察院、人民法院根据法律规定的期间和案件的具体情况予以指定。

| 期　　间 | 期　　日 |
| --- | --- |
| 期间是指一定期限内的时间（时间段）。 | 期日是一个特定的时间单位（时间点）。 |
| 期间是指公安司法机关和诉讼参与人各自单独进行某项诉讼活动的时间。 | 期日是公安司法机关和诉讼参与人共同进行某项刑事诉讼活动的时间。 |
| 期间原则上由法律规定，不得任意变更。 | 期日由公安司法机关指定，遇有重大理由时，可以另行指定期日。 |
| 期间在具体案件中一旦确定开始时间，终止的时间也随之确定。 | 期日只规定开始的时间，不规定终止的时间，以诉讼行为的开始为开始，以诉讼行为的实行完毕为结束。 |
| 期间开始后不要求立即实施诉讼行为，只要是在期间届满之前，任何时候实施都是有效的。 | 期日开始后，必须立即实施某项诉讼行为或开始某项诉讼活动。 |

## 二、法定期间

法定期间指由法律作出明确规定的诉讼期间。这种期间是基于某种法律事实的发生而开始的。法定期间内的任何时候都可以实施诉讼行为，同时，也只有在此期间内所进行的诉讼活动才是有效的。

### (一) 辩护、代理期间

1. 委托辩护期间：犯罪嫌疑人自被侦查机关第一次讯问或者采取强制措施之日起，有权委托辩护人。被告人有权随时委托辩护人。

2. 告知权利期间：侦查机关在第一次讯问犯罪嫌疑人或者对犯罪嫌疑人采取强制措施的时候，应当告知犯罪嫌疑人有权委托辩护人。人民检察院自收到移送审查起诉的案件材料之日起3日以内，应当告知犯罪嫌疑人有权委托辩护人。人民法院自受理案件之日起3日以内，应当告知被告人有权委托辩护人。

3. 辩护人会见安排期间：辩护律师要求会见在押的犯罪嫌疑人、被告人的，看守所应当及时安排会见，至迟不得超过48小时。

4. 委托代理期间：公诉案件的被害人及其法定代理人或者近亲属，附带民事诉讼的当事人及其法定代理人，自案件移送审查起诉之日起，有权委托诉讼代理人。自诉案件的自诉人及其法定代理人、自诉案件附带民事诉讼的当事人及其法定代理人，有权随时委托诉讼代理人。

### （二）强制措施期间

1. 传唤、拘传最长不得超过 12 小时。案情重大复杂的，需要采取拘留、逮捕措施的，传唤、拘传持续的时间不得超过 24 小时。

2. 取保候审最长不得超过 12 个月，监视居住最长不得超过 6 个月。

3. 被取保候审的犯罪嫌疑人、被告人住址、工作单位和联系方式发生变动的，应在 24 小时内向执行机关报告。

4. 指定居所监视居住的，除无法通知的以外，应当在执行监视居住后 24 小时以内通知被监视居住人的家属。

5. 拘留后 24 小时以内进行讯问，24 小时以内通知其家属，24 小时内送看守所。

6. 公安机关对被拘留的人的拘留期限最长为 14 天，对于流窜作案、多次作案、结伙作案的重大嫌疑分子可达 37 天。人民检察院对直接受理的案件中被拘留的人，认为需要逮捕的，应当在 14 日以内作出决定；在特殊情况下，决定逮捕的时间可以延长 1~3 日。

7. 逮捕后，应当立即将被逮捕人送看守所羁押。除无法通知的以外，应当在逮捕后 24 小时以内，通知被逮捕人的家属。必须在逮捕后的 24 小时以内进行讯问。

### （三）侦查羁押期间

1. 一般不得超过 2 个月。

2. 案情复杂、期限届满不能终结的案件，可经上一级检察院批准延长 1 个月。

3. 对于交通十分不便的边远地区的重大复杂案件，重大的犯罪集团案件，流窜作案的重大、复杂案件以及犯罪涉及面广、取证困难的重大复杂案件，在上述的 3 个月侦查羁押期限内不能办结的，经省、自治区、直辖市人民检察院批准或者决定，可以延长 2 个月。

4. 对于犯罪嫌疑人可能判处 10 年有期徒刑以上刑罚，在上述的 5 个月内仍不能侦查终结的，经省、自治区、直辖市人民检察院批准或决定，可以再延长 2 个月。

5. 因为特殊原因，在较长时间内不宜交付审判的特别重大复杂的案件，由最高人民检察院报请全国人民代表大会常务委员会批准延期审理。

【名师点睛】此处的侦查羁押期限总结为一个公式：2+1+2+2+X。

### （四）技术侦查期间

批准技术侦查的决定自签发之日起 3 个月以内有效，期限届满仍有必要继续采取技术侦查措施的，经过批准，有效期可以延长，但每次不得超过 3 个月。

### （五）解除扣押、冻结期间

对扣押、冻结的财物，经查明确实与案件无关的，应当在 3 日以内解除扣押、冻结，退还原主或者原邮电机关。

### （六）审查起诉期间

一般应当在 1 个月以内作出决定；重大、复杂的案件，可以延长半个月；对于补充侦查的案件，应当在 1 个月以内补充侦查完毕。补充侦查以 2 次为限。

**（七）对不起诉决定的申诉期间**

1. 被害人对于人民检察院作出的不起诉决定不服的，可以在收到决定书后 7 日内向上一级人民检察院提出申诉。

2. 被不起诉人对于人民检察院酌定不起诉决定不服，可以在接到决定书后 7 日内向人民检察院申诉。

**（八）附条件不起诉考验期间**

对未成年犯罪嫌疑人决定附条件不起诉的考验期限为 6 个月以上 1 年以下，从人民检察院作出附条件不起诉的决定之日起计算。

**（九）一审程序期间**

1. 庭前告知期间：①开庭 10 日以前将起诉书副本送达被告人；②开庭 3 日以前将开庭的时间、地点通知人民检察院；③开庭 3 日以前将传票、通知书送达诉讼参与人；④公开审判的案件，在开庭 3 日以前先期公布案由、被告人姓名、开庭时间和地点。

2. 补充侦查期间：检察人员在庭审中发现提起公诉的案件需要补充侦查并提出建议的，人民检察院应当在 1 个月以内补充侦查完毕。

3. 公诉案件审理期间：受理后 2 个月内宣判，至迟不得超过 3 个月。特殊案件经上一级人民法院批准，可以再延长 3 个月。因特殊情况还需要延长的，报请最高人民法院批准。

【名师点睛】一审审判期限概括为：2+1+3+X。

4. 自诉案件审理期间：①适用普通程序审理被告人被羁押的，同公诉案件的审理期间（2+1+3+X）；②适用普通程序审理被告人未被羁押的，应当在立案后 6 个月内宣判。

5. 简易程序审理期间：适用简易程序审理案件，人民法院应当在受理后 20 日以内审结。对可能判处的有期徒刑超过 3 年的，可以延长至一个半月。

6. 判决宣告期间：人民法院当庭宣告判决的，应当在 5 日以内将判决书送达当事人和提起公诉的人民检察院；定期宣告判决的，应当在宣告后立即将判决书送达当事人和提起公诉的人民检察院。

**（十）上诉、抗诉期限**

1. 被告人不服判决的上诉、抗诉期限为 10 日。

2. 不服裁定的上诉、抗诉期限为 5 日。

3. 被害人及其法定代理人不服地方各级人民法院一审判决，有权自收到判决书后 5 日内请求人民检察院提出抗诉。人民检察院应在收到请求后 5 日内作出是否抗诉的决定并且答复请求人。

**（十一）二审程序期间**

应当在 2 个月以内审结，特殊案件可以再延长 2 个月，因特殊情况还需要延长的，报请最高人民法院批准。

【名师点睛】二审审判期限概括为：2+2+X。

### （十二）再审程序期间

1. 人民法院按照审判监督程序重新审判的案件，应当在作出提审、再审决定之日起 3 个月以内审结，需要延长期限的，不得超过 6 个月。

2. 接受抗诉的人民法院按照审判监督程序审理抗诉的案件，审理期限适用前述规定。对需要指令下级人民法院再审的，应当自接受抗诉之日起 1 个月以内作出决定。下级人民法院审理案件的期限适用前述规定。

### （十三）犯罪嫌疑人、被告人逃匿、死亡案件违法所得的没收程序的期间

人民法院受理没收违法所得的申请后，应当发出公告，公告期间为 6 个月。人民法院在公告期满后对没收违法所得的申请进行审理。

### （十四）依法不负刑事责任的精神病人的强制医疗程序的期间

人民法院对强制医疗申请进行审理后，对于被申请人或者被告人符合强制医疗条件的，应当在 1 个月以内作出强制医疗的决定。

### （十五）执行期间

1. 下级人民法院接到最高人民法院执行死刑的命令后，应当在 7 日以内交付执行。

2. 罪犯被交付执行刑罚的时候，应当由交付执行的人民法院在判决生效后 10 日以内将有关的法律文书送达公安机关、监狱或者其他执行机关。

3. 人民检察院认为暂予监外执行不当的，应当自接到通知之日起 1 个月以内将书面意见送交决定或者批准暂予监外执行的机关，决定或者批准暂予监外执行的机关接到人民检察院的书面意见后，应当立即对该决定进行重新核查。

4. 对被判处死刑缓期执行的罪犯的减刑和对被判处拘役、管制的罪犯的减刑，人民法院应当在收到减刑建议书后 1 个月内作出裁定；对被判处无期徒刑的罪犯的减刑、假释和对被判处有期徒刑及被减为有期徒刑的罪犯的减刑、假释，人民法院应当在收到减刑、假释建议书后 1 个月内作出裁定，案情复杂或者情况特殊的，可以延长 1 个月。

5. 人民检察院认为人民法院减刑、假释的裁定不当，应当在收到裁定书副本后 20 日以内，向人民法院提出书面纠正意见，人民法院应当在收到纠正意见后 1 个月以内重新组成合议庭进行审理，作出最终裁定。

## 三、期间的计算

### （一）期间的一般计算

| 1. 计算单位 | 期间是以时、日、月来计算。 |
| --- | --- |
| 2. 计算方法 | （1）开始的时、日不计算在内。 |
| | （2）月一般指本月某日到下月某日，但是如果下月没有这一天，则以下月的最后一个日为一个月。 |
| | （3）期间的最后一日为节假日的，以节假日后的第一日为期间届满日期。如果节假日不是期间的最后一日，而是在期间的开始或中间，则均应计算在期间之内。<br>【名师点睛】对于犯罪嫌疑人、被告人或者罪犯在押期间，应当至期间届满之日为止，不得因节假日而延长在押期限至节假日后的第一日。 |

续表

| 2. 计算方法 | （4）上诉状或者其他文件在期满前已经交邮的，不算过期。<br>【名师点睛】即使司法机关收到时已过法定期限，也不算过期。上诉状或其他文件是否在法定期限内交邮以当地邮局所盖邮戳为准。 |
| | （5）法定期间不包括路途上的时间。<br>【名师点睛】有关诉讼文书材料在公安司法机关之间传递过程中的时间，也应当在法定期间内予以扣除。 |

【小试牛刀】

卢某妨害公务案于 2016 年 9 月 21 日一审宣判，并当庭送达判决书。卢某于 9 月 30 日将上诉书交给看守所监管人员黄某，但黄某因忙于个人事务直至 10 月 8 日上班时才寄出，上诉书于 10 月 10 日寄到法院。关于一审判决生效，下列哪一选项是正确的?[1]

A. 一审判决于 9 月 30 日生效

B. 因黄某耽误上诉期间，卢某将上诉书交予黄某时，上诉期间中止

C. 因黄某过失耽误上诉期间，卢某可申请期间恢复

D. 上诉书寄到法院时一审判决尚未生效

### （二）期间的特殊计算

| 期间的恢复 | 当事人由于不能抗拒的原因或者其他正当理由而耽误期限的，在障碍消除后 5 日以内，可以申请继续进行应当在期满以前完成的诉讼活动。上述申请是否准许，由人民法院裁定。<br>【名师点睛】期间的恢复必须具备以下条件：①当事人提出恢复期间的申请；②期间的耽误是由于不能抗拒的原因或其他正当理由；③当事人的申请应当在障碍消除后的 5 日以内提出；④期间恢复的申请经人民法院裁定批准。当事人只有申请权，而人民法院有批准权。 | |
| 期间的重新计算 | 概 念 | 期间的重新计算，是指由于发生了法定的情况，原来已进行的期间归于无效，而从新发生情况之时起计算期间。<br>【名师点睛】重新计算期间仅适用于公安司法机关的办案期限。 |
| | 情 形 | （1）在侦查期间，发现另有重要罪行的，自发现之日起重新计算侦查羁押期限。<br>【名师点睛】另有重要罪行是指与逮捕时的罪行不同种的重大犯罪和同种的影响罪名认定、量刑档次的重大犯罪。<br>【考点提示】重新计算侦查羁押期限，直接由公安机关决定，不需经人民检察院批准，但须报人民检察院备案，人民检察院可以进行监督。<br>（2）公安机关或者人民检察院补充侦查完毕移送人民检察院或者人民法院后，人民检察院或者人民法院重新计算审查起诉或者审理期限。 |

---

[1] D。卢某接到一审判决的日期是 9 月 21 日，因此卢某对一审裁判不服的上诉期限截止至 10 月 1 日。但是，10 月 1 日为法定节假日，上诉期限应当顺延至下一个工作日，10 月 8 日。只要在上诉期内将上诉书寄出，就不算超期。选项 D 正确。

续表

| | | |
|---|---|---|
| 期间的<br>重新计算 | 情 形 | （3）改变管辖的案件，从改变后的机关收到案件之日起重新计算审理期限。<br>（4）二审发回原审的案件，从收到发回的案件之日起重新计算审理期限。<br>（5）简易程序转换为普通程序审理，从决定转为普通程序之日起重新计算审理期限。<br>（6）重新办理取保候审、监视居住手续，取保候审、监视居住的期限重新计算。 |
| 期间不计<br>入的情形 | | （1）犯罪嫌疑人不讲真实姓名、住址，身份不明的期间，不计入办案期限。侦查羁押期限自查清其身份之日起计算，但是不得停止对其犯罪行为的侦查取证。<br>（2）中止审理的期间，不计入办案期限。<br>（3）对犯罪嫌疑人作精神病鉴定的期间不计入办案期限，其他鉴定期间都应当计入办案期限。<br>（4）二审法院通知检察院阅卷，检察院应当在1个月内查阅完毕。检察院阅卷时间不计入审理期限。 |

【小试牛刀】

关于办案期限重新计算的说法，下列哪一选项是正确的?[1]

A. 甲盗窃汽车案，在侦查过程中发现其还涉嫌盗窃1辆普通自行车，重新计算侦查羁押期限

B. 乙受贿案，检察院审查起诉时发现一笔受贿款项证据不足，退回补充侦查后再次移送审查起诉时，重新计算审查起诉期限

C. 丙聚众斗殴案，在处理完丙提出的有关检察院书记员应当回避的申请后，重新计算一审审理期限

D. 丁贩卖毒品案，二审法院决定开庭审理并通知同级检察院阅卷，检察院阅卷结束后，重新计算二审审理期限

## 四、送达

### （一）送达的概念

刑事诉讼中的送达，是指人民法院、人民检察院和公安机关依照法定程序和方式，将诉讼文件送交诉讼参与人、有关机关和单位的诉讼活动，其实质是司法机关的告知行为。备考只需要了解各种送达方式的特点即可。

### （二）送达的方式

| | |
|---|---|
| 直接送达 | 又称交付送达，即公安司法机关指派专人将诉讼文书直接送交收件人的行为。收件人本人亲自签收以及本人不在时，由其成年家属或者所在单位负责人代为签收，都属于直接送达。 |

---

[1] B。选项A，发现甲还涉嫌盗窃1辆普通自行车并不属于条文中的另有重要罪行，不需要重新计算侦查羁押期限，选项A错误。申请回避属于延期审理的情形，延期审理期间应当计入审限，选项C错误。选项D，1个月的阅卷时间不计入审限并不等于重新计算审限，阅卷之前的审理时间依然需要计入审限，选项D错误。

续表

| | |
|---|---|
| 留置送达 | （1）适用条件：受送达人或有资格接受送达的人拒绝签收。<br>（2）适用程序：送达人邀请见证人到场，说明情况，在送达回证上记明拒收的事由和日期，由送达人、见证人签名或者盖章；也可以把诉讼文书留在受送达人的住处，并采用拍照、录像等方式记录送达过程，即视为送达。<br>（3）送达效力：诉讼文件的留置送达与交给收件人或代收人具有同样的法律效力。<br>【名师点睛1】找不到收件人，同时也找不到代收人时，不能采用留置送达。<br>【名师点睛2】调解书不适用留置送达。 |
| 委托送达 | 直接送达确有困难，而委托其他公安司法机关将需送达的文书送交受送达人的送达方式。委托送达的公安司法机关应当将委托函、送达的诉讼文件及送达回证，寄送受托的公安司法机关。受托的公安司法机关收到委托送达的诉讼文件，应当登记，并在10日内送交收件人，然后将送达回证及时寄送委托送达的公安司法机关。 |
| 邮寄送达 | 直接送达有困难的，通过邮局以挂号信的方式将需送达的文书邮寄给受送达人的送达方式。收件人签收挂号邮寄的诉讼文件后即认为已经送达。挂号回执上注明的日期为送达的日期。 |
| 转交送达 | 法院基于受送达人的有关情况而将需送达的文书交有关机关、单位转交受送达人的送达方式。这种送达方式通常适用于军人、正被采取强制性教育措施的人或者正在服刑的人。 |

【小试牛刀】

被告人徐某为未成年人，法院书记员到其住处送达起诉书副本，徐某及其父母拒绝签收。关于该书记员处理这一问题的做法，下列哪些选项是正确的？[1]

A. 邀请见证人到场

B. 在起诉书副本上注明拒收的事由和日期，该书记员和见证人签名或盖章

C. 采取拍照、录像等方式记录送达过程

D. 将起诉书副本留在徐某住处

## （三）送达回证

送达回证是公安司法机关依法送达诉讼文件的证明文件，是计算期间的根据。因此，在送达诉讼文件时必须使用送达回证，并且将送达回证入卷归档。在司法实践中，送达回证的内容包括送达诉讼文件的机关，收件人的姓名，送达诉讼文件的名称，送达的时间、地点、方式，送达人、收件人的签名、盖章，签收日期，等等。

1. 送达回证的使用方法是，公安司法机关送达诉讼文件时，向收件人出示送达回证，由收件人、代收人在送达回证上记明收到日期，并且签名或者盖章。

2. 遇到拒收或拒绝签名、盖章等情形，在实施留置送达程序中，送达人应当在送达回证上注明拒绝的事由、送达的日期，并且签名或者盖章。送达程序进行完毕后，将送达回证带回入卷。

3. 采用委托送达、转交送达的也必须按照上述程序进行，并将送达回证寄送承办案

---

〔1〕 ACD。选项B的错误之处在于，应是在"送达回证"而非"起诉书副本"上注明拒收的事由和日期。

件的公安司法机关。

4. 邮寄送达的，应当将送达回证和诉讼文件一起挂号邮寄给收件人，送达回证由收件人寄回。这种情况下，收件人在送达回证上签收的日期可能与挂号回执上注明的日期不一致，公安司法机关应在送达回证上作出说明，并以挂号回执上注明的日期为送达日期。

# 第11章 立 案

## 立 案

▶ **复习提要**

　　立案作为刑事诉讼开始的标志，是每一个刑事案件都必须经过的法定阶段。本章主要考查立案的材料来源、立案的条件、不立案的监督这几个问题。考生需要掌握报案、控告、举报的差异，还有立案的基本条件，还要重点掌握控告人对于公安机关不立案的救济途径以及检察院对公安机关不立案的监督方式。

▶ **知识框架**

立案 {
　立案的概念
　立案材料的来源 {
　　公安、检察院自行发现
　　报案、控告、举报、自首 ★★★
　}
　立案条件 ★
　立案程序 ★★
　立案监督 ★★★ {
　　检察院的监督
　　控告人的监督
　}
}

## 一、立案的概念

刑事诉讼中的立案，是指公安司法机关对自己发现的案件材料和接受的控告、举报、报案、自首等材料以及自诉人的起诉材料，依照各自的管辖范围进行审查，并决定是否作为刑事案件进行侦查或者审判的诉讼活动。

## 二、立案材料的来源

### （一）公安、检察院自行发现的犯罪事实或者获得的犯罪线索

公安机关或者人民检察院发现犯罪事实或者犯罪嫌疑人，应当按照管辖范围，立案侦查。

【名师点睛】国家安全机关、军队内部的保卫部门、监狱等执行职务过程中，发现犯罪事实或者犯罪线索，对于符合立案条件的，也应当立案。上述主体中没有人民法院，因为人民法院不会主动追究犯罪。

### （二）单位和个人的报案或者举报

| 报　案 | 是指单位和个人发现有犯罪事实发生，但尚不知犯罪嫌疑人为何人时，向公安机关、人民检察院、人民法院告发的行为。 |
|---|---|
| 举　报 | 是指单位和个人（不包括被害人）对其发现的具体的犯罪事实或者犯罪嫌疑人向公安机关、人民检察院和人民法院进行告发、揭露的行为。 |

【名师点睛】与报案相比，举报的案件事实以及证据材料要详细、具体，能明确到犯罪嫌疑人是谁。

### （三）被害人的报案或者控告

| 报　案 | 是指被害人发现有犯罪事实发生，但尚不知犯罪嫌疑人为何人时，向公安机关、人民检察院、人民法院告发的行为。 |
|---|---|
| 控　告 | 是指被害人（包括被害单位）就其人身、财产权利遭受不法侵害的事实及犯罪嫌疑人的有关情况，向公安司法机关揭露和告发，要求依法追究其刑事责任的诉讼行为。 |

【名师点睛】控告和报案的区别主要在于主体。控告只限于被害人，报案可以是所有人。另外控告的内容要比报案详细，能明确谁是犯罪嫌疑人。

### （四）犯罪人的自首

自首，是指犯罪人作案以后自动投案，如实供述自己罪行，并接受公安司法机关的审查和裁判的行为。犯罪人的自首也是立案的材料来源之一。

【考点提示】报案、控告与举报的区别

| | 报　案 | 控　告 | 举　报 |
|---|---|---|---|
| 主　体 | 所有人 | 被害人 | 被害人以外的人 |
| 内　容 | 不知犯罪嫌疑人 | 知道犯罪嫌疑人 | 知道犯罪嫌疑人 |

【小试牛刀】

国家机关工作人员李某多次利用职务之便向境外间谍机构提供涉及国家机密的情报，同事

赵某发现其行迹后决定写信揭发李某。关于赵某行为的性质，下列哪一选项是正确的?[1]

    A. 控告　　　　　B. 告诉　　　　　　C. 举报　　　　　D. 报案

### 三、立案的条件

立案的条件，是指立案必须具备的基本条件，也就是决定刑事案件成立、开始进行刑事追究所必须具备的法定条件。正确掌握立案的条件，是准确、及时地解决应否立案问题的关键。

#### （一）公诉案件的立案条件

【关联法条】《刑事诉讼法》第110条　人民法院、人民检察院或者公安机关对于报案、控告、举报和自首的材料，应当按照管辖范围，迅速进行审查，认为有犯罪事实需要追究刑事责任的时候，应当立案；认为没有犯罪事实，或者犯罪事实显著轻微，不需要追究刑事责任的时候，不予立案，并且将不立案的原因通知控告人。控告人如果不服，可以申请复议。

从上述条文来看，立案只需同时具备两个条件：①有犯罪事实，称为事实条件；②需要追究刑事责任，称为法律条件。

1. 有犯罪事实

有犯罪事实发生，是指客观上存在着某种危害社会的犯罪行为。这是立案的首要条件，如果没有犯罪事实存在，也就谈不到立案的问题了。

【名师点睛】犯罪事实确已发生，必须有一定的事实材料予以证明，而不能是道听途说、凭空捏造或者捕风捉影。当然，立案仅仅是刑事诉讼的初始阶段，在这一阶段，尚不能要求证据达到能够证实犯罪嫌疑人为何人以及犯罪的目的、动机、手段、方法等一切案件的情节。但是，在这一阶段必须有一定的证据证明犯罪事实确已发生。

【小试牛刀】

1. 某县公安机关收到孙某报案，称有人对其强奸，公安机关经过审查，发现本案犯罪嫌疑人畏罪潜逃了，县公安机关应当如何处理？

答案：立案。因为只要发生了犯罪，嫌疑人潜逃并不影响立案。

2. 某县公安机关收到孙某控告何某对其强奸的材料，经审查后认为何某没有强奸的犯罪事实。县公安机关应当如何处理？

答案：不予立案。因为没有犯罪发生。

2. 需要追究刑事责任

只有当有犯罪事实发生，并且依法需要追究行为人刑事责任时，才有必要而且应当立案。

【名师点睛】根据《刑事诉讼法》第15条的规定，虽有犯罪事实发生，但犯罪情节显著轻微、危害不大，不认为是犯罪的；犯罪已过追诉时效期限的；经特赦令免除刑罚的；依照刑法告诉才处理的犯罪，没有告诉或者撤回告诉的；犯罪嫌疑人、被告人死亡

---

[1] C。从主体上说赵某不是本案的被害人，他向有关部门报告的内容既包括犯罪事实，也包括犯罪嫌疑人，所以，赵某的行为属于举报，而非报案或者控告。

的；其他法律规定免予追究刑事责任的，均不追究刑事责任。因此，凡犯罪行为人具有上述法定不追究刑事责任的情形之一的，就不应当立案。

【小试牛刀】

某县公安机关收到孙某控告何某对其强奸的材料，经审查后认为犯罪已经过了追诉时效。县公安机关应当如何处理？

**答案：**不予立案。

### （二）自诉案件的立案条件

由于自诉案件不经过侦查，自诉人向人民法院提起诉讼后，如果符合立案条件，人民法院就应当予以受理，并直接进入审判程序。因此，自诉案件的立案条件除了应当具备公诉案件的两个立案条件以外，还应当具备下列条件：

1. 属于刑事自诉案件的范围。

2. 属于受诉人民法院管辖。

3. 刑事案件的被害人告诉的。

4. 有明确的被告人、具体的诉讼请求和能证明被告人犯罪事实的证据。

## 四、立案程序

### （一）对立案材料的接受

1. 公安机关、人民检察院或者人民法院对于报案、控告、举报，都应当接受。

2. 对于不属于自己管辖的，应当移送主管机关处理，并且通知报案人、控告人、举报人；对于不属于自己管辖而又必须采取紧急措施的，应当先采取紧急措施，然后移送主管机关。

3. 报案、控告和举报可以用书面或口头形式提出。接受口头报案、控告和举报的工作人员，应当写成笔录，经宣读无误后，由报案人、控告人、举报人签名或者盖章。

4. 接受控告、举报的工作人员应当向控告人、举报人说明诬告应负的法律责任。

5. 公安司法机关应当为报案人、控告人、举报人保密，并保障他们及其近亲属的安全。

### （二）初步审查

《高检规则》第173条规定，在初查过程中，可以采取询问、查询、勘验、检查、鉴定、调取证据材料等不限制初查对象人身、财产权利的措施。不得对初查对象采取强制措施，不得查封、扣押、冻结初查对象的财产，不得采取技术侦查措施。

【名师点睛】初查不同于侦查，侦查是在立案之后，初查是在立案之前。初查不能采用强制措施和强制性侦查手段，只能使用任意性的措施。

【小试牛刀】

公安机关获知有多年吸毒史的王某近期可能从事毒品制售活动，遂对其展开初步调查工作。关于这一阶段公安机关可以采取的措施，下列哪些选项是正确的？[1]

---

[1] BC。初查过程中，公安机关可以依照有关法律和规定采取询问、查询、勘验、鉴定和调取证据材料等不限制被调查对象人身、财产权利的措施。故选项 BC 正确。选项 A，监听会侵犯被调查对象的隐私权，即人身权利，且带有强制性。选项 D，通缉会侵犯被调查对象的名誉权、人身自由权等权利，即人身权利。故选项 AD 错误。

　　A. 监听　　　　　　　　　　　B. 查询王某的银行存款

　　C. 询问王某　　　　　　　　　D. 通缉

### （三）对立案材料的处理

| 立　案 | 人民法院、人民检察院、公安机关对立案材料进行审查后，认为有犯罪事实需要追究刑事责任的时候，应当立案。 |
|---|---|
| 不立案 | 认为没有犯罪事实，或者犯罪情节显著轻微，不需要追究刑事责任的时候，不予立案。<br>【名师点睛1】不论是立案或者不立案，都必须是书面决定。<br>【名师点睛2】公安司法机关决定不立案的，应当将不立案的原因通知控告人。控告人如果不服，可以申请复议。对控告人的复议申请，应当及时审核并作出答复。 |

## 五、立案监督

　　立案监督，是指有监督权的机关和公民依法对立案活动进行监视、督促或者审核的诉讼活动。

### （一）控告人对公安机关不立案的监督

| 1. 复议 | （1）控告人对不予立案决定不服的，可以在收到不予立案通知书后7日以内向作出决定的公安机关申请复议；<br>（2）控告人对不予立案的复议决定不服的，可以在收到复议决定书后7日以内向上一级公安机关申请复核。 |
|---|---|
| 2. 申诉 | 被害人认为公安机关对应当立案侦查的案件不立案侦查，还可以向人民检察院提出申诉。人民检察院应当要求公安机关说明不立案的理由。 |
| 3. 自诉 | 被害人对于公安机关不予立案的情形，还可以向法院提起自诉。 |

　　【名师点睛】被害人针对公安机关不予立案的情形，有三种救济手段，分别是复议、申诉、自诉。注意这三种手段没有先后顺序的要求。

> **拓展阅读**
>
> 　　控告人对人民检察院不立案的决定不服时，可以在收到不立案通知书后10日以内申请复议。对不立案的复议，由人民检察院控告检察部门受理。控告检察部门应当根据事实和法律进行审查，并可以要求控告人、申诉人提供有关材料；认为需要侦查部门说明不立案理由的，应当及时将案件移送侦查监督部门办理。

### 【小试牛刀】

　　辛某到县公安机关报案称其被陈某强奸，公安机关传讯了陈某，陈某称他与辛某是恋爱关系。公安机关遂作出不立案决定，并向辛某送达了不立案通知书。辛某对不立案决定不服而采取的哪一项措施不符合法律规定？[1]

　　A. 向该公安机关申请复议

---

〔1〕　B

B. 要求县检察院撤销该不立案决定

C. 请求该县检察院进行立案监督

D. 向该县法院提起自诉

### （二）人民检察院对公安机关的立案监督

1. 人民检察院对于投诉线索的处理

人民检察院对于公安机关应当立案侦查而不立案侦查的线索进行审查后，应当根据不同情况分别作出处理：

（1）没有犯罪事实发生，或者犯罪情节显著轻微不需要追究刑事责任，或者具有其他依法不追究刑事责任情形的，及时答复投诉人或者行政执法机关；

（2）不属于被投诉的公安机关管辖的，应当将有管辖权的机关告知投诉人或者行政执法机关，并建议向该机关控告或者移送；

（3）公安机关尚未作出不予立案决定的，移送公安机关处理；

（4）有犯罪事实需要追究刑事责任，属于被投诉的公安机关管辖，且公安机关已作出不立案决定的，经检察长批准，应当要求公安机关书面说明不立案理由。

【小试牛刀】

被害人向检察院投诉，公安机关对于他遭受犯罪侵害的线索应当立案侦查而未立案侦查。检察院的下列哪些做法是正确的？[1]

A. 公安机关尚未作出不立案决定的，移送公安机关处理

B. 不属于被投诉的公安机关管辖的，应当告知投诉人有管辖权的机关并建议向该机关控告

C. 公安机关应当立案而作出不立案决定的，经检察长批准，应当要求公安机关书面说明不立案的理由

D. 认为犯罪情节显著轻微不需追究刑事责任的，应当要求公安机关向被害人说明不立案的理由

2. 检察院对公安机关立案的具体监督程序

（1）要求公安机关说明理由

| 应当立案<br>而不立案的 | 人民检察院侦查监督部门经过调查、核实有关证据材料，认为需要公安机关说明不立案理由的，经检察长批准，应当要求公安机关书面说明不立案的理由。 |
|---|---|
| 不应当立案<br>而立案的 | 有证据证明公安机关可能存在违法动用刑事手段插手民事、经济纠纷，或者利用立案实施报复陷害、敲诈勒索以及谋取其他非法利益等违法立案情形，尚未提请批准逮捕或者移送审查起诉的，经检察长批准，应当要求公安机关书面说明立案理由。 |

（2）公安机关说明理由

公安机关在收到要求说明不立案理由通知书或者要求说明立案理由通知书后 7 日以内，书面说明不立案或者立案的情况、依据和理由，连同有关证据材料回复人民检察院。

---

〔1〕 ABC

（3）通知公安机关立案或撤案

公安机关说明不立案或者立案的理由后，人民检察院侦查监督部门应当进行审查，认为公安机关不立案或者立案理由不能成立的，经检察长或者检察委员会讨论决定，应当通知公安机关立案或者撤销案件。

（4）公安机关立案或撤案

人民检察院通知公安机关立案或者撤销案件，应当制作通知立案书或者通知撤销案件书，说明依据和理由，连同证据材料送达公安机关，并且告知公安机关应当在收到通知立案书后15日以内立案，对通知撤销案件书没有异议的应当立即撤销案件，并将立案决定书或者撤销案件决定书及时送达人民检察院。

（5）后续跟踪监督

公安机关在收到通知立案书或者通知撤销案件书后超过15日不予立案或者既不提出复议、复核，也不撤销案件的，人民检察院应当发出纠正违法通知书予以纠正。公安机关仍不纠正的，报上一级人民检察院协商同级公安机关处理。

公安机关立案后3个月内未侦查终结的，人民检察院可以向公安机关发出立案监督案件催办函，要求公安机关及时向人民检察院反馈侦查工作进展情况。

（6）公安机关对检察院立案监督的救济

| 复　议 | 对于公安机关认为人民检察院撤销案件通知有错误要求同级人民检察院复议的，人民检察院应当重新审查，在收到要求复议意见书和案卷材料后7日以内作出是否变更的决定，并通知公安机关。 |
|---|---|
| 复　核 | 对于公安机关不接受人民检察院复议决定提请上一级人民检察院复核的，上级人民检察院应当在收到提请复核意见书和案卷材料后15日以内作出是否变更的决定，并通知下级人民检察院和公安机关执行。 |

【小试牛刀】

甲公司以虚构工程及伪造文件的方式，骗取乙工程保证金400余万元。公安机关接到乙控告后，以尚无明确证据证明甲涉嫌犯罪为由不予立案。关于本案，下列哪一选项是正确的?[1]

A. 乙应先申请公安机关复议，只有不服复议决定的才能请求检察院立案监督

B. 乙请求立案监督，检察院审查后认为公安机关应立案的，可通知公安机关立案

C. 公安机关接到检察院立案通知后仍不立案的，经省级检察院决定，检察院可自行立案侦查

D. 乙可直接向法院提起自诉

**（三）人民检察院对自侦案件的立案监督**

【关联法条】《高检规则》第563条　人民检察院侦查监督部门或者公诉部门发现本院侦查部门对应当立案侦查的案件不报请立案侦查或者对不应当立案侦查的案件进行立案

---

〔1〕 D。控告人乙对于公安不立案决定不服可以向公安申请复议，但是复议并不是必经程序，被害人也可以直接向检察院申请立案监督，选项A错误。检察院对公安不立案的监督有步骤要求，先要求公安机关说明不立案的理由，理由不成立的通知公安机关立案，选项B错误。公安和检察院的立案是有分工的，该案属于公安立案管辖的范围，检察院无权立案侦查，选项C错误。本案属于公诉转自诉的情形，选项D正确。

侦查的，<u>应当建议侦查部门报请立案侦查或者撤销案件</u>；建议不被采纳的，应当<u>报请检察长决定</u>。

【小试牛刀】

环卫工人马某在垃圾桶内发现一名刚出生的婴儿后向公安机关报案，公安机关紧急将婴儿送医院成功抢救后未予立案。关于本案的立案程序，下列哪一选项是正确的?[1]

A. 确定遗弃婴儿的原因后才能立案

B. 马某对公安机关不予立案的决定可申请复议

C. 了解婴儿被谁遗弃的知情人可向检察院控告

D. 检察院可向公安机关发出要求说明不立案理由通知书

---

[1] D

### 复习提要

　　侦查是指公安机关、人民检察院在办理案件过程中，依照法律进行的专门调查工作和有关的强制性措施。在历年的试题中，侦查部分每年考查2题左右，出现频率较高的是讯问嫌疑人的规则、询问证人的规则以及勘验检查和辨认规则。提醒考生注意《刑事诉讼法》新增的技术侦查手段部分的内容。要掌握《刑事诉讼法》关于各种侦查行为的程序性规定以及特殊要求。

### 知识框架

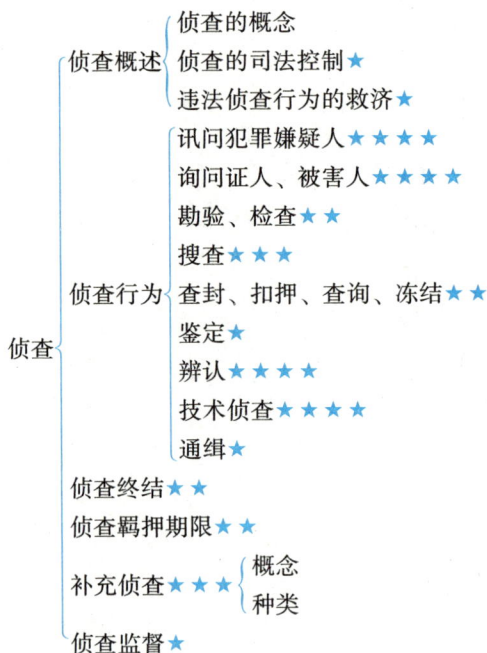

## 一、侦查概述

### （一）概念

侦查是指公安机关、人民检察院在办理案件过程中，依照法律进行的专门调查工作和有关的强制性措施。侦查是刑事诉讼的一个基本的、独立的诉讼阶段，是公诉案件的必经程序。公诉案件只有经过侦查，才能决定是否进行起诉和审判。它是刑事案件立案后，由侦查机关进行的旨在查明案情、查获犯罪嫌疑人并收集各种证据，确定对犯罪嫌疑人是否起诉的准备活动。

### （二）侦查的司法控制

一方面，由于侦查行为的实施大多涉及公民权益，对其进行合理制约显得尤为重要；另一方面，侦查是为了查清案件事实真相，为最终将犯罪嫌疑人交付法院审判做好准备工作。因此侦查权的运行应主动适应司法的要求，司法权也应介入侦查程序中，对侦查行为进行适当约束。针对以下出现的两种情形，应当分别采取不同的司法控制形式。

| | |
|---|---|
| 事前审查 | 对于侦查手段的滥用问题，应当实施事前审查，在侦查机关作出影响公民基本权利的侦查行为之前，应由裁判主体也就是法官来进行司法审查，由其作出决定。<br>【考点提示】理论上认为需要接受事前审查的侦查行为主要包括逮捕、羁押、搜查这些较为严厉的措施，这些行为在作出之前需要经过相关主体的审批方可实施。有的学者将其称之为强行性侦查措施。 |
| 事后审查 | 对于侦查过程中违法行为的存在和缺乏制裁的问题，则应对其进行事后审查。具体而言，公民对于侦查机关在侦查过程中对其合法权益的侵害，可以寻求司法途径进行救济，也就是采取提起行政诉讼的方式进行。 |

**【小试牛刀】**

对侦查所实施的司法控制，包括对某些侦查行为进行事后审查。下列哪一选项是正确的?[1]

A. 事后审查的对象主要包括逮捕、羁押、搜查等

B. 事后审查主要针对的是强行性侦查措施

C. 采取这类侦查行为不可以由侦查机关独立作出决定

D. 对于这类行为，公民认为侦查机关侵犯其合法权益的，可以寻求司法途径进行救济

### （三）违法侦查行为的救济

1. 申诉、控告的范围

当事人和辩护人、诉讼代理人、利害关系人对于司法机关及其工作人员有下列行为之一的，有权向该机关申诉或者控告：

（1）采取强制措施法定期限届满，不予以释放、解除或者变更的；

（2）应当退还取保候审保证金而不退还的；

（3）对与案件无关的财物采取查封、扣押、冻结措施的；

（4）应当解除查封、扣押、冻结而不解除的；

---

[1] D。选项 ABC 表述的都是事前审查，只有选项 D 表述的是事后审查。

（5）贪污、挪用、私分、调换、违反规定使用查封、扣押、冻结的财物的。

**2. 申诉、控告的提起主体**

有权提起申诉、控告的主体包括四类：当事人、辩护人、诉讼代理人以及利害关系人。

**3. 申诉、控告的受理主体**

接受申诉、控告的主体只能是该司法机关。需要说明的是，这里的司法机关，并不是我们通常意义上的司法机关，还包括公安机关。

**4. 对申诉、控告的处理**

（1）对于当事人、辩护人、诉讼代理人以及利害关系人的申诉、控告，受理机关应当及时处理。对于处理不服的，当事人、辩护人、诉讼代理人以及利害关系人还可以向同级人民检察院申诉。

（2）对于人民检察院直接受理的案件，可以向上一级人民检察院申诉。人民检察院对于当事人、辩护人、诉讼代理人以及利害关系人的申诉应当及时进行审查，情况属实的，通知有关机关予以纠正。

## 二、侦查行为

侦查行为，是指侦查机关在办理案件过程中，依照法律进行的各种专门调查活动。刑事诉讼法规定的侦查行为有以下九种。每一种侦查行为的程序限制都是考试考查的重点。

### （一）讯问犯罪嫌疑人

讯问犯罪嫌疑人，是指侦查人员依照法定程序以言词方式向犯罪嫌疑人查问案件事实的一种侦查行为。讯问犯罪嫌疑人是刑事案件侦查中的必经程序。

| 主　　　体 | 由公安机关或者人民检察院的侦查人员负责进行。 | |
|---|---|---|
| 人　　　数 | 侦查人员不得少于2人。（2人以上，含2人） | |
| 地　　　点 | 未羁押 | （1）犯罪嫌疑人所在市、县内的指定地点；<br>（2）犯罪嫌疑人的住处；<br>（3）犯罪现场。<br>【考点提示】侦查人员可以传唤犯罪嫌疑人到他所在市、县内的指定地点或者到他的住处进行讯问，但是应当出示人民检察院或者公安机关的证明文件。对在现场发现的犯罪嫌疑人，经出示工作证件，可以口头传唤，但应当在讯问笔录中注明。 |
| | 已羁押 | 犯罪嫌疑人被送交看守所羁押以后，侦查人员对其进行讯问，应当在看守所内进行。 |
| 时　　　间 | 拘留、逮捕 | 已经被拘留或逮捕的犯罪嫌疑人，应当在拘留或逮捕后24小时以内讯问。 |
| | 拘传、传唤 | 传唤、拘传持续的时间最长不得超过12小时，案情特别重大、复杂，需要采取拘留、逮捕措施的，传唤、拘传持续的时间不得超过24小时。<br>【名师点睛】不得以连续传唤、拘传的形式变相拘禁犯罪嫌疑人。传唤、拘传犯罪嫌疑人，应当保证犯罪嫌疑人必要的饮食、休息时间。 |

续表

| 方　　法 | (1) 讯问犯罪嫌疑人，应当首先讯问犯罪嫌疑人是否有犯罪行为。如果承认有犯罪行为，则让其陈述有罪的情节；如果否认有犯罪事实，则让其陈述无罪的辩解，然后根据其陈述向犯罪嫌疑人提出问题。<br>(2) 犯罪嫌疑人对侦查人员的提问应当如实回答，但是对与本案无关的问题，有权拒绝回答。侦查人员在讯问犯罪嫌疑人的时候，应当告知犯罪嫌疑人如实供述自己罪行可以从宽处理的法律规定。<br>(3) 讯问同案的犯罪嫌疑人，应当分别进行。<br>(4) 严禁刑讯逼供以及以威胁、引诱、欺骗的手段获取口供。 |
|---|---|
| 特殊对象 | (1) 未成年人：应当通知法定代理人到场。无法通知、法定代理人不能到场或者法定代理人是共犯的，也可以通知其他成年亲属，所在学校、单位、居住地基层组织或者未成年人保护组织的代表到场，并将有关情况记录在案。到场的法定代理人可以代为行使未成年犯罪嫌疑人、被告人的诉讼权利。<br>(2) 女性未成年人：应当有女性工作人员在场。<br>(3) 聋哑人、不通晓当地语言的人：应当为其聘请翻译。 |
| 讯问笔录 | 讯问笔录应当交犯罪嫌疑人核对，对于没有阅读能力的，应当向他宣读。如果记载有遗漏或者差错，犯罪嫌疑人可以提出补充或者改正。犯罪嫌疑人承认笔录没有错误后，应当签名或者盖章。侦查人员也应当在笔录上签名。<br>【考点提示】嫌疑人没有签名确认的笔录不能作为定案依据，侦查人员没有签名的笔录可以补正、解释。 |
| 录音录像 | (1) 侦查人员在讯问犯罪嫌疑人的时候，可以对讯问过程进行录音或者录像。<br>(2) 对于可能判处无期徒刑、死刑的案件或者其他重大犯罪案件，应当对讯问过程进行录音或者录像。录音或者录像应当全程进行，保持完整性。<br>(3) 人民检察院立案侦查职务犯罪案件，应当对讯问过程实行全程录音录像，并在讯问笔录中注明。 |

【小试牛刀】

关于讯问犯罪嫌疑人，下列哪些选项是正确的?[1]

A. 在拘留犯罪嫌疑人之前，一律不得对其进行讯问

B. 在拘留犯罪嫌疑人之后，可在送看守所羁押前进行讯问

C. 犯罪嫌疑人被拘留送看守所之后，讯问应当在看守所内进行

D. 对于被指定居所监视居住的犯罪嫌疑人，应当在指定的居所进行讯问

### （二）询问证人、被害人

询问证人、被害人，是指侦查人员依照法定程序以言词方式向证人、被害人调查了解案件情况的一种侦查行为。

---

[1] BC

| 主　　体 | 询问证人只能由侦查人员进行。(2人以上) |
|---|---|
| 地　　点 | (1) 现场；<br>(2) 证人所在单位；<br>(3) 证人的住处；<br>(4) 证人提出的地点；<br>(5) 必要时，可以通知证人到人民检察院或者公安机关提供证言。<br>【名师点睛】①此处的公安机关或者检察院是指侦查机关，具体到哪里还要看本案是哪个机关侦查。②在现场询问证人，应当出示工作证件；到证人所在单位、住处或者证人提出的地点询问证人，应当出示人民检察院或者公安机关的证明文件。③询问证人不得另行为其指定地点，此处不同于讯问嫌疑人。 |
| 方　　法 | (1) 询问证人应当个别进行。这样做有利于避免证人之间互相影响，保证证言的真实性。<br>(2) 为了保证证人如实提供证据，询问证人时，应当告知他应当如实地提供证据、证言和有意作伪证或者隐匿罪证要负的法律责任。<br>(3) 严禁以暴力、威胁、引诱、欺骗的手段取证。 |
| 特殊对象 | 同前文"讯问犯罪嫌疑人"的特殊对象内容。 |
| 询问笔录 | 对证人的叙述，应当制作笔录，交证人核对或者向他宣读。如果记载有遗漏或者差错，证人可以提出补充或者改正。证人承认笔录没有错误，应当签名或者盖章，侦查人员也应当在笔录上签名。 |

【考点提示】询问被害人的规则，同询问证人。

### 【小试牛刀】

在一起聚众斗殴案件发生时，证人甲、乙、丙、丁四人在现场目睹事实经过，侦查人员对上述四名证人进行询问。关于询问证人的程序和方式，下列哪一选项是错误的?[1]

A. 在现场立即询问证人甲

B. 传唤证人乙到公安机关提供证言

C. 到证人丙租住的房屋询问证人丙

D. 到证人丁提出的其工作单位附近的快餐厅询问证人丁

### (三) 勘验、检查

1. 概念

勘验、检查，是指侦查人员对于与犯罪有关的场所、物品、尸体、人身进行勘查和检验的一种侦查行为。

【考点提示】勘验和检查的对象有所不同。勘验的对象是现场、物品和尸体，而检查的对象是活人的身体。勘验、检查的主体必须是侦查人员。必要时，可以指派或者聘请具有专门知识的人，在侦查人员的主持下进行。

---

[1] B。虽然在必要的时候，可以通知证人到公安机关提供证言，但选项B中的"传唤"一词使用错误。传唤的对象是当事人，对于证人不适用"传唤"而是"通知"。选项B错误，当选。

2. 种类

| | |
|---|---|
| （1）现场勘验 | ①任何单位和个人，都有义务保护犯罪现场，并且立即通知公安机关派员勘验。<br>②侦查人员进行现场勘验时，必须持有公安机关或人民检察院的证明文件。<br>③现场勘验在必要时可以指派或聘请具有专门知识的人在侦查人员的主持下进行勘验。应邀请2名与案件无关的见证人在场。<br>④现场勘验的情况应制成笔录，侦查人员、参加勘验的其他人员和见证人都应当在笔录上签名或盖章。对于重大案件、特别重大案件的现场，应当录像。 |
| （2）物证检验 | 物证检验，是指对在侦查活动中收集到的物品或者痕迹进行检查、验证，以确定该物证与案件事实之间的关系的一种侦查活动。 |
| （3）尸体检验 | 尸体检验，是指由侦查机关指派或聘请的法医或医师对非正常死亡的尸体进行尸表检验或者尸体解剖的一种侦查活动。对于死因不明的尸体，公安机关有权决定解剖，并且通知死者家属到场。 |
| （4）人身检查 | ①对被害人身体检查的特殊要求：应征求本人的同意，不得强制进行。<br>【名师点睛】犯罪嫌疑人如果拒绝检查，侦查人员认为必要的时候，可以强制检查。<br>②对妇女身体检查的特殊要求：应当由女工作人员或者医师进行。<br>【名师点睛】男医师也可以检查妇女身体。 |
| （5）强制取样 | 为了确定被害人、犯罪嫌疑人的某些特征、伤害情况或者生理状态，可以对人身进行检查，可以提取指纹信息，采集血液、尿液等生物样本。<br>【名师点睛】犯罪嫌疑人如果拒绝检查、提取、采集的，侦查人员认为必要的时候，经办案部门负责人批准，可以强制检查、提取、采集。 |
| （6）侦查实验 | ①为查明案情，必要时，经公安机关负责人批准，可以进行侦查实验；<br>②进行侦查实验时，禁止一切足以造成危险、侮辱人格或者有伤风化的行为；<br>③在必要的时候可以聘请有关人员参加，也可以要求犯罪嫌疑人、被害人、证人参加；<br>④侦查实验的情况应当写成笔录，由参加实验的人签名或者盖章。 |
| （7）复验、复查 | 《高检规则》第369条　人民检察院审查案件的时候，对公安机关的勘验、检查，认为需要复验、复查的，应当要求公安机关复验、复查，人民检察院可以派员参加；也可以自行复验、复查，商请公安机关派员参加，必要时也可以聘请专门技术人员参加。 |

【小试牛刀】

1. 为确定强奸案被害人甲受到暴力伤害的情况，侦查人员拟对她进行人身检查。下列哪些选项是正确的？[1]

A. 如果甲拒绝检查，可以对她进行强制检查

---

[1] BCD

B. 如果甲拒绝检查，不得对她进行强制检查

C. 如果甲同意检查，可以由医师进行检查

D. 如果甲同意检查，可以由女工作人员进行检查

**2.** 关于勘验、检查，下列哪一选项是正确的？[1]

A. 为保证侦查活动的规范性与合法性，只有侦查人员可进行勘验、检查

B. 侦查人员进行勘验、检查，必须持有侦查机关的证明文件

C. 检查妇女的身体，应当由女工作人员或者女医师进行

D. 勘验、检查应当有见证人在场，勘验、检查笔录上没有见证人签名的，不得作为定案的根据

### （四）搜查

搜查，是指侦查人员对犯罪嫌疑人以及可能隐藏罪犯或者罪证的人的身体、物品、住处和其他有关的地方进行搜索、检查的一种侦查行为。

| 主　体 | 只能由公安机关或者人民检察院的2名以上侦查人员进行。<br>【名师点睛】搜查不同于勘验、检查，不需要指派或者聘请具有专门知识的人参加。 |
|---|---|
| 对　象 | 可以是犯罪嫌疑人，也可以是其他可能隐藏罪犯或者犯罪证据的人；可以对人身进行，也可以对被搜查人的住处、物品和其他有关场所进行。 |
| 程　序 | （1）必须向被搜查人出示搜查证，否则，被搜查人有权拒绝搜查。<br>【名师点睛】侦查人员"在执行逮捕、拘留的时候，遇有紧急情况，不另用搜查证也可以进行搜查"。所以，允许以拘留证、逮捕证进行搜查。<br>【关联法条】《公安部规定》第219条　执行拘留、逮捕的时候，遇有下列紧急情况之一的，不用搜查证也可以进行搜查：<br>（一）可能随身携带凶器的；<br>（二）可能隐藏爆炸、剧毒等危险物品的；<br>（三）可能隐匿、毁弃、转移犯罪证据的；<br>（四）可能隐匿其他犯罪嫌疑人的；<br>（五）其他突然发生的紧急情况。<br>（2）公安机关的搜查证，要由县级以上公安机关负责人签发。人民检察院的搜查证，要由检察长签发。<br>（3）搜查的时候，应当有被搜查人或者他的家属、邻居或者其他见证人在场。<br>（4）搜查妇女的身体，应当由女工作人员进行。<br>（5）搜查的情况应当写成笔录，由侦查人员和被搜查人或者他的家属、邻居或者其他见证人签名或者盖章。如果被搜查人或者他的家属在逃或者拒绝签名、盖章，应当在笔录上注明。<br>【名师点睛】如果被搜查人或者他的家属在逃或者拒绝签名、盖章，应当在笔录上注明，这些人如果没有签名并不会影响搜查笔录的效力。 |

---

〔1〕　B

## 【小试牛刀】

某公安机关对涉嫌盗窃罪的钱某及其妻子范某执行拘留时搜查了他们的住处。在搜查时，因情况紧急未用搜查证，但钱某夫妇一直在场。由于没有女侦查人员在场，所以由男侦查人员对钱某、范某的身体进行了搜查。搜查结束时，侦查人员要求被搜查人在搜查笔录上签名时遭到拒绝，侦查人员就此结束搜查活动。该案搜查活动哪些违反法律规定？[1]

A. 在搜查时因情况紧急未用搜查证

B. 在搜查时钱某夫妇一直在场

C. 由男侦查人员对范某的身体进行了搜查

D. 侦查人员要求被搜查人在搜查笔录上签名遭拒绝后就此结束了搜查活动

### （五）查封、扣押、查询、冻结

| 主　体 | 只能由侦查人员进行。（2人以上） | |
|---|---|---|
| 对　象 | 扣　押 | 在勘验、搜查中发现的可用以证明犯罪嫌疑人有罪或者无罪的各种物品和文件，应当扣押。<br>【名师点睛】与案件无关的物品、文件，不得扣押。 |
| | 查　封 | 土地、房屋等不动产，或者船舶、航空器以及其他不宜移动的大型机器、设备等特定动产，应当经县级以上公安机关负责人批准并制作查封决定书。 |
| | 查询、冻结 | 根据侦查犯罪的需要，可以依照规定查询、冻结犯罪嫌疑人的存款、汇款、债券、股票、基金份额等财产，并可以要求有关单位和个人配合。<br>【名师点睛】犯罪嫌疑人的存款、汇款、债券、股票、基金份额等财产已被冻结的，不得重复冻结。 |
| 程　序 | （1）查封、扣押物证、书证通常是在勘验、搜查时进行的。<br>【名师点睛】在侦查活动中发现的可用以证明犯罪嫌疑人有罪或者无罪的各种财物、文件，应当查封、扣押；与案件无关的财物、文件，不得查封、扣押。<br>（2）法律对扣押没有作出严格的限制。因此，扣押时不需要专门出示扣押证。<br>【名师点睛】搜查需要搜查证，扣押无需扣押证。<br>（3）对于查封、扣押的财物、文件。应当会同在场见证人和被查封、扣押财物、文件持有人查点清楚，当场开列清单一式两份，由侦查人员、见证人和持有人签名或者盖章，一份交给持有人，另一份附卷备查。<br>（4）对于扣押的物品、文件，要妥善保管或者封存，不得使用或者损毁。<br>（5）侦查人员认为需要扣押犯罪嫌疑人的邮件、电报的时候，经公安机关或者人民检察院批准，即可通知邮电机关将有关的邮件、电报检交扣押。不需要继续扣押的时候，应立即通知邮电机关。<br>（6）对于扣押的物品、文件、邮件、电报或者冻结的存款、汇款，经查明确实与案件无关的，应当在3日以内解除扣押、冻结，退还原主或者原邮电机关。 | |

---

[1] CD。选项C的做法是错误的，因为搜查妇女的身体，应当由女工作人员进行。选项D的做法是错误的，因为搜查的情况应写成笔录，由侦查人员和被搜查人或者他的家属、邻居或者其他见证人签名或者盖章。如果被搜查人或者他的家属在逃或者拒绝签名、盖章，应当在笔录上注明。

【小试牛刀】

关于查封、扣押措施，下列选项正确的是：[1]

A. 查封、扣押犯罪嫌疑人与案件有关的各种财物、文件只能在勘验、搜查中实施

B. 根据侦查犯罪的需要，可以依照规定扣押犯罪嫌疑人的存款、汇款、债券、股票、基金份额等财产

C. 侦查人员认为需要扣押犯罪嫌疑人的邮件、电报的时候，可通知邮电机关将有关的邮件、电报检交扣押

D. 对于查封、扣押的财物、文件、邮件、电报，经查明确实与案件无关的，应当在 3 日以内解除查封、扣押，予以退还

## （六）鉴定

鉴定，是指公安机关、人民检察院为了查明案情，指派或者聘请具有专门知识的人对案件中的某些专门性问题进行鉴别和判断的一种侦查活动。

| 主　体 | 由侦查机关指派或者聘请，只能是自然人。<br>（1）指派：即由公安机关或者人民检察院，指派其内部的刑事技术鉴定部门具有鉴定资格的专业人员进行鉴定。<br>（2）聘请：即由公安机关或者人民检察院聘请其他部门的专业人员进行鉴定。 |
|---|---|
| 对　象 | 专业性问题。 |
| 程　序 | （1）办案机关应当为鉴定人进行鉴定提供必要的条件，及时向鉴定人送交有关检材和对比样本等原始材料，介绍与鉴定有关的情况，并且明确提出要求鉴定解决的问题。禁止暗示或者强迫鉴定人作出某种鉴定意见。<br>（2）鉴定人进行鉴定后，应当写出鉴定意见，并且签名。鉴定人故意作虚假鉴定的，应当承担法律责任。多人参加鉴定，鉴定人有不同意见的，应当注明。<br>（3）侦查机关应当将用作证据的鉴定意见告知犯罪嫌疑人、被害人。如果犯罪嫌疑人、被害人提出申请，可以补充鉴定或者重新鉴定。<br>（4）对犯罪嫌疑人、被告人在押的案件，除对犯罪嫌疑人的精神病鉴定时间不计入办案期限外，其他鉴定时间都应当计入办案期限。 |

【小试牛刀】

关于司法鉴定，下列哪些选项是正确的？[2]

A. 某鉴定机构的 3 名鉴定人共同对某杀人案进行法医类鉴定，这 3 名鉴定人依照诉讼法律规定实行回避

B. 某鉴定机构的鉴定人钱某对某盗窃案进行了声像资料鉴定，该司法鉴定应由钱某负责

C. 当事人对鉴定人胡某的鉴定意见有异议，经法院通知，胡某应当出庭作证

---

〔1〕　D。选项 A 错误，因为查封、扣押并不限于在勘验、搜查中，在侦查活动中也可以进行。选项 B 错误，因为对于存款、汇款、债券、股票、基金份额可以查询、冻结，但是不可以扣押。选项 C 错误，因为忽视了需要经过公安机关或者检察院批准的环节。

〔2〕　ABC

D. 鉴定人刘某、廖某、徐某共同对被告人的精神状况进行了鉴定，刘某和廖某意见一致，但徐某有不同意见，应当按照刘某和廖某的意见作出结论

## （七）辨认

辨认，是指侦查人员为了查明案情，在必要时让被害人、证人以及犯罪嫌疑人对与犯罪有关的物品、文件、场所或者犯罪嫌疑人进行辨认的一种侦查行为。

| 主　持 | 主持辨认的侦查人员不得少于2人。 |  |
|---|---|---|
|  | **【名师点睛】**如果只有1名侦查人员主持，属于程序违法，该辨认笔录需要经补正、解释方可使用。如果没有侦查人员主持，该辨认笔录需要排除，不能作为定案依据。 |  |
| 主　体 | 被害人、证人和犯罪嫌疑人都可以是辨认主体。 |  |
| 对　象 | 与犯罪有关的物品、文件、尸体、犯罪嫌疑人。 |  |
| 程　序 | 批准决定 | 自侦案件，需要辨认犯罪嫌疑人的，应当经检察长批准。 |
|  | 单独原则 | 几名辨认人对同一对象进行辨认时，应当由每名辨认人单独进行。 |
|  | 混杂原则 | ①公安机关侦查的案件，在辨认犯罪嫌疑人时，被辨认的人数不得少于7人；辨认照片时，被辨认的照片不得少于10张；辨认物品时，混杂的同类物品不得少于5件；②人民检察院自侦的案件，辨认犯罪嫌疑人、被害人时，被辨认的人数为5~10人，照片为5~10张；辨认物品时，同类物品不得少于5件，照片不得少于5张。<br>**【名师点睛】**对场所、尸体等特定辨认对象进行辨认，或者辨认人能够准确描述物品独有特征的，陪衬物不受数量的限制。 |
|  | 防止预断 | 应当向辨认人详细询问被辨认对象的具体特征，尤其要避免辨认人见到被辨认对象，并应当告知辨认人有意作虚假辨认应承担的法律责任。 |
|  | 禁止暗示 | 不得给辨认人任何暗示。 |
|  | 现场监督 | 必要时，可以有见证人在场。 |
|  | 制作笔录 | 对于辨认的情况，应当制作笔录，由主持和参加辨认的侦查人员、辨认人、见证人签名或盖章。对辨认对象应当拍照，必要时可以对辨认过程进行录音、录像。 |
|  | 保密原则 | 辨认人不愿公开进行的，侦查人员应当为其保密。 |

**【小试牛刀】**

关于侦查辨认，下列哪一选项是正确的？[1]

A. 强制猥亵案，让犯罪嫌疑人对被害人进行辨认
B. 盗窃案，让犯罪嫌疑人到现场辨认藏匿赃物的房屋
C. 故意伤害案，让犯罪嫌疑人和被害人一起对凶器进行辨认
D. 刑讯逼供案，让被害人在4张照片中辨认犯罪嫌疑人

---

[1] B。被害人并不属于辨认对象，选项A错误。让犯罪嫌疑人和被害人一起对凶器进行辨认违反了个别原则，选项C错误。对犯罪嫌疑人照片进行辨认的，不得少于10人的照片，选项D错误。

### （八）技术侦查

技术侦查，是指国家安全机关和公安机关为了侦查犯罪而采取的特殊侦查措施。包括电子侦听、电话监听、电子监控、秘密拍照或录像、秘密获取某些物证、邮件等秘密的专门技术手段。

| | |
|---|---|
| 案件范围 | （1）公安机关（国安机关）在立案后，对于危害国家安全犯罪、恐怖活动犯罪、黑社会性质的组织犯罪、重大毒品犯罪或者其他严重危害社会的犯罪案件，根据侦查犯罪的需要，经过严格的批准手续，可以采取技术侦查措施；<br>（2）人民检察院在立案后，对于重大的贪污、贿赂犯罪案件以及利用职权实施的严重侵犯公民人身权利的重大犯罪案件[1]，根据侦查犯罪的需要，经过严格的批准手续，可以采取技术侦查措施，按照规定交有关机关执行；<br>（3）追捕被通缉或者批准、决定逮捕的在逃的犯罪嫌疑人、被告人，经过批准，可以采取追捕所必需的技术侦查措施。 |
| 决定主体 | 公安机关（国家安全机关）、人民检察院。 |
| 实施主体 | 公安机关（国家安全机关）。<br>【名师点睛】人民检察院只有技术侦查的决定权，没有执行权。 |
| 批准程序 | （1）批准决定应当根据侦查犯罪的需要，确定采取技术侦查措施的种类和适用对象。（2）批准决定自签发之日起3个月以内有效。对于不需要继续采取技术侦查措施的，应当及时解除；对于复杂、疑难案件，期限届满仍有必要继续采取技术侦查措施的，经过批准，有效期可以延长，每次不得超3个月。 |
| 执行程序 | （1）采取技术侦查措施，必须严格按照批准的措施种类、适用对象和期限执行。<br>（2）侦查人员对采取技术侦查措施过程中知悉的国家秘密、商业秘密和个人隐私，应当保密；对采取技术侦查措施获取的与案件无关的材料，必须及时销毁。<br>（3）采取技术侦查措施获取的材料，只能用于对犯罪的侦查、起诉和审判，不得用于其他用途。公安机关依法采取技术侦查措施，有关单位和个人应当配合，并对有关情况予以保密。 |
| 秘密侦查措施的适用 | 隐匿身份 | 为了查明案情，在必要的时候，经公安机关负责人决定，可以由有关人员隐匿其身份实施侦查。但是，不得诱使他人犯罪，不得采用可能危害公共安全或者发生重大人身危险的方法。 |
| | 控制交付 | 对涉及给付毒品等违禁品或者财物的犯罪活动，公安机关根据侦查犯罪的需要，可以依照规定实施控制下交付。 |

---

〔1〕《高检规则》第263条规定，人民检察院在立案后，对于涉案数额在10万元以上、采取其他方法难以收集证据的重大贪污、贿赂犯罪案件以及利用职权实施的严重侵犯公民人身权利的重大犯罪案件，经过严格的批准手续，可以采取技术侦查措施，交有关机关执行。本条规定的贪污、贿赂犯罪包括刑法分则第八章规定的贪污罪、受贿罪、单位受贿罪、行贿罪、对单位行贿罪、介绍贿赂罪、单位行贿罪、利用影响力受贿罪。本条规定的利用职权实施的严重侵犯公民人身权利的重大犯罪案件包括有重大社会影响的、造成严重后果的或者情节特别严重的非法拘禁、非法搜查、刑讯逼供、暴力取证、虐待被监管人、报复陷害等案件。

续表

| 证据使用 | (1) 采取侦查措施收集的材料在刑事诉讼中<u>可以作为证据使用</u>。<br>(2) 如果使用该证据可能<u>危及有关人员的人身安全</u>，或者可能<u>产生其他严重后果</u>的，应当采取<u>不暴露有关人员身份、技术方法等保护措施</u>。必要的时候，可以<u>由审判人员在庭外对证据进行核实</u>。<br>【名师点睛】采取技术侦查措施收集的证据，除可能危及有关人员的人身安全，或者可能产生其他严重后果，由人民法院依职权庭外调查核实的外，未经法庭调查程序查证属实，不得作为定案的根据。<br>(3) 采取技术侦查措施收集的材料作为证据使用的，<u>批准采取技术侦查措施的法律文书应当附卷，辩护律师可以依法查阅、摘抄、复制，在审判过程中可以向法庭出示</u>。 |
|---|---|

【小试牛刀】

关于技术侦查，下列哪些说法是正确的?[1]

A. 适用于严重危害社会的犯罪案件

B. 必须在立案后实施

C. 公安机关和检察院都有权决定并实施

D. 获得的材料需要经过转化才能在法庭上使用

### (九) 通缉

通缉，是指公安机关通令缉拿应当逮捕而在逃的犯罪嫌疑人的一种侦查行为。

| 决定主体 | <u>公安机关</u>和<u>人民检察院</u>。 |
|---|---|
| 发布主体 | <u>公安机关</u>。<br>【名师点睛】人民检察院需要追捕在逃的犯罪嫌疑人时，应当由公安机关发布通缉令。但是检察院可以决定通缉。 |
| 发布范围 | 公安机关在发布通缉令时，有发布范围的限制。各级公安机关在自己管辖的地区以内，可以直接发布通缉令，<u>超出自己管辖的地区，应当报请有权决定的上级机关发布</u>。 |
| 通缉对象 | 只能是依法<u>应当逮捕而在逃</u>的犯罪嫌疑人，当然包括已被捕而在羁押期间逃跑的犯罪嫌疑人。 |

【小试牛刀】

某市检察院对卢某涉嫌贿赂案进行立案侦查。掌握有关证据后，检察院决定依法对卢某进行逮捕。卢某闻讯逃匿，去向不明。下列哪一说法是正确的?[2]

A. 符合通缉条件，由该市公安机关作出通缉的决定

B. 符合通缉条件，由该市检察院报请有决定权的上级检察院作出通缉决定

C. 符合通缉条件，由该市检察院报请上一级检察院发布通缉令

D. 不符合通缉条件，检察院发布协查通报

---

[1] AB。检察院有决定权，但是没有执行权，执行该措施需要交公安机关进行，选项 C 错误。使用技术侦查措施获得的材料并不需要经过转化就能在法庭上使用，选项 D 错误。

[2] B

### 三、侦查终结

侦查终结，是指侦查机关对于自己立案侦查的案件，经过一系列的侦查活动，根据已经查明的事实、证据，依照法律规定，足以对案件作出起诉、不起诉或者撤销案件的结论，决定不再进行侦查，并对犯罪嫌疑人作出处理的一种诉讼活动。

| 终结条件 | （1）案件事实清楚；<br>（2）证据确实、充分；<br>（3）法律手续完备。 | |
|---|---|---|
| 辩护意见 | 在案件侦查终结前，辩护律师提出要求的，侦查机关应当听取辩护律师的意见，并记录在案。辩护律师提出书面意见的，应当附卷。 | |
| 侦查终结<br>案件处理 | 移送起诉 | 对于犯罪事实、情节清楚，证据确实、充分，依法应当追究犯罪嫌疑人刑事责任的，即应制作《起诉意见书》，然后连同案卷材料、证据一并移送同一级人民检察院审查决定。同时将案件移送情况告知犯罪嫌疑人及其辩护律师。 |
| | 撤销案件 | 对于不应当对犯罪嫌疑人追究刑事责任的，应当撤销案件。犯罪嫌疑人已经被逮捕的，应当立即释放，发给释放证明，并且通知原批准的人民检察院。 |

【小试牛刀】

关于侦查程序中的辩护权保障和情况告知，下列哪一选项是正确的?[1]

A. 辩护律师提出要求的，侦查机关可以听取辩护律师的意见，并记录在案

B. 辩护律师提出书面意见的，可以附卷

C. 侦查终结移送审查起诉时，将案件移送情况告知犯罪嫌疑人或者其辩护律师

D. 侦查终结移送审查起诉时，将案件移送情况告知犯罪嫌疑人及其辩护律师

### 四、侦查羁押期限

侦查中的羁押期限，是指犯罪嫌疑人在侦查中被逮捕以后到侦查终结的期限。我国刑事诉讼法对侦查羁押期限明确加以规定，目的是切实保障犯罪嫌疑人的人身自由和合法权益，防止案件久拖不决，提高侦查工作效率，保证侦查工作顺利进行。

| 一般情形 | 最长2个月 | 对犯罪嫌疑人逮捕后的侦查羁押期限不得超过2个月。 |
|---|---|---|
| 案情复杂 | 延长1个月 | 可以经上一级人民检察院批准延长1个月。 |
| 交集流广 | 延长2个月 | 下列案件在3个月的期限内仍不能侦查终结的，经省、自治区、直辖市人民检察院批准或者决定，可以延长2个月：①交通十分不便的边远地区的重大复杂案件；②重大的犯罪集团案件；③流窜作案的重大复杂案件；④犯罪涉及面广，取证困难的重大犯罪案件。 |
| 10年以上 | 延长2个月 | 犯罪嫌疑人可能判处10年有期徒刑以上刑罚，依照上述规定延长期限届满，仍不能侦查终结的，经省、自治区、直辖市人民检察院批准或者决定，可以再延长2个月。 |

---

[1]　D

续表

| 特殊原因 | 无限期 | 因为特殊原因，在较长时间内不宜交付审判的特别重大复杂的案件，由最高人民检察院报请全国人大常委会批准延期审理。 |
|---|---|---|

【名师点睛】 侦查羁押期限可以总结为一个公式：2+1+2+2+X。

【关联法条】《六机关规定》第21条 公安机关对案件提请延长羁押期限的，应当在羁押期限届满7日前提出，并书面呈报延长羁押期限案件的主要案情和延长羁押期限的具体理由，人民检察院应当在羁押期限届满前作出决定。

【考点提示1】 在侦查期间，发现犯罪嫌疑人另有重要罪行的，自发现之日起依照《刑事诉讼法》第154条的规定重新计算侦查羁押期限。（公安只需要向检察院备案）

【考点提示2】 犯罪嫌疑人不讲真实姓名、住址，身份不明的，侦查羁押期限自查清其身份之日起计算，但不得停止对犯罪行为的侦查取证。对于犯罪事实清楚，证据确实充分的，也可以按其自报的姓名移送人民检察院审查起诉。

【考点提示3】 对被羁押的犯罪嫌疑人作精神病鉴定的时间，不计入侦查羁押期限。其他鉴定时间则应当计入羁押期间。

【小试牛刀】

黄某住甲市A区，因涉嫌诈骗罪被甲市检察院批准逮捕。由于案情复杂，期限届满侦查不能终结，侦查机关报请有关检察机关批准延长1个月。其后，由于该案重大复杂，涉及面广，取证困难，侦查机关报请有关检察机关批准后，又延长了2个月。但是，延长2个月后，仍不能侦查终结，且根据已查明的犯罪事实，对黄某可能判处无期徒刑，侦查机关第三次报请检察院批准再延长2个月。在报请延长手续问题上，下列哪一选项是错误的？[1]

A. 第一次延长，须经甲市检察院批准

B. 第二次延长，须经甲市检察院的上一级检察院批准

C. 第二次延长，须经甲市所属的省检察院批准

D. 第三次延长，须经甲市所属的省检察院批准

## 五、补充侦查

补充侦查，是指公安机关或者人民检察院依照法定程序，在原有侦查工作的基础上进行补充收集证据的一种侦查活动。补充侦查并不是每个案件都必须进行的活动，它只适用于事实不清、证据不足或者遗漏罪行、遗漏同案犯罪嫌疑人的案件。补充侦查由人民检察院决定，公安机关或者人民检察院实施。

根据《刑事诉讼法》第88、171、198条的规定，补充侦查在程序上有三种，即审查批捕时的补充侦查、审查起诉时的补充侦查和法庭审理时的补充侦查。

### （一）审查批捕阶段的补充侦查

根据《刑事诉讼法》第88条的规定，人民检察院对于公安机关提请批准逮捕的案件进行审查后，应当根据情况分别作出批准逮捕或者不批准逮捕的决定。对于批准逮捕的决

---

〔1〕 A。本题甲市为地级市，因此甲市上一级检察院就是省级检察院。选项A错误，因为第一次延长需要经过上一级检察院批准。

定，公安机关应当立即执行，并且将执行情况及时通知人民检察院。对于不批准逮捕的，人民检察院应当说明理由，需要补充侦查的，应当同时通知公安机关。

【名师点睛】此处用的是通知公安补充侦查，不能自行补充侦查，也不能退回公安补充侦查。

### （二）审查起诉阶段的补充侦查

| | |
|---|---|
| 补充侦查的形式 | （1）可以退回公安机关或者自侦部门补充侦查；<br>（2）也可以自行侦查，必要时可以要求公安机关提供协助。 |
| 补充侦查的期限 | 退回补充侦查的，应当在1个月以内补充侦查完毕。<br>【名师点睛】如果是自行侦查的，应当在审查起诉期限内侦查完毕。 |
| 补充侦查的次数 | 补充侦查以2次为限。<br>【名师点睛1】对于在审查起诉期间改变管辖的案件，改变后的人民检察院可以通过原受理案件的人民检察院退回原侦查的公安机关补充侦查，也可以自行侦查。改变管辖前后退回补充侦查的次数总共不得超过2次。<br>【名师点睛2】人民检察院公诉部门退回本院侦查部门补充侦查的期限、次数按照退回公安机关的规定执行。<br>【名师点睛3】人民检察院在审查起诉中决定自行侦查的，应当在审查起诉期限内侦查完毕。 |
| 补充侦查后的处理 | （1）补充侦查完毕移送人民检察院后，人民检察院重新计算审查起诉期限。<br>（2）经过二次补充侦查的案件，仍然证据不足，不符合起诉条件的，人民检察院应当作出不起诉决定。人民检察院对于经过一次退回补充侦查的案件，认为证据不足，不符合起诉条件，且没有退回补充侦查必要的，可以作出不起诉决定。<br>（3）人民检察院对已经退回侦查机关二次补充侦查的案件，在审查起诉中又发现新的犯罪事实的，应当移送侦查机关立案侦查；对已经查清的犯罪事实，应当依法提起公诉。 |

### （三）法庭审理阶段的补充侦查

| | |
|---|---|
| 补充侦查的形式 | 审判阶段只存在退回检察院补充侦查，不能再退回公安机关补充侦查。 |
| 补充侦查的启动 | 在法庭审判过程中，对公诉人在庭审过程中发现案件需要补充侦查而提出延期审理建议的，合议庭应当同意。<br>【名师点睛】法院作为消极中立的裁判者，不会主动启动补充侦查程序。但是根据《刑诉解释》第226条的规定，审判期间，合议庭发现被告人可能有自首、坦白、立功等法定量刑情节，而人民检察院移送的案卷中没有相关证据材料的，应当通知人民检察院移送。审判期间，被告人提出新的立功线索的，人民法院可以建议人民检察院补充侦查。<br>【关联法条】《高检规则》第460条　在法庭审理过程中，人民法院建议人民检察院补充侦查、补充起诉、追加起诉或者变更起诉的，人民检察院应当审查有关理由，并作出是否补充侦查、补充起诉、追加起诉或者变更起诉的决定。人民检察院不同意的，可以要求人民法院就起诉指控的犯罪事实依法作出裁判。 |
| 补充侦查的期限 | 应当在1个月内补充侦查完毕。 |

续表

| 补充侦查的次数 | 2 次为限。 |
|---|---|
| 补充侦查后的处理 | （1）人民检察院补充侦查的案件，补充侦查完毕移送人民法院后，人民法院重新计算审理期限；<br>（2）补充侦查期限届满后，经法庭通知，人民检察院未将案件移送人民法院，且未说明原因的，人民法院可以决定按人民检察院撤诉处理。 |

【小试牛刀】

关于补充侦查，下列哪些选项是正确的？[1]

A. 审查批捕阶段，只有不批准逮捕的，才能通知公安机关补充侦查

B. 审查起诉阶段的补充侦查以两次为限

C. 审判阶段检察院应自行侦查，不得退回公安机关补充侦查

D. 审判阶段法院不得建议检察院补充侦查

## 六、侦查监督

侦查监督是指人民检察院依法对侦查机关的侦查活动是否合法进行的监督。侦查监督是人民检察院刑事诉讼法律监督的重要组成部分。

### （一）侦查监督的途径和方式

1. 对公安机关的侦查活动实行法律监督

（1）人民检察院通过审查逮捕、审查起诉来审查公安机关的侦查活动是否合法。发现违法情况应当通知公安机关纠正。

（2）人民检察院根据案件需要，通过派员参加公安机关对于重大案件的讨论和其他侦查活动，发现公安机关在侦查活动中的违法行为。人民检察院发现后，情节较轻的可以口头纠正，情节较重的应当报请检察长批准后，向公安机关发出纠正违法通知书。

（3）人民检察院通过接受诉讼参与人对侦查机关或侦查人员侵犯其诉讼权利和人身侮辱的行为提出的控告，行使侦查监督权。人民检察院对于诉讼参与人的这种控告，应当受理，并及时审查，依法处理。

（4）人民检察院通过审查公安机关执行人民检察院批准或不批准逮捕决定情况的通知、释放被逮捕的犯罪嫌疑人或者变更逮捕措施的通知，发现侦查活动中的违法行为，履行侦查监督职能。

2. 人民检察院在自侦案件中发现侦查活动中的违法行为

（1）检察院侦查监督部门或者公诉部门对本院侦查部门侦查活动中的违法行为，应当根据情节分别处理：

❶情节较轻的，可以直接向侦查部门提出纠正意见；

❷情节较重或者需要追究刑事责任的，应当报请检察长决定。

（2）上级人民检察院发现下级人民检察院在侦查活动中有违法情形的，应当通知其纠正。下级人民检察院应当及时纠正，并将纠正情况报告上级人民检察院。

---

[1] ABC

## （二）监督的救济

1. 检察院提出的纠正意见不被接受，公安机关可以要求复查。

2. 检察院应当在收到公安机关的书面意见后7日以内进行复查。

3. 经过复查，认为纠正违法意见正确的，应当及时向上一级人民检察院报告；认为纠正违法意见错误的，应当及时撤销。

4. 上一级人民检察院经审查，认为下级人民检察院的纠正意见正确的，应当及时通知同级公安机关督促下级公安机关纠正；认为下级人民检察院的纠正意见不正确的，应当书面通知下级人民检察院予以撤销，下级人民检察院应当执行，并及时向公安机关及有关侦查人员说明情况。同时，将调查结果及时回复申诉人、控告人。

# 第13章 起诉

## 起 诉

第13章

### ▶ 复习提要

　　刑事起诉，是指享有控诉权的国家机关和公民，依法向人民法院提起诉讼，请求人民法院对指控的内容进行审判，以确定被告人刑事责任并依法予以刑事制裁的诉讼活动。本章需要掌握检察院审查起诉中针对不同特殊情形的处理方式，还需要掌握审查起诉后的处理结果——起诉或者不起诉。考生还需要重点掌握不起诉的种类，分别是法定不起诉、酌定不起诉、存疑不起诉。最后，还要注意检察院如果不起诉，相关主体的救济方法。

### ▶ 知识框架

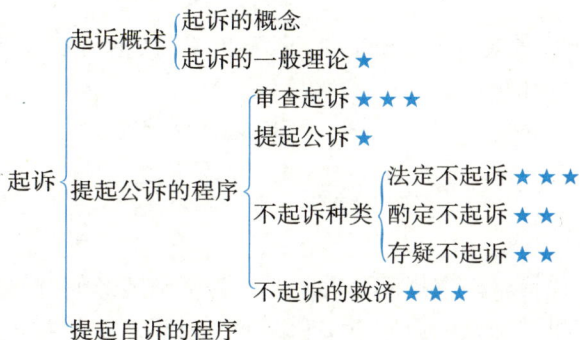

起诉 {
　起诉概述 {
　　起诉的概念
　　起诉的一般理论 ★
　}
　提起公诉的程序 {
　　审查起诉 ★★★
　　提起公诉 ★
　　不起诉种类 {
　　　法定不起诉 ★★★
　　　酌定不起诉 ★★
　　　存疑不起诉 ★★
　　}
　　不起诉的救济 ★★★
　}
　提起自诉的程序
}

### 一、起诉的概念

刑事起诉，是指享有控诉权的国家机关和公民依法向法院提起诉讼，请求法院对指控的内容进行审判，以确定被告人刑事责任并依法予以刑事制裁的诉讼活动。刑事起诉可分为两种，即自诉和公诉。

| 公　诉 | 是指依法享有刑事起诉权的国家专门机关代表国家向法院提起诉讼，要求法院通过审判确定被告人犯有被指控的罪行并给予相应的刑事制裁的诉讼活动。 |
| --- | --- |
| 自　诉 | 是指刑事被害人及其法定代理人、近亲属等，以个人的名义向法院起诉，要求保护被害人的合法权益，追究被告人刑事责任的诉讼活动。 |

### 二、起诉的一般理论

1. 现代各国的刑事公诉制度主要分为两种类型：

| 公诉垄断主义 | 即刑事案件的起诉权被国家垄断，排除被害人自诉。 |
| --- | --- |
| 公诉兼自诉制度 | 即较为严重的刑事案件的起诉权由检察机关代表国家行使，而少数轻微的刑事案件允许公民自诉。 |

【名师点睛】我国刑事诉讼实行以公诉为主、自诉为辅的犯罪追诉机制，即在对刑事犯罪实行国家追诉的同时，兼采被害人追诉主义。

2. 对于符合起诉条件的刑事公诉案件是否必须向审判机关起诉，也存在两种不同的原则：

| 起诉法定主义 | 即只要被告人的行为符合法定起诉条件，公诉机关就必须起诉，不享有自由裁量的权力，且不论具体情节。 |
| --- | --- |
| 起诉便宜主义 | 即被告人的行为在具备起诉条件时，是否起诉，由检察官根据被告人及其行为的具体情况以及形势政策等因素自由裁量。 |

【名师点睛】在起诉原则上，我国采用以起诉法定主义为主，兼采起诉便宜主义，检察官的起诉裁量权受到严格限制。

【小试牛刀】

只要有足够证据证明犯罪嫌疑人构成犯罪，检察机关就必须提起公诉。关于这一制度的法理基础，下列哪一选项是正确的?[1]

A. 起诉便宜主义　　　　　　　　B. 起诉法定主义
C. 公诉垄断主义　　　　　　　　D. 私人诉追主义

### 三、审查起诉

审查起诉，是指人民检察院在提起公诉阶段，为了确定经侦查终结的刑事案件是否应当提起公诉，而对侦查机关确认的犯罪事实和证据、犯罪性质和罪名进行审查核实，并作

---

〔1〕　B。本题考查了刑事公诉的一般理论。根据本题的描述，只要有足够证据证明犯罪嫌疑人构成犯罪，检察机关就必须提起公诉，这符合起诉法定主义的概念描述，因此选项 B 当选。

出处理决定的一项诉讼活动。凡需要提起公诉的案件，一律由人民检察院审查决定。

| 审查主体 | | 人民检察院。 |
|---|---|---|
| 受理程序 | | 对于公安机关移送审查起诉的案件，应当在 7 日内进行审查，审查的期限计入审查起诉的期限。 |
| 审查内容（了解） | | （1）犯罪事实、情节是否清楚，证据是否确实、充分，犯罪性质和罪名的认定是否正确；<br>（2）有无遗漏罪行和其他应当追究刑事责任的人；<br>（3）是否属于不应追究刑事责任的；<br>（4）有无附带民事诉讼；<br>（5）侦查活动是否合法。 |
| 审查期限 | | 应当在 1 个月以内作出决定，重大、复杂的案件，可以延长半个月。<br>【名师点睛】对于补充侦查的案件，补充侦查完毕移送人民检察院后，重新计算审查起诉期限；改变管辖的，从改变后的人民检察院收到案件之日起重新计算审查起诉期限。 |
| 审查步骤 | | （1）审阅案卷材料。<br>（2）人民检察院审查案件，应当讯问犯罪嫌疑人，听取辩护人、被害人及其诉讼代理人的意见，并记录在案。辩护人、被害人及其诉讼代理人提出书面意见的，应当附卷。<br>（3）审核证据。<br>（4）补充侦查。<br>（5）作出决定。 |
| 特殊情形 | 材料问题 | 认为案卷材料不齐备的，应当及时要求移送案件的单位补送相关材料。对于案卷装订不符合要求的，应当要求移送案件的单位重新装订后移送。 |
| | 管辖问题 | （1）各级人民检察院提起公诉，应当与人民法院审判管辖相适应；<br>（2）公诉部门收到移送审查起诉的案件后，经审查认为不属于本院管辖的，应当在 5 日以内经由案件管理部门移送有管辖权的人民检察院，同时通知移送审查起诉的公安机关；<br>（3）一人犯数罪、共同犯罪和其他需要并案审理的案件，只要其中一人或者一罪属于上级人民检察院管辖的，全案由上级人民检察院审查起诉。 |
| | 鉴定问题 | 人民检察院认为需要对案件中某些专门性问题进行鉴定而侦查机关没有鉴定的，应当要求侦查机关进行鉴定；必要时也可以由人民检察院进行鉴定或者由人民检察院送交有鉴定资格的人进行。 |
| | 复验、复查 | 人民检察院审查案件的时候，对公安机关的勘验、检查，认为需要复验、复查的，应当要求公安机关复验、复查，人民检察院可以派员参加；也可以自行复验、复查，商请公安机关派员参加，必要时也可以聘请专门技术人员参加。 |
| | 漏罪漏人 | 发现遗漏罪行或者依法应当移送审查起诉同案犯罪嫌疑人的，应当要求公安机关补充移送审查起诉；对于犯罪事实清楚，证据确实、充分的，人民检察院也可以直接提起公诉。 |
| | 嫌疑人在逃 | 对于移送审查起诉的案件，如果犯罪嫌疑人在逃的，应当要求公安机关采取措施保证犯罪嫌疑人到案后再移送审查起诉。共同犯罪案件中部分犯罪嫌疑人在逃的，对在案的犯罪嫌疑人的审查起诉应当依法进行。 |

续表

| 特殊情形 | 发现新罪 | 人民检察院对已经退回公安机关2次补充侦查的案件，在审查起诉中又发现新的犯罪事实，应当移送公安机关立案侦查；对已经查清的犯罪事实，应当依法提起公诉。 |
|---|---|---|
| 程序倒流 | | (1)《高检规则》第401条第1款规定，犯罪嫌疑人没有犯罪事实，或者有《刑事诉讼法》第15条规定的情形之一的，人民检察院应当作出不起诉决定。<br>【小试牛刀】人民检察院在审查起诉一盗窃案中，发现根本就没有盗窃行为发生，问该如何处理？**答案**：经检察长或者检察委员会决定，应当作出不起诉决定。<br>(2)《高检规则》第401条第2款规定，对于犯罪事实并非犯罪嫌疑人所为，需要重新侦查的，应当在作出不起诉决定后书面说明理由，将案卷材料退回公安机关并建议公安机关重新侦查。<br>【小试牛刀】人民检察院在审查起诉张三盗窃案中，发现该盗窃行为是李四所为，问该如何处理？**答案**：应当在作出不起诉决定后书面说明理由，将案卷材料退回公安机关并建议公安机关重新侦查。<br>(3)《高检规则》第402条规定，公诉部门对于本院侦查部门移送审查起诉的案件，发现具有本规则第401条第1款规定情形的，应当退回本院侦查部门，建议作出撤销案件的处理。<br>【小试牛刀】人民检察院在审查起诉张三贪污案中，发现本案张三没有贪污，该如何处理？<br>**答案**：应当退回本院侦查部门，建议作出撤销案件的处理。 |

**【小试牛刀】**

检察院在审查起诉时，下列处理方式错误的是：[1]

A. 审查公安机关移送起诉的投毒案，发现犯罪嫌疑人周某根本没有作案时间，遂书面说明理由将案卷退回公安机关并建议公安机关重新侦查

B. 审查吴某、郑某共同抢劫案的过程中，吴某在押但郑某潜逃，遂全案中止审查起诉

C. 甲县公安局将蔡某抢劫案移送甲县检察院审查起诉，甲县检察院审查认为蔡某可能会被判处死刑，遂将案件退回

D. 甲县检察院受理移送起诉的谭某诈骗案，认为应当由谭某居住地的乙县检察院起诉，遂将案卷材料移送乙县检察院审查起诉，但未通知甲县公安局

## 四、审查起诉后的处理

### （一）起诉

| 实质条件 | (1)犯罪嫌疑人的犯罪事实已经查清；<br>(2)证据确实、充分；<br>(3)依法应当追究刑事责任。 |
|---|---|

---

[1] ABCD

续表

| 形式要件 | （1）制作起诉书；<br>（2）按照审判管辖要求提起公诉。 |
|---|---|

### （二）不起诉

**1. 概念**

不起诉，是指人民检察院对公安机关侦查终结移送起诉的案件或者对自行侦查终结的案件，经过审查后，认为犯罪嫌疑人没有犯罪事实，或者具有《刑事诉讼法》第 15 条规定的不追究刑事责任的情形之一，或者犯罪嫌疑人犯罪情节轻微依法不需要判处刑罚或免除刑罚，或者经补充侦查尚未达到起诉条件，而作出的不将案件移送人民法院进行审判的决定。不起诉是人民检察院审查案件的结果之一，具有终止诉讼的法律效力。

**2. 不起诉的种类**

**（1）法定不起诉（绝对不起诉）**

法定不起诉，是指犯罪嫌疑人没有犯罪事实，或者具有《刑事诉讼法》第 15 条规定的不追究刑事责任情形之一的，经检察长或者检察委员会决定，"应当"作出不起诉决定。法定不起诉有以下几种情形：①犯罪嫌疑人实施的行为情节显著轻微，危害不大，不认为是犯罪的；②犯罪嫌疑人的犯罪已过追诉时效期限的；③犯罪嫌疑人的犯罪经特赦令免除刑罚的；④依照《刑法》告诉才处理的犯罪，没有告诉或者撤回告诉的；⑤犯罪嫌疑人、被告人死亡的；⑥犯罪嫌疑人没有犯罪事实；⑦其他法律规定免予刑事责任的。

【小试牛刀】

某市检察院审理市公安局移送审查起诉的下列案件中，具有何种情形时应当作出不起诉决定？[1]

A. 犯罪嫌疑人甲，犯罪已过追诉时效期限

B. 犯罪嫌疑人乙，为犯罪准备工具、创造条件

C. 犯罪嫌疑人丙已经死亡

D. 犯罪嫌疑人丁是聋哑人

**（2）酌定不起诉（相对不起诉）**

酌定不起诉，是指人民检察院对于犯罪情节轻微，依照《刑法》规定不需要判处刑罚或者免除刑罚的，经检察长或者检察委员会决定，可以作出不起诉决定。

酌定不起诉必须同时具备的两个条件：①犯罪嫌疑人实施的行为触犯了刑律，符合犯罪构成的要件，已经构成犯罪；②犯罪行为情节轻微，依照《刑法》规定不需要判处刑罚或者免除刑罚。

【名师点睛】在同时具备以上两个条件时，人民检察院不是必须作出不起诉决定，而是可以斟酌具体案情和犯罪嫌疑人悔罪表现来确定，或者提起公诉，追究犯罪嫌疑人的责任；或者不起诉，终结诉讼。因此，酌定不起诉是人民检察院行使起诉裁量权的表现。

---

[1] AC

> 💡 **拓 展 阅 读**
>
> 　　常见的刑法规定免除刑罚的情形：①犯罪嫌疑人在中华人民共和国领域外犯罪，依照我国《刑法》规定应当负刑事责任，但在外国已经受过刑事处罚的；②犯罪嫌疑人又聋又哑，或者是盲人犯罪的；③犯罪嫌疑人因防卫过当或紧急避险超过必要限度，并造成不应有危害而犯罪的；④为犯罪准备工具，制造条件的；⑤在犯罪过程中自动中止或自动有效地防止犯罪结果发生的；⑥在共同犯罪中，起次要或辅助作用的；⑦被胁迫、被诱骗参加犯罪的；⑧犯罪嫌疑人自首或者在自首后有立功表现的。

**【小试牛刀】**

　　下列哪一案件，可以作出不起诉决定，也可以作出起诉决定？[1]

　　A. 甲涉嫌故意伤害罪，经鉴定，被害人受到的伤害为轻微伤

　　B. 乙涉嫌故意伤害罪，经鉴定，被害人受到的伤害为轻伤，但情节轻微，且被害人希望不追究乙的刑事责任

　　C. 丙涉嫌非法侵入住宅罪，经查明，丙是因为受到野猪追赶被迫闯入被害人住宅，属于紧急避险

　　D. 丁涉嫌偷税罪，案件经过一次退回补充侦查，仍事实不清，证据不足

　　（3）存疑不起诉（证据不足的不起诉）

　　人民检察院对于二次退回补充侦查的案件，仍然认为证据不足，不符合起诉条件的，经检察长或者检察委员会决定，应当作出不起诉决定。

　　**【名师点睛】**人民检察院对于经过一次退回补充侦查的案件，认为证据不足，不符合起诉条件，且没有退回补充侦查必要的，可以作出不起诉决定。

　　**【考点提示】**因证据不足决定不起诉的，在发现新的证据，符合起诉条件时，还可以再次提起公诉。

**【小试牛刀】**

　　检察院对孙某敲诈勒索案审查起诉后认为，作为此案关键证据的孙某口供系刑讯所获，依法应予排除。在排除该口供后，其他证据显然不足以支持起诉，因而作出不起诉决定。关于该案处理，下列哪一选项是错误的？[2]

　　A. 检察院的不起诉属于存疑不起诉

　　B. 检察院未经退回补充侦查即作出不起诉决定违反《刑事诉讼法》的规定

　　C. 检察院排除刑讯获得的口供，体现了法律监督机关的属性

　　D. 检察院不起诉后，又发现新的证据，符合起诉条件时，可提起公诉

　　（4）附条件不起诉（参见未成年特别程序）

　　附条件不起诉，是指检察机关在审查起诉时，对于未成年人涉嫌刑法分则第四至六章

---

[1]　B

[2]　B。检察院退回补充侦查最多2次机会，但是法律并未要求一定要退回补充侦查方可以作出不起诉决定，选项B错误。

规定的侵犯人身权利、民主权利、侵犯财产、妨害社会管理秩序犯罪，可能判处 1 年有期徒刑以下刑罚，符合起诉条件，但有悔罪表现的，人民检察院可以作出附条件不起诉的决定。

【小试牛刀】▶▶▶

甲、乙、丙、丁四人涉嫌多次结伙盗窃，公安机关侦查终结移送审查起诉后，甲突然死亡。检察院审查后发现，甲和乙共同盗窃 1 次，数额未达刑事立案标准；乙和丙共同盗窃 1 次，数额刚达刑事立案标准；甲、丙、丁三人共同盗窃 1 次，数额巨大，但经两次退回公安机关补充侦查后仍证据不足；乙对其参与的 2 起盗窃有自首情节。关于本案，下列哪一选项是正确的？[1]

A. 对甲可作出酌定不起诉决定

B. 对乙可作出法定不起诉决定

C. 对丙应作出证据不足不起诉决定

D. 对丁应作出证据不足不起诉决定

3. 不起诉的程序

| 不起诉的宣告 | (1) 凡是不起诉的案件，人民检察院都应当制作不起诉决定书；<br>(2) 不起诉的决定书应当公开宣布。 |
|---|---|
| 不起诉的送达 | (1) 被不起诉人及其辩护人以及被不起诉人的所在单位；<br>(2) 对于公安移送起诉的案件，应当将不起诉决定书送达公安机关；<br>(3) 应当送达被害人或者其近亲属及其诉讼代理人。 |
| 解除强制措施 | 被不起诉人在押的，应当立即释放；被采取其他强制措施的，应当通知执行机关解除。 |
| 涉案财物处理 | 对侦查中扣押、冻结财物解除扣押、冻结，应书面通知解除扣押、冻结。 |
| 自侦案件<br>不起诉程序 | 省级以下人民检察院办理直接受理立案侦查的案件，拟作不起诉决定的，应当报请上一级人民检察院批准。 |

4. 对不起诉的制约与救济

| 公安机关 | (1) 如果公安机关认为人民检察院的不起诉决定有错误，可以要求复议；<br>(2) 如果意见不被接受，可以向上一级人民检察院提请复核。 |
|---|---|
| 被害人 | (1) 被害人对不起诉决定不服，可以自收到不起诉决定书后 7 日内直接向作出不起诉决定的上一级人民检察院申诉，请求提起公诉。<br>(2) 对于上一级人民检察院维持不起诉决定的，被害人可以向人民法院起诉。被害人也可以不经申诉，直接向人民法院起诉。<br>【考点提示】被害人对人民检察院对未成年犯罪嫌疑人作出的附条件不起诉的决定和不起诉的决定，可以向上一级人民检察院申诉，不适用《刑事诉讼法》第 176 条关于被害人可以向人民法院起诉的规定。 |

---

[1] D

续表

| 被不起诉人 | 对酌定不起诉不服，可以自收到不起诉决定书后7日内向作出不起诉决定的人民检察院申诉，人民检察院应当作出复查决定，通知被不起诉人，同时抄送公安机关。<br>【考点提示】被不起诉人只能针对酌定不起诉向本级人民检察院申诉。被害人可以针对三种不起诉决定向上一级检察院申诉。 |
|---|---|

【关联法条】《高检规则》第425条　最高人民检察院对地方各级人民检察院的起诉、不起诉决定，上级人民检察院对下级人民检察院的起诉、不起诉决定，发现确有错误的，应当予以撤销或者指令下级人民检察院纠正。

【小试牛刀】

某看守所干警甲，因涉嫌虐待被监管人乙被立案侦查。在审查起诉期间，A地基层检察院认为甲情节显著轻微，不构成犯罪，遂作不起诉处理。关于该决定，下列哪一选项是正确的?[1]

A. 公安机关有权申请复议复核

B. 甲有权向原决定检察院申诉

C. 乙有权向上一级检察院申诉

D. 申诉后，上级检察院维持不起诉决定的，乙可以向该地的中级法院提起自诉

## 五、提起自诉的程序

### （一）自诉案件的范围（详见第四章"管辖"）

### （二）自诉案件的提起条件

依据自诉案件的特征和法律的有关规定，自诉案件提起诉讼的条件有以下几点：

1. 有适格的自诉人。

拓 展 阅 读

在法律规定的自诉案件范围内，遭受犯罪行为直接侵害的被害人有权向人民法院提起自诉。被害人死亡、丧失行为能力或者因受强制威吓等原因无法告诉，或者是限制行为能力以及由于年老、患病、盲、聋、哑等原因不能亲自告诉的，被害人的法定代理人、近亲属有权向人民法院起诉。

2. 有明确的被告人和具体的诉讼请求。

3. 属于自诉案件范围。

4. 被害人有证据证明。被害人提起刑事自诉必须有能够证明被告人犯有被指控的犯罪事实的证据。

5. 属于受诉人民法院管辖。

---

〔1〕 C。本案属于检察院自侦的案件，因此公安机关无权申请复议复核，选项A错误。对于酌定不起诉决定，被不起诉人如果不服，可以自收到决定书后7日以内向人民检察院申诉。所以被不起诉人甲只有对酌定不起诉决定才能提出异议，而本案属于法定不起诉，选项B错误。乙作为被害人有权向上一级检察院申诉，选项C正确。对于申诉后，上级检察院维持不起诉决定的，被害人提起自诉时，应遵守人民法院级别管辖的规定，本案由A地基层检察院审查起诉，则乙应向基层法院提起自诉，选项D错误。

# 第14章

## 刑事审判概述

▶ 复习提要

　　审判，是指法院在当事人和其他诉讼参与人的参加下，依照法定程序，对纠纷进行审理并作出裁判的活动。由于所要解决的纠纷性质不同，现代审判大致分为刑事审判、民事审判、行政审判三种。其中，刑事审判解决涉嫌犯罪的主体与国家之间刑法上的纠纷。本章的重点是掌握审判中的基本原则和基本制度。审判基本原则包括审判公开原则、直接言词原则、集中审理原则、辩论原则，这些原则每年都有试题考查，考生需要重视这些原则的含义以及在制度中的体现。审判的基本制度，需要重点掌握审判组织（独任庭、合议庭、审委会）和审级制度（两审终审制）。

▶ 知识框架

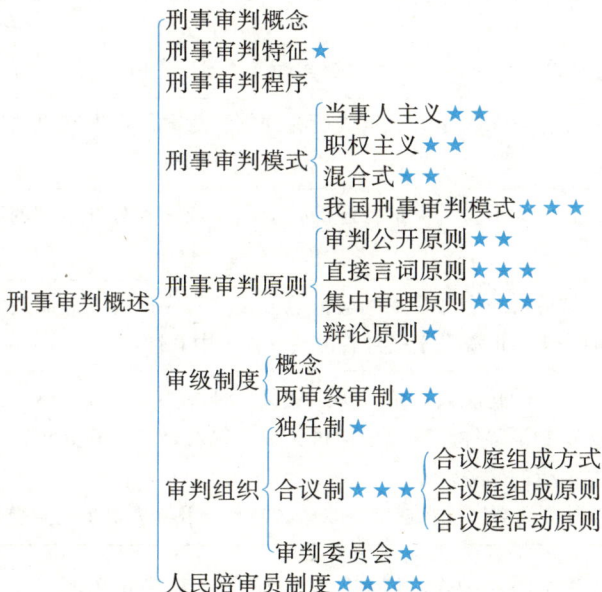

刑事审判概述
- 刑事审判概念
- 刑事审判特征 ★
- 刑事审判程序
- 刑事审判模式
  - 当事人主义 ★★
  - 职权主义 ★★
  - 混合式 ★★
  - 我国刑事审判模式 ★★★
- 刑事审判原则
  - 审判公开原则 ★★
  - 直接言词原则 ★★★
  - 集中审理原则 ★★
  - 辩论原则 ★
- 审级制度
  - 概念
  - 两审终审制 ★★
- 审判组织
  - 独任制 ★
  - 合议制 ★★★
    - 合议庭组成方式
    - 合议庭组成原则
    - 合议庭活动原则
  - 审判委员会 ★
- 人民陪审员制度 ★★★

## 一、刑事审判的概念

刑事审判是指人民法院在控辩双方和其他诉讼参与人的参加下，依照法定的程序对于提交审判的刑事案件进行审理并作出裁判的活动。刑事审判活动由审理和裁判两部分活动组成。审理是裁判的前提和基础，裁判是审理的目的和结果。

## 二、刑事审判的特征

| | |
|---|---|
| 被动性 | 是指人民法院审判案件奉行"不告不理"原则，即没有起诉，就没有审判。而公安、检察机关行使追诉权则具有主动性，即当发现犯罪事实，需要追究刑事责任的时候，必须立案并进行侦查以及提起公诉。<br>【考点提示】审判程序启动的被动性表现在很多方面，如没有检察机关或者自诉人的起诉，不能主动审判一个案件；不能审判控方未指控的犯罪事实；自诉案件的被告人没有提起反诉，不能主动审理反诉案件；没有被告人一方的上诉或检察机关的抗诉，上一级法院不得启动第二审程序。但是，人民法院可以主动开启再审程序。 |
| 独立性 | 法院依法独立行使审判权，正如马克思所言，法官"除了法律没别的上司"。 |
| 中立性 | 指法院在审判中相对于控辩双方保持中立的诉讼地位。法院在社会利益（检察官）和个人利益（被指控人）之间保持中立，只代表法律。审判中立，是被告人获得公正审判的重要保证。<br>【考点提示】如与案件有牵连的人不能担任该案件的法官，法官不得与案件的结果或纠纷各方有利益上或其他方面的关系，法官不应存有支持或反对某一方诉讼参与者的偏见，等等。 |
| 职权性 | 是指刑事案件一经起诉到法院，就产生诉讼系属的法律效力，法院就有义务、有权力进行审理并作出裁判。 |
| 程序性 | 是指审判活动应当严格遵循法定的程序，否则，可能导致审判活动无效并需要重新进行的法律后果。<br>【考点提示】一审法院违反法律程序，二审法院应当撤销原判，发回重审。 |
| 亲历性 | 是指案件的裁判者必须自始至终参与审理，审查所有证据，对案件作出判决须以充分听取控辩双方的意见为前提。 |
| 公开性 | 是指审判活动应当公开进行，除了为了保护特定的社会利益依法不公开审理的案件外，都应当公开审理。 |
| 公正性 | 公正是诉讼的终极目标，是诉讼的生命。审判应依照公正的程序进行，进而最大限度地实现实体上的公正。审判的公正性也源自于裁判者的独立性与中立性。 |
| 终局性 | 是指法院的生效裁判对于案件的解决具有最终决定意义。判决一旦生效，诉讼的任何一方原则上不能要求法院再次审判该案件，其他任何机关也不得对该案重新处理，有关各方都有履行裁判或不妨害裁判执行的义务。<br>【名师点睛】终局性并不影响司法机关对确实存在错误的生效裁判开启审判监督程序。 |

【考点提示】考生需要掌握每种特征在刑事诉讼具体制度和程序中的体现。

【小试牛刀】

刑事审判具有亲历性特征。下列哪一选项不符合亲历性要求？[1]

A. 证人因路途遥远无法出庭，采用远程作证方式在庭审过程中作证

B. 首次开庭并对出庭证人的证言质证后，某合议庭成员因病无法参与审理，由另一人民陪审员担任合议庭成员继续审理并作出判决

C. 某案件独任审判员在公诉人和辩护人共同参与下对部分证据进行庭外调查核实

D. 第二审法院对决定不开庭审理的案件，通过讯问被告人，听取被害人、辩护人和诉讼代理人的意见进行审理

### 三、刑事审判程序

刑事审判程序是指人民法院审判刑事案件的步骤和方式、方法的总和。我国《刑事诉讼法》规定了以下几种基本的审判程序：

| 第一审程序 | 这是指人民法院根据审判管辖的规定，对人民检察院提起公诉和自诉人自诉的案件进行初次审判的程序。 |
|---|---|
| 第二审程序 | 这是指人民法院对上诉、抗诉案件进行审判的程序。 |
| 复核程序 | 包括死刑复核程序以及人民法院根据《刑法》第63条第2款的规定在法定刑以下判处刑罚的案件的复核程序。 |
| 审判监督程序 | 这是对已经发生法律效力的判决、裁定，在发现确有错误时，进行重新审判的程序。 |

### 四、刑事审判模式

所谓刑事审判模式，是指控诉、辩护、审判三方在刑事审判程序中的诉讼地位和相互关系，以及与之相适应的审判程序组合方式。现代刑事审判模式大体上分为当事人主义和职权主义两种，前者主要实行于英美法系国家，后者主要实行于大陆法系国家。两种审判模式各有所长，长期以来，相互之间取长补短。此外，还出现了兼采当事人主义和职权主义审判模式优点的混合式审判模式。

#### （一）当事人主义审判模式

| 概　念 | 当事人主义审判模式，又称对抗制审判模式、抗辩式审判模式，是指法官（陪审团）居于中立且被动的裁判者地位，法庭审判的进行由控方的举证和辩方的反驳共同推动和控制的一种审判模式。 |
|---|---|
| 特　征 | （1）法官消极中立；<br>（2）控辩双方积极主动和平等对抗；<br>（3）控辩双方共同控制法庭审理的进程。 |
| 代　表 | 英美法系。 |

---

[1] B。"首次开庭并对出庭证人的证言质证后，某合议庭成员因病无法参与审理，由另一人民陪审员担任合议庭成员继续审理并作出判决"，说明另一个陪审员并没有参加之前的审理活动，有违审判亲历性之特征，选项B错误。

## （二）职权主义审判模式

| 概　念 | 职权主义审判模式，又称审问式审判模式，是指法官在审判程序中居于主导和控制地位，而限制控辩双方积极性的审判模式。 |
| --- | --- |
| 特　征 | （1）法官居于中心地位，主导法庭审理的进行；<br>（2）控辩双方的积极性受到抑制，处于消极被动的地位；<br>（3）法官掌握程序控制权。 |
| 代　表 | 大陆法系。 |

## （三）混合式审判模式（日本、意大利）

这种审判模式是指吸收当事人主义审判模式和职权主义审判模式的长处，使两种审判模式融合的一种审判模式。即使在这种混合的审判模式中，还是可以看出其中更多地体现了当事人主义审判模式或职权主义审判模式的一些程序特征。

## （四）我国刑事审判模式（注意发展历程）

| | |
| --- | --- |
| 1979 年 | 我国 1979 年《刑事诉讼法》确立的刑事审判模式体现出超职权主义的特点：①庭前审查为实体性审查。负责案件审判的法官不仅阅卷，还要预先讯问被告人、询问证人、鉴定人，而且必要时进行勘验、检查、搜查、扣押等一系列补充收集证据、审查核实证据的活动。②法官完全主导和控制法庭审判程序，审判程序以法官积极主动的证据调查为中心。③被告人诉讼地位弱化，辩护权受到抑制。④控审不分，法官协助检察官行使控诉职能。法官与检察官实质上站在同一方共同对付被告人及其辩护人。 |
| 1996 年 | 1996 年修正的《刑事诉讼法》对审判模式进行了重大改革，主要是吸收了英美法系当事人主义的对抗性因素，并保留了职权主义的某些特征：①庭前审查由实体性审查改为程序性审查。②强化了控方的举证责任和辩方的辩护职能，弱化了法官的事实调查功能。③扩大了辩护方的权利范围，强化了庭审的对抗性。<br>【名师点睛】这些改革还只是初步的，只是弱化了超职权主义而已，职权主义色彩仍然相当严重，平等对抗机制还没有完全形成。 |
| 2012 年 | 2012 年《刑事诉讼法》的再次修改，沿着控辩式庭审方式改革的方向取得了新的进展：①完善回避制度，规定辩护人有权申请回避及复议。②改革辩护制度，完善了法律援助制度，扩大了强制辩护的适用范围，强化了辩护律师的会见权、阅卷权、申请调取证据权及保守职业秘密权等执业权利。③修改证据制度，《刑事诉讼法》第 49 条规定了"公诉案件中被告人有罪的举证责任由人民检察院承担"的规则，建立了非法证据排除规则，完善了证人保护制度，建立了证人作证补偿制度。④完善审判程序，《刑事诉讼法》第 188 条建立了强制证人出庭作证制度。此外，辩护人有权申请法庭通知有专门知识的人出庭就鉴定人作出的鉴定意见提出意见，辩护人可以就定罪、量刑问题进行辩论，等等。<br>【名师点睛】上述新规定都有助于控辩式庭审方式改革的深化。 |

### 【小试牛刀】

我国刑事审判模式正处于由职权主义走向控辩式的改革过程之中，2012 年《刑事诉讼法》修改内容中，下列哪一选项体现了这一趋势？[1]

---

〔1〕　C

A. 扩大刑事简易程序的适用范围

B. 延长第一审程序的审理期限

C. 允许法院强制证人出庭作证

D. 增设当事人和解的公诉案件诉讼程序

## 五、刑事审判的原则

审判原则，是指贯穿于整个刑事审判过程中，并对审判机关开展诉讼活动起指导作用的行为准则，它对审判程序的各个阶段都适用，是一种强制性的抽象性规范。

| | | |
|---|---|---|
| 审判公开原则 | 概　念 | 人民法院审理案件和宣告判决除了法律规定的特殊情形外都公开进行。 |
| | 例　外 | （1）绝对不公开的案件：①有关国家秘密的案件（如间谍案等）；②有关个人隐私的案件（如强奸案等）；③审判的时候被告人不满18周岁的案件。<br>【关联法条】《刑诉解释》第467条　开庭审理时被告人不满18周岁的案件，一律不公开审理。经未成年被告人及其法定代理人同意，未成年被告人所在学校和未成年人保护组织可以派代表到场。到场代表的人数和范围，由法庭决定。到场代表经法庭同意，可以参与对未成年被告人的法庭教育工作。<br>对依法公开审理，但可能需要封存犯罪记录的案件，不得组织人员旁听。<br>（2）相对不公开的案件：涉及商业秘密的案件，当事人申请不公开审理的，可以不公开审理。<br>【考点提示1】不公开审理的案件，应当当庭宣布不公开审理的理由。<br>【考点提示2】无论如何，宣判一律公开，合议庭评议一律不公开。 |
| 直接言词原则 | 概　念 | 直接言词原则是直接原则和言词原则的合称，是指法官必须在法庭上亲自听取被告人、证人及其他诉讼参与人的陈述，案件事实和证据必须以口头方式向法庭提出，调查证据以口头辩论、质证、辨认方式进行。<br>【拓展阅读】直接言词原则包括直接原则和言词原则。直接原则又可分为直接审理原则和直接采证原则。直接审理原则，是指法官审理案件时，公诉人、当事人及其他诉讼参与人应当在场，除法律另有特别规定外，如果上述人员不在场，不得进行法庭审理，否则审判活动无效。直接采证原则，是指法官对证据的调查必须亲自进行，不能由他人代为实施。所谓言词原则，是指法庭审理须以口头陈述的方式进行。<br>【考点提示】《中共中央关于全面深化改革若干重大问题的决定》提出"让审理者裁判、由裁判者负责"，体现了刑事诉讼直接原则的要求。 |
| | 体　现 | （1）及时通知有关人员出庭。<br>（2）开庭审理中，合议庭成员必须始终在庭，参加庭审的全过程。<br>（3）所有证据都必须当庭出示、当庭质证。证人不出庭只能是例外。<br>（4）保证控辩双方有充分的陈述和辩论的机会和时间。 |
| 集中审理原则 | 概　念 | 集中审理原则，又称不中断审理原则，是指法院开庭审理案件，应在不更换审判人员的条件下连续进行，不得中断审理的诉讼原则。 |
| | 体　现 | （1）每起案件自始至终应由同一法庭进行审判。<br>（2）法庭成员不得更换。 |

续表

| 集中审理原则 | 体现 | 【名师点睛】对于法庭成员因故不能继续参加审理的，应由始终在场的候补法官、候补陪审员替换之。如果没有足够的法官、陪审员可以替换，则应重新审判。<br>（3）集中证据调查与法庭辩论。<br>（4）庭审不中断并迅速作出裁判。<br>【名师点睛】法庭审理应不中断地进行，法庭因故延期审理较长时间的，应重新进行以前的庭审。 |
|---|---|---|
| 辩论原则 | | 辩论原则，是指在法庭审理中起诉方和被告方应以公开的、口头的、对抗性的方式进行辩论，未经充分的辩论，不得进行裁判。辩论原则包括以下两方面的内容：①辩论的主体是控辩双方和其他当事人；②辩论的内容包括证据问题、事实问题、程序问题和法律适用问题。<br>【考点提示】除了在法庭辩论阶段集中进行辩论以外，在法庭调查过程中，控辩双方也可以围绕某一证据的合法性、相关性问题进行辩论。 |

【小试牛刀】

1. 开庭审判过程中，一名陪审员离开法庭处理个人事务，辩护律师提出异议并要求休庭，审判长予以拒绝，40分钟后陪审员返回法庭继续参与审理。陪审员长时间离开法庭的行为违背下列哪一审判原则?[1]

A. 职权主义原则　　　　　　　　B. 证据裁判规则

C. 直接言词原则　　　　　　　　D. 集中审理原则

2. 下列哪些选项体现了集中审理原则的要求?[2]

A. 案件一旦开始审理即不得更换法官

B. 法庭审理应不中断地进行

C. 更换法官或者庭审中断时间较长的，应当重新进行审理

D. 法庭审理应当公开进行

## 六、审级制度

审级制度，是指法律规定案件起诉后，最多经过几级法院审判必须终结的诉讼制度。

| 两审终审制 | 含义 | 两审终审制是指一个案件最多经过两级法院审判即告终结的制度。 |
|---|---|---|
| | 内容 | （1）根据两审终审制的要求，地方各级人民法院按照第一审程序对案件审理后所作的判决、裁定，尚不能立即发生法律效力。只有在法定上诉期限内，有上诉权的人没有上诉，同级人民检察院也没有抗诉，第一审法院所作出的判决、裁定才发生法律效力。<br>（2）在法定期限内，如果有上诉权的人提出上诉，或者同级人民检察院提出了抗诉，上一级人民法院应依照第二审程序对该案件进行审判。上一级人民法院审理第二审案件作出的判决、裁定，是终审的判决、裁定，立即发生法律效力。 |

〔1〕　C。在本案中，陪审员因为处理个人事务长时间离开法庭而后返回继续参与审理的行为，使得该陪审员并没有在法庭上亲自听取当事人、证人及其他诉讼参与人的口头陈述，违反了直接言词原则，选项C当选，选项ABD不当选。

〔2〕　ABC

续表

| 例 外 | 一审就终审的 | 最高人民法院审理的第一审案件为一审终审，其判决、裁定一经作出，立即发生法律效力，不存在提起二审程序的问题。 |
|---|---|---|
| | 二审仍不生效的 | （1）判处死刑的案件，必须依法经过死刑复核程序核准后，才能发生法律效力，交付执行；<br>（2）地方各级人民法院根据《刑法》第63条第2款规定在法定刑以下判处刑罚的案件，必须经最高人民法院的核准，其判决、裁定才能发生法律效力并交付执行。 |

**【小试牛刀】**

下列哪一选项属于两审终审制的例外？[1]

A. 自诉案件的刑事调解书经双方当事人签收后，即具有法律效力，不得上诉

B. 地方各级法院的第一审判决，法定期限内没有上诉、抗诉，期满即发生法律效力

C. 在法定刑以下判处刑罚的判决，报请最高法院核准后生效

D. 法院可通过再审，撤销或者改变已生效的二审判决

## 七、审判组织

审判组织是指人民法院审判案件的组织形式。人民法院审判刑事案件的组织形式有三种，即独任庭、合议庭和审判委员会。

### （一）独任制

独任制是指由审判员1人独任审判的制度。

1. 独任制只能在基层人民法院，其他三级人民法院不能适用。

2. 独任制只能在简易程序，普通程序和其他审判程序不能适用。

3. 独任制只能由审判员担任，不能是人民陪审员。

**【名师点睛】**简易程序并非都是独任制，只有3年以下的简易程序可以出现独任制，超过3年的简易程序都是合议制。

### （二）合议制

合议庭，又称合议制，是由审判人员或者由审判人员和人民陪审员组成审判集体，对具体案件进行审判的制度。

**【名师点睛】**合议制是人民法院审判案件的基本组织形式。除基层人民法院适用简易程序审判案件可以采用独任制外，人民法院审判刑事案件均须采取合议庭的组织形式。

1. 合议庭的组成方式

| 一审合议庭<br>（可有陪审员） | 基层人民法院和中级人民法院合议庭，应由3人组成。 |
|---|---|
| | 高级人民法院、最高人民法院合议庭，可以由3人、5人、7人组成。 |
| 二审合议庭<br>（只有审判员） | 法院审判第二审案件的合议庭，应由3人或者5人组成，且只能由审判员组成。 |

---

[1] C

续表

| 复核庭<br>（只有审判员） | 最高院复核死刑案件和高院复核死缓案件，由3人组成，且只能由审判员组成。 |
|---|---|
| 重审、再审<br>（可有陪审员） | 应当另行组成合议庭进行审理，应当分别按照一审、二审程序组成合议庭。 |

【小试牛刀】

张某系某基层法院陪审员，可以参与审判下列哪些案件？[1]

A. 所在区基层法院适用简易程序审理的案件

B. 所在市中级法院审理的一审案件

C. 所在市中级法院审理的二审案件

D. 所在省高级法院审理的一审案件

2. 合议庭的组成原则

（1）合议庭的成员人数应当是单数。

（2）合议庭由审判员、助理审判员或者人民陪审员随机组成。

（3）合议庭的审判长由符合审判长任职条件的法官担任；院长或者庭长参加审判案件的时候，自己担任审判长。

【考点提示】助理审判员由本院院长提出，经审判委员会通过，可以临时代行审判员职务，并可以担任审判长。人民陪审员不得担任审判长。

【名师点睛】虽然审判长在合议庭审理案件时具有不可替代的作用，但合议庭审理案件时必须实行少数服从多数的原则，审判长不能以自己的意见代替合议庭多数成员的意见。审判长与合议庭其他成员意见有重大分歧时，应当提请院长提交审判委员会讨论决定。

（4）不得随意更换合议庭成员。合议庭组成人员确定后，除因回避或者其他特殊情况，不能继续参加案件审理的之外，不得在案件审理过程中更换。更换合议庭成员，应当报请院长或者庭长决定。合议庭成员的更换情况应当及时通知诉讼当事人。

3. 合议庭的活动原则

（1）合议庭成员地位与权责平等原则。

【关联法条】《关于人民法院合议庭工作的若干规定》第4条　合议庭的审判活动由审判长主持，全体成员平等参与案件的审理、评议、裁判，共同对案件认定事实和适用法律负责。

（2）合议庭全体成员参加审理与评议原则。

❶开庭审理时，合议庭全体成员应当共同参加，不得缺席、中途退庭或者从事与该庭审无关的活动。合议庭成员未参加庭审、中途退庭或者从事与该庭审无关的活动，当事人提出异议的，应当纠正。合议庭仍不纠正的，当事人可以要求休庭，并将有关情况记入庭审笔录。

---

[1]　ABD

❷合议庭全体成员均应当参加案件评议。评议案件时，合议庭成员应当针对案件的证据采信、事实认定、法律适用、裁判结果以及诉讼程序等问题充分发表意见。必要时，合议庭成员还可提交书面评议意见。合议庭成员评议时发表意见不受追究。

❸依法不开庭审理的案件，合议庭全体成员均应当阅卷，必要时提交书面阅卷意见。

（3）审判长最后发表评议意见原则。

合议庭评议案件时，先由承办法官介绍案件涉及的相关法律、审查判断证据的有关规则，后由人民陪审员及合议庭其他成员充分发表意见，审判长最后发表意见并总结合议庭意见。

（4）少数服从多数原则。

合议庭成员在评议案件时，应当独立表达意见并说明理由。意见分歧的，应当按多数意见作出决定，但少数意见应当记入笔录。评议笔录由合议庭的组成人员在审阅确认无误后签名。评议情况应当保密。

【关联法条】《最高人民法院关于进一步加强合议庭职责的若干规定》第7条　下列案件可以由审判长提请院长或者庭长决定组织相关审判人员共同讨论，合议庭成员应当参加：

（一）重大、疑难、复杂或者新类型的案件；

（二）合议庭在事实认定或法律适用上有重大分歧的案件；

（三）合议庭意见与本院或上级法院以往同类型案件的裁判有可能不一致的案件；

（四）当事人反映强烈的群体性纠纷案件；

（五）经审判长提请且院长或者庭长认为确有必要讨论的其他案件。

上述案件的讨论意见供合议庭参考，不影响合议庭依法作出裁判。

（5）开庭审理并且评议后作出判决原则。

4. 合议庭免责情形

合议庭组成人员存在违法审判行为的，应当追究相应责任。合议庭审理案件有下列情形之一的，合议庭成员不承担责任：

（1）因对法律理解和认识上的偏差而导致案件被改判或者发回重审的；

（2）因对案件事实和证据认识上的偏差而导致案件被改判或者发回重审的；

（3）因新的证据而导致案件被改判或者发回重审的；

（4）因法律修订或者政策调整而导致案件被改判或者发回重审的；

（5）因裁判所依据的其他法律文书被撤销或变更而导致案件被改判或者发回重审的；

（6）其他依法履行审判职责不应当承担责任的情形。

【小试牛刀】

下列哪些情形下，合议庭成员不承担责任？[1]

A. 发现了新的无罪证据，合议庭作出的判决被改判的

B. 合议庭认为审前供述虽非自愿，但能够与其他证据相印证，因此予以采纳，该供

---

〔1〕　ABD。选项C中，合议庭对于被告人的不在场线索和证据不予调查，存在过错，因此合议庭成员应当承担责任，选项C不当选。

述后来被上级法院排除后而改判的

C. 辩护方提出被告人不在犯罪现场的线索和证据材料，合议庭不予调查，作出有罪判决而被改判无罪的

D. 合议庭对某一事实的认定以生效的民事判决为依据，后来该民事判决被撤销，导致刑事判决发回重审的

### （三）审判委员会

审判委员会是人民法院内部设立的对审判工作实行集体领导的组织。

1. 审判委员会是审判组织的一种。但比较特殊，经过审判委员会讨论过的案件，仍然必须以合议庭成员的名义而不能以审判委员会的名义发布判决书或裁定书。

2. 审判委员会讨论案件，应当在法庭开庭并且评议以后进行，而不应当先由审判委员会讨论案件后开庭审理案件。

3. 并不是所有的疑难、复杂、重大的刑事案件都要提交审判委员会讨论，只有当合议庭难以作出决定时，才提请院长决定提交审判委员会讨论。

【考点提示1】独任审判的案件，开庭审理后，独任审判员认为有必要的，也可以提请院长决定提交审判委员会讨论决定。

【考点提示2】人民陪审员可以要求合议庭将案件提请院长决定是否提交审委会讨论决定。

4. 审判委员会的决定，合议庭应当执行，合议庭有不同意见，可以建议院长提交审判委员会复议。

5. 合议庭讨论的案件范围

| 应当提交的 | 拟判处死刑的案件、人民检察院抗诉的案件，合议庭"应当"提请院长决定提交审判委员会讨论决定。 |
|---|---|
| 可以提交的 | 对合议庭成员意见有重大分歧的案件、新类型案件、社会影响重大的案件以及其他疑难、复杂、重大的案件，合议庭认为难以作出决定的，"可以"提请院长决定提交审判委员会讨论决定。 |

## 八、关于人民陪审员制度的规定

### （一）陪审的案件范围

| 审　级 | 仅适用于一审程序。 |
|---|---|
| 案　件 | （1）社会影响较大的刑事、民事、行政案件。<br>①涉及群体利益的；<br>②涉及公共利益的；<br>③人民群众广泛关注的；<br>④其他社会影响较大的。<br>（2）刑事案件被告人、民事案件原告或被告、行政案件原告申请由人民陪审员参加合议庭审判的案件。 |

## （二）人民陪审员的条件

| 积极条件 | （1）拥护中华人民共和国宪法；<br>（2）年满 23 周岁；<br>（3）品行良好、公道正派；<br>（4）身体健康；<br>（5）担任人民陪审员一般应当具有大专以上文化程度。 |
|---|---|
| 消极条件 | （1）人民代表大会常务委员会的组成人员，人民法院、人民检察院、公安机关、国家安全机关、司法行政机关的工作人员和执业律师等人员，不得担任人民陪审员；<br>（2）因犯罪受过刑事处罚或者被开除公职的。 |

【小试牛刀】

下列哪些人员不得担任人民陪审员？[1]

A. 某甲，司法行政机关工作人员

B. 某乙，曾因盗窃受到刑事处罚

C. 某丙，所学专业为法律专业但只具有大学专科文化程度

D. 某丁，具有大学本科文化程度但所学专业为非法律专业

## （三）人民陪审员的产生与任期

| 产　生 | 推　荐 | 所在单位或者户籍所在地的基层组织向基层人民法院推荐。 |
|---|---|---|
|  | 申　请 | 本人提出申请。 |
| 任　命 |  | 由基层人民法院会同同级人民政府司法行政机关进行审查，并由基层人民法院院长提出人民陪审员人选，提请同级人民代表大会常务委员会任命。 |
| 名　额 |  | 名额由基层法院根据审判案件的需要，提请同级人民代表大会常务委员会确定。 |
| 任　期 |  | 人民陪审员的任期为 5 年。 |
| 比　例 |  | 合议庭中人民陪审员所占比例应当不少于 1/3。 |
| 费　用 |  | 人民陪审员因参加审判活动而支出的交通、就餐等费用，由人民法院给予补助。有工作单位的人民陪审员参加审判活动期间，所在单位不得克扣或者变相克扣其工资、奖金及其他福利待遇。无固定收入的人民陪审员参加审判活动期间，由人民法院参照当地职工上年度平均货币工资水平，按照实际工作日给予补助。 |
| 抽　选 |  | 1. 基层人民法院审判案件依法应当由人民陪审员参加合议庭审判的，应当在人民陪审员名单中随机抽取确定。<br>2. 中级人民法院、高级人民法院审判案件依法应当由人民陪审员参加合议庭审判的，在其所在城市的基层人民法院的人民陪审员名单中随机抽取确定。<br>3. 特殊案件需要具有特定专业知识的人民陪审员参加审判的，人民法院可以在具有相应专业知识的人民陪审员范围内随机抽取。 |

[1]　AB

### （四）人民陪审员的权利和义务

| 权 利 | 1. 除不得担任审判长外，同法官有同等权利。<br>2. 独立表决权。人民陪审员参加合议庭评议案件时，有权对事实认定、法律适用独立发表意见，并独立行使表决权。人民陪审员评议案件时应当围绕事实认定、法律适用充分发表意见并说明理由。 |
|---|---|
| 义 务 | 1. 人民陪审员的回避，参照有关法官回避的法律规定执行。<br>2. 应当遵守法官履行职责的规定，保守审判秘密、注重司法礼仪、维护司法形象。 |

【小试牛刀】

关于人民陪审员，下列哪些选项是正确的?[1]

A. 各级法院审判第一审刑事案件，均可吸收人民陪审员作为合议庭成员参与审判

B. 一审刑事案件被告人有权申请由人民陪审员参加合议庭审判

C. 执业律师不得担任人民陪审员

D. 高级人民法院审判案件依法应当由人民陪审员参加合议庭审判的，在其所在城市的中级人民法院的人民陪审员名单中随机抽取

---

[1]　ABC

第15章

# 第一审程序

## 复习提要

公诉案件第一审程序，是指人民法院对人民检察院提起公诉的案件进行初次审判时应遵循的步骤和方式、方法。公诉案件第一审程序包括庭前审查、庭前准备、法庭审判等诉讼环节。第一审程序是 2012 年《刑事诉讼法》修改的重要内容之一。本章是历年考试的重中之重，每年都有大量试题出现，考查分值在 10 分以上。本章要重点掌握的考点有：庭前审查以及审查后的处理；庭前会议；法庭审判的基本流程；违反法庭秩序的处理；自诉案件的审理特点；简易程序的审理范围和审理特点；判决、裁定、决定的异同。

## 知识框架

第一审程序
- 公诉案件第一审程序
  - 庭前审查 ★★
  - 庭前准备 ★★
  - 法庭审判 ★★★★★
  - 法庭审理中特殊问题的处理 ★★★★★
  - 单位犯罪案件的审理程序 ★★
  - 法庭秩序 ★
  - 延期审理、中止审理和终止审理 ★★★
  - 第一审程序的审限
- 自诉案件第一审程序 ★★★★
- 简易程序 ★★★★
- 判决、裁定和决定 ★★

## 一、公诉案件的庭前审查

公诉案件庭前审查，是指人民法院对人民检察院提起公诉的案件进行庭前审查，以决定是否开庭审判的活动。

| | |
|---|---|
| 审查范围 | 全部案卷材料（包括证据材料）。<br>【关联法条】《六机关规定》第25条　对于人民检察院提起公诉的案件，人民法院都应当受理。人民法院对提起公诉的案件进行审查后，对于起诉书中有明确的指控犯罪事实并且附有案卷材料、证据的，应当决定开庭审判，不得以上述材料不充足为由而不开庭审判。如果人民检察院移送的材料中缺少上述材料的，人民法院可以通知人民检察院补充材料，人民检察院应当自收到通知之日起3日内补送。<br>人民法院对提起公诉的案件进行审查的期限计入人民法院的审理期限。 |
| 审查方式 | 审的方法，应为书面审查，即通过审阅起诉书等方式来审查。<br>【名师点睛】公诉案件的庭前审查是一种程序性审查，并不是对案件进行审理，它不解决对被告人的定罪量刑问题。 |
| 审查内容<br>（了解） | 对提起公诉的案件，人民法院应当在收到起诉书（一式八份，每增加1名被告人，增加起诉书5份）和案卷、证据后，指定审判人员审查以下内容：①是否属于本院管辖。②起诉书是否写明被告人的身份，是否受过或者正在接受刑事处罚，被采取强制措施的种类、羁押地点，犯罪的时间、地点、手段、后果以及其他可能影响定罪量刑的情节。③是否移送证明指控犯罪事实的证据材料，包括采取技术侦查措施的批准决定和所收集的证据材料。④是否查封、扣押、冻结被告人的违法所得或者其他涉案财物，并附证明相关财物依法应当追缴的证据材料。⑤是否列明被害人的姓名、住址、联系方式；是否附有证人、鉴定人名单；是否申请法庭通知证人、鉴定人、有专门知识的人出庭，并列明有关人员的姓名、性别、年龄、职业、住址、联系方式；是否附有需要保护的被害人、证人、鉴定人名单。⑥当事人已委托辩护人、诉讼代理人，或者已接受法律援助的，是否列明辩护人、诉讼代理人的姓名、住址、联系方式。⑦是否提起附带民事诉讼。提起附带民事诉讼的，是否列明附带民事诉讼当事人的姓名、住址、联系方式；是否附有相关证据材料。⑧侦查、审查起诉程序的各种法律手续和诉讼文书是否齐全。⑨有无《刑事诉讼法》第15条第2~6项规定的不追究刑事责任的情形。 |
| 处理结果<br>（重点） | 根据《刑诉解释》第181条的规定，人民法院对提起公诉的案件审查后，应当按照下列情形分别处理：①属于告诉才处理的案件，应当退回人民检察院，并告知被害人有权提起自诉；②不属于本院管辖或者被告人不在案的，应当退回人民检察院；③需要补充材料的，应当通知人民检察院在3日内补送；④因证据不足宣告被告人无罪后，人民检察院根据新的事实、证据重新起诉的，应当依法受理；⑤裁定准许撤诉的案件，没有新的事实、证据，重新起诉的，应当退回人民检察院；⑥符合《刑事诉讼法》第15条第2~6项规定情形的，应当裁定终止审理或者退回人民检察院；⑦被告人真实身份不明，但符合起诉条件的，应当依法受理。<br>【名师点睛】适用退回检察院的情形主要包括：无管辖权；被告人不在案；撤诉后没有新事实重新起诉的；告诉才处理的案件；《刑事诉讼法》第15条第2~6项的情形。 |
| 审查期限 | 人民法院对于按照普通程序审理的公诉案件，决定是否受理，应当在7日内审查完毕。<br>【名师点睛】审查的期限，计入人民法院的审理期限。 |

## 【小试牛刀】

**1.** 某市人民法院受理了该市人民检察院提起公诉的被告人张某盗窃案，在庭前审查阶段，下列哪些事项不属于审查的内容？[1]

A. 本案是否属于本院管辖

B. 本案的犯罪事实是否清楚、证据是否充分确实

C. 被告人的行为是否构成犯罪

D. 是否按照《刑事诉讼法》第150条的规定移送有关材料

**2.** 某县法院在对杨某绑架案进行庭前审查中，发现下列哪些情形时，应当将案件退回检察机关？[2]

A. 杨某在绑架的过程中杀害了人质

B. 杨某在审查起诉期间从看守所逃脱

C. 检察机关移送起诉材料未附证据目录

D. 检察机关移送起诉材料欠缺已经委托辩护人的住址、通讯处

## 二、庭前准备

### （一）开庭审判前的准备

1. 确定审判长及合议庭组成人员。

【名师点睛】 书记员不属于合议庭的组成人员，其职责是担任审判庭的记录工作。

2. 开庭10日前将起诉书副本送达被告人、辩护人。

3. 通知当事人、法定代理人、辩护人、诉讼代理人在开庭5日前提供证人、鉴定人名单，以及拟当庭出示的证据；申请证人、鉴定人、有专门知识的人出庭的，应当列明有关人员的姓名、性别、年龄、职业、住址、联系方式。

4. 开庭3日前将开庭的时间、地点通知人民检察院。

5. 开庭3日前将传唤当事人的传票和通知辩护人、诉讼代理人、法定代理人、证人、鉴定人等出庭的通知书送达；通知有关人员出庭，也可以采取电话、短信、传真、电子邮件等能够确认对方收悉的方式。

6. 公开审理的案件，在开庭3日前公布案由、被告人姓名、开庭时间和地点。

### （二）庭前会议

| 召开情形 | 案件具有下列情形之一的，审判人员可以召开庭前会议：①当事人及其辩护人、诉讼代理人申请排除非法证据的；②证据材料较多、案情重大复杂的；③社会影响重大的；④需要召开庭前会议的其他情形。<br><br>【名师点睛】 召开庭前会议，根据案件情况，"可以"通知被告人参加。可知，参加庭前会议并不是被告人的权利。<br><br>【关联法条】《非法证据排除规则》第25条 被告人及其辩护人在开庭审理前申请排除非法证据，按照法律规定提供相关线索或者材料的，人民法院应当召开庭前会议。 |
| --- | --- |

---

[1] BC。注意，选项BC属于实质问题，此时不审查。

[2] AB。选项A中的情形说明该案可能判无期徒刑、死刑，所以本案不属于基层法院管辖。选项B中的情形说明被告人不在案。所以，选项AB中的情形都应当退回检察院。

续表

| 主要内容 | 召开庭前会议，审判人员可以就下列问题向控辩双方了解情况，听取意见：①是否对案件管辖有异议；②是否申请有关人员回避；③是否申请调取侦查、审查起诉期间公安机关、人民检察院收集但未随案移送的证明被告人无罪或者罪轻的证据材料；④是否提供新的证据；⑤是否对出庭证人、鉴定人、有专门知识的人的名单有异议；⑥是否申请排除非法证据；⑦是否申请不公开审理；⑧与审判相关的其他问题。<br>【名师点睛】庭前会议的任务就是归纳事实、证据争议焦点，但是不对实体问题进行裁判。 |
|---|---|
| 会议程序 | （1）审判人员可以询问控辩双方对证据材料有无异议。①对有异议的证据，应当在庭审时重点调查；②无异议的，庭审时举证、质证可以简化。<br>（2）被害人或者其法定代理人、近亲属提起附带民事诉讼的，可以调解。<br>（3）庭前会议情况应当制作笔录。 |

【小试牛刀】

关于庭前会议，下列哪些选项是正确的？[1]

A. 被告人有参加庭前会议的权利

B. 被害人提起附带民事诉讼的，审判人员可在庭前会议中进行调解

C. 辩护人申请排除非法证据的，可在庭前会议中就是否排除作出决定

D. 控辩双方可在庭前会议中就出庭作证的证人名单进行讨论

### （三）出庭要求

| 公诉人 | 人民法院审判公诉案件，人民检察院应当派员出席法庭支持公诉。 |
|---|---|
| 被害人 | 经传唤未到庭，不影响开庭审理的，人民法院可以开庭审理。 |
| 诉讼代理人 | 经通知未到庭，不影响开庭审理的，人民法院可以开庭审理。 |
| 辩护人 | 辩护人经通知未到庭，被告人同意的，人民法院可以开庭审理。<br>【名师点睛】被告人属于应当提供法律援助情形的除外。 |
| 刑事被告人 | 必须到庭，不允许对刑事被告人缺席判决。 |

拓 展 阅 读

附带民事诉讼原告人经传唤，无正当理由拒不到庭，或者未经法庭许可中途退庭的，应当按撤诉处理。刑事被告人以外的附带民事诉讼被告人经传唤，无正当理由拒不到庭，或者未经法庭许可中途退庭的，附带民事部分可以缺席判决。

### 三、法庭审判

法庭审判由合议庭的审判长主持。法庭审判程序大体可分为开庭、法庭调查、法庭辩论、被告人最后陈述、评议和宣判五个阶段。

---

〔1〕　BD

### （一）开庭

| | |
|---|---|
| 书记员 | 开庭审理前，由书记员依次进行下列工作：<br>（1）受审判长委托，查明公诉人、当事人、证人及其他诉讼参与人是否到庭；<br>（2）宣读法庭规则；<br>（3）请公诉人及相关诉讼参与人入庭；<br>（4）请审判长、审判员（人民陪审员）入庭；<br>（5）审判人员就座后，当庭向审判长报告开庭前的准备工作已经就绪。 |
| 审判长 | （1）审判长宣布开庭，传被告人到庭后，应当查明被告人的基本情况。<br>（2）审判长宣布案件的来源、起诉的案由、附带民事诉讼当事人的姓名及是否公开审理；不公开审理的，应当宣布理由。<br>（3）审判长宣布合议庭组成人员、书记员、公诉人、辩护人、鉴定人、翻译人员等诉讼参与人的名单。<br>（4）审判长应当告知当事人及其法定代理人、辩护人、诉讼代理人在法庭审理过程中依法享有的诉讼权利。<br>（5）审判长应当询问当事人及其法定代理人、辩护人、诉讼代理人是否申请回避，申请何人回避和申请回避的理由。<br>【拓展阅读】对于共同犯罪案件，应将各被告人同时传唤到庭，逐一查明身份及基本情况后，集中宣布上述事项和被告人在法庭审理过程中享有的权利。询问是否申请回避，以避免重复，节省开庭时间。 |

### （二）法庭调查

法庭调查是指在公诉人、当事人和其他诉讼参与人的参加下，由合议庭主持对案件事实和证据进行调查核对的诉讼活动。法庭调查是案件进入实体审理的一个重要阶段，是法庭审判的中心环节。

1. 公诉人宣读起诉书

审判长宣布法庭调查开始后，先由公诉人宣读起诉书。有附带民事诉讼的，再由附带民事诉讼原告人或者其诉讼代理人宣读附带民事诉状。

【名师点睛1】此处公诉人宣读的是起诉书，而非公诉词。

【名师点睛2】宣读起诉书时，如果一案有数名被告人，应同时在场。被告人的犯罪事实为两起以上的，法庭调查一般应当分别进行。

2. 被告人、被害人陈述

公诉人宣读起诉书后，在审判长主持下，被告人、被害人可以就起诉书指控的犯罪事实分别进行陈述。

3. 讯问、发问被告人、被害人

（1）公诉人讯问被告人。在审判长主持下，公诉人可以就起诉书指控的犯罪事实讯问被告人。

【考点提示】讯问同案审理的被告人，应当分别进行。必要时，可以传唤同案被告人等到庭对质。

（2）经审判长准许，被害人及其法定代理人、诉讼代理人，附带民事诉讼原告人及其法定代理人、诉讼代理人，被告人的法定代理人、辩护人，附带民事诉讼被告人及其法定代理人、诉讼代理人，可以向被告人发问。

【考点提示】被害人与附带民事诉讼的原告人，发问内容不同。被害人及其法定代理人、诉讼代理人经审判长准许，可以就公诉人询问的情况进行补充性发问。而附带民事诉讼的原告人及其法定代理人或者诉讼代理人经审判长准许，就附带民事诉讼部分的事实向被告人发问，可以证实被告人的犯罪行为给自己造成的物质损失和应承担的赔偿责任。

（3）经审判长准许，控辩双方可以向被害人、附带民事诉讼原告人发问。

（4）审判人员讯问（询问）、发问被告人、被害人及附带民事诉讼原告人、被告人。审判长主持讯问、发问被告人时，对于共同犯罪案件中的被告人，应当安排分别对被告人进行讯问、发问，以免被告人相互影响，作虚假口供。合议庭认为必要时，可以传唤共同被告人同时到庭对质。

【名师点睛】起诉书指控的被告人的犯罪事实为两起以上的，一般应当就每一起犯罪事实分别进行讯问与发问。审判长对于控辩双方讯问、发问的内容与本案无关或者讯问、发问的方式不当的，应当制止。对于控辩双方认为对方讯问或发问的方式不当并提出异议的，审判长应当判明情况予以支持或者驳回。

4. 出示、核实证据

证据只有经过查证核实才能成为定案的根据。因此，在讯问、发问当事人以后，应当核查各种证据。具体程序是：

（1）询问证人、鉴定人

| | |
|---|---|
| 证人应当出庭的条件 | 公诉人、当事人或者辩护人、诉讼代理人对证人证言有异议，且该证人证言对案件定罪量刑有重大影响，人民法院认为证人有必要出庭作证的，证人应当出庭作证。人民警察就其执行职务时目击的犯罪情况作为证人出庭作证，适用上述规定。<br>【名师点睛】证人应当出庭需要同时满足三个条件：①公诉人、当事人或者辩护人、诉讼代理人对证人证言有异议；②该证人证言对案件定罪量刑有重大影响；③人民法院认为证人有必要出庭作证。 |
| 鉴定人应当出庭的条件 | 公诉人、当事人或者辩护人、诉讼代理人对鉴定意见有异议，人民法院认为鉴定人有必要出庭的，鉴定人应当出庭作证。<br>【名师点睛】鉴定人和证人应当出庭的条件是不一样的。鉴定人应当出庭只要同时满足两个条件：①公诉人、当事人或者辩护人、诉讼代理人对鉴定意见有异议；②人民法院认为鉴定人有必要出庭的。 |
| 证人可以不出庭的情形 | ①在庭审期间身患严重疾病或者行动极为不便的；<br>②居所远离开庭地点且交通极为不便的；<br>③身处国外短期无法回国的；<br>④有其他客观原因，确实无法出庭的。<br>【名师点睛】具有上述规定情形的，可以通过视频等方式作证。 |
| 证人拒绝出庭的后果 | ①证人没有正当理由不按人民法院通知出庭作证的，人民法院可以强制其到庭，但是被告人的配偶、父母、子女除外。强制证人出庭的，应当由院长签发强制证人出庭令。 |

续表

| | |
|---|---|
| 证人拒绝出庭的后果 | ②证人没有正当理由逃避出庭或者出庭后拒绝作证，予以训诫，情节严重的，经院长批准，处以10日以下的拘留。被处罚人对拘留决定不服的，可以向上一级人民法院申请复议。复议期间不停止执行。 |
| 鉴定人拒绝出庭的后果 | ①鉴定人拒不出庭作证的，鉴定意见不得作为定案的根据；<br>②鉴定人由于不能抗拒的原因或者有其他正当理由无法出庭的，人民法院可以根据案件审理情况决定延期审理或者重新鉴定。<br>【名师点睛】证人和鉴定人拒绝出庭的后果也是不一样的。 |
| 发问证人、鉴定人的顺序 | 向证人、鉴定人发问，应当先由提请通知的一方进行；发问完毕后，经审判长准许，对方也可以发问。 |
| 发问规则 | ①发问的内容应当与本案事实有关；<br>②不得以诱导方式发问；<br>③不得威胁证人；<br>④不得损害证人的人格尊严。 |
| 分别进行，不得旁听 | 向证人发问应当分别进行，证人经控辩双方发问或者审判人员询问后，审判长应当告知其退庭，证人不得旁听对本案的审理。 |

【小试牛刀】

关于证人出庭作证，下列哪些说法是正确的？[1]

A. 需要出庭作证的警察就其执行职务时目击的犯罪情况出庭作证，适用证人作证的规定

B. 警察就其非执行职务时目击的犯罪情况出庭作证，不适用证人作证的规定

C. 对了解案件情况的人，确有必要时，可以强制到庭作证

D. 证人没有正当理由拒绝出庭作证的，只有情节严重，才可以处以拘留，且拘留不可以超过10日

（2）专家辅助人（专门知识的人）出庭

❶公诉人、当事人及其辩护人、诉讼代理人申请法庭通知有专门知识的人出庭，就鉴定意见提出意见的，应当说明理由。法庭认为有必要的，应当通知有专门知识的人出庭。

❷申请有专门知识的人出庭，不得超过2人。有多类鉴定意见的，可以相应增加人数。

❸有专门知识的人出庭，适用鉴定人出庭的有关规定。

（3）出示、宣读证据

❶公诉人、辩护人应当向法庭出示物证，让当事人辨认，对未到庭的证人的证言笔录、鉴定人的鉴定意见、勘验笔录和其他作为证据的文书，应当当庭宣读。审判人员应当听取公诉人、当事人和辩护人、诉讼代理人的意见。

❷当庭出示的物证、书证、视听资料等证据，应当先由出示证据的一方就所出示的证

---

〔1〕 AD

据的来源、特征等做必要的说明，然后由另一方进行辨认并发表意见。控辩双方可以互相质问、辩论。

❸ 当庭出示的证据，尚未移送人民法院的，应当在质证后移交法庭。

【小试牛刀】

在法庭审理中，控方向法庭出示被告人实施抢劫时所持的匕首。关于该匕首，应当履行的法庭调查程序，下列哪些选项是正确的?[1]

A. 让被害人辨认　　　　　　　　B. 让被告人辨认

C. 听取辩护人意见　　　　　　　D. 听取诉讼代理人意见

【关联法条】《刑诉解释》第 221 条　公诉人申请出示开庭前未移送人民法院的证据，辩护方提出异议的，审判长应当要求公诉人说明理由；理由成立并确有出示必要的，应当准许。

辩护方提出需要对新的证据作辩护准备的，法庭可以宣布休庭，并确定准备辩护的时间。

辩护方申请出示开庭前未提交的证据，参照适用前两款的规定。

5. 调取新证据

【关联法条】《刑诉解释》第 222 条　法庭审理过程中，当事人及其辩护人、诉讼代理人申请通知新的证人到庭，调取新的证据，申请重新鉴定或者勘验的，应当提供证人的姓名、证据的存放地点，说明拟证明的案件事实，要求重新鉴定或者勘验的理由。法庭认为有必要的，应当同意，并宣布延期审理；不同意的，应当说明理由并继续审理。

延期审理的案件，符合刑事诉讼法第 202 条第 1 款规定的，可以报请上级人民法院批准延长审理期限。

人民法院同意重新鉴定申请的，应当及时委托鉴定，并将鉴定意见告知人民检察院、当事人及其辩护人、诉讼代理人。

6. 补充侦查

审判期间，公诉人发现案件需要补充侦查，建议延期审理的，合议庭应当同意，但建议延期审理不得超过两次。人民检察院将补充收集的证据移送人民法院的，人民法院应当通知辩护人、诉讼代理人查阅、摘抄、复制。补充侦查期限届满后，经法庭通知，人民检察院未将案件移送人民法院，且未说明原因的，人民法院可以决定按人民检察院撤诉处理。

【关联法条】《刑诉解释》第 226 条　审判期间，合议庭发现被告人可能有自首、坦白、立功等法定量刑情节，而人民检察院移送的案卷中没有相关证据材料的，应当通知人民检察院移送。

审判期间，被告人提出新的立功线索的，人民法院可以建议人民检察院补充侦查。

7. 合议庭调查核实证据

法庭审理过程中，合议庭对证据有疑问的，可以宣布休庭，对证据进行调查核实。人民法院调查核实证据，可以进行勘验、检查、查封、扣押、鉴定和查询、冻结。

---

〔1〕　ABCD

【名师点睛】法院调查核实证据的手段中没有搜查。

【关联法条】《刑诉解释》

第66条 人民法院依照刑事诉讼法第191条的规定调查核实证据，必要时，可以通知检察人员、辩护人、自诉人及其法定代理人到场。上述人员未到场的，应当记录在案。

人民法院调查核实证据时，发现对定罪量刑有重大影响的新的证据材料的，应当告知检察人员、辩护人、自诉人及其法定代理人。必要时，也可以直接提取，并及时通知检察人员、辩护人、自诉人及其法定代理人查阅、摘抄、复制。

第220条 法庭对证据有疑问的，可以告知公诉人、当事人及其法定代理人、辩护人、诉讼代理人补充证据或者作出说明；必要时，可以宣布休庭，对证据进行调查核实。

对公诉人、当事人及其法定代理人、辩护人、诉讼代理人补充的和法庭庭外调查核实取得的证据，应当经过当庭质证才能作为定案的根据。但是，经庭外征求意见，控辩双方没有异议的除外。

有关情况，应当记录在案。

第224条 人民法院向人民检察院调取需要调查核实的证据材料，或者根据被告人、辩护人的申请，向人民检察院调取在侦查、审查起诉期间收集的有关被告人无罪或者罪轻的证据材料，应当通知人民检察院在收到调取证据材料决定书后3日内移交。

8. 对量刑事实、证据的调查

法庭审理过程中，对与量刑有关的事实、证据，应当进行调查。人民法院除应当审查被告人是否具有法定量刑情节外，还应当根据案件情况审查以下影响量刑的情节：①案件起因；②被害人有无过错及过错程度，是否对矛盾激化负有责任及责任大小；③被告人的近亲属是否协助抓获被告人；④被告人平时表现，有无悔罪态度；⑤退赃、退赔及赔偿情况；⑥被告人是否取得被害人或者其近亲属谅解；⑦影响量刑的其他情节。

【关联法条】《刑诉解释》第227条 对被告人认罪的案件，在确认被告人了解起诉书指控的犯罪事实和罪名，自愿认罪且知悉认罪的法律后果后，法庭调查可以主要围绕量刑和其他有争议的问题进行。

对被告人不认罪或者辩护人作无罪辩护的案件，法庭调查应当在查明定罪事实的基础上，查明有关量刑事实。

（三）法庭辩论

合议庭认为案件事实已经调查清楚的，应当由审判长宣布法庭调查结束，开始就定罪、量刑的事实、证据和适用法律等问题进行法庭辩论。法庭辩论应当在审判长的主持下，按照下列顺序进行：

1. 公诉人发言。公诉人的首轮发言被称作发表公诉词。

【名师点睛】检察官（公诉人）在法庭审判过程中有两次"首先发言"。分别是起诉书与公诉词，两者不同。第一次，在法庭调查阶段，即公诉人在法庭上宣读起诉书。第二次，在法庭辩论阶段，即发表公诉词。

2. 被害人及其诉讼代理人发言。

3. 被告人自行辩护。

4. 辩护人辩护。

5. 控辩双方进行辩论。

**【关联法条】《刑诉解释》**

**第 230 条** 人民检察院可以提出量刑建议并说明理由，量刑建议一般应当具有一定的幅度。当事人及其辩护人、诉讼代理人可以对量刑提出意见并说明理由。

**第 231 条** 对被告人认罪的案件，法庭辩论时，可以引导控辩双方主要围绕量刑和其他有争议的问题进行。

对被告人不认罪或者辩护人作无罪辩护的案件，法庭辩论时，可以引导控辩双方先辩论定罪问题，后辩论量刑问题。

**第 232 条** 附带民事部分的辩论应当在刑事部分的辩论结束后进行，先由附带民事诉讼原告人及其诉讼代理人发言，后由附带民事诉讼被告人及其诉讼代理人答辩。

**第 234 条** 法庭辩论过程中，合议庭发现与定罪、量刑有关的新的事实，有必要调查的，审判长可以宣布暂停辩论，恢复法庭调查，在对新的事实调查后，继续法庭辩论。

**【小试牛刀】**

审理一起团伙犯罪案时，因涉及多个罪名和多名被告人、被害人，审判长为保障庭审秩序，提高效率，在法庭调查前告知控辩双方注意事项。下列哪些做法是错误的？[1]

A. 公诉人和被告人仅就刑事部分进行辩论，被害人和被告人仅就附带民事部分进行辩论

B. 控辩双方仅在法庭辩论环节就证据的合法性、相关性问题进行辩论

C. 控辩双方可就证据问题、事实问题、程序问题以及法律适用问题进行辩论

D. 为保证控方和每名辩护人都有发言时间，控方和辩方发表辩论意见时间不超过 30 分钟

**（四）被告人最后陈述**

1. 被告人最后陈述是法庭审判中一个独立的阶段。

2. 审判长宣布法庭辩论终结后，合议庭应当保证被告人充分行使最后陈述的权利。

3. 被告人在最后陈述中多次重复自己的意见的，审判长可以制止。

4. 陈述内容蔑视法庭、公诉人，损害他人及社会公共利益，或者与本案无关的，应当制止。

5. 在公开审理的案件中，被告人最后陈述的内容涉及国家秘密、个人隐私或者商业秘密的，应当制止。

**【关联法条】《刑诉解释》第 236 条** 被告人在最后陈述中提出新的事实、证据，合议庭认为可能影响正确裁判的，应当恢复法庭调查；被告人提出新的辩解理由，合议庭认为可能影响正确裁判的，应当恢复法庭辩论。

**（五）评议、宣判**

在被告人最后陈述后，审判长宣布休庭，合议庭进行评议，根据已经查明的事实、证据和有关的法律规定，分别作出不同判决和裁定。

---

[1] ABD

## 1. 判决类型

| | |
|---|---|
| 有罪判决 | （1）起诉指控的事实清楚，证据确实、充分，依据法律认定指控被告人的罪名成立的，应当作出有罪判决；<br>（2）起诉指控的事实清楚，证据确实、充分，指控的罪名与审理认定的罪名不一致的，应当按照审理认定的罪名作出有罪判决。<br>【名师点睛1】第二种情形，人民法院应当在判决前听取控辩双方的意见，保障被告人、辩护人充分行使辩护权。必要时，可以重新开庭。组织控辩双方围绕被告人的行为构成何罪进行辩论。<br>【名师点睛2】案件部分事实清楚，证据确实、充分的，应当作出有罪或者无罪的判决；对事实不清、证据不足部分，不予认定。 |
| 无罪判决 | （1）案件事实清楚，证据确实、充分，依据法律认定被告人无罪的，应当判决宣告被告人无罪；<br>（2）证据不足，不能认定被告人有罪的，应当以证据不足、指控的犯罪不能成立，判决宣告被告人无罪。<br>【名师点睛】第二种情形下，如果有新事实和证据重新起诉的，人民法院应当在判决中写明被告人曾被人民检察院提起公诉，因证据不足，指控的犯罪不能成立，被人民法院依法判决宣告无罪的情况；前案作出的无罪判决不予撤销。 |
| 不负刑事责任判决 | （1）被告人因不满16周岁，不予刑事处罚的，应当判决宣告被告人不负刑事责任；<br>（2）被告人是精神病人，在不能辨认或者不能控制自己行为时造成危害结果，不予刑事处罚的，应当判决宣告被告人不负刑事责任。 |

【考点提示】如果是犯罪已过追诉时效期限且不是必须追诉，或者经特赦令免除刑罚的，应当裁定终止审理。如果被告人死亡的，应当裁定终止审理；根据已查明的案件事实和认定的证据，能够确认无罪的，应当判决宣告被告人无罪。

【小试牛刀】

**1.** 在一审法院审理中出现下列哪一特殊情形时，应以判决的形式作出裁判?[1]

A. 经审理发现犯罪已过追诉时效且不是必须追诉的

B. 自诉人未经法庭准许中途退庭的

C. 经审理发现被告人系精神病人，在不能控制自己行为时造成危害结果的

D. 被告人在审理过程中死亡，根据已查明的案件事实和认定的证据，尚不能确认其无罪的

**2.** 检察院以涉嫌盗窃罪对赵某提起公诉。经审理，法院认为证明指控事实的证据间存在矛盾且无法排除，同时查明赵某年龄认定有误，该案发生时赵某未满16周岁。关于本案，法院应当采取下列哪一做法?[2]

A. 将案件退回检察院

---

[1] C

[2] C。本案中，因为指控事实的证据间存在矛盾且无法排除，不能证明赵某有罪，所以应该作出证据不足、指控的犯罪不能成立的无罪判决。

B. 终止审理

C. 作证据不足、指控的犯罪不能成立的无罪判决

D. 判决宣告赵某不负刑事责任

2. 宣判

（1）宣告判决，一律公开进行。

（2）宣判的两种形式：

| 当庭宣判 | 应当在5日以内将判决书送达当事人和提起公诉的人民检察院。 |
|---|---|
| 定期宣判 | 应当在宣告后立即将判决书送达当事人和提起公诉的人民检察院。<br>【名师点睛】判决书应当同时送达辩护人、诉讼代理人。 |

（3）宣判时，公诉人、辩护人、被害人、自诉人或者附带民事诉讼的原告人未到庭的，不影响宣判的进行。

3. 文书签字问题

| 评议笔录 | 合议庭成员应当在评议笔录上签名。<br>【名师点睛】合议庭成员不包括书记员。 |
|---|---|
| 庭审笔录 | 审判长和书记员签名。<br>【名师点睛】另外，还有当事人、法定代理人、诉讼代理人、辩护人、出庭作证的证人、鉴定人、具有专门知识的人签名。 |
| 判决书 | 审判人员和书记员署名。<br>【名师点睛】审判人员包括陪审员。 |

**【小试牛刀】**

**1.** 下列关于合议庭评议笔录的哪些表述是正确的?[1]

A. 合议庭意见有分歧的，应当按多数人的意见作出决定

B. 合议庭意见有分歧的，少数人的意见可以不写入笔录

C. 持少数意见的合议庭成员，也应当在评议笔录上签名

D. 合议庭的书记员，应当在评议笔录上签名

**2.** 按照我国《刑事诉讼法》的规定，关于法庭审理活动先后顺序的排列，下列哪一选项的组合是正确的?[2]

①宣读勘验笔录；②公诉人发表公诉词；③讯问被告人；④询问证人、鉴定人；⑤出示物证；⑥被告人最后陈述。

A. ②③⑤④①⑥　　　　　　　　　　B. ③④⑤①②⑥

C. ②④⑤①⑥③　　　　　　　　　　D. ③④①⑤②⑥

---

[1]　AC。合议庭全体成员的签名包括少数意见的成员的签名，选项B错误。书记员不属于合议庭成员，无权在评议笔录上签名，选项D错误。

[2]　B

## 四、法庭审理中特殊问题的处理

### （一）撤诉问题的处理

| | |
|---|---|
| 公 诉 | 宣告判决前，人民检察院要求撤回起诉的，人民法院应当审查撤回起诉的理由，作出是否准许的裁定。<br>**【关联法条】**《高检规则》第459条 在人民法院宣告判决前，人民检察院发现具有下列情形之一的，可以撤回起诉：<br>（一）不存在犯罪事实的；<br>（二）犯罪事实并非被告人所为的；<br>（三）情节显著轻微、危害不大，不认为是犯罪的；<br>（四）证据不足或证据发生变化，不符合起诉条件的；<br>（五）被告人因未达到刑事责任年龄，不负刑事责任的；<br>（六）法律、司法解释发生变化导致不应当追究被告人刑事责任的；<br>（七）其他不应当追究被告人刑事责任的。<br>对于撤回起诉的案件，人民检察院应当在撤回起诉后30日以内作出不起诉决定。需要重新侦查的，应当在作出不起诉决定后将案卷材料退回公安机关，建议公安机关重新侦查并书面说明理由。<br>对于撤回起诉的案件，没有新的事实或者新的证据，人民检察院不得再行起诉。<br>新的事实是指起诉书中未指控的犯罪事实。该犯罪事实触犯的罪名既可以是原指控罪名的同一罪名，也可以是其他罪名。<br>新的证据是指撤回起诉后收集、调取的足以证明原指控犯罪事实的证据。 |
| 自 诉 | 判决宣告前，自诉案件的当事人可以自行和解，自诉人可以撤回自诉。<br>**【名师点睛】**人民法院经审查，认为和解、撤回自诉确属自愿的，应当裁定准许；认为系被强迫、威吓等，并非出于自愿的，不予准许。 |

**【考点提示】** 撤诉后，没有新的事实或者新的证据，不得再行起诉。

### （二）发现新事实后的处理

| | |
|---|---|
| 法院发现新事实的处理 | 《刑诉解释》第243条规定，审判期间，人民法院发现新的事实，可能影响定罪的，"可以"建议人民检察院补充或者变更起诉；人民检察院不同意或者在7日内未回复意见的，人民法院应当就起诉指控的犯罪事实，依法作出判决、裁定。<br>**【关联法条】**《高检规则》第460条 在法庭审理过程中，人民法院建议人民检察院补充侦查、补充起诉、追加起诉或者变更起诉的，人民检察院应当审查有关理由，并作出是否补充侦查、补充起诉、追加起诉或者变更起诉的决定。人民检察院不同意的，可以要求人民法院就起诉指控的犯罪事实依法作出裁判。<br>第461条 变更、追加、补充或者撤回起诉应当报经检察长或者检察委员会决定，并以书面方式在人民法院宣告判决前向人民法院提出。<br>**【小试牛刀】**法院在审理胡某持有毒品案时发现，胡某不仅持有毒品数量较大，而且向他人出售毒品，构成贩卖毒品罪。法院该如何处理？**答案**：法院可建议检察院补充或者变更起诉。 |

续表

| 检察院变更、追加、补充起诉 | 《高检规则》第458条　在人民法院宣告判决前，人民检察院发现被告人的真实身份或者犯罪事实与起诉书中叙述的身份或者指控犯罪事实不符的，或者事实、证据没有变化，但罪名、适用法律与起诉书不一致的，可以变更起诉；发现遗漏的同案犯罪嫌疑人或者罪行可以一并起诉和审理的，可以追加、补充起诉。 |
|---|---|

【小试牛刀】

**1.** 法庭在审理被告人某甲入室盗窃案的过程中发现，某甲在实施犯罪过程中，为逃避抓捕曾以暴力伤害被害人。关于法院的做法，下列哪一选项是正确的?[1]

A. 可以建议检察机关补充侦查　　　B. 可以建议检察机关变更起诉

C. 可以建议检察机关撤回起诉　　　D. 应当自行补充侦查

**2.** 法院审理郑某涉嫌滥用职权犯罪案件，在宣告判决前，检察院发现郑某和张某接受秦某巨款，涉嫌贿赂犯罪。对于新发现犯罪嫌疑人和遗漏罪行的处理，下列哪些做法是正确的?[2]

A. 法院可以主动将张某、秦某追加为被告人一并审理

B. 检察院可以补充起诉郑某、张某和秦某的贿赂犯罪

C. 检察院可以将张某、秦某追加为被告人，要求法院一并审理

D. 检察院应当撤回起诉，将三名犯罪嫌疑人以两个罪名重新起诉

## 五、单位犯罪案件的审理程序

| 1. 庭前审查的特殊规定 | | 人民法院受理单位犯罪案件，除依照有关规定进行审查外，还应当审查起诉书是否列明被告单位的名称、住所地、联系方式，法定代表人、主要负责人以及代表被告单位出庭的诉讼代表人的姓名、职务、联系方式。需要人民检察院补充材料的，应当通知人民检察院在3日内补送。 |
|---|---|---|
| 2. 诉讼代表人的遴选 | 首选老大 | 应当是法定代表人或者主要负责人。 |
| | 不然其他 | 法定代表人或者主要负责人被指控为单位犯罪直接负责的主管人员或者因客观原因无法出庭的，应当由被告单位委托其他负责人或者职工作为诉讼代表人。但是，有关人员被指控为单位犯罪的其他直接责任人员或者知道案件情况、负有作证义务的除外。 |
| 3. 诉讼代表人的出庭 | | 被告单位的诉讼代表人不出庭的，应当按照下列情形分别处理：①诉讼代表人系被告单位的法定代表人或者主要负责人，无正当理由拒不出庭的，可以拘传其到庭；因客观原因无法出庭，或者下落不明的，应当要求人民检察院另行确定诉讼代表人。②诉讼代表人系被告单位的其他人员的，应当要求人民检察院另行确定诉讼代表人出庭。<br>【名师点睛】能拘传诉讼代表人的情形，仅限诉讼代表人系被告单位的法定代表人或者主要负责人且拒绝出庭的时候。 |

---

[1]　B

[2]　BC

续表

| 4. 诉讼代表人的权限 | 被告单位的诉讼代表人享有刑事诉讼法规定的有关被告人的诉讼权利。开庭时，诉讼代表人席位于审判台左侧，与辩护人席并列。<br>【考点提示】被告单位的诉讼代表人也能行使最后陈述权。 | |
|---|---|---|
| 5. 遗漏单位当事人的处理 | （1）对应当认定为单位犯罪的案件，人民检察院只作为自然人犯罪起诉的，人民法院应当建议人民检察院对犯罪单位补充起诉；<br>（2）人民检察院仍以自然人犯罪起诉的，人民法院应当依法审理，按照单位犯罪中的直接负责的主管人员或者其他直接责任人员追究刑事责任，并援引刑法分则关于追究单位犯罪中直接负责的主管人员和其他直接责任人员刑事责任的条款。<br>【考点提示】此处体现了法院不告不理原则，法院审判范围要受到检察院起诉范围的限制。 | |
| 6. 法院追缴或者扣押、冻结相关财物 | （1）被告单位的违法所得及其孳息，尚未被依法追缴或者查封、扣押、冻结的，人民法院应当决定追缴或者查封、扣押、冻结；<br>（2）为保证判决的执行，人民法院可以先行查封、扣押、冻结被告单位的财产，或者由被告单位提出担保。 | |
| 7. 被告单位注销、变更的处理 | 单位没了 | 审判期间，被告单位被撤销、注销、吊销营业执照或者宣告破产的，对单位犯罪直接负责的主管人员和其他直接责任人员应当继续审理。 |
| | 单位变了 | 审判期间，被告单位合并、分立的，应将原单位列为被告单位，并注明合并、分立情况。对被告单位所判的罚金以其在新单位财产及收益为限。 |

## 【小试牛刀】

迅辉制药股份公司主要生产健骨消痛丸，公司法定代表人陆某指令保管员韩某采用不登记入库、销售人员打白条领取产品的方法销售，逃避缴税65万元。迅辉公司及陆某以逃税罪被起诉到法院。请回答第（1）～（3）题。

（1）可以作为迅辉公司单位犯罪的诉讼代表人的是：[1]

A. 公司法定代表人陆某　　　　　　B. 被单位委托的职工王某

C. 保管员韩某　　　　　　　　　　D. 公司副经理李某

（2）对迅辉公司财产的处置，下列选项正确的是：[2]

A. 涉及违法所得及其孳息，尚未被追缴的，法院应当追缴

B. 涉及违法所得及其孳息，尚未被查封、扣押、冻结的，法院应当查封、扣押、冻结

C. 为了保证判决的执行，对迅辉公司财产，法院应当先行查封、扣押、冻结

D. 如果迅辉公司能够提供担保，对其财产也可以不采取查封、扣押、冻结

（3）如迅辉公司在案件审理期间发生下列变故，法院的做法正确的是：[3]

A. 公司被撤销，不能免除单位和单位主管人员的刑事责任

B. 公司被注销，对单位不再追诉，对主管人员继续审理

---

[1]　B

[2]　ABD

[3]　BC

C. 公司被合并，仍应将迅辉公司列为被告单位，并以其在新单位的财产范围承担责任

D. 公司被分立，应将分立后的单位列为被告单位，并以迅辉公司在新单位的财产范围承担责任

## 六、违反法庭秩序的处理

| 1. 情节较轻的 | 应当当庭警告制止并进行训诫。 |
|---|---|
| 2. 不听制止的 | 可以指令法警强行带出法庭。 |
| 3. 情节严重的 | 经报请院长批准后，可以处以1000元以下的罚款或者15日以下的拘留。【考点提示】诉讼参与人、旁听人员对罚款、拘留的决定不服的，可以直接向上一级人民法院申请复议，也可以通过决定罚款、拘留的人民法院向上一级人民法院申请复议。通过决定罚款、拘留的人民法院申请复议的，该人民法院应当自收到复议申请之日起3日内，将复议申请、罚款或者拘留决定书和有关事实、证据材料一并报上一级人民法院复议。复议期间，不停止决定的执行。 |
| 4. 违规拍摄的 | 未经许可录音、录像、摄影或者通过邮件、博客、微博客等方式传播庭审情况的，可以暂扣存储介质或者相关设备。【考点提示】担任辩护人、诉讼代理人的律师严重扰乱法庭秩序，被强行带出法庭或者被处以罚款、拘留的，人民法院应当通报司法行政机关，并可以建议依法给予相应处罚。 |
| 5. 构成犯罪的 | 聚众哄闹、冲击法庭或者侮辱、诽谤、威胁、殴打司法工作人员或者诉讼参与人，严重扰乱法庭秩序，构成犯罪的，应当依法追究刑事责任。 |

【小试牛刀】

法庭审理中旁听群众段某多次脱下皮鞋砸向审判长，严重违反法庭秩序，法院可采取下列哪些措施?[1]

A. 当庭判处段某扰乱法庭秩序罪

B. 强行带出法庭

C. 在1000元以下处以罚款

D. 只能在10日以下处以拘留

## 七、延期审理、中止审理和终止审理

### (一) 延期审理

| 概　念 | 指在法庭审判过程中，遇有足以影响审判进行的情形时，法庭决定延期审理，待影响审判进行的原因消失后，再行开庭审理。 |
|---|---|
| 情　形 | 《刑事诉讼法》第198条规定，在法庭审判过程中，遇有下列情形之一，影响审判进行的，可以延期审理：(1) 需要通知新的证人到庭，调取新的物证，重新鉴定或者勘验的； |

---

[1]　BC

续表

| | |
|---|---|
| 情　形 | （2）检察人员发现提起公诉的案件需要补充侦查，提出建议的；<br>（3）由于申请回避而不能进行审判的。 |
| 方　式 | "决定"延期审理。 |
| 期限计算 | 一般计入审理期限，但是特殊情形不计入办案期限，如补充侦查的情形。<br>【关联法条】《刑事诉讼法》第202条第3款　人民检察院补充侦查的案件，补充侦查完毕移送人民法院后，人民法院重新计算审理期限。 |

### 📖 拓 展 阅 读

《高检规则》

**第455条**　法庭审判过程中遇有下列情形之一的，公诉人可以建议法庭延期审理：

（一）发现事实不清、证据不足，或者遗漏罪行、遗漏同案犯罪嫌疑人，需要补充侦查或者补充提供证据的；

（二）被告人揭发他人犯罪行为或者提供重要线索，需要补充侦查进行查证的；

（三）发现遗漏罪行或者遗漏同案犯罪嫌疑人，虽不需要补充侦查和补充提供证据，但需要补充、追加或者变更起诉的；

（四）申请人民法院通知证人、鉴定人出庭作证或者有专门知识的人出庭提出意见的；

（五）需要调取新的证据，重新鉴定或者勘验的；

（六）公诉人出示、宣读开庭前移送人民法院的证据以外的证据，或者补充、变更起诉，需要给予被告人、辩护人必要时间进行辩护准备的；

（七）被告人、辩护人向法庭出示公诉人不掌握的与定罪量刑有关的证据，需要调查核实的；

（八）公诉人对证据收集的合法性进行证明，需要调查核实的。

在人民法院开庭审理前发现具有上述情形之一的，人民检察院可以建议人民法院延期审理。

**第456条**　法庭宣布延期审理后，人民检察院应当在补充侦查的期限内提请人民法院恢复法庭审理或者撤回起诉。

公诉人在法庭审理过程中建议延期审理的次数不得超过两次，每次不得超过1个月。

**第471条**　转为普通程序审理的案件，公诉人需要为出席法庭进行准备的，可以建议人民法院延期审理。

**第474条第2款**　人民检察院在接到第二审人民法院决定开庭、查阅案卷通知后，可以查阅或者调阅案卷材料，查阅或者调阅案卷材料应当在接到人民法院的通知之日起1个月以内完成。在1个月以内无法完成的，可以商请人民法院延期审理。

《刑诉解释》**第86条第2款**　鉴定人由于不能抗拒的原因或者有其他正当理由无法出庭的，人民法院可以根据情况决定延期审理或者重新鉴定。

### （二）中止审理

| 概　念 | 是指人民法院在审判案件过程中，因发生某种情况影响了审判的正常进行，而决定暂停审理，待其消失后，再行开庭审理。 |
|---|---|
| 情　形 | 《刑事诉讼法》第200条第1款规定，在审判过程中，有下列情形之一，致使案件在较长时间内无法继续审理的，可以中止审理：<br>（1）被告人患有严重疾病，无法出庭的；<br>（2）被告人脱逃的；<br>（3）自诉人患有严重疾病，无法出庭，未委托诉讼代理人出庭的；<br>（4）由于不能抗拒的原因。<br>【名师点睛】有多名被告人的案件，部分被告人具有中止情形的，人民法院可以对全案中止审理；根据案件情况，也可以对该部分被告人中止审理，对其他被告人继续审理。对中止审理的部分被告人，可以根据案件情况另案处理。 |
| 方　式 | "裁定"中止审理。 |
| 期限计算 | 中止审理的期间都不计入审理期限。 |

【小试牛刀】

下列哪一选项属于刑事诉讼中适用中止审理的情形？[1]

A. 由于申请回避而不能进行审判的

B. 需要重新鉴定的

C. 被告人患有严重疾病，长时间无法出庭的

D. 检察人员发现提起公诉的案件需要补充侦查，提出建议的

### （三）终止审理

| 概　念 | 是指人民法院在审判案件过程中，遇有法律规定的情形使审判不应当或者不需要继续进行时终结案件的诉讼活动。 |
|---|---|
| 情　形 | （1）犯罪已过追诉时效期限的；<br>（2）经特赦令免除刑罚的；<br>（3）依照《刑法》告诉才处理的犯罪，没有告诉或者撤回告诉的；<br>（4）被告人死亡的；<br>（5）其他法律规定免予追究刑事责任的。<br>【名师点睛】《刑事诉讼法》第15条的第1种情形"显著轻微，危害不大"不属于终止审理的情形，而是判决宣告无罪。 |
| 方　式 | "裁定"终止审理。 |

【小试牛刀】

下列哪些选项属于法院应当终止审理的情形？[2]

A. 张某涉嫌销售赃物一案，经审理认为情节显著轻微危害不大的

---

〔1〕　C

〔2〕　BD

B. 赵某涉嫌抢劫一案，赵某在第一审开庭审理前发病猝死的

C. 李某以遭受遗弃为由提起自诉，法院审查后不予立案的

D. 王某以遭受虐待为由提起自诉，后又撤回自诉的

**【归纳总结】中止审理与延期审理的区别**

| | 中止审理 | 延期审理 |
|---|---|---|
| 时间不同 | 中止审理适用于人民法院受理案件后至作出判决前。 | 延期审理仅适用于法庭审理过程中。 |
| 原因不同 | 导致中止审理的原因是出现了不能抗拒的情况，其消除与诉讼本身无关，中止审理将暂停一切诉讼活动。 | 导致延期审理的原因是诉讼自身出现了障碍，因此，延期审理不能停止法庭审理以外的诉讼活动。 |
| 可预见性不同 | 中止审理的案件，再行开庭的时间往往无法预见。 | 延期审理的案件，再行开庭的时间可以预见，甚至当庭即可决定。 |

## 八、公诉案件一审程序的审理期限

| 2 个月 | 人民法院审理公诉案件，应当在受理后 2 个月以内宣判。 |
|---|---|
| +1 个月 | 至迟不得超过 3 个月。 |
| +3 个月 | 对于可能判处死刑的案件或者附带民事诉讼的案件，以及有下列情形之一的，经上一级人民法院批准，可以延长 3 个月：①交通十分不便的边远地区的重大复杂案件；②重大的犯罪集团案件；③流窜作案的重大复杂案件；④犯罪涉及面广，取证困难的重大复杂案件。 |
| +未知数 | 因特殊情况还需要延长的，报请最高人民法院批准。 |

**【名师点睛】**一审的审理期限总结为：2+1+3+X。

**【考点提示】**人民法院改变管辖的案件，从改变后的人民法院收到案件之日起计算审理期限。人民检察院补充侦查的案件，补充侦查完毕移送人民法院后，人民法院重新计算审理期限。

## 九、自诉案件的相关程序

### （一）自诉案件的受理条件

1. 属于法律规定的自诉案件范围。

（1）告诉才处理的案件；

（2）被害人有证据证明的轻微刑事案件；

（3）公诉转自诉案件。

2. 属于受诉法院管辖。

3. 刑事案件的被害人告诉的。

**【名师点睛】**被害人死亡、丧失行为能力或者因受强制、威吓等原因无法告诉，或者是限制行为能力人以及由于年老、患病、盲、聋、哑等原因不能亲自告诉的，被害人的法定代理人、近亲属有权向人民法院起诉。

4. 有明确的被告人、具体的诉讼请求。

5. 有证明被告人犯罪事实的证据。

### （二）自诉的受理程序

| 起诉方式 | 提起自诉应当提交刑事自诉状；同时提起附带民事诉讼的，应当提交刑事附带民事自诉状。 |
|---|---|
| 案件审查 | 对自诉案件，人民法院应当在15日内审查完毕。经审查，符合受理条件的，应当决定立案，并书面通知自诉人或者代为告诉人。 |
| 不予受理的情形 | 具有下列情形之一的，应当说服自诉人撤回起诉；自诉人不撤回起诉的，裁定不予受理：①不属于自诉案件范围的；②缺乏罪证的；③犯罪已过追诉时效期限的；④被告人死亡的；⑤被告人下落不明的；⑥除因证据不足而撤诉的以外，自诉人撤诉后，就同一事实又告诉的；⑦经人民法院调解结案后，自诉人反悔，就同一事实再行告诉的。 |
| 驳回起诉的情形 | 对已经立案，经审查缺乏罪证的自诉案件，自诉人提不出补充证据的，人民法院应当说服其撤回起诉或者裁定驳回起诉。<br>【名师点睛】自诉人撤回起诉或者被驳回起诉后，又提出了新的足以证明被告人有罪的证据，再次提起自诉的，人民法院应当受理。 |
| 不予受理和驳回起诉的救济 | 自诉人对不予受理或者驳回起诉的裁定不服的，可以提起上诉：①第二审人民法院查明第一审人民法院作出的不予受理裁定有错误的，应当在撤销原裁定的同时，指令第一审人民法院立案受理；②查明第一审人民法院驳回起诉裁定有错误的，应当在撤销原裁定的同时，指令第一审人民法院进行审理。 |

【小试牛刀】

在一起伤害案件中，被害人甲不服某县人民检察院对犯罪嫌疑人乙作出的不起诉决定而向县人民法院提起诉讼。人民法院审查后认为该案缺乏罪证，经要求，自诉人未能提出补充证据，县人民法院可以作出哪些处理？[1]

A. 说服自诉人撤诉　　　　　　　　B. 裁定驳回自诉

C. 对甲和乙进行调解　　　　　　　D. 中止诉讼

### （三）审判程序

1. 自诉人经过两次依法传唤，无正当理由拒不到庭的，或者未经法庭许可中途退庭的，按撤诉处理。

【名师点睛】附带民事诉讼的原告人经过传唤无正当理由拒不到庭的，按撤诉处理，没有次数要求。

【小试牛刀】

在审理自诉案件中，自诉人段某经过两次传唤，无正当理由拒不到庭，法院应当如何处理？

**答案：**按照段某撤回起诉处理。

---

[1]　AB

2. 自诉案件<u>自诉人承担证明责任</u>。自诉案件当事人因客观原因不能取得的证据，申请人民法院调取的，应当说明理由，并提供相关线索或者材料。人民法院认为有必要的，应当及时调取。

3. 被告人实施<u>两个以上犯罪行为</u>，<u>分别属于公诉案件和自诉案件</u>，人民法院<u>可以一并审理</u>。对自诉部分的审理，适用本章的规定。

【考点提示】 如果正在审理自诉案件，发现还有尚未起诉的公诉案件，法院不能直接审理，只能移送侦查机关立案侦查。

【小试牛刀】

1. 马某涉嫌盗窃罪，法院决定开庭审理时，马某的母亲牛某也到该院递交自诉状，对马某长期虐待自己的行为提起自诉。法院能否合并审理两案？

答案：可以。

2. 法院正在审理马某虐待牛某过程中，发现马某还涉嫌强奸驴某，此时法院能否合并审理两案？

答案：不可以。法院不告不理，只能移送侦查机关立案侦查强奸案，对虐待案继续审理。

4. 在自诉案件审理过程中，<u>被告人下落不明</u>的，应当<u>中止审理</u>；被告人归案后，应当恢复审理，必要时，应当对被告人依法采取强制措施。

5. 人民法院对于依法宣告无罪的自诉案件，其附带民事诉讼部分应当依法进行调解或者一并作出判决。

### （四）自诉案件第一审程序的特点

自诉案件第一审审判程序一般参照刑事诉讼法关于公诉案件第一审程序的规定进行。此外，刑事诉讼法对自诉案件的审判程序作了一些特殊性规定。自诉案件第一审程序有以下特点：

| | |
|---|---|
| 1. 可以调解 | 人民法院对于<u>告诉才处理</u>和<u>被害人有证据证明的轻微刑事案件</u>，可以在查明事实、分清是非的基础上进行调解。<br>【名师点睛】 对于公诉转自诉案件不适用调解。 |
| 2. 可以反诉 | <u>告诉才处理</u>和<u>被害人有证据证明的轻微刑事案件</u>的被告人或者其法定代理人在诉讼过程中，可以对自诉人提起反诉。<br>【名师点睛】 对于公诉转自诉案件不适用反诉。<br>【考点提示】 二审期间，自诉案件当事人提出反诉的，应当告知另行起诉。 |
| 3. 可以适用简易程序 | 自诉案件，符合简易程序适用条件的，<u>可以适用简易程序审理</u>。<br>【名师点睛】 根据新修订的《刑诉解释》的规定，简易程序并不排斥公诉转自诉案件。 |
| 4. 可以和解与撤诉 | 自诉人在宣告判决前，可以同被告人自行<u>和解</u>或者<u>撤回自诉</u>。对于自诉人要求撤诉的，人民法院应当审查，<u>确属自愿</u>的，应当允许撤诉。经审查后，认为自诉人系被强制、威吓等原因而被迫撤诉的，人民法院不予准许。<br>【名师点睛1】 三类自诉案件都可以和解、撤诉。<br>【名师点睛2】 自诉人是2人以上，其中部分人撤诉的，不影响案件的继续审理。 |

续表

| 5. 可分性 | 被告人可分 | 自诉人明知有其他共同侵害人，但只对部分侵害人提起自诉的，法院应当受理；自诉人放弃告诉，判决宣告后又对其他共同侵害人就同一事实提起自诉的，法院不予受理。 |
| | 自诉人可分 | 共同被害人中只有部分人告诉的，法院应当通知其他被害人参加诉讼，并告知其不参加诉讼的法律后果。被通知人接到通知后表示不参加诉讼或者不出庭的，视为放弃告诉。第一审宣判后，被通知人就同一事实又提起自诉的，法院不予受理。 |
| 6. 审限特殊 | 被告人未羁押 | 适用普通程序审理的被告人未被羁押的自诉案件，应当在立案后6个月内宣判。 |
| | 被告人已羁押 | 如果被告人被羁押的，审理期限与公诉案件的审理期限相同。（2+1+3+X） |

【小试牛刀】

**1.** 关于自诉案件的和解和调解，下列哪些说法是正确的?[1]

A. 和解和调解适用于自诉案件

B. 和解和调解都适用于告诉才处理和被害人有证据证明的轻微刑事案件

C. 和解和调解应当制作调解书、和解协议，由审判人员和书记员署名并加盖法院印章

D. 对于当事人已经签收调解书或法院裁定准许自诉人撤诉的案件，被告人被羁押的，应当予以解除

**2.** 胡女士喜欢编造并传播小道消息，她曾经捏造事实，同时诽谤甲、乙、丙、丁四人。此后，甲独自向人民法院起诉。关于本案，人民法院下列哪些处理方式是错误的?[2]

A. 人民法院不受理此案

B. 同意乙、丙、丁不参加诉讼

C. 乙、丙、丁不参加诉讼，但允许他们在本案宣判后另行提起刑事自诉

D. 乙、丙、丁不出庭，但允许其保留告诉权

**3.** 方某涉嫌在公众场合侮辱高某和任某，高某向法院提起自诉。关于本案的审理，下列哪些选项是正确的?[3]

A. 如果任某担心影响不好不愿起诉，任某的父亲可代为起诉

---

〔1〕　BD。调解并非适用于所有的自诉案件，选项A错误。和解是双方自愿协商之结果，法院并不干涉，只要自愿即可，因此和解协议并不需要审判员和书记员署名并盖章，选项C错误。

〔2〕　ACD。本题考查的是自诉案件的可分性。共同被害人中只有部分人告诉的，人民法院应当通知其他被害人参加诉讼。被通知人接到通知后表示不参加诉讼的视为放弃告诉权利。一审宣判后，被通知人就同一事实又提起自诉的，法院不予受理。

〔3〕　BC。选项A的情形并非被害人死亡、丧失行为能力或者因受强制、威吓等无法告诉，或者是限制行为能力人以及因年老、患病、盲、聋、哑等不能亲自告诉，因此不能由其近亲属来起诉，选项A错误。根据《刑诉解释》第270条的规定，自诉案件，符合简易程序适用条件的，可以适用简易程序审理。不适用简易程序审理的自诉案件，参照适用公诉案件第一审普通程序的有关规定。可知，自诉案件并不都是简易程序，还需要符合简易程序的条件才行，选项D错误。

B. 法院通知任某参加诉讼并告知其不参加的法律后果，任某仍未到庭，视为放弃告诉，该案宣判后，任某不得再行自诉

C. 方某的弟弟系该案关键目击证人，经法院通知其无正当理由不出庭作证的，法院可强制其到庭

D. 本案应当适用简易程序审理

## 十、简易程序

### （一）概述

简易程序，是指基层人民法院审理某些事实清楚、情节简单、犯罪轻微的刑事案件所适用的比普通程序相对简化的审判程序。

### （二）简易程序的适用条件和范围

| 积极条件 | 基层人民法院管辖的案件，同时符合下列条件的，可以适用简易程序审判：①案件事实清楚、证据充分的；②被告人承认自己所犯罪行，对指控的犯罪事实没有异议的；③被告人对适用简易程序没有异议的。<br>【名师点睛1】三个条件要同时具备，归纳为：清楚、认罪、同意。<br>【名师点睛2】法院应当询问被告人对指控的犯罪事实的意见，确认其是否同意适用简易程序。对未成年人刑事案件，人民法院决定适用简易程序审理的，应当征求未成年被告人及其法定代理人、辩护人的意见。上述人员提出异议的，不适用简易程序。 |
|---|---|
| 禁止范围 | 具有下列情形之一的，不适用简易程序：①被告人是盲、聋、哑人；②被告人是尚未完全丧失辨认或者控制自己行为能力的精神病人；③有重大社会影响的；④共同犯罪案件中部分被告人不认罪或者对适用简易程序有异议的；⑤辩护人作无罪辩护的；⑥被告人认罪但经审查认为可能不构成犯罪的；⑦不宜适用简易程序审理的其他情形。 |

### 【小试牛刀】

下列哪一案件可适用简易程序审理？[1]

A. 甲为境外非法提供国家秘密案，情节较轻，可能判处 3 年以下有期徒刑

B. 乙抢劫案，可能判处 10 年以上有期徒刑，检察院未建议适用简易程序

C. 丙传播淫秽物品案，经审查认为，情节显著轻微，可能不构成犯罪

D. 丁暴力取证案，可能被判处拘役，丁的辩护人作无罪辩护

### （三）简易程序的程序特点

| 审级限制 | 只适用于第一审程序。<br>【名师点睛】简易程序不适用于第二审程序、死刑复核程序和审判监督程序。相比之下，第二审程序、死刑复核程序和审判监督程序审理的刑事案件相对复杂、重大。 |
|---|---|
| 法院限制 | 只适用于基层法院。<br>【名师点睛】基层人民法院管辖案情简单、影响较小、处罚较轻的刑事案件。只有这些案件才具有适用简易程序审判的条件。 |

---

[1] B

右上角：续表

| | | |
|---|---|---|
| 审判组织 | 3年以下 | 可以组成合议庭审判，也可以由审判员一人独任审判。 |
| | 超过3年 | 应当组成合议庭进行审判。<br>【名师点睛】适用简易程序独任审判过程中，发现对被告人可能判处的有期徒刑超过3年的，应当转由合议庭审理。 |
| 审理期限 | 3年以下 | 应当在受理后20日以内审结。 |
| | 超过3年 | 可以延长至一个半月。 |
| 程序启动 | 自　诉 | 对符合简易程序条件的案件，由法院决定是否适用简易程序。<br>【名师点睛】法院决定适用简易程序，需要征求被告人同意。 |
| | 公　诉 | （1）符合简易程序条件的，法院可以主动决定适用简易程序。<br>【名师点睛】法院决定适用简易程序，需要征求被告人同意。<br>（2）检察院对于符合简易程序条件的案件，可以建议法院适用简易程序。<br>【名师点睛】检察院只是建议适用简易程序，还需要法院决定，需要被告人同意。简易程序的适用并不需要被害人的同意。 |
| 公诉人出庭 | | 适用简易程序审理公诉案件，人民检察院应当派员出席法庭。 |
| 辩护人出庭 | | 适用简易程序审理案件，被告人有辩护人的，应当通知其出庭。<br>【名师点睛】辩护人经通知未到庭，被告人同意的，法院可以开庭审理，但应当提供法律援助情形的除外。 |
| 程序简化 | | （1）公诉人可以摘要宣读起诉书。<br>（2）公诉人、辩护人、审判人员对被告人的讯问、发问可以简化或者省略。<br>（3）对控辩双方无异议的证据，可以仅就证据的名称及所证明的事项作出说明；对控辩双方有异议，或者法庭认为有必要调查核实的证据，应当出示，并进行质证。<br>（4）控辩双方对与定罪量刑有关的事实、证据没有异议的，法庭审理可以直接围绕罪名确定和量刑问题进行。<br>【名师点睛1】简易程序审理中，判决宣告前应当听取被告人的最后陈述。<br>【名师点睛2】适用简易程序审理案件，经审判人员许可，被告人及其辩护人可以同公诉人、自诉人及其诉讼代理人互相辩论。 |
| 当庭宣判 | | 适用简易程序审理案件，一般应当当庭宣判，并在5日内将判决书送达被告人和提起公诉的人民检察院。 |

【小试牛刀】

甲犯抢夺罪，法院经审查决定适用简易程序审理。关于本案，下列哪一选项是正确的?[1]

A. 适用简易程序必须由检察院提出建议

B. 如被告人已提交承认指控犯罪事实的书面材料，则无需再当庭询问其对指控的

[1] D。选项A，如果认为可以适用简易程序，检察院是"可以"向法院提出建议，而非必须由检察院提出建议，选项A错误。选项B，必须当庭询问被告人对指控的犯罪事实的意见，选项B错误。选项C，只有当控辩双方对与定罪量刑有关的事实、证据没有异议的，法庭审理才可以直接围绕罪名确定和量刑问题进行，选项C错误。

意见

C. 不需要调查证据，直接围绕罪名确定和量刑问题进行审理

D. 如无特殊情况，应当庭宣判

### （四）简易程序向普通程序的转化

| 转化事由 | 适用简易程序审理案件，有下列情形之一的，应当转为普通程序审理：①被告人的行为可能不构成犯罪的；②被告人可能不负刑事责任的；③被告人当庭对起诉指控的犯罪事实予以否认的；④案件事实不清、证据不足的；⑤不应当或者不宜适用简易程序的其他情形。 |
|---|---|
| 期限的计算 | 简易程序转为普通程序，审理期限应当从决定转为普通程序之日起重新计算。<br>【名师点睛】民事诉讼中，简易程序转为普通程序，审判期限不需要重新计算。 |
| 转化后的程序要求 | 转为普通程序审理的案件，公诉人需要为出席法庭进行准备的，可以建议人民法院延期审理。<br>【名师点睛】一经确定为适用普通程序审理的案件，不得转换为适用简易程序。 |

**【小试牛刀】**

关于简易程序，下列哪些选项是正确的?[1]

A. 甲涉嫌抢劫，法院决定适用简易程序，并由两名审判员和一名人民陪审员组成合议庭进行审理

B. 涉嫌盗窃，未满 18 周岁，法院只有在征得乙的法定代理人和辩护人同意后，才能适用简易程序

C. 丙涉嫌诈骗并对罪行供认不讳，但辩护人为其作无罪辩护，法院决定适用简易程序

D. 丁涉嫌故意伤害，经审理认为可能不构成犯罪，遂转为普通程序审理

## 十一、判决、裁定和决定

判决、裁定和决定，是人民法院在审理案件过程中或者审理案件结束后，根据事实和法律，解决案件实体问题和诉讼程序问题，对当事人及其他诉讼参与人所作的具有拘束力的处理决定。

| | | | |
|---|---|---|---|
| 判决 | 对　象 | 专门用来解决实体问题，即定罪量刑问题。 | |
| | 类　型 | 有罪判决/无罪判决/不负刑事责任的判决。 | |
| | 主　体 | 只能由法院作出。 | |
| | 方　式 | 必须以书面形式作出。 | |
| | 效　力 | 未生效的判决，可以上诉或抗诉。 | |
| | 数　量 | 发生法律效力并被执行的判决只有一个。（未生效的判决可以有多个） | |
| 裁定 | 对　象 | 有关诉讼程序和部分实体问题。 | |
| | 类　型 | 程序性问题 | 终止（中止）审理/维持原判/撤销原判并发回重审/驳回起诉。 |
| | | 实体性问题 | 减刑/假释/撤销缓刑/减免罚金。 |

---

[1]  ABD。选项 C 错误，辩护人作无罪辩护是不能适用简易程序的。

续表

| 裁定 | 主　体 | 只能由法院作出。 |
| | 方　式 | 可以书面也可以口头。 |
| | 效　力 | 未生效的裁定，可以上诉或抗诉。 |
| | 数　量 | 发生法律效力的裁定可以有若干个。 |
| 决定 | 对　象 | 决定只用于解决诉讼程序问题。 |
| | 类　型 | 是否回避/是否立案/有关强制措施/实施各种侦查行为/撤销案件/延长羁押期限/起诉或不起诉/开庭审判/调取新证据/延期审理/抗诉/提起再审程序等。 |
| | 主　体 | 公、检、法都可以决定。 |
| | 方　式 | 可以书面形式，也可以口头形式。 |
| | 效　力 | 一经作出立即生效，不得上诉或抗诉，部分决定可申请复议一次。 |
| | 数　量 | 发生法律效力的决定可以有若干个。 |

**【小试牛刀】**

法院在刑事案件的审理过程中，根据对案件的不同处理需要使用判决、裁定和决定。请根据有关法律规定及刑事诉讼原理，回答第（1）～（3）题。

（1）关于判决、裁定、决定的适用对象，下列选项正确的是：[1]

A. 判决不适用于解决案件的程序问题

B. 裁定不适用于解决案件的实体问题

C. 决定只适用于解决案件的程序问题

D. 解决案件的程序问题只能用决定

（2）关于一个案件中适用判决、裁定、决定的数量，下列选项正确的是：[2]

A. 在一个案件中，可以有多个判决

B. 在一个案件中，可以有多个裁定

C. 在一个案件中，可以有多个决定

D. 在一个案件中，可以只有决定，而没有判决或裁定

（3）关于判决、裁定、决定的效力，下列选项正确的是：[3]

A. 判决只有经过法定上诉、抗诉期限才能发生法律效力

B. 裁定一经作出立即发生法律效力

C. 有些决定可以申请复议，复议期间不影响决定的效力

D. 法院减刑、假释裁定的法律效力并不最终确定，检察院认为不当而提出纠正意见的，法院应当重新组成合议庭进行审理，作出最终裁定

---

[1]　AC
[2]　ABCD
[3]　CD

# 第二审程序

相对于人民法院的第一审程序而言，第二审程序往往被称为"普通救济程序"，是指第一审人民法院的上一级人民法院，对不服第一审人民法院尚未发生法律效力的判决或裁定而提出上诉或者抗诉的案件进行审理时所适用的诉讼程序。本章首先要掌握二审程序的启动方式，包括上诉和抗诉两种，具体需要掌握上诉和抗诉在主体、理由、方式、途径上的差异。其次，二审中的两个基本原则是每年必考的：一个是全面审查原则，另一个是上诉不加刑原则。最后，考生需要掌握二审审理方式、审理程序和审理的结果。

↘ 知识框架

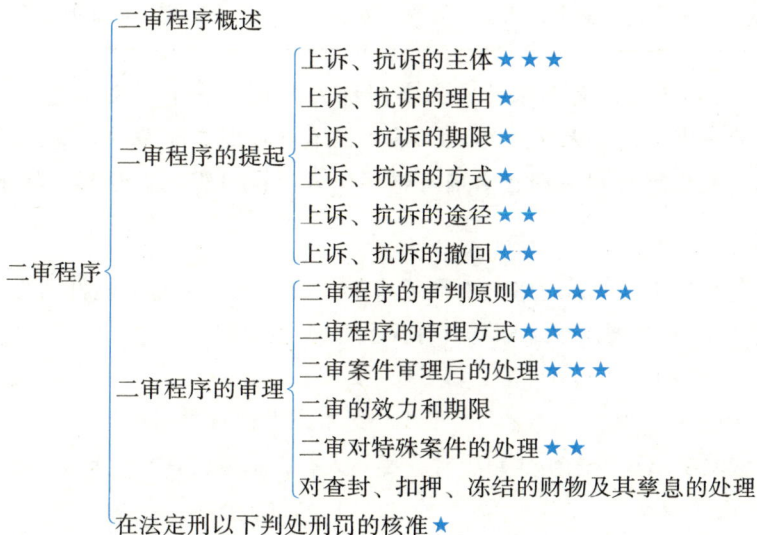

二审程序
- 二审程序概述
- 二审程序的提起
  - 上诉、抗诉的主体 ★★★
  - 上诉、抗诉的理由 ★
  - 上诉、抗诉的期限 ★
  - 上诉、抗诉的方式 ★
  - 上诉、抗诉的途径 ★★
  - 上诉、抗诉的撤回 ★★
- 二审程序的审理
  - 二审程序的审判原则 ★★★★★
  - 二审程序的审理方式 ★★★
  - 二审案件审理后的处理 ★★★
  - 二审的效力和期限
  - 二审对特殊案件的处理 ★★
  - 对查封、扣押、冻结的财物及其孳息的处理
- 在法定刑以下判处刑罚的核准 ★

## 一、二审程序概述

第二审程序，又称上诉审程序，是指第二审人民法院根据上诉人的上诉或者人民检察院的抗诉，对第一审人民法院尚未发生法律效力的判决或裁定进行审判所应遵循的程序。

二审程序有下列特征：

1. 二审程序并不是审理刑事案件的必经程序。一个案件是否经过第二审程序，关键在于上诉权人是否提起上诉或人民检察院是否提起抗诉。

2. 不能将第二审程序简单地理解为是对同一案件进行的第二次审理的程序。对同一个案件的第二次审理，既可能是第二审程序，也可能是第一审程序，还可能是审判监督程序，如上一级法院认为下级法院审理、裁判了应由自己作为第一审法院审理的案件，有权依法撤销判决、变更管辖，将案件管辖权收归自己，作为第一审案件重新审理。

3. 除了基层人民法院以外，其他各级人民法院都可以成为上级人民法院。

## 二、二审程序的提起

### （一）上诉、抗诉的主体

| | | |
|---|---|---|
| 1. 上诉的主体 | 独立的 | （1）被告人、自诉人及其法定代理人；<br>（2）附带民诉当事人及其法定代理人。<br>【名师点睛】附带民诉当事人及其法定代理人上诉的内容，只限于附带民事诉讼部分，对刑事判决、裁定部分无权提出上诉，且不影响刑事判决、裁定在上诉期满后发生法律效力和执行。 |
| | 非独立 | 被告人的辩护人和近亲属，经被告人同意方可上诉。 |
| 2. 抗诉的主体 | | 《刑事诉讼法》第217条规定，地方各级人民检察院认为本级人民法院第一审的判决、裁定确有错误的时候，应当向上一级人民法院提出抗诉。<br>【名师点睛】被害人没有上诉权，被害人及其法定代理人不服地方各级人民法院第一审的判决的，自收到判决书后5日内，有权请求人民检察院提出抗诉。 |

【名师点睛】最高人民法院是国家的最高审判机关，它的一审判决和裁定就是终审的判决和裁定，对它的一审判决和裁定既不能上诉，也不能按照二审程序抗诉。最高人民检察院如果认为最高人民法院的判决和裁定确有错误，只能按照审判监督程序提出抗诉。

【小试牛刀】

1. 王某与张某发生口角，王某一怒之下顺手将李某放在桌子上的手机打向张某，致张某轻伤。如张某提起自诉，对本案刑事部分判决有权上诉的是：[1]

A. 王某　　　　　　　　　　　B. 张某

C. 李某　　　　　　　　　　　D. 提起公诉的检察院

2. 不服地方各级法院第一审未生效判决时，哪类人有权请求检察院提起抗诉？[2]

A. 被害人及其近亲属

---

〔1〕　AB。由于是自诉案件的刑事部分，所以李某没有上诉权。

〔2〕　C

B. 被害人及其诉讼代理人

C. 被害人及其法定代理人

D. 被害人以及附带民事诉讼原告人

### （二）上诉、抗诉的理由

| 1. 上诉的理由 | 无需理由，上诉主体只要不服第一审判决、裁定，并在法定期限内依法提出上诉，人民法院就应当受理，并启动第二审程序。 |
| --- | --- |
| 2. 抗诉的理由 | 抗诉的理由是认为一审判决或裁定确有错误。 |

### （三）上诉、抗诉的期限

| 判　决 | 不服判决的上诉和抗诉期限为10日。 |
| --- | --- |
| 裁　定 | 不服裁定的上诉和抗诉期限为5日。<br>【名师点睛1】从接到判决书、裁定书的第二日起算。<br>【名师点睛2】《刑诉解释》第301条第2款规定，对附带民事判决、裁定的上诉、抗诉期限，应当按照刑事部分的上诉、抗诉期限确定。附带民事部分另行审判的，上诉期限也应当按照刑事诉讼法规定的期限确定。<br>【名师点睛3】权利人是否上诉，以他们在上诉期满前最后一次的意思表示为准。 |

【小试牛刀】

**1.** 叶某因挪用资金罪被判处有期徒刑1年缓刑2年，判决宣告时叶某表示不上诉。其被解除羁押后经向他人咨询，认为自己不构成犯罪，于是又想提出上诉。问叶某是否还能上诉？

**答案：** 只要在上诉期满前，叶某依然有权提出上诉。

**2.** 卢某妨害公务案于2016年9月21日一审宣判，并当庭送达判决书。卢某于9月30日将上诉书交给看守所监管人员黄某，但黄某因忙于个人事务直至10月8日上班时才寄出，上诉书于10月10日寄到法院。本案一审判决是否生效？

**答案：** 上诉书寄到法院时一审判决尚未生效。

### （四）上诉、抗诉的方式

| 上　诉 | 上诉可以用书面和口头两种形式提出，口头上诉的，人民法院应当制作笔录。 |
| --- | --- |
| 抗　诉 | 抗诉应以书面形式，即必须制作抗诉书，不能采用口头形式。 |

### （五）上诉、抗诉的途径

| 上　诉 | 上诉可以通过原审人民法院提出，也可以直接向上一级人民法院提出。<br>【关联法条】《刑诉解释》第302条　上诉人通过第一审人民法院提出上诉的，第一审人民法院应当审查。上诉符合法律规定的，应当在上诉期满后3日内将上诉状连同案卷、证据移送上一级人民法院，并将上诉状副本送交同级人民检察院和对方当事人。<br>《刑诉解释》第303条　上诉人直接向第二审人民法院提出上诉的，第二审人民法院应当在收到上诉状后3日内将上诉状交第一审人民法院。第一审人民法院应当审查上诉是否符合法律规定。符合法律规定的，应当在接到上诉状后3日内将上诉状连同案卷、证据移送上一级人民法院，并将上诉状副本送交同级人民检察院和对方当事人。 |
| --- | --- |

续表

| 抗　诉 | 抗诉只能向原审人民法院提出，不能直接向第二审人民法院提出抗诉。<br>【关联法条】《刑事诉讼法》第221条　地方各级人民检察院对同级人民法院第一审判决、裁定的抗诉，应当通过原审人民法院提出抗诉书，并且将抗诉书抄送上一级人民检察院。原审人民法院应当将抗诉书连同案卷、证据移送上一级人民法院，并且将抗诉书副本送交当事人。<br>　　上级人民检察院如果认为抗诉不当，可以向同级人民法院撤回抗诉，并且通知下级人民检察院。<br>【名师点睛】二审抗诉是向原审法院提出抗诉书，但是向上一级法院抗诉。 |
| --- | --- |

【小试牛刀】

地方各级人民检察院认为本级人民法院第一审未生效的判决、裁定确有错误的时候，应当如何处理？[1]

A. 应当通过本级人民法院提出抗诉书

B. 应当向上一级人民法院提出抗诉

C. 应当提请上一级人民检察院提出抗诉

D. 应当经上一级人民检察院同意后提出抗诉

### （六）上诉、抗诉的撤回

| 撤回上诉 | 期满前 | 在上诉期限内要求撤回上诉的，应当准许。 |
| --- | --- | --- |
|  | 期满后 | 在上诉期满后要求撤回上诉的，应当由第二审人民法院进行审查：<br>（1）如果认为原判决认定事实和适用法律正确，量刑适当，应当裁定准许被告人撤回上诉；<br>（2）如果认为原判决事实不清，证据不足或者将无罪判为有罪、轻罪重判等，应当不准许撤回上诉，并按照上诉程序审理。<br>【名师点睛】《刑诉解释》第305条第2款规定，被判处死刑立即执行的被告人提出上诉，在第二审开庭后宣告裁判前申请撤回上诉的，应当不予准许，继续按照上诉案件审理。 |
| 撤回抗诉 | 期满前 | 人民检察院在抗诉期限内撤回抗诉的，第一审人民法院不再向上一级人民法院移送案件。 |
|  | 期满后 | 如果是在抗诉期满后第二审人民法院宣告裁判前撤回抗诉的，第二审人民法院可以裁定准许。 |

【小试牛刀】

董某因强奸罪被Z县人民法院判处有期徒刑8年。判决宣告后，董某以量刑过重为理由提出上诉，但在上诉期满后又提出要求撤回上诉。对于董某撤回上诉，二审人民法院应当如何处理？[2]

---

[1]　AB。抗诉是向上一级法院提出，但是递交抗诉书只能通过本级法院。

[2]　BCD

A. 允许董某撤回上诉

B. 对上诉案件进行审查，如果原判认定事实和适用法律正确，量刑适当，应当裁定准许董某撤回上诉

C. 对上诉案件进行审查，如果原判认定事实不清，证据不足或者适用法律错误、量刑不当，应当不允许撤回上诉

D. 如果原判认定事实不清，证据不足或者适用法律错误、量刑不当而不允许撤回上诉的，应当按照上诉程序进行审理

### （七）撤回上诉、抗诉后第一审裁判的生效问题

| 1. 期满前 | 对于在上诉、抗诉期满前撤回上诉、抗诉的案件，第一审判决、裁定在上诉、抗诉期满之日起生效。 |
| --- | --- |
| 2. 期满后 | 对于在上诉、抗诉期满后要求撤回上诉、抗诉，第二审人民法院裁定准许的，第一审判决、裁定应当自第二审人民法院裁定书送达原上诉人或者抗诉的检察机关之日起生效。 |

【小试牛刀】

黄某倒卖文物案于2014年5月28日一审终结。6月9日（星期一），法庭宣判黄某犯倒卖文物罪，判处有期徒刑4年并立即送达了判决书，黄某当即提起上诉，但于6月13日经法院准许撤回上诉；检察院以量刑畸轻为由于6月12日提起抗诉，上级检察院认为抗诉不当，于6月17日向同级法院撤回了抗诉。关于一审判决生效的时间，下列哪一选项是正确的？[1]

A. 6月9日　　　　　　　　　B. 6月17日

C. 6月19日　　　　　　　　　D. 6月20日

【归纳总结】上诉、抗诉的异同

| | 上　诉 | 抗　诉 |
| --- | --- | --- |
| 主体不同 | 除被害人以外的所有当事人及其法定代理人有独立上诉权。被告人的辩护人和近亲属，经被告人同意也可以上诉。 | 一审法院同级的地方检察院。 |
| 理由不同 | 无需理由，只要不服一审判决、裁定即可。 | 一审判决或裁定确有错误。 |
| 形式不同 | 书面或者口头。 | 只有书面。 |
| 途径不同 | 上诉状提交原法院或上一级法院。 | 抗诉书只能提交原法院。 |
| 法院相同 | 不管上诉还是抗诉，审理法院都是一审法院的上一级法院。 | |
| 对象相同 | 都是针对地方法院一审未生效的裁判。 | |
| 期限相同 | 判决10日，裁定5日。 | |
| 效力相同 | （1）上诉、抗诉必然引起二审程序；<br>（2）权利人是否提出上诉，以他们在上诉期满前最后一次的意思表示为准。 | |

---

〔1〕 D。本案属于抗诉期内撤回抗诉的，因此第一审判决、裁定在上诉、抗诉期满之日起生效。

### 三、二审程序的重要原则

#### （一）全面审查原则

**1. 概念**

第二审人民法院应当就第一审判决认定的事实和适用法律进行全面审查，不受上诉或者抗诉范围的限制。共同犯罪的案件只有部分被告人上诉的，应当对全案进行审查，一并处理。这就是第二审程序的全面审查原则。

**2. 具体体现**

| 事实、法律 | 既要审查一审判决认定的事实是否正确，证据是否确实、充分，又要审查一审判决适用法律有无错误。 |
|---|---|
| 上诉、抗诉 | 既要审查上诉或者抗诉的部分，又要审查没有上诉或者抗诉的部分。 |
| 共同犯罪 | 共同犯罪案件，只有部分被告人提出上诉的，或者人民检察院只就第一审人民法院对部分被告人的判决提出抗诉的，第二审人民法院应当对全案进行审查，一并处理。<br>【名师点睛1】《刑诉解释》第312条规定，共同犯罪案件，上诉的被告人死亡，其他被告人未上诉的，第二审人民法院仍应对全案进行审查。经审查，死亡的被告人不构成犯罪的，应当宣告无罪；构成犯罪的，应当终止审理。对其他同案被告人仍应作出判决、裁定。<br>【名师点睛2】全面审查不等于所有被告人都要出庭。对同案审理案件中未上诉的被告人，未被申请出庭或者法院认为没有必要到庭的，可以不再传唤到庭；被告人要求出庭的，应当准许。出庭的被告人可以参加法庭调查和辩论。 |
| 附带民事诉讼 | 审理附带民事诉讼的上诉、抗诉案件，应当对全案进行审查。<br>【名师点睛1】刑事附带民事诉讼案件，只有附带民事诉讼当事人及其法定代理人上诉的，第二审人民法院应当对全案进行审查。经审查，第一审判决的刑事部分并无不当的，第二审人民法院只需就附带民事部分作出处理；第一审判决的附带民事部分事实清楚，适用法律正确的，应当以刑事附带民事裁定维持原判，驳回上诉。<br>【名师点睛2】刑事附带民事诉讼案件，只有附带民事诉讼当事人及其法定代理人上诉的，第一审刑事部分的判决在上诉期满后即发生法律效力。应当送监执行的第一审刑事被告人是第二审附带民事诉讼被告人的，在第二审附带民事诉讼案件审结前，可以暂缓送监执行。 |
| 实体、程序 | 既要审查实体问题，又要审查程序问题。 |

**【小试牛刀】**

甲、乙二人共同盗窃金融机构，第一审分别被判有期徒刑10年、6年。甲上诉，乙表示服判，未上诉。在第二审法院审理期间，甲死亡。关于第二审，下列哪一选项是正确的？[1]

A. 在上诉期满后，对乙的判决生效，可以交付执行

B. 第二审法院应当对甲、乙的案件一并进行审查、处理

C. 第二审法院认为甲构成犯罪，但量刑过重，应当改判

D. 第二审法院认为第一审对乙量刑过轻，应当改判加重其刑罚

---

[1]　B

### （二）上诉不加刑原则

**1. 概念**

上诉不加刑原则是第二审人民法院审判<u>只有被告人一方上诉的案件</u>，在作出新的判决时，<u>不得对被告判处重于原判的刑罚</u>的一项原则。

【考点提示】人民检察院抗诉或者自诉人上诉的案件，不受此限制。换言之，控方对谁抗诉、上诉，谁就可以被加刑。

**2. 加刑的对象（对谁加刑）**

| 一并原则 | 同案审理的案件，只有<u>部分被告人上诉</u>的，<u>既不得加重上诉人的刑罚，也不得加重其他同案被告人的刑罚</u>。 |
|---|---|
| 分别原则 | 人民检察院<u>只对部分被告人的判决提出抗诉</u>，或者自诉人<u>只对部分被告人的判决提出上诉</u>的，第二审人民法院<u>不得对其他同案被告人加重刑罚</u>。 |

【考点提示】在判断二审法院究竟可以对谁加重刑罚时，关键就看谁被检察院抗诉或者被自诉人上诉了，如果没有被抗诉或者被上诉的，就不能加重他的刑罚，简称"<u>被上被抗可加刑</u>"。

【小试牛刀】

朱某自诉陈某犯诽谤罪，法院审理后，陈某反诉朱某侮辱罪。法院审查认为，符合反诉条件，合并审理此案，判处陈某有期徒刑 1 年，判处朱某有期徒刑 1 年。两人不服，均以对对方量刑过轻、己方量刑过重为由提出上诉。关于二审法院的判决，下列哪些选项是正确的？[1]

A. 如认为对两人量刑均过轻，可同时加重朱某和陈某的刑罚

B. 如认为对某一人的量刑过轻，可加重该人的刑罚

C. 即使认为对两人量刑均过轻，也不得同时加重朱某和陈某的刑罚

D. 如认为一审量刑过轻，只能通过审判监督程序纠正

**3. 不加刑的表现**

（1）原判实行数罪并罚的，<u>不得加重决定执行的刑罚，也不得加重数罪中某罪的刑罚</u>。

（2）原判宣告缓刑的，<u>不得撤销缓刑或者延长缓刑考验期</u>。

（3）原判<u>未宣告禁止令的，不得增加宣告</u>；原判宣告禁止令的，<u>不得增加内容、延长期限</u>。

（4）原判对被告人判处死刑缓期执行<u>没有限制减刑的，不得限制减刑</u>。

（5）原判事实清楚，证据确实、充分，只是认定罪名不当，<u>可改变罪名，但不得加重刑罚</u>。

（6）原判事实清楚，证据确实、充分，但判处的刑罚畸轻、应当适用附加刑而没有适用的，<u>不得直接加重刑罚、适用附加刑，也不得以事实不清、证据不足为由发回第一审人民法院重新审判</u>。

【考点提示】此情形必须依法改判的，应当在第二审判决、裁定生效后，依照<u>审判监督程序</u>重新审判。

---

〔1〕 AB。因为本案双方都被对方上诉了，所以二审可以加重刑罚。

（7）被告人或者其法定代理人、辩护人、近亲属提出上诉的案件，第二审人民法院发回重新审判后，除有新的犯罪事实，人民检察院补充起诉的以外，原审人民法院不得加重被告人的刑罚。

【小试牛刀】

龚某因生产不符合安全标准的食品罪被一审法院判处有期徒刑5年，并被禁止在刑罚执行完毕之日起3年内从事食品加工行业。龚某以量刑畸重为由上诉，检察院未抗诉。关于本案二审，下列哪一选项是正确的？[1]

A. 应当开庭审理

B. 可维持有期徒刑5年的判决，并将职业禁止的期限变更为4年

C. 如认为原判认定罪名不当，二审法院可在维持原判刑罚不变的情况下改判为生产有害食品罪

D. 发回重审后，如检察院变更起诉罪名为生产有害食品罪，一审法院可改判并加重龚某的刑罚

## 四、二审的审理程序

### （一）审理方式

| | |
|---|---|
| 应当开庭的案件（重点） | （1）被告人、自诉人及其法定代理人对第一审认定的事实、证据提出异议，可能影响定罪量刑的上诉案件；<br>（2）被告人被判处死刑立即执行的上诉案件；<br>（3）人民检察院抗诉的案件；<br>（4）应当开庭审理的其他案件。<br>【名师点睛1】被判处死刑立即执行的被告人没有上诉，同案的其他被告人上诉的案件，第二审人民法院应当开庭审理。<br>【名师点睛2】被告人被判处死刑缓期执行的上诉案件，虽不属于前述情形，有条件的，也应当开庭审理。 |
| 可以不开庭的案件（了解） | （1）对于经过合议庭阅卷，讯问被告人、听取其他诉讼参与人的意见后，认为事实清楚的，可以不开庭审理；<br>（2）对上诉、抗诉案件，第二审人民法院经审查，认为原判事实不清、证据不足，或者具有《刑事诉讼法》第227条规定的违反法定诉讼程序情形，需要发回重新审判的，可以不开庭审理。 |

【名师点睛】第二审人民法院决定不开庭审理的，应当讯问被告人，听取其他当事人、辩护人、诉讼代理人的意见。

【小试牛刀】

下列哪些二审案件依法应当开庭审理？[2]

A. 甲犯贪污罪被一审判处有期徒刑5年，检察院认为量刑畸轻而抗诉的

[1] C
[2] AD

B. 乙犯伤害罪被一审判处无期徒刑，乙上诉的

C. 丙犯抢劫罪被一审判处死刑缓期二年执行，丙对事实、证据无异议，以量刑过重为由上诉的

D. 丁犯杀人罪被一审判处死刑立即执行，丁上诉的

### （二）二审的审理程序

| 开庭地点 | 第二审人民法院开庭审理上诉、抗诉案件，可以到案件发生地或者原审人民法院所在地进行。 |
|---|---|
| 检察院出庭 | 人民检察院提出抗诉的案件或者第二审人民法院开庭审理的公诉案件，同级人民检察院都应当派员出席法庭。<br>【名师点睛】检察院接到开庭通知后不派员出庭，且未说明原因的，人民法院可以裁定按人民检察院撤回抗诉处理，并通知第一审人民法院和当事人。 |
| 检察院阅卷 | 第二审人民法院应当在决定开庭审理后及时通知人民检察院查阅案卷。人民检察院应当在1个月以内查阅完毕。人民检察院查阅案卷的时间不计入审理期限。 |
| 二审辩护 | 在第二审程序中，被告人除自行辩护外，还可以继续委托第一审辩护人或者另行委托辩护人辩护。共同犯罪案件，只有部分被告人提出上诉或者人民检察院只就第一审人民法院对部分被告人的判决提出抗诉的，其他同案被告人也可以委托辩护人辩护。 |
| 新证据处理 | 第二审期间，人民检察院或者被告人及其辩护人提交新证据的，人民法院应当及时通知对方查阅、摘抄或者复制。 |
| 同案被告人的出庭 | 对同案审理案件中未上诉的被告人，未被申请出庭或者人民法院认为没有必要到庭的，可以不再传唤到庭。<br>【名师点睛】同案审理的案件，未提出上诉、人民检察院也未对其判决提出抗诉的被告人要求出庭的，应当准许。出庭的被告人可以参加法庭调查和辩论。 |
| 二审宣判 | 第二审人民法院可以委托第一审人民法院代为宣判，并向当事人送达第二审判决书、裁定书。第一审人民法院应当在代为宣判后5日内将宣判笔录送交第二审人民法院，并在送达完毕后及时将送达回证送交第二审人民法院。<br>【考点提示】委托宣判的，第二审人民法院应当直接向同级人民检察院送达第二审判决书、裁定书。 |

### 【小试牛刀】

甲、乙、丙三人共同实施故意杀人，一审法院判处甲死刑立即执行、乙无期徒刑、丙有期徒刑10年。丙以量刑过重为由上诉，甲和乙未上诉，检察院未抗诉。关于本案的第二审程序，下列哪一选项是正确的？[1]

---

〔1〕 B。本案属于死刑案件，其他同案犯上诉，也应当开庭审理，选项A错误。对同案审理案件中未上诉的被告人，未被申请出庭或者人民法院认为没有必要到庭的，可以不再传唤到庭，选项B正确。共同犯罪案件，只有部分被告人提出上诉，或者自诉人只对部分被告人的判决提出上诉，或者人民检察院只对部分被告人的判决提出抗诉的，其他同案被告人也可以委托辩护人辩护，选项C错误。《刑诉解释》第327条规定，被告人或者其法定代理人、辩护人、近亲属提出上诉的案件，第二审人民法院发回重新审判后，除有新的犯罪事实，人民检察院补充起诉的以外，原审人民法院不得加重被告人的刑罚，选项D错误。

A. 可不开庭审理

B. 认为没有必要的，甲可不再到庭

C. 由于乙没有上诉，其不得另行委托辩护人为其辩护

D. 审理后认为原判事实不清且对丙的量刑过轻，发回一审法院重审，一审法院重审后可加重丙的刑罚

## 五、对上诉、抗诉案件审理后的处理

| (裁定)维持原判 | 事实清楚，证据充分，适用法律正确，量刑适当。<br>【名师点睛】一审虽然量刑过轻，但受上诉不加刑原则的限制，维持原判。 | |
|---|---|---|
| (判决)改判 | 应当改判 | 原判决认定事实没有错误，但适用法律有错误或者量刑不当的。 |
| | 可以改判 | 原判决事实不清楚或者证据不足的，可以在查清事实后改判。 |
| (裁定)发回重审 | 可以发回 | 原判决事实不清楚或者证据不足的，可以裁定撤销原判，发回原审人民法院重新审判。<br>【考点提示】此情形发回重审只能发回一次。 |
| | 应当发回 | 有下列违反法律规定的诉讼程序的情形之一的：<br>①违反《刑事诉讼法》有关公开审判的规定的；<br>②违反回避制度的；<br>③审判组织的组成不合法的；<br>④剥夺、限制了当事人的法定诉讼权利，可能影响公正审判的；<br>⑤其他违反法律规定的诉讼程序，可能影响公正审判的。<br>【考点提示】原审法院对于发回重新审判的案件，应当另行组成合议庭，依照第一审程序进行审判。对于重新审判后的判决，可以上诉、抗诉。 |

### 【小试牛刀】

1. 第二审法院在审查一审裁判时，发现下列哪些情形，应当裁定撤销原判，发回原审法院重新审判？[1]

A. 第一审程序为提高效率，没有让被告人作最后陈述，被告人也无异议

B. 参与第一审程序的陪审员是本案的目击证人

C. 对涉及国家秘密的案件进行了公开审理

D. 没有告知被告人可以申请回避

2. 鲁某与关某涉嫌贩卖冰毒500余克，B省A市中级法院开庭审理后，以鲁某犯贩卖毒品罪，判处死刑立即执行，关某犯贩卖毒品罪，判处死刑缓期二年执行。一审宣判后，关某以量刑过重为由向B省高级法院提起上诉，鲁某未上诉，检察院也未提起抗诉。如B省高级法院审理后认为，本案事实清楚、证据确实充分，对鲁某的量刑适当，但对关某应判处死刑缓期二年执行同时限制减刑，则对本案正确的做法是：[2]

---

[1]　ABCD

[2]　A。本案鲁某一审被判处死刑立即执行，二审法院应当开庭审理，选项A正确。本案二审法院开庭审理，同级人民检察院都应当派员出席法庭，选项B错误。本案属于量刑错误，不属于发回重审的情形，选项C错误。根据上诉不加刑原则，只有部分被告人上诉的，既不得加重上诉人的刑罚，也不得加重其他同案被告人的刑罚，选项D错误。

A. 二审应开庭审理

B. 由于未提起抗诉，同级检察院可不派员出席法庭

C. 高级法院可将全案发回 A 市中级法院重新审判

D. 高级法院可维持对鲁某的判决，并改判关某死刑缓期二年执行同时限制减刑

## 六、二审的效力和期限

### （一）效力

第二审的判决、裁定（死刑案件以及在法定刑以下判处刑罚的必须报经最高人民法院核准的除外）和最高人民法院的判决、裁定，都是终审的判决、裁定，一经宣告即发生法律效力，不得对其再行上诉或按二审程序提起抗诉。

### （二）审限

| 2 个月 | 第二审人民法院受理上诉、抗诉案件，应当在 2 个月以内审结。 |
| --- | --- |
| +2 个月 | 对于可能判处死刑的案件或者附带民事诉讼的案件，以及有下列规定情形之一的，经省、自治区、直辖市高级人民法院批准或者决定，可以延长 2 个月：①交通十分不便的边远地区的重大复杂案件；②重大的犯罪集团案件；③流窜作案的重大复杂案件；④犯罪涉及面广、取证困难的重大复杂案件。 |
| +未知数 | 因特殊情况还需要延长的，报请最高人民法院批准。 |

【名师点睛 1】 最高人民法院受理上诉、抗诉案件的审理期限，由最高人民法院决定。

【名师点睛 2】 二审的审理期限总结为：2+2+X。

【名师点睛 3】 第二审人民法院发回原审人民法院重新审判的案件，原审人民法院从收到发回的案件之日起，重新计算审理期限。

## 七、二审对特殊案件的处理

### （一）刑事附带民事案件的二审程序

| 上诉期限 | 对附带民事判决、裁定的上诉、抗诉期限，应当按照刑事部分的上诉、抗诉期限确定。附带民事部分另行审判的，上诉期限也应当按照刑事诉讼法规定的期限确定。 |
| --- | --- |
| 民刑分开生效 | （1）只有附带民事诉讼部分提出上诉的，第一审刑事部分的判决，在上诉期满后即发生法律效力。<br>【名师点睛】应当送监执行的第一审刑事被告人是第二审附带民事诉讼被告人的，在第二审附带民事诉讼案件审结前，可以暂缓送监执行。<br>（2）只有刑事部分提出上诉的，第一审民事部分的判决，在上诉期满后即发生法律效力。 |
| 民刑都上诉的 | 第二审人民法院审理刑事附带民事上诉、抗诉案件，如果发现刑事和附带民事部分均有错误需依法改判的，应当一并改判。 |
| 刑事上诉民事不上诉的 | 第二审人民法院审理对刑事部分提出上诉、抗诉，附带民事诉讼部分已经发生法律效力的案件，如果发现第一审判决或者裁定中的民事部分确有错误，应当对民事部分按照审判监督程序予以纠正。 |

续表

| 民事上诉刑事不上诉的 | 审理附带民事诉讼部分的上诉、抗诉案件，刑事部分已经生效的案件，应当对全案进行审查。如果发现第一审判决或裁定中的刑事部分确有错误，应当对刑事部分按照审判监督程序进行再审，并将附带民事部分与刑事部分一并审理。 |
|---|---|
| 二审增加独立请求或者反诉 | 对附带民事部分提出上诉的案件，第一审民事原告人增加独立的诉讼请求或者第一审民事被告人提出反诉的，第二审人民法院可以根据当事人自愿的原则就新增加的诉讼请求或者反诉进行调解，调解不成的，告知当事人另行起诉。<br>【名师点睛】对附带民事部分提出上诉的案件，原告一方仅要求增加赔偿数额，第二审人民法院可以依法进行调解。调解不成，应当依法作出判决或者裁定。 |

【小试牛刀】

控辩双方对第一审刑事判决未提出抗诉或者上诉，但被告人对第一审刑事附带民事诉讼判决中的附带民事部分不服，提起上诉，第二审法院审查后，认为第一审民事部分判决正确，但刑事部分判决有错误。第二审法院应当如何处理?[1]

A. 指令下级法院按审判监督程序再审刑事部分

B. 裁定将全案发回重审刑事部分

C. 按审判监督程序再审刑事部分，同附带民事部分一并审理，依法判决

D. 裁定将刑事部分发回重审

### （二）自诉案件的二审程序

| 二审的反诉 | 自诉案件在二审反诉的，人民法院应当告知其另行起诉。 |
|---|---|
| 二审的调解 | 可以进行调解，应当制作调解书，第一审判决、裁定视为自动撤销。 |
| 二审的和解 | 自行和解的，法院裁定准许撤回自诉，并撤销第一审判决或者裁定。 |

【小试牛刀】

关于自诉案件的程序，下列哪一选项是正确的?[2]

A. 不论被告人是否羁押，自诉案件与普通公诉案件的审理期限都相同

B. 不论在第一审程序还是第二审程序中，在宣告判决前，当事人都可和解

C. 不论当事人在第一审还是第二审审理中提出反诉的，法院都应当受理

D. 在第二审程序中调解结案的，应当裁定撤销第一审裁判

### （三）死刑案件的二审程序

检察院办理死刑上诉、抗诉案件，进行下列工作：

1. 应当讯问原审被告人，听取原审被告人的上诉理由或者辩解。

---

[1] C

[2] B。自诉案件中，被告人是否被羁押审判期限是不同的，如果被告人没有被羁押，自诉案件的审判期限就不同于公诉案件，选项A错误。对第二审自诉案件，必要时可以调解，当事人也可以自行和解，选项B正确。第二审期间，自诉案件的当事人提出反诉的，应当告知其另行起诉。可知，二审不能提起反诉，选项C错误。对第二审自诉案件，必要时可以调解，当事人也可以自行和解。调解结案的，应当制作调解书，第一审判决、裁定视为自动撤销；当事人自行和解的，应当裁定准许撤回自诉，并撤销第一审判决、裁定。可知，二审中调解的结果是导致一审裁判视为自动撤销，选项D错误。

2. 必要时听取辩护人的意见。

3. 复核主要证据，必要时询问证人。

4. 必要时补充收集证据。

5. 对鉴定意见有疑问的，可以重新鉴定或者补充鉴定。

6. 根据案件情况，可以听取被害人的意见。

## 八、涉案财物的处理（了解）

1. 公安机关、人民检察院和人民法院对查封、扣押、冻结的犯罪嫌疑人、被告人的财物及其孳息，应当妥善保管，以供核查，并制作清单，随案移送。任何单位和个人不得挪用或者自行处理。

（1）查封不动产、车辆、船舶、航空器等财物，应当扣押其权利证书，经拍照或者录像后原地封存，或者交持有人、被告人的近亲属保管，登记并写明财物的名称、型号、权属、地址等详细情况，并通知有关财物的登记、管理部门办理查封登记手续。

（2）扣押物品，应当登记并写明物品名称、型号、规格、数量、重量、质量、成色、纯度、颜色、新旧程度、缺损特征和来源等。扣押货币、有价证券，应当登记并写明货币、有价证券的名称、数额、面额等，货币应当存入银行专门账户，并登记银行存款凭证的名称、内容。扣押文物、金银、珠宝、名贵字画等贵重物品以及违禁品，应当拍照，需要鉴定的，应当及时鉴定。对扣押的物品应当根据有关规定及时估价。

（3）冻结存款、汇款、债券、股票、基金份额等财产，应当登记并写明编号、种类、面值、张数、金额等。

【名师点睛】人民检察院、公安机关不能扣划存款、汇款、债券、股票、基金份额等财产。对于犯罪嫌疑人、被告人死亡，依照刑法规定应当追缴其违法所得及其他涉案财产的，适用《刑事诉讼法》第五编第三章规定的程序，由人民检察院向人民法院提出没收违法所得的申请。

2. 对被害人的合法财产，应当及时返还。

【名师点睛】对被害人的合法财产，权属明确的，应当依法及时返还，但须经拍照、鉴定、估价，并在案卷中注明返还的理由，将原物照片、清单和被害人的领取手续附卷备查；权属不明的，应当在人民法院判决、裁定生效后，按比例返还被害人，但已获退赔的部分应予扣除。

3. 对违禁品或者不宜长期保存的物品，应当依照国家有关规定处理。

4. 对作为证据使用的实物应当随案移送，对不宜移送的，应当将其清单、照片或者其他证明文件随案移送。

【名师点睛】对作为证据使用的实物，包括作为物证的货币、有价证券等，应当随案移送。第一审判决、裁定宣告后，被告人上诉或者人民检察院抗诉的，第一审人民法院应当将上述证据移送第二审人民法院。

5. 人民法院作出的判决，应当对查封、扣押、冻结的财物及其孳息作出处理。

【名师点睛】审判期间，权利人申请出卖被扣押、冻结的债券、股票、基金份额等财产，人民法院经审查，认为不损害国家利益、被害人利益，不影响诉讼正常进行的，以及扣押、冻结的汇票、本票、支票有效期即将届满的，可以在判决、裁定生效前依法出卖，所得价款由人民法院保管，并及时告知当事人或者其近亲属。

6. 人民法院作出的判决生效以后，有关机关应当根据判决对查封、扣押、冻结的财物及其孳息进行处理。对查封、扣押、冻结的赃款赃物及其孳息，除依法返还被害人的以外，一律上缴国库。

（1）法庭审理过程中，对查封、扣押、冻结的财物及其孳息，应当调查其权属情况，是否属于违法所得或者依法应当追缴的其他涉案财物。

（2）案外人对查封、扣押、冻结的财物及其孳息提出权属异议的，人民法院应当审查并依法处理。经审查，不能确认查封、扣押、冻结的财物及其孳息属于违法所得或者依法应当追缴的其他涉案财物的，不得没收。

（3）判决返还被害人的涉案财物，应当通知被害人认领；无人认领的，应当公告通知；公告满3个月无人认领的，应当上缴国库；上缴国库后有人认领，经查证属实的，应当申请退库予以返还；原物已经拍卖、变卖的，应当返还价款。

（4）对侵犯国有财产的案件，被害单位已经终止且没有权利义务继受人，或者损失已经被核销的，查封、扣押、冻结的财物及其孳息应当上缴国库。

（5）随案移送的或者人民法院查封、扣押的财物及其孳息，由第一审人民法院在判决生效后负责处理。涉案财物未随案移送的，人民法院应当在判决生效后10日内，将判决书、裁定书送达查封、扣押机关，并告知其在1个月内将执行回单送回。

7. 查封、扣押、冻结的财物与本案无关但已列入清单的，应当由查封、扣押、冻结机关依法处理。查封、扣押、冻结的财物属于被告人合法所有的，应当在赔偿被害人损失、执行财产刑后及时返还被告人；财物未随案移送的，应当通知查封、扣押、冻结机关将赔偿被害人损失、执行财产刑的部分移送人民法院。

8. 司法工作人员贪污、挪用或者私自处理查封、扣押、冻结的财物及其孳息的，依法追究刑事责任；不构成犯罪的，给予处分。

### 九、在法定刑以下判处刑罚的核准程序

在法定刑以下判处刑罚的案件，不能直接发生法律效力，必须报请最高人民法院核准方可生效。这也是两审终审制的一个例外。

#### （一）上报的程序和途径

| | |
|---|---|
| 不上诉<br>不抗诉 | （1）在上诉、抗诉期满后3日内报请上一级人民法院复核。<br>（2）上一级法院复核的处理：<br>①上一级法院同意原判的，应当书面层报最高人民法院核准；（"层层上报"）<br>②上一级法院不同意的，应当裁定发回重新审判，或者改变管辖按照第一审程序重新审理。（"上报路上不改判"）<br>【名师点睛】原判是基层人民法院作出的，高级人民法院可以指定中级人民法院按照第一审程序重新审理。 |
| 上诉、<br>抗诉的 | 一审后上诉、抗诉的，应当按二审程序审理。<br>（1）二审如维持原判或改判后仍在法定刑以下判处刑罚的，逐级报最高院核准；<br>（2）二审如改判法定刑内，二审终审生效。 |

## （二）最高人民法院复核后的处理

| 核　准 | 予以核准的，作出核准裁定书。 |
|---|---|
| 不核准 | 不予核准的，应当撤销原判决、裁定，发回原审人民法院重新审判或者指定其他下级人民法院重新审判。<br>【关联法条】《刑诉解释》第339条　依照本解释第336条、第338条规定发回第二审人民法院重新审判的案件，第二审人民法院可以直接改判；必须通过开庭查清事实、核实证据或者纠正原审程序违法的，应当开庭审理。 |

【小试牛刀】

　　曲某因涉嫌爆炸罪被检察机关提起公诉。某市中级人民法院经审理认为，曲某的犯罪行为虽然使公私财物遭受了重大损失，也没有法定减轻处罚情节，但根据案件特殊情况，可以在法定刑以下判处刑罚，于是判处曲某有期徒刑8年。曲某在法定期间内没有提出上诉，检察机关也没有提出抗诉。该案在程序上应当如何处理？[1]

A. 在上诉、抗诉期满后3日内报请上一级人民法院复核

B. 如果上一级人民法院同意原判，应当逐级报请最高人民法院核准

C. 如果上一级人民法院不同意在法定刑以下判处刑罚，应在改判后逐级报请最高人民法院核准

D. 最高人民法院予以核准的，应当作出核准裁定书

---

　　〔1〕　ABD。如果上一级人民法院不同意原判，应当裁定发回重新审判或者改变管辖，按照一审程序重新审理，选项C错误。

# 第17章

# 死刑复核程序

## ▶ 复习提要

　　死刑复核程序旨在通过对原审裁判的认定事实和适用法律问题进行全面、有效的审查，来防止死刑裁判可能出现的错误或者随意化。一般刑事案件两审即生效，但是死刑案件两审之后必须上报最高院复核方可生效。考生要掌握死刑案件具体如何上报到最高院，以及最高院针对上报的死刑案件具体的处理结果。另外，考生还需要掌握死缓案件的核准程序以及核准结果。

## ▶ 知识框架

死刑复核程序 ┬ 死刑复核程序的概念、特点
　　　　　　├ 判处死刑立即执行案件的复核程序 ┬ 死刑立即执行案件的核准权 ★
　　　　　　│　　　　　　　　　　　　　　　　├ 死刑立即执行案件的上报 ★★★
　　　　　　│　　　　　　　　　　　　　　　　├ 死刑立即执行案件的复核 ★★
　　　　　　│　　　　　　　　　　　　　　　　└ 死刑立即执行案件复核后的处理 ★★★
　　　　　　├ 判处死刑缓期二年执行案件的复核程序 ★
　　　　　　└ 死刑缓期执行限制减刑案件的审理程序 ★

## 一、死刑复核程序概述

死刑复核程序，是我国刑事诉讼法规定的一种独立于普通审判程序之外的特别审查核准程序。

死刑复核程序有以下几个不同于普通程序的特点：

| | |
|---|---|
| 1. 审理对象特定 | 死刑复核程序只适用于判处死刑的案件，包括判处死刑立即执行和判处死刑缓期二年执行的案件。 |
| 2. 复核程序是死刑的终审程序 | 一般刑事案件经过第一审、第二审程序以后，判决就发生法律效力。而死刑案件除经过第一审、第二审程序以外，还必须经过死刑复核程序。只有经过复核并核准的死刑判决才发生法律效力。<br>【名师点睛】从这一意义上说，死刑复核程序是两审终审制的一种例外。 |
| 3. 所处的诉讼阶段特殊 | 死刑复核程序的进行一般是在死刑判决作出之后，发生法律效力之前。<br>【名师点睛】第一审程序、第二审程序审理时间是在起诉之后，二审判决之前；审判监督程序则是在判决、裁定发生法律效力之后。 |
| 4. 核准权专属性 | 有权进行死刑复核的机关只有最高人民法院和高级人民法院。 |
| 5. 程序启动自动性 | 死刑复核程序的启动既不需要检察机关提起公诉或者抗诉，也不需要当事人提起自诉或上诉，只要二审法院审理完毕或者一审后经过法定的上诉期或抗诉期被告人没有提出上诉、检察院没有提起抗诉，人民法院就应当自动将案件报送高级人民法院或最高人民法院核准。<br>【名师点睛】第一审程序和第二审程序的启动都遵循不告不理原则，只有检察机关提起公诉或者自诉人提起自诉，人民法院才能启动第一审程序；只有检察机关提起抗诉或者被告人、自诉人提起上诉，人民法院才能启动二审程序。 |
| 6. 报请复核方式特殊 | 报请复核应当按照法院的组织系统逐级上报，不得越级报核。 |

## 二、死刑立即执行案件的复核程序

### （一）核准权

死刑立即执行的核准权自 2007 年 1 月 1 日起，统一由最高人民法院行使。

### （二）报请程序

判处死刑立即执行案件的报请程序有以下三种情况：

| | |
|---|---|
| 1. 中院判死刑的一审案件，未上诉、未抗诉的 | 在上诉、抗诉期满后 10 日内报请高院复核。<br>（1）高院同意判处死刑的，应当在作出裁定后 10 日内报请最高人民法院核准；（"层层上报"）<br>（2）高院不同意判处死刑的，应当依照第二审程序提审或者发回重新审判。（"上报路上不改判"） |
| 2. 中院判死刑的一审案件，上诉、抗诉的 | （1）高院二审裁定维持的，应当在作出裁定后 10 日内报请最高院核准；<br>（2）高院二审如果认为不应当判处死刑的，直接对一审裁量量刑进行改判。如果改判后不再是死刑，则无需再上报，二审裁判即发生效力。 |

续表

| 3. 高院判死刑的一审案件，未上诉、未抗诉的 | 应当在上诉、抗诉期满后 10 日内报请最高人民法院核准。 |
|---|---|

【名师点睛】报请复核死刑（含死缓）案件，应当一案一报。有的被告人犯有数罪，只要其中有一罪被判处死刑，以及共同犯罪的案件中，只要其中有一名被告人被判处死刑，就应当报送全案的诉讼案卷和证据。

## （三）死刑立即执行案件的复核

| 1. 复核庭的组成 | 审判员 3 人组成合议庭进行。 |
|---|---|
| 2. 讯问被告人 | 复核死刑案件，应当讯问被告人。 |
| 3. 辩护律师意见 | 辩护律师提出要求的，应当听取辩护律师的意见。<br>【关联法条】《刑诉解释》356 条　死刑复核期间，辩护律师要求当面反映意见的，最高人民法院有关合议庭应当在办公场所听取其意见，并制作笔录；辩护律师提出书面意见的，应当附卷。 |
| 4. 检察院监督 | 在复核死刑案件过程中，最高人民检察院可以向最高人民法院提出意见。最高人民法院应当将死刑复核结果通报最高人民检察院。死刑复核期间，最高人民检察院提出意见的，最高人民法院应当审查，并将采纳情况及理由反馈最高人民检察院。 |
| 5. 全面审查 | 复核死刑（含死刑缓期二年执行）案件，应当围绕定罪与量刑内容全面审查。应当全面审查以下内容：①被告人的年龄，被告人有无刑事责任能力、是否系怀孕的妇女；②原判认定的事实是否清楚，证据是否确实、充分；③犯罪情节、后果及危害程度；④原判适用法律是否正确，是否必须判处死刑，是否必须立即执行；⑤有无法定、酌定从重、从轻或者减轻处罚情节；⑥诉讼程序是否合法；⑦应当审查的其他情况。 |
| 6. 共犯的审查 | （1）共同犯罪案件中，部分被告人被判处死刑的，最高人民法院或者高级人民法院复核时，应当对全案进行审查，但不影响对其他被告人已经发生法律效力判决、裁定的执行；<br>（2）发现对其他被告人已经发生法律效力的判决、裁定确有错误时，可以指令原审人民法院再审。<br>【名师点睛】注意共犯的全面审查并不等于所有人都需要最高院核准，只有死刑犯需要核准。 |

【小试牛刀】

**1.** 关于死刑复核程序，下列哪一选项是正确的?[1]

A. 最高法院复核死刑案件，可以不讯问被告人

B. 最高法院复核死刑案件，应当听取辩护律师的意见

C. 在复核死刑案件过程中，最高检察院应当向最高法院提出意见

D. 最高法院应当将死刑复核结果通报最高检察院

[1]　D

**2.** 在一起共同犯罪案件中，被告人王某被判处死刑，被告人夏某被判处有期徒刑 13 年。最高人民法院复核此案时，下列哪些做法是正确的?[1]

A. 既审查被告人王某的判决部分，也审查被告人夏某的判决部分

B. 只对判处死刑的判决部分进行核准

C. 对有关夏某的判决部分应先停止执行，待对死刑判决复核后再开始执行

D. 对全案的审查，不影响对已生效的夏某判决的执行

---

📖 **拓 展 阅 读**

**《最高人民法院关于办理死刑复核案件听取辩护律师意见的办法》**

**第 1 条** 死刑复核案件的辩护律师可以向最高人民法院立案庭查询立案信息。辩护律师查询时，应当提供本人姓名、律师事务所名称、被告人姓名、案由，以及报请复核的高级人民法院的名称及案号。

最高人民法院立案庭能够立即答复的，应当立即答复，不能立即答复的，应当在 2 个工作日内答复，答复内容为案件是否立案及承办案件的审判庭。

**第 2 条** 律师接受被告人、被告人近亲属的委托或者法律援助机构的指派，担任死刑复核案件辩护律师的，应当在接受委托或者指派之日起 3 个工作日内向最高人民法院相关审判庭提交有关手续。

辩护律师应当在接受委托或者指派之日起一个半月内提交辩护意见。

**第 3 条** 辩护律师提交委托手续、法律援助手续及辩护意见、证据等书面材料的，可以经高级人民法院同意后代收并随案移送，也可以寄送至最高人民法院承办案件的审判庭或者在当面反映意见时提交；对尚未立案的案件，辩护律师可以寄送至最高人民法院立案庭，由立案庭在立案后随案移送。

**第 4 条** 辩护律师可以到最高人民法院办公场所查阅、摘抄、复制案卷材料。但依法不公开的材料不得查阅、摘抄、复制。

**第 5 条** 辩护律师要求当面反映意见的，案件承办法官应当及时安排。

一般由案件承办法官与书记员当面听取辩护律师意见，也可以由合议庭其他成员或者全体成员与书记员当面听取。

**第 6 条** 当面听取辩护律师意见，应当在最高人民法院或者地方人民法院办公场所进行。辩护律师可以携律师助理参加。当面听取意见的人员应当核实辩护律师和律师助理的身份。

**第 7 条** 当面听取辩护律师意见时，应当制作笔录，由辩护律师签名后附卷。辩护律师提交相关材料的，应当接收并开列收取清单一式二份，一份交给辩护律师，另一份附卷。

**第 8 条** 当面听取辩护律师意见时，具备条件的人民法院应当指派工作人员全程录音、录像。其他在场人员不得自行录音、录像、拍照。

**第 9 条** 复核终结后，受委托进行宣判的人民法院应当在宣判后 5 个工作日内将最高人民法院裁判文书送达辩护律师。

---

[1] ABD

### （四）判处死刑立即执行案件复核后的处理

#### 1. 复核结果

| | | |
|---|---|---|
| 裁定核准 | 直接核准 | 原判认定事实和适用法律正确、量刑适当、诉讼程序合法的，应当裁定核准。 |
| | 纠正核准 | 原判认定的某一具体事实或者引用的法律条款等存在瑕疵，但判处被告人死刑并无不当的，可以在纠正后作出核准的判决、裁定。 |
| 裁定不予核准发回重审 | | （1）原判事实不清、证据不足的；<br>（2）复核期间出现新的影响定罪量刑的事实、证据的；<br>（3）原判认定事实正确，但依法不应当判处死刑的；<br>（4）原审违反法定诉讼程序，可能影响公正审判的。 |
| 特殊情形下改判 | 数罪并罚（都判死刑） | （1）部分犯罪的死刑事实不清、证据不足的，对全案裁定不予核准，并撤销原判，发回重新审判；<br>（2）部分犯罪的死刑事实正确，但依法不应判处死刑的，可以改判并对其他应当判处死刑的犯罪作出核准死刑的判决。 |
| | 共同犯罪（都判死刑） | （1）部分被告人死刑事实不清、证据不足的，对全案裁定不予核准，并撤销原判，发回重新审判；<br>（2）部分被告人事实正确，但依法不应当判处死刑的，可以改判并对其他应当判处死刑的被告人作出核准死刑的判决。 |

【小试牛刀】

关于死刑复核程序，下列哪些选项是正确的？[1]

A. 赵某因故意杀人罪被判处死刑，最高法院对案件进行复核时，认为死刑判决认定事实和适用法律正确、量刑适当、程序合法，最高院裁定核准死刑

B. 钱某因绑架罪被判处死刑，最高法院在对案件进行复核时，发现死刑判决过重，于是改判无期徒刑

C. 孙某伙同李某持枪抢劫银行被分别判处死刑，最高法院进行复核时发现孙某的死刑判决认定事实和适用法律正确、量刑适当、程序合法，李某的死刑判决认定事实不清、证据不足，遂对全案裁定不予核准，并撤销原判，发回重新审判

D. 李某因绑架罪和抢劫罪分别被判处死刑，最高法院在对案件进行复核时，发现李某绑架罪的死刑判决认定事实和适用法律正确、量刑适当、诉讼程序合法，抢劫罪的死刑判决认定事实清楚，但依法不应当判处死刑，遂对绑架罪作出核准死刑的判决，对抢劫罪的死刑判决予以改判

#### 2. 复核后发回重审的程序

| | |
|---|---|
| 发回的法院 | 最高院裁定不予核准死刑的，根据案件情况，可以发回第二审法院或者第一审法院重新审判。<br>【名师点睛】第一审人民法院重新审判的，应当开庭审理。第二审人民法院重新审判的，可以直接改判；必须通过开庭查清事实、核实证据或者纠正原审程序违法的，应当开庭审理。 |

---

[1]　ACD

续表

| | |
|---|---|
| 发回的法院 | **【关联法条】**《刑诉解释》354 条　高级人民法院依照复核程序审理后报请最高人民法院核准死刑，最高人民法院裁定不予核准，发回高级人民法院重新审判的，高级人民法院可以依照第二审程序提审或者发回重新审判。 |
| 另组合议庭 | 发回重新审判的案件，原审人民法院应当另行组成合议庭进行审理。<br>**【名师点睛】**但有两个例外，发回不需要另行组成合议庭：<br>（1）复核期间出现新的影响定罪量刑的事实、证据，发回重新审判的；<br>（2）原判认定事实正确，但依法不应当判处死刑，发回重新审判的。 |

💡 拓 展 阅 读

**《最高人民法院关于适用刑事诉讼法第二百二十五条第二款有关问题的批复》**

一、对于最高人民法院依据《中华人民共和国刑事诉讼法》第 239 条和《最高人民法院关于适用〈中华人民共和国刑事诉讼法〉的解释》第 353 条裁定不予核准死刑，发回第二审人民法院重新审判的案件，无论此前第二审人民法院是否曾以原判决事实不清楚或者证据不足为由发回重新审判，原则上不得再发回第一审人民法院重新审判；有特殊情况确需发回第一审人民法院重新审判的，需报请最高人民法院批准。

二、对于最高人民法院裁定不予核准死刑，发回第二审人民法院重新审判的案件，第二审人民法院根据案件特殊情况，又发回第一审人民法院重新审判的，第一审人民法院作出判决后，被告人提出上诉或者人民检察院提出抗诉的，第二审人民法院应当依法作出判决或者裁定，不得再发回重新审判。

**【小试牛刀】**

段某因贩卖毒品罪被市中级法院判处死刑立即执行，段某上诉后省高级法院维持了一审判决。最高法院复核后认为，原判认定事实清楚，但量刑过重，依法不应当判处死刑，不予核准，发回省高级法院重新审判。关于省高级法院重新审判，下列哪一选项是正确的？[1]

A. 应另行组成合议庭

B. 应由审判员 5 人组成合议庭

C. 应开庭审理

D. 可直接改判死刑缓期二年执行，该判决为终审判决

## 三、死刑缓期二年执行案件的复核程序

**1. 核准权**

死刑缓期二年执行案件的核准权由高级人民法院统一行使。

**2. 报请程序**

中院判处死刑缓期二年执行的第一审案件，被告人不上诉，人民检察院不抗诉的，应当报请高级人民法院核准。

**【名师点睛】**高级人民法院自己判处的死缓案件是不需要自己来核准的。

---

〔1〕　D

3. 复核程序

高级人民法院核准死刑缓期二年执行的案件，应当由审判员 3 人组成合议庭，合议庭在审查时必须讯问被告人。

4. 复核的结果

| 予以核准 | 直接核准 | 原判认定事实和适用法律正确、量刑适当、诉讼程序合法的，应当裁定核准。 |
| --- | --- | --- |
| | 纠正核准 | 原判认定的某一具体事实或者引用的法律条款等存在瑕疵，但判处被告人死刑缓期执行并无不当的，可以在纠正后作出核准的判决、裁定。 |
| 应当改判 | | 认为法律适用错误或者原判过重的，应当依法改判。<br>【名师点睛】死缓复核不能加重被告人的刑罚。 |
| 可以发回重审或改判 | | （1）原判事实不清、证据不足的；<br>（2）复核期间出现新的影响定罪量刑的事实、证据的。 |
| 应当发回重审 | | 原审违反法定诉讼程序，可能影响公正的，应当裁定不予核准，撤销原判，发回重审。 |

【小试牛刀】

段某因犯故意杀人罪被某市中级人民法院一审判处死刑，缓期二年执行。判决后，段某没有上诉，检察机关也没有抗诉。省高级人民法院在复核该案时认为，一审判决认定事实清楚，适用法律正确，但量刑不当，因为段某杀人后先奸尸又碎尸，情节恶劣，应当判处死刑立即执行。省高级人民法院应当如何处理该案？

**答案**：裁定维持一审判决，待判决生效后可以通过审判监督程序纠正。

## 四、死刑缓期执行限制减刑案件的审理程序

1. 案件范围

对被判处死刑缓期执行的累犯以及因故意杀人、强奸、抢劫、绑架、放火、爆炸、投放危险物质或者有组织的暴力性犯罪被判处死刑缓期执行的犯罪分子，人民法院根据犯罪情节、人身危险性等情况，可以在作出裁判的同时决定对其限制减刑。

【小试牛刀】

关于犯罪分子可以适用死刑缓期执行限制减刑的案件，下列选项正确的是：[1]

A. 绑架案件            B. 抢劫案件

C. 爆炸案件            D. 有组织的暴力性案件

2. 死刑缓期执行限制减刑案件的救济

被告人对第一审人民法院作出的限制减刑判决不服的，可以提出上诉。

【名师点睛】被告人的辩护人和近亲属，经被告人同意，也可以提出上诉。

3. 死缓案件的上诉和复核

| 变轻容易 | 高级人民法院（二审）审理或者复核判处死刑缓期执行并限制减刑的案件，认为原判对被告人判处死刑缓期执行适当，但判决限制减刑不当的，应当改判，撤销限制减刑。<br>【名师点睛】上诉的二审程序或者死缓复核程序，量刑从重改到轻，不受限制。 |
| --- | --- |

---

〔1〕 ABCD

续表

| 变重难 | 高级人民法院审理判处死刑缓期执行没有限制减刑的上诉案件或者复核没有限制减刑的死缓案件，认为原判事实清楚、证据充分，但应当限制减刑的，不得直接改判，也不得发回重新审判。<br><br>【名师点睛】不管是上诉的二审程序还是死缓复核程序中，量刑从轻改到重是要受限制的。因为上诉不加刑，死缓复核不加刑。此情形二审法院确有必要限制减刑的，应当在第二审判决、裁定生效后，按照审判监督程序重新审判。死缓复核法院确实有必要限制减刑的，应当在核准死缓之后，按照审判监督程序重新审判。 |
|---|---|

**【小试牛刀】**

高级法院审理判处死刑缓期执行没有限制减刑的上诉案件，认为原判事实清楚、证据充分，但确有必要限制减刑的，应当如何处理？

**答案：** 只能在二审判决、裁定生效后，按照审判监督程序重新审判。

### 4. 死刑案件的上诉和核准

| 死刑的上诉 | 高级人民法院审理判处死刑的第二审案件，对被告人改判死刑缓期执行的，可以同时决定对其限制减刑。（变轻容易） |
|---|---|
| 死刑的上报 | 高级人民法院复核判处死刑后没有上诉、抗诉的案件，认为应当改判死刑缓期执行并限制减刑的，可以提审或者发回重新审判。（上报路上不改判） |
| 死刑的核准 | （1）最高人民法院复核死刑案件，认为对被告人可以判处死刑缓期执行并限制减刑的，应当裁定不予核准，并撤销原判，发回重新审判；（见错发回）<br>（2）一案中两名以上被告人被判处死刑，最高人民法院复核后，对其中部分被告人改判死刑缓期执行的，如果符合《刑法》第50条第2款的规定，可以同时决定对其限制减刑。（1/n 不该死可改判） |

**【小试牛刀】**

关于死刑缓期执行限制减刑案件的审理程序，下列哪一说法是正确的？[1]

A. 对一审法院作出的限制减刑的判决，被告人的辩护人、近亲属可以独立提起上诉

B. 高级法院认为原判对被告人判处死刑缓期执行适当但限制减刑不当的，应当改判，撤销限制减刑

C. 最高法院复核死刑案件，认为可以判处死刑缓期执行并限制减刑的，可以裁定不予核准，发回重新审判

D. 最高法院复核死刑案件，认为对部分被告人应当适用死刑缓期执行的，如符合《刑法》限制减刑规定，应当裁定不予核准，发回重新审判

---

〔1〕 B。选项A错误，因为辩护人和近亲属是不能独立上诉的，必须要经过被告人的同意方可进行。选项B正确，高级人民法院审理或者复核判处死刑缓期执行并限制减刑的案件，认为原判对被告人判处死刑缓期执行适当，但判决限制减刑不当的，应当改判，撤销限制减刑。选项C的错误在于该情形是应当发回而不是可以发回。选项D错误，正确做法是：对于量刑错误的被告人可以直接改变量刑，对于没有错误的被告人核准死刑。

# 第18章

## 审判监督程序

第18章

### ▶复习提要

作为一种特殊的救济程序，刑事审判监督程序，又称再审程序，是指人民法院、人民检察院对于已经发生法律效力的判决和裁定，发现在认定事实上或者在适用法律上确有错误，由人民法院对案件进行重新审判的一种诉讼程序。本章首先要掌握申诉的主体、申诉的理由、申诉的时间、申诉的程序等。其次需要掌握针对生效裁判，法院和检察院是如何启动再审程序的。最后需要重点掌握审判监督程序的特别规定，如再审合议庭的组成、再审的强制措施等。

### ▶知识框架

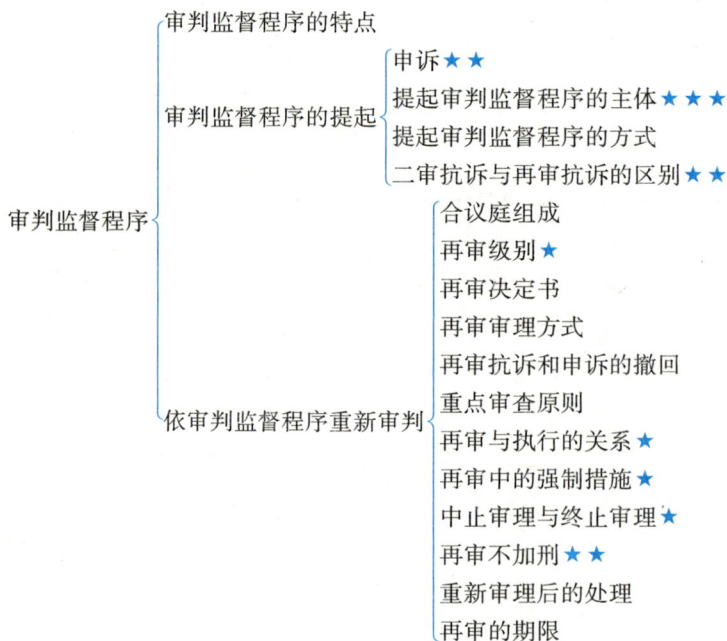

## 一、审判监督程序的特点

| | |
|---|---|
| 审理对象 | 审理对象是已经发生法律效力的判决、裁定，包括正在执行和已经执行完毕的判决、裁定。<br>【名师点睛】二审审理的对象是尚未发生法律效力的裁判。 |
| 启动主体 | 由各级人民法院院长提交本院审判委员会决定，最高人民法院和上级人民法院决定以及最高人民检察院和上级人民检察院提出抗诉而提起的。<br>【名师点睛】再审程序可以由法院主动开启，也可以通过检察院抗诉开启。但是，二审程序只能通过当事人的上诉，或者检察院的抗诉开启，法院不能主动开启二审程序。 |
| 启动原因 | 必须经有权的人民法院或者人民检察院审查，认为已生效的判决、裁定在认定事实或者适用法律上确有错误时，才能提起。 |
| 启动期限 | 参见本章有关申诉受理的内容。 |
| 审判法院 | 按照审判监督程序审判案件的法院，既可以是原审人民法院，也可以是提审的任何上级人民法院。<br>【名师点睛】二审程序只能是一审法院的上一级法院。 |
| 程序级别 | 按照审判监督程序审判案件将根据原来是第一审案件或第二审案件而分别依照第一审程序或第二审程序进行。 |
| 再审不加刑 | 除人民检察院抗诉的以外，再审一般不得加重原审被告人的刑罚，再审决定书或者抗诉书只针对部分原审被告人的，不得加重其他同案原审被告人的刑罚。 |

## 二、审判监督程序的提起

### （一）申诉

| | |
|---|---|
| 申诉主体 | 申诉的主体是当事人及其法定代理人、近亲属。<br>【关联法条】《刑诉解释》第371条 当事人及其法定代理人、近亲属对已经发生法律效力的判决、裁定提出申诉的，人民法院应当审查处理。案外人认为已经发生法律效力的判决、裁定侵害其合法权益，提出申诉的，人民法院应当审查处理。<br>申诉可以委托律师代为进行。<br>【名师点睛】被害人没有上诉权但有申诉权。 |
| 申诉对象 | 申诉的对象是已经生效的判决、裁定。<br>【名师点睛】上诉的对象是一审尚未生效的裁判。 |
| 受理机关 | 人民法院，也包括检察院。<br>【名师点睛】上诉只能找一审法院的上一级人民法院。 |
| 申诉效力 | （1）申诉不能停止判决、裁定的执行；<br>（2）申诉不能必然引起审判监督程序。<br>【名师点睛】上诉必然引起二审，阻碍一审法院裁判生效。 |

续表

| 申诉时间 | 申诉人最迟在刑罚执行完毕后 2 年内提出申诉。<br>【名师点睛】超过 2 年提出申诉，具有下列情形之一，应当受理：<br>（1）可能对原审被告人宣告无罪的；<br>（2）原审被告人在规定的期限内向法院提出申诉，法院未受理的；<br>（3）属于疑难、复杂、重大案件的。<br>【名师点睛】上诉期限是判决 10 天，裁定 5 天。 |
|---|---|
| 法院审查<br>申诉的程序 | （1）原则找终审：申诉由终审法院处理。<br>【名师点睛】但是，第二审人民法院裁定准许撤回上诉的案件，申诉人对第一审判决提出申诉的，可以由第一审人民法院审查处理。<br>（2）越级申诉：上一级人民法院对越级的申诉，可以告知申诉人向终审法院提出申诉，或者直接交终审法院审查处理，并告知申诉人；案件疑难、复杂、重大的，也可以直接审查处理。<br>【名师点睛】对未经终审人民法院及其上一级人民法院审查处理，直接向上级人民法院申诉的，上级人民法院可以告知申诉人向下级人民法院提出。<br>（3）死刑申诉：对死刑案件的申诉，可由原核准法院直接审查处理，也可以交由原审法院审查。原审法院应当写出审查报告，提出处理意见，层报原核准的人民法院审查处理。<br>（4）两级申诉：申诉人对驳回申诉不服的，可向上一级人民法院申诉。上一级人民法院经审查认为申诉不符合再审理由的，应当说服申诉人撤回申诉；对仍然坚持申诉的，应当驳回或通知不予重新审判。 |
| 检察院<br>审查申诉<br>的程序 | （1）当事人及法定代理人、近亲属认为法院生效的刑事裁判确有错误，向检察院申诉的，由作出生效裁判的法院的同级检察院刑事申诉检察部门办理。<br>（2）直接向上级检察院申诉的，上级检察院可以交由作出生效判决、裁定的法院的同级检察院受理；案情重大、疑难、复杂的，上级检察院可以直接受理。<br>（3）检察院复查决定不予抗诉后继续提出申诉的，上一级检察院应当受理。<br>（4）不服人民法院死刑终审判决、裁定尚未执行的申诉，由监所检察部门办理。 |
| 申诉引起<br>再审的情形<br>（了解） | 《刑诉解释》第 375 条规定，对立案审查的申诉案件，应当在 3 个月内作出决定，至迟不得超过 6 个月。经审查，具有下列情形之一的，应当根据《刑事诉讼法》第 242 条的规定，决定重新审判：①有新的证据证明原判决、裁定认定的事实确有错误，可能影响定罪量刑的；②据以定罪量刑的证据不确实、不充分、依法应当排除的；③证明案件事实的主要证据之间存在矛盾的；④主要事实依据被依法变更或者撤销的；⑤认定罪名错误的；⑥量刑明显不当的；⑦违反法律关于溯及力规定的；⑧违反法律规定的诉讼程序，可能影响公正审判的；⑨审判人员在审理该案件时有贪污受贿、徇私舞弊、枉法裁判行为的。申诉不具有上述情形的，应当说服申诉人撤回申诉；对仍然坚持申诉的，应当书面通知驳回。<br>【关联法条】《刑诉解释》第 390 条　原判决、裁定认定被告人姓名等身份信息有误，但认定事实和适用法律正确、量刑适当的，作出生效判决、裁定的人民法院可以通过裁定对有关信息予以更正。 |

续表

| 不予受理 | （1）人民法院对不符合法定主体资格的申诉，不予受理。<br>（2）上级人民法院对经终审法院的上一级人民法院依照审判监督程序审理后维持原判或者经两级人民法院依照审判监督程序复查均驳回的申诉案件，一般不予受理。但申诉人提出新的理由，且符合《刑事诉讼法》第 242 条及《最高人民法院关于规范人民法院再审立案的若干意见（试行）》规定条件的，以及刑事案件的原审被告人可能被宣告无罪的除外。<br>（3）最高人民法院再审裁判或者复查驳回的案件，申诉人仍不服提出申诉的，不予受理。 |
|---|---|

## 【小试牛刀】

关于审判监督程序中的申诉，下列哪一选项是正确的？[1]

A. 二审法院裁定准许撤回上诉的案件，申诉人对一审判决提出的申诉，应由一审法院审理

B. 上一级法院对未经终审法院审理的申诉，应直接审理

C. 对经两级法院依照审判监督程序复查均驳回的申诉，法院不再受理

D. 对死刑案件的申诉，可由原核准的法院审查，也可交由原审法院审查

### （二）提起审判监督程序的主体

| 法院 | 本院 | 本院院长对本院已经生效的裁判，发现确有错误，提交审判委员会讨论决定由本院来审理。<br>【名师点睛1】法院不能对上级或其他同级人民法院已经发生法律效力的判决和裁定决定再审。如果院长发现原属本院第一审，但又经上一级人民法院二审的判决或裁定确有错误，则只能向二审人民法院提出意见，由第二审人民法院决定是否提起审判监督程序。<br>【名师点睛2】提起审判监督程序的权力由院长和审判委员会共同行使，由院长提交审判委员会处理，审判委员会讨论决定是否提起审判监督程序。 |
|---|---|---|
| | 上级法院 | 最高人民法院对各级人民法院已经发生法律效力的判决和裁定，上级法院对下级法院已经发生法律效力的判决和裁定，如果发现确有错误，可以指令下级人民法院再审；对于原判决、裁定认定事实正确，但是在适用法律上有错误，或者案情疑难、复杂、重大的，或者有其他不宜由原审人民法院审理的情况的案件，也可以提审。 |
| 检察院 | | （1）最高人民检察院对各级人民法院（包括最高人民法院）已经发生法律效力的判决和裁定，有权按照审判监督程序向同级人民法院提出抗诉。<br>（2）上级人民检察院对下级人民法院已经发生法律效力的判决和裁定，如果发现确有错误，有权按照审判监督程序向同级人民法院提出抗诉。<br>【名师点睛1】再审抗诉最大的特点就是"上抗下"。唯有最高检可以针对同级的最高院的裁判提起再审抗诉。基层检察院无权提起再审抗诉。<br>【名师点睛2】地方各级人民检察院发现同级人民法院已经发生法律效力的判决和裁定确有错误的，无权按照审判监督程序提出抗诉，应当报请上级人民检察院按照审判监督程序，向它的同级人民法院提出抗诉。 |

[1] D

**【关联法条】《刑诉解释》第 380 条** 对人民检察院依照审判监督程序提出抗诉的案件，人民法院应当在收到抗诉书后 1 个月内立案。但是，有下列情形之一的，应当区别情况予以处理：

（一）对不属于本院管辖的，应当将案件退回人民检察院；

（二）按照抗诉书提供的住址无法向被抗诉的原审被告人送达抗诉书的，应当通知人民检察院在 3 日内重新提供原审被告人的住址；逾期未提供的，将案件退回人民检察院；

（三）以有新的证据为由提出抗诉，但未附相关证据材料或者有关证据不是指向原起诉事实的，应当通知人民检察院在 3 日内补送相关材料；逾期未补送的，将案件退回人民检察院。

决定退回的抗诉案件，人民检察院经补充相关材料后再次抗诉，经审查符合受理条件的，人民法院应当受理。

**【小试牛刀】**

王某因间谍罪被甲省乙市中级法院一审判处死刑，缓期二年执行。王某没有上诉，检察院没有抗诉。判决生效后，发现有新的证据证明原判决认定的事实确有错误。下列哪些机关有权对本案提起审判监督程序？[1]

A. 乙市中级法院

B. 甲省高级法院

C. 甲省检察院

D. 最高检察院

### （三）提起审判监督程序的方式

提起审判监督程序的方式有：决定再审、指令再审、决定提审、提出抗诉。

| 决定再审 | 决定再审是各级人民法院院长对本院已生效的判决和裁定提交审判委员会决定的审判监督程序的方式。 |
|---|---|
| 指令再审 | 指令再审是上级人民法院对下级人民法院已经发生法律效力的判决和裁定，如果发现确有错误，可以指令下级人民法院再审从而提起审判监督程序的一种方式。<br>**【名师点睛】**上级人民法院指令下级人民法院再审的，一般应当指令原审人民法院以外的下级人民法院审理；由原审人民法院审理更有利于查明案件事实、纠正裁判错误的，可以指令原审人民法院审理。 |
| 决定提审 | 上级人民法院对下级人民法院已经发生法律效力的判决和裁定，如果发现确有错误，需要重新审理，而直接组成合议庭，调取原审案卷和材料，并进行审判从而提起审判监督程序的一种方式。 |
| 提出抗诉 | 提出抗诉是最高人民检察院对各级人民法院已经发生法律效力的判决和裁定，上级人民检察院对下级人民法院已经发生法律效力的判决和裁定，如果发现确有错误，向同级人民法院提出抗诉从而提起审判监督程序的一种方式。<br>**【关联法条】《刑诉解释》第 381 条** 对人民检察院依照审判监督程序提出抗诉的案件，接受抗诉的人民法院应当组成合议庭审理。对原判事实不清、证据不足，包括有新的证据证明原判可能有错误，需要指令下级人民法院再审的，应当在立案之日起 1 个月内作出决定，并将指令再审决定书送达抗诉的人民检察院。 |

---

[1] BD

#### （四）再审抗诉与二审抗诉的区别

刑事诉讼中有两种抗诉：一种是二审抗诉，另一种是再审抗诉，注意二者区别。

| 不同点 | 二审抗诉 | 再审抗诉 |
|---|---|---|
| 1. 对象不同 | 尚未发生法律效力的一审裁判 | 已经发生法律效力的判决和裁定 |
| 2. 抗诉机关不同 | 原审法院同级地方人民检察院 | 原审法院的上级检察院或最高检 |
| 3. 接受机关不同 | 抗诉检察院的上一级法院 | 抗诉检察院的同级人民法院 |
| 4. 抗诉期限不同 | 有法定的期限（10天/5天） | 法律没有对再审抗诉的期限作规定 |
| 5. 效力不同 | 导致一审裁判不发生法律效力 | 不会停止原判决、裁定的执行 |

**【小试牛刀】**

关于我国刑事诉讼中按照第二审程序提起抗诉和按照审判监督程序提起抗诉，下列哪一选项是正确的？[1]

A. 二者的抗诉对象均是确有错误的判决、裁定

B. 二者均可以由各级检察院提起

C. 二者均可以由地方各级检察院提起

D. 二者均由抗诉的检察院向同级法院提起

### 三、依照审判监督程序对案件的重新审判

#### （一）合议庭组成

再审法院应当另行组成合议庭进行再审，原来审判该案的审判人员应当回避。

#### （二）再审级别

1. 如果重新审判的案件，原来是第一审案件，应当按照第一审程序进行审判，所作的判决、裁定可以上诉、抗诉。

2. 原来是第二审案件或者经过提审的案件，应当按照第二审程序进行审判，所作的判决、裁定，是终审的判决、裁定。

#### （三）再审决定书

人民法院决定按照审判监督程序重新审判的案件，除人民检察院提起抗诉的外，应当制作再审决定书。

#### （四）再审审理方式

| 应当开庭 | （1）依照第一审程序审理的；<br>（2）依照第二审程序需要对事实或者证据进行审理的；<br>（3）人民检察院按照审判监督程序提出抗诉的；<br>（4）可能对原审被告人（原审上诉人）加重刑罚的；<br>（5）有其他应当开庭审理的情形。<br>**【名师点睛】**人民法院开庭审理的再审案件，同级人民检察院应当派员出席法庭。 |
|---|---|

---

[1] A

续表

| | |
|---|---|
| 可以<br>不开庭 | （1）原裁判认定事实清楚，证据确实、充分，但适用法律错误，量刑畸重的。<br>（2）1979年《刑事诉讼法》施行以前裁判的。<br>（3）原审被告人（原审上诉人）、原审自诉人已经死亡或者丧失刑事责任能力的。<br>（4）原审被告人（原审上诉人）在交通十分不便的边远地区监狱服刑，提押到庭确有困难的；但人民检察院提出抗诉的，人民法院应征得人民检察院的同意。<br>（5）人民法院按照审判监督程序决定再审，经两次通知，检察院不派员出庭的。 |

【小试牛刀】

刑事再审中，下列哪些情形应当依法开庭审理？[1]

A. 某盗窃案，可能对原审被告人吴某加重刑罚

B. 某杀人案，人民检察院依照审判监督程序提出了抗诉

C. 某强奸案，原审被告人范某已经死亡

D. 某故意伤害案，再审需要依照第一审程序审理

### （五）再审申诉和抗诉的撤回

| | |
|---|---|
| 撤回抗诉 | （1）人民法院审理人民检察院抗诉的再审案件，人民检察院在开庭审理前撤回抗诉的，应当裁定准许；<br>（2）人民检察院接到出庭通知后不派员出庭，且未说明原因的，可以裁定按撤回抗诉处理，并通知诉讼参与人。 |
| 撤回申诉 | （1）人民法院审理申诉人申诉的再审案件，申诉人在再审期间撤回申诉的，应当裁定准许；<br>（2）申诉人经依法通知无正当理由拒不到庭，或者未经法庭许可中途退庭的，应当按撤回申诉处理，但申诉人不是原审当事人的除外。 |

### （六）重点审查原则

依照审判监督程序重新审判的案件，人民法院应当重点针对申诉、抗诉和决定再审的理由进行审理。必要时，应当对原判决、裁定认定的事实、证据和适用法律进行全面审查。

【名师点睛】全面审查并不等于被告人需要全部到庭。开庭审理的再审案件，再审决定书或者抗诉书只针对部分原审被告人，其他同案原审被告人不出庭不影响审理的，可以不出庭参加诉讼。

### （七）再审与执行的关系

再审期间不停止原判决、裁定的执行。但被告人可能经再审改判无罪，或者可能经再审减轻原判刑罚而致刑期届满的，可以决定中止原判决、裁定的执行，必要时，可以对被告人采取取保候审、监视居住措施。

【名师点睛】在民事诉讼中，再审期间裁定中止原裁判的执行，但追索赡养费、抚养费、抚育费、抚恤金、医疗费用、劳动报酬等案件，可以不中止执行。

---

［1］　ABD

### （八）强制措施

| 法　院 | 人民法院决定再审的案件，需要对被告人采取强制措施的，由人民法院依法决定。 |
|---|---|
| 检察院 | 检察院抗诉的再审案件，需要对被告人采取强制措施的，由检察院依法决定。 |

【名师点睛】再审中的强制措施的决定主体总结为："谁启动，谁决定"。

### （九）中止审理与终止审理

| 中止审理 | 原审被告人（原审上诉人）收到再审决定书或者抗诉书后下落不明或者收到抗诉书后未到庭的，人民法院应当中止审理；待其到案后，恢复审理。 |
|---|---|
| 终止审理 | 如果超过2年仍查无下落的，应当裁定终止审理。 |

### （十）再审不加刑

除人民检察院抗诉的以外，再审一般不得加重原审被告人的刑罚。再审决定书或者抗诉书只针对部分原审被告人的，不得加重其他同案原审被告人的刑罚。

### 【小试牛刀】

《最高人民法院关于适用〈中华人民共和国刑事诉讼法〉的解释》第386条规定，除检察院抗诉的以外，再审一般不得加重原审被告人的刑罚。关于这一规定的理解，下列哪些选项是正确的？[1]

A. 体现了刑事诉讼惩罚犯罪和保障人权基本理念的平衡

B. 体现了刑事诉讼具有追求实体真实与维护正当程序两方面的目的

C. 再审不加刑有例外，上诉不加刑也有例外

D. 审判监督程序的纠错功能决定了再审不加刑存在例外情形

### （十一）重新审理后的处理

| 维持原判 | 应当维持 | 原判决、裁定认定事实和适用法律正确、量刑适当的，应当裁定驳回申诉或者抗诉，维持原判决、裁定。 |
|---|---|---|
| | 纠正维持 | 原判决、裁定定罪准确、量刑适当，但在认定事实、适用法律等方面有瑕疵的，应当裁定纠正并维持原判决、裁定。 |
| 应当改判 | | 原判决、裁定认定事实没有错误，但适用法律错误，或者量刑不当的，应当撤销原判决、裁定，依法改判。 |
| 可以改判可以发回 | | 依照第二审程序审理的案件，原判决、裁定事实不清或者证据不足的，可以在查清事实后改判，也可以裁定撤销原判，发回原审人民法院重新审判。<br>【考点提示】原判决、裁定事实不清或者证据不足，经审理事实已经查清的，应当根据查清的事实依法裁判；事实仍无法查清，证据不足，不能认定被告人有罪的，应当撤销原判决、裁定，判决宣告被告人无罪。 |

---

〔1〕　ABD。选项C，除检察院抗诉的以外，再审一般不得加重原审被告人的刑罚。所以，再审不加刑可以有例外。但二审程序中，除了检察院抗诉或者自诉人上诉以外，对于仅有被告人一方上诉的案件，二审绝对不得加重被告人刑罚，从这个角度来看，上诉不加刑是没有例外的。选项C错误。

续表

| 更正信息 | 原判决、裁定认定被告人姓名等身份信息有误，但认定事实和适用法律正确、量刑适当的，作出生效判决、裁定的人民法院可以通过裁定对有关信息予以更正。 |

**【关联法条】**《刑诉解释》**第 391 条** 对再审改判宣告无罪并依法享有申请国家赔偿权利的当事人，人民法院宣判时，应当告知其在判决发生法律效力后可以依法申请国家赔偿。

**【小试牛刀】**

依照审判监督程序对案件重新审判后，如果认为原判决认定的犯罪事实正确，适用法律有错误或者量刑不当，应当如何处理？[1]

A. 用裁定改判

B. 撤销原判，用判决予以改判

C. 撤销原判，发回原审人民法院再审

D. 按照第二审程序审理的案件，认为必须判处被告人死刑立即执行的，直接改判后，应当报请最高人民法院核准

**（十二）再审的期限**

1. 人民法院按照审判监督程序重新审判的案件，应当在作出提审、再审决定之日起3个月以内审结，需要延长期限的，不得超过6个月。

2. 接受抗诉的人民法院按照审判监督程序审判抗诉的案件，审理期限适用上述规定；对需要指令下级人民法院再审的，应当自接受抗诉之日起1个月以内作出决定，下级人民法院审理案件的期限适用上述规定。

**【小试牛刀】**

关于审判监督程序，下列哪一选项是正确的？[2]

A. 对于原判决事实不清楚或者证据不足的，应当指令下级法院再审

B. 上级法院指令下级法院再审的，应当指令原审法院以外的下级法院审理；由原审法院审理更为适宜的，也可以指令原审法院审理

C. 不论是否属于由检察院提起抗诉的再审案件，逮捕由检察院决定

D. 法院按照审判监督程序审判的案件，应当决定中止原判决、裁定的执行

---

[1] BD

[2] B

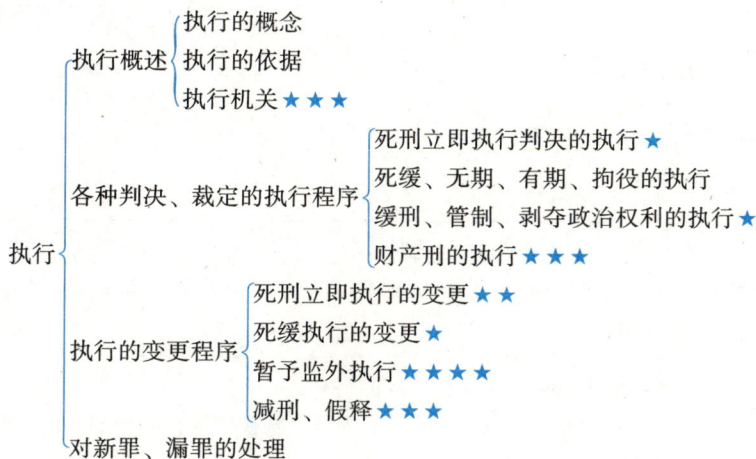

第19章

# 执 行

第19章

## ▶ 复习提要

　　刑事诉讼中的执行，是指将人民法院已经发生法律效力的判决、裁定所确定的内容付诸实现以及处理执行过程中的变更执行等问题而依法进行的活动。本章重点掌握每一种刑罚的执行机关和执行程序，然后需要重点掌握执行中的变更手续，如死刑的变更、死缓的变更、监外执行、减刑、假释等。

## ▶ 知识框架

执行
- 执行概述
  - 执行的概念
  - 执行的依据
  - 执行机关 ★★★
- 各种判决、裁定的执行程序
  - 死刑立即执行判决的执行 ★
  - 死缓、无期、有期、拘役的执行
  - 缓刑、管制、剥夺政治权利的执行 ★
  - 财产刑的执行 ★★★
- 执行的变更程序
  - 死刑立即执行的变更 ★★
  - 死缓执行的变更 ★
  - 暂予监外执行 ★★★★
  - 减刑、假释 ★★★
- 对新罪、漏罪的处理

## 一、执行概述

执行程序是指将已经发生法律效力的判决、裁定所确定的内容付诸实施以及在此过程中处理与之有关的减刑、假释等刑罚执行变更问题时应遵循的步骤、方式和方法。

### （一）执行的依据

1. 已过法定期限没有上诉、抗诉的判决、裁定。

2. 终审的判决和裁定。

【名师点睛】即第二审的判决和裁定以及最高人民法院第一审的判决和裁定。

3. 高级人民法院核准的死刑缓期二年执行的判决、裁定。

4. 最高人民法院核准的死刑以及核准在法定刑以下判处刑罚的判决和裁定。

【名师点睛】执行依据一定都是生效的裁判。

### （二）执行机关

| 人民法院 | 负责死刑立即执行、罚金和没收财产以及无罪或免除刑罚的判决的执行。 |
| --- | --- |
| 监　狱 | 负责死刑缓期二年执行、无期徒刑、有期徒刑（余刑在3个月以上）的执行。<br>【名师点睛1】余刑不足3个月的由看守所代为执行。<br>【名师点睛2】未成年犯管教所负责未成年犯被判处刑罚的执行。 |
| 公安机关 | 负责余刑不足3个月的有期徒刑和拘役、剥夺政治权利的执行。 |
| 社区矫正机构 | 负责管制、宣告缓刑、假释或者暂予监外执行的执行。 |

【考点提示】执行机关是历年司法考试的重点。

【小试牛刀】

在一起共同犯罪案件中，主犯王某被判处有期徒刑15年，剥夺政治权利3年，并处没收个人财产；主犯朱某被判处有期徒刑10年，剥夺政治权利2年，罚金2万元；从犯李某被判处有期徒刑8个月；从犯周某被判处管制1年，剥夺政治权利1年。在本案中，由监狱执行刑罚的罪犯是：[1]

A. 王某　　　　　B. 朱某　　　　　C. 李某　　　　　D. 周某

## 二、各种判决、裁定的执行程序

### （一）死刑立即执行判决的执行

| 死刑命令的签发 | 应当由最高人民法院院长签发执行死刑的命令。<br>【名师点睛】签发死刑令的主体是最高院院长，核准死刑的主体是最高院，执行死刑的主体是一审法院。 |
| --- | --- |
| 执行死刑的机关 | (1) 执行死刑的机关是第一审人民法院；<br>(2) 在死刑缓期执行期间故意犯罪，最高人民法院核准执行死刑的，由罪犯服刑地的中级人民法院执行。 |

---

[1] ABC

续表

| 执行的期限 | 法院接到执行死刑命令后，应当在 7 日内执行。 |
|---|---|
| 执行死刑的场所 | 死刑可以在刑场或者指定的羁押场所内执行。刑场不得设在繁华地区、交通要道和旅游景点附近。 |
| 执行方法 | 执行死刑的方法是枪决、注射或者其他事先经最高人民法院批准的方法。 |
| 死刑犯的会见权 | （1）第一审人民法院在执行死刑前，应当告知罪犯有权会见其近亲属；<br>（2）罪犯申请会见并提供具体联系方式的，人民法院应当通知其近亲属；<br>（3）罪犯近亲属申请会见的，人民法院应当准许，并及时安排会见。 |
| 检察监督 | 人民法院将罪犯交付执行死刑，应当在交付执行 3 日前通知同级人民检察院派员到场监督。 |
| 其他程序 | （1）执行死刑前，指挥执行的审判人员对罪犯应当验明正身；还要讯问罪犯有无遗言、信札，并制作笔录，再交执行人员执行死刑。<br>（2）执行死刑应当公布，禁止游街示众或者其他有辱罪犯人格的行为。<br>（3）执行死刑完毕，应当由法医验明罪犯确实死亡后，在场书记员制作笔录。交付执行的人民法院应当将执行死刑情况（包括执行死刑前后照片）及时逐级上报最高人民法院。 |

【小试牛刀】

1. 段某因绑架罪被甲省 A 市中级法院判处死刑缓期两年执行，后交付甲省 B 市监狱执行。死刑缓期执行期间，段某脱逃至乙省 C 市实施抢劫被抓获，C 市中级法院一审以抢劫罪判处无期徒刑。段某不服判决，向乙省高级法院上诉。乙省高级法院二审维持一审判决。此案最终经最高法院核准死刑立即执行。执行段某死刑的应当是哪个法院？

**答案**：B 市中级法院。

2. 被告人黄某故意杀人案经某市中级法院审理，认为案件事实清楚，证据确实、充分。请根据下列条件，如黄某被判处死刑立即执行，下列选项正确的是：[1]

A. 核准死刑立即执行的机关是最高法院

B. 签发死刑立即执行命令的是最高法院审判委员会

C. 黄某由作出一审判决的法院执行

D. 黄某由法院交由监狱或指定的羁押场所执行

**（二）死刑缓期二年执行、无期徒刑、有期徒刑和拘役判决的执行**

1. 执行机关

| 监 狱 | 被判处死刑缓期二年执行、无期徒刑、有期徒刑的罪犯，执行机关是监狱。 |
|---|---|
| 公 安 | 被判处有期徒刑的罪犯，在被交付执行刑罚前，剩余刑期在 3 个月以下的，由看守所代为执行。被判处拘役的罪犯，由公安机关执行。 |

---

〔1〕 AC

**2. 执行程序**

（1）被判处死刑缓期二年执行、无期徒刑、有期徒刑、拘役的罪犯，交付执行时在押的，第一审人民法院应当在判决、裁定生效后 10 日内，将判决书、裁定书、起诉书副本、自诉状复印件、执行通知书、结案登记表送达看守所，由公安机关将罪犯交付执行。

> 📖 **拓展阅读**
>
> 公安机关接到人民法院生效的死刑缓期二年执行、无期徒刑、有期徒刑的判决书、裁定书以及执行通知后，应当在 1 个月内将罪犯送交监狱执行。对未成年犯应当送交未成年犯管教所执行刑罚。

（2）罪犯需要收押执行刑罚，而判决、裁定生效前未被羁押的，人民法院应当根据生效的判决书、裁定书将罪犯送交看守所羁押，并依照前述规定办理执行手续。

（3）同案审理的案件中，部分被告人被判处死刑，对未被判处死刑的同案被告人需要羁押执行刑罚的，应当在其判决、裁定生效后 10 日内交付执行。但是，该同案被告人参与实施有关死刑之罪的，应当在最高人民法院复核讯问被判处死刑的被告人后交付执行。

（4）死刑缓期执行的期间，从判决或者裁定核准死刑缓期执行的法律文书宣告或送达之日起计算。

（5）判处有期徒刑、拘役的罪犯，执行期满，应当由执行机关发给释放证明书。

### （三）管制、有期徒刑缓刑、拘役缓刑判决的执行

| 执行机关 | 管制、有期徒刑缓刑、拘役缓刑的执行机关是社区矫正机构。 |
|---|---|
| 执行程序 | （1）一审宣告缓刑的，罪犯在押的应变更强制措施，改为监视居住、取保候审；<br>（2）对于被宣告缓刑的罪犯，宣告缓刑时，应当同时宣告缓刑的考验期；<br>（3）对被判处管制、宣告缓刑的罪犯，法院应当核实其居住地；<br>（4）判决、裁定生效后 10 日内，法院应当将法律文书送达罪犯居住地的县级司法行政机关，同时抄送罪犯居住地的县级人民检察院；<br>（5）社区矫正机构应当按照人民法院的判决，向罪犯及其原所在单位或者居住地群众宣布其犯罪事实、被管制的期限，以及罪犯在执行期间应当遵守的规定；<br>（6）被管制的罪犯执行期满，应当通知本人，并向其所在单位或者居住地的群众宣布解除管制。 |
| 缓刑的考查与处理 — 情形一 | 缓刑考验期限内再犯新罪或者发现漏罪，应当依法撤销缓刑的，由审判新罪的法院予以撤销；即使是下级法院也可以撤销上级法院宣告的缓刑，通知原宣告缓刑的人民法院和执行机关即可。 |
| 缓刑的考查与处理 — 情形二 | 在缓刑考验期限内违反法律、行政法规或者国务院公安部门有关缓刑的监督管理规定，原决定法院应当依法撤销缓刑的。①违反禁止令，情节严重的；②无正当理由不按规定时间报到或者接受社区矫正期间脱离监管，超过 1 个月的；③因违反监督管理规定受到治安管理处罚，仍不改正的；④受到执行机关 3 次警告仍不改正的；⑤违反有关法律、行政法规和监督管理规定，情节严重的其他情形。人民法院应当将撤销缓刑裁定书送交罪犯居住地的县级司法行政机关， |

续表

| 缓刑的考查与处理 | 情形二 | 由其根据有关规定将罪犯交付执行。撤销缓刑裁定书应当同时抄送罪犯居住地的同级人民检察院和公安机关。<br>【名师点睛】人民法院撤销缓刑的裁定，一经作出，立即生效。 |
| | 情形三 | 在缓刑考验期限内没有《刑法》第77条规定的情形，缓刑考验期满，原判的刑罚就不再执行。如果被同时判处附加刑的，附加刑仍应执行。 |

### （四）剥夺政治权利的执行

| 执行机关 | 剥夺政治权利的执行机关是公安机关。实践中，由罪犯居住地县级公安机关指定派出所执行。 |
| --- | --- |
| 执行程序 | （1）对单处剥夺政治权利的罪犯，人民法院应当在判决、裁定生效后10日内，将判决书、裁定书、执行通知书等法律文书送达罪犯居住地的县级公安机关，并抄送罪犯居住地的县级人民检察院；<br>（2）执行机关应当按照人民法院的判决，向罪犯及其原所在单位或者居住地群众宣布其犯罪事实、被剥夺政治权利的期限，以及罪犯在执行期间应当遵守的规定；<br>（3）执行期满，应当由执行机关书面通知本人及其所在单位、居住地基层组织。 |

### （五）罚金、没收财产判决的执行

| 1. 执行主体 | 财产刑由第一审人民法院负责裁判执行的机构执行。被执行的财产在异地的，第一审人民法院可以委托财产所在地的同级人民法院代为执行。<br>【名师点睛】没收财产的判决，无论附加适用或者独立适用，都由人民法院执行；在必要的时候，可以会同公安机关执行。 |
| --- | --- |
| 2. 执行时间 | （1）罚金在判决规定的期限内一次或者分期缴纳。期满无故不缴纳或者未足额缴纳的，人民法院应当强制缴纳。<br>【名师点睛1】经强制缴纳仍不能全部缴纳的，在任何时候，包括主刑执行完毕后，发现被执行人有可供执行的财产的，应当追缴。<br>【名师点睛2】人民法院判处罚金时应当折抵、扣除行政处罚已执行的部分。<br>（2）判处没收财产的，判决生效后，应当立即执行。 |
| 3. 没收财产的范围 | 判处没收财产的，应当执行刑事裁判生效时被执行人合法所有的财产。执行没收财产或罚金刑，应当参照被扶养人住所地政府公布的上一年度当地居民最低生活费标准，保留被执行人及其所扶养家属的生活必需费用。 |
| 4. 赃款赃物的追缴 | （1）对赃款赃物及其收益，人民法院应当一并追缴；<br>（2）被执行人将赃款赃物投资或者置业，对因此形成的财产及其收益，人民法院应予追缴；<br>（3）被执行人将赃款赃物与其他合法财产共同投资或者置业，对因此形成的财产中与赃款赃物对应的份额及其收益，人民法院应予追缴；<br>（4）对于被害人的损失，按照刑事裁判认定的实际损失予以发还或者赔偿。 |

续表

| | |
|---|---|
| 5. 财产转让的处理 | 被执行人将刑事裁判认定为赃款赃物的涉案财物用于清偿债务、转让或者设置其他权利负担，具有下列情形之一的，人民法院应予追缴：<br>（1）第三人明知是涉案财物而接受的；<br>（2）第三人无偿或者以明显低于市场的价格取得涉案财物的；<br>（3）第三人通过非法债务清偿或者违法犯罪活动取得涉案财物的；<br>（4）第三人通过其他恶意方式取得涉案财物的。<br>【名师点睛】第三人善意取得涉案财物的，执行程序中不予追缴。作为原所有人的被害人对该涉案财物主张权利的，人民法院应当告知其通过诉讼程序处理。 |
| 6. 执行措施 | 人民法院应当依法对被执行人的财产状况进行调查，发现有可供执行的财产，需要查封、扣押、冻结的，应当及时采取查封、扣押、冻结等强制执行措施。<br>【关联法条】《最高人民法院关于刑事裁判涉财产部分执行的若干规定》第5条<br>刑事审判或者执行中，对于侦查机关已经采取的查封、扣押、冻结，人民法院应当在期限届满前及时续行查封、扣押、冻结。人民法院续行查封、扣押、冻结的顺位与侦查机关查封、扣押、冻结的顺位相同。<br>　　对侦查机关查封、扣押、冻结的财产，人民法院执行中可以直接裁定处置，无需侦查机关出具解除手续，但裁定中应当指明侦查机关查封、扣押、冻结的事实。 |
| 7. 清偿顺序 | 被判处罚金或者没收财产，同时又承担刑事附带民事诉讼赔偿责任的被执行人，应当先履行对被害人的民事赔偿责任。判处财产刑之前被执行人所负正当债务，应当偿还的，经债权人请求，先行予以偿还。<br>【关联法条】《最高人民法院关于刑事裁判涉财产部分执行的若干规定》第13条<br>被执行人在执行中同时承担刑事责任、民事责任，其财产不足以支付的，按照下列顺序执行：<br>　　（一）人身损害赔偿中的医疗费用；<br>　　（二）退赔被害人的损失；<br>　　（三）其他民事债务；<br>　　（四）罚金；<br>　　（五）没收财产。<br>　　债权人对执行标的依法享有优先受偿权，其主张优先受偿的，人民法院应当在前款第1项规定的医疗费用受偿后，予以支持。 |
| 8. 中止执行 | 具有下列情形之一的，人民法院应当裁定中止执行，中止执行的原因消除后，恢复执行：①执行标的物系人民法院或者仲裁机构正在审理的案件争议标的物，需等待该案件审理完毕确定权属的；②案外人对执行标的物提出异议确有理由的；③其他应当中止执行的情形。 |
| 9. 终结执行 | 执行财产刑过程中，具有下列情形之一的，人民法院应当裁定终结执行：①据以执行的刑事判决、裁定被撤销的；②被执行人死亡或者被执行死刑，且无财产可供执行的；③被判处罚金的单位终止，且无财产可供执行的；④依照《刑法》第53条规定免除罚金的；⑤其他应当终结执行的情形。<br>【名师点睛】人民法院裁定终结执行后，发现被执行人有隐匿、转移财产情形的，应当追缴。 |

续表

| 10. 执行回转 | 财产刑全部或者部分被撤销的，已经执行的财产应当全部或者部分返还被执行人；无法返还的，应予赔偿。 |
|---|---|
| 11. 罚金减免 | 因遭遇不能抗拒的灾祸缴纳罚金确有困难，被执行人向执行法院申请减少或者免除的，执行法院经审查认为符合法定减免条件的，应当在收到申请后 1 个月内依法作出裁定准予减免；认为不符合法定减免条件的，裁定驳回申请。 |
| 12. 涉案财产认定错误的处理 | 执行过程中，案外人或被害人认为刑事裁判中对涉案财物是否属于赃款赃物认定错误或者应予认定而未认定，向执行法院提出书面异议，可以通过裁定补正的，执行机构应当将异议材料移送刑事审判部门处理；无法通过裁定补正的，应当告知异议人通过审判监督程序处理。 |
| 13. 刑事裁判涉财产部分的裁判内容 | 刑事裁判涉财产部分的裁判内容，应当明确、具体。涉案财物或者被害人人数较多，不宜在判决主文中详细列明的，可以概括叙明并另附清单。判处没收部分财产的，应当明确没收的具体财物或者金额。判处追缴或者责令退赔的，应当明确追缴或者退赔的金额或财物的名称、数量等相关情况。 |

## 【小试牛刀】

**1.** 王某被并处没收个人财产，关于本案财产刑的执行及赔偿、债务偿还，下列说法正确的是：[1]

A. 财产刑由公安机关执行

B. 王某应先履行对提起附带民事诉讼的被害人的民事赔偿责任

C. 案外人对执行标的物提出异议确有理由的，法院应当裁定中止执行

D. 王某在案发前所负所有债务，经债权人请求先行予以偿还

**2.** 甲纠集他人多次在市中心寻衅滋事，造成路人乙轻伤、丙的临街商铺严重受损。甲被起诉到法院后，乙和丙提起附带民事诉讼。法院判处甲有期徒刑 6 年，罚金 1 万元，赔偿乙医疗费 1 万元，赔偿丙财产损失 4 万元。判决生效交付执行后，查明甲除 1 辆汽车外无其他财产，且甲曾以该汽车抵押获取小额贷款，尚欠银行贷款 2.5 万元，银行主张优先受偿。法院以 8 万元的价格拍卖了甲的汽车。关于此 8 万元的执行顺序，下列哪一选项是正确的？[2]

A. 医疗费→银行贷款→财产损失→罚金

B. 医疗费→财产损失→银行贷款→罚金

C. 银行贷款→医疗费→财产损失→罚金

D. 医疗费→财产损失→罚金→银行贷款

### 三、执行的变更程序

在刑事判决、裁定的执行中，由于出现了法定情形，需要对已确定的刑罚内容或刑罚的执行方法加以变更，其处理程序亦是执行程序的组成部分。下面介绍几种主要的执行变更程序。

---

〔1〕 BC

〔2〕 A

### （一）死刑立即执行的变更程序

| | | |
|---|---|---|
| 变更情形 | 执行前，发现有下列情形之一的，应当暂停执行，并层报最高人民法院：<br>（1）罪犯可能有其他犯罪的；<br>（2）共同犯罪的其他犯罪嫌疑人到案，可能影响罪犯量刑的；<br>（3）共同犯罪的其他罪犯被暂停或者停止执行死刑，可能影响罪犯量刑的；<br>（4）罪犯揭发重大犯罪事实或者有其他重大立功表现，可能需要改判的；<br>（5）罪犯怀孕的；<br>（6）判决、裁定可能有影响定罪量刑的其他错误的。 | |
| 变更的程序 | 下级法院发现错误 | （1）下级法院执行前，发现有上述情形的，应暂停执行死刑，并立即层报最高院审批。<br>（2）最高院经审查：①认为不影响罪犯定罪量刑的，应当决定下级法院继续执行死刑；②认为可能影响罪犯定罪量刑的，应当裁定下级法院停止执行死刑。<br>（3）下级人民法院接到最高人民法院停止执行死刑的裁定后，应当会同有关部门调查核实停止执行死刑的事由，并及时将调查结果和意见层报最高人民法院审核。 |
| | 最高院发现错误 | （1）最高院在执行死刑命令签发后、执行前，发现有法定停止执行情形的，应当立即裁定下级人民法院停止执行死刑，并将有关材料移交下级人民法院；<br>（2）下级人民法院接到最高人民法院停止执行死刑的裁定后，应当会同有关部门调查核实停止执行死刑的事由，并及时将调查结果和意见层报最高人民法院审核。 |
| 最高院的审核 | 对下级人民法院报送的停止执行死刑的调查结果和意见，由最高人民法院原作出核准死刑判决、裁定的合议庭负责审查，必要时，另行组成合议庭进行审查。 | |
| 处理结果 | 依法改判 | 确认罪犯正在怀孕的，应当依法改判。 |
| | 发回重审 | （1）确有其他犯罪，依法应当追诉的，应当裁定不予核准死刑，撤销原判，发回重审；<br>（2）确认原裁判有错或罪犯有重大立功表现需改判的，应裁定不予核准，撤销原判发回重审。 |
| | 继续执行 | 确认原裁判没有错误，罪犯没有重大立功表现，或者重大立功表现不影响原裁判执行的，应当裁定继续执行原核准死刑的裁判，并由院长再签发执行死刑的命令。 |

【小试牛刀】

关于停止执行死刑的程序，下列哪一选项是正确的？[1]

A. 下级法院接到最高法院执行死刑的命令后，执行前发现具有法定停止执行情形的，应当暂停执行并直接将请求停止执行报告及相关材料报最高法院

B. 最高法院审查下级法院报送的停止执行死刑报告后，应当作出下级法院停止或继

---

[1]　B

续执行死刑的裁定或决定

C. 下级法院停止执行后，可以自行调查核实，也可以与有关部门一同对相关情况进行调查核实

D. 下级法院停止执行并会同有关部门调查或自行调查后，应当迅速将调查结果直接报最高法院

### （二）死刑缓期二年执行的变更

| 执行机关 | | 由公安机关依法将该罪犯送交监狱执行刑罚。 |
|---|---|---|
| 两种结局 | 减刑 | （1）在缓刑执行期间，如果没有故意犯罪，2年期满以后，减为无期徒刑；<br>（2）死缓犯在缓期执行期间，如果确有重大立功表现，2年期满以后，减为25年有期徒刑。<br>【名师点睛】死缓期间从判决或裁定核准死刑缓期执行的法律文书宣告或送达之日起计算。死刑缓期执行期满减为无期、有期徒刑的，刑期自死缓期满之日起计算。（《刑诉解释》第416条） |
| | 去死 | 在死刑缓期执行期间，如果故意犯罪，情节恶劣，查证属实，报请最高人民法院核准后，应当执行死刑。<br>【名师点睛1】如果是在死刑缓期二年执行期满后，尚未裁定减刑前又犯罪的，应当依法减刑后对新罪另行审判。<br>【名师点睛2】对于死缓期间故意犯罪未执行死刑的，死刑缓期执行的期间重新计算，并报最高人民法院备案。<br>【考点提示】死缓期间故意犯罪的基本程序：由罪犯服刑监狱及时侦查，侦查终结后移送人民检察院审查起诉。经人民检察院提起公诉，服刑地的中级人民法院依法审判，所作的判决可以上诉、抗诉。认定构成故意犯罪的判决、裁定发生法律效力后，应当层报最高人民法院核准执行死刑。核准后，由罪犯服刑地的中级人民法院执行。 |

### （三）暂予监外执行

暂予监外执行是指被判处有期徒刑或者拘役的罪犯，具有法律规定的某种特殊情况，不适宜在监狱或者拘役所等场所执行刑罚，暂时采取不予关押的一种变通执行方法。

| 适用对象 | （1）有期徒刑；<br>（2）拘役；<br>（3）无期徒刑（特殊情况）。 |
|---|---|
| 适用条件 | （1）罪犯有严重疾病需保外就医。<br>【名师点睛】对罪犯确有严重疾病，必须保外就医的，由省级人民政府指定的医院诊断并开具证明文件。对适用保外就医可能有社会危险性的罪犯，或者自伤自残的罪犯，不得保外就医。<br>（2）怀孕或者正在哺乳自己婴儿的妇女。<br>【名师点睛】对被判处无期徒刑的罪犯，有此情形的，也可以暂予监外执行。<br>（3）生活不能自理，适用暂予监外执行不致危害社会的。 |

续表

| | | |
|---|---|---|
| 决定主体 | 交付执行前 | 对具备暂予监外执行条件的罪犯，由交付执行的人民法院决定。<br>【名师点睛】罪犯在被交付执行前，因有严重疾病、怀孕或者正在哺乳自己婴儿的妇女、生活不能自理的原因，依法提出暂予监外执行的申请的，有关病情诊断、妊娠检查和生活不能自理的鉴别，由人民法院负责组织进行。 |
| | 交付执行后 | （1）监狱提出书面意见，报省级以上监狱管理机关批准；<br>（2）看守所提出书面意见，报设区的市一级以上公安机关批准。<br>【考点提示】监外执行究竟由哪个机关决定或者批准关键要看是在执行前还是执行中。<br>【小试牛刀】段某因盗窃被判处有期徒刑5年，在交付执行前，突患严重疾病，需保外就医。有权决定段某暂予监外执行的是哪一个机关？答案：作出生效判决的法院。 |
| 执行主体 | | 由社区矫正机构负责执行。 |
| 收监执行 | 情　形 | （1）不符合监外执行条件的；<br>（2）严重违反有关规定的；<br>（3）情形消失后，罪犯刑期未满的。 |
| | 主　体 | （1）对人民法院决定暂予监外执行的罪犯，依法应当予以收监的，在人民法院作出决定后，由公安机关依照《刑事诉讼法》第253条第2款的规定送交执行刑罚。<br>【名师点睛】法院收监执行决定书，一经作出，立即生效。<br>（2）如果罪犯是在执行过程中被决定暂予监外执行的，执行机关应当通知监狱等执行机关收监。<br>【关联法条】《六机关规定》第35条　被决定收监执行的社区矫正人员在逃的，社区矫正机构应当立即通知公安机关，由公安机关负责追捕。 |
| 刑期计算 | | （1）不符合条件的罪犯通过贿赂等非法手段被暂予监外执行的，在监外执行的期间不计入执行刑期；<br>（2）罪犯在监外执行期间脱逃的，脱逃的期间不计入执行刑期。<br>【关联法条】《六机关规定》第34条　刑事诉讼法第257条第3款规定："不符合暂予监外执行条件的罪犯通过贿赂等非法手段被暂予监外执行的，在监外执行的期间不计入执行刑期。罪犯在暂予监外执行期间脱逃的，脱逃的期间不计入执行刑期。"对于人民法院决定暂予监外执行的罪犯具有上述情形的，人民法院在决定予以收监的同时，应当确定不计入刑期的期间。对于监狱管理机关或者公安机关决定暂予监外执行的罪犯具有上述情形的，罪犯被收监后，所在监狱或者看守所应当及时向所在地的中级人民法院提出不计入执行刑期的建议书，由人民法院审核裁定。<br>【拓展阅读】罪犯在暂予监外执行期间死亡的，执行机关应当及时通知监狱或者看守所。暂予监外执行过程中罪犯刑期届满的，应当由监狱等执行机关办理释放手续。 |
| 监外执行的监督 | | （1）对意见书的监督：监狱、看守所提出暂予监外执行的书面意见的，应当将书面意见的副本抄送检察院。检察院发现罪犯不符合暂予监外执行法定条件或者提请暂予监外执行 |

续表

| 监外执行的监督 | 违反法定程序的，应当在 10 日以内向决定或者批准机关提出书面检察意见，同时也可以向监狱、看守所提出书面纠正意见。<br>（2）对决定书的监督：决定或者批准机关应当将暂予监外执行决定书抄送检察院。检察院认为暂予监外执行不当的，应当自接到通知之日起 1 个月以内将书面意见送交决定或者批准机关，决定或者批准机关接到检察院的书面意见后，应当立即对该决定进行重新核查。 |
|---|---|

**【小试牛刀】**

**1.** 在刑事诉讼执行程序中，下列哪些情况可以暂予监外执行？[1]

A. 被判处无期徒刑的女罪犯段某，被发现服刑时怀有身孕

B. 被判处有期徒刑 10 年的罪犯黄某，在狱中自杀未遂，致使生活不能自理

C. 被判处拘役的罪犯李某，患有严重疾病需要保外就医

D. 被判处 5 年有期徒刑的妇女焉某，服刑时其正值哺乳期

**2.** 张某居住于甲市 A 区，曾任甲市 B 区某局局长，因受贿罪被 B 区法院判处有期徒刑 5 年，执行期间突发严重疾病而被决定暂予监外执行。张某在监外执行期间违反规定，被决定收监执行。关于本案，下列哪一选项是正确的？[2]

A. 暂予监外执行由 A 区法院决定

B. 暂予监外执行由 B 区法院决定

C. 暂予监外执行期间由 A 区司法行政机关实行社区矫正

D. 收监执行由 B 区法院决定

### （四）减刑、假释

1. 减刑的概念、对象和条件

| 概　念 | 减刑，是指被判处管制、拘役、有期徒刑或者无期徒刑的罪犯，在执行期间确有悔改或者立功表现，由人民法院依法适当减轻其原判刑罚的制度。 |
|---|---|
| 对　象 | （1）管制；<br>（2）拘役；<br>（3）有期徒刑；<br>（4）无期徒刑。<br>**【名师点睛】**死刑缓期执行罪犯的减刑，是依照法律的特别规定进行的，是死刑缓期执行制度的组成部分，不属于减刑制度的适用范围。 |
| 条　件 | （1）认真遵守监规，接受教育改造，确有悔改或者立功表现的，可以减刑；<br>（2）有重大立功表现的，应当减刑。 |

---

[1] ACD

[2] C。张某已经被交付执行了，并不属于法院决定监外执行的情形了，应由省级以上监狱管理机关或者设区的市一级以上公安机关批准，选项 AB 错误。本案是在执行过程中被决定暂予监外执行的，执行机关应当通知监狱等执行机关收监，选项 D 错误。

### 2. 假释的概念、对象和条件

| | |
|---|---|
| 概　念 | 假释，是指对于被判处有期徒刑、无期徒刑的犯罪分子经过一定期限的服刑改造，确有悔改表现，释放后，不致再危害社会的，附条件地将其提前释放的一种制度。 |
| 对　象 | (1) 有期徒刑；<br>(2) 无期徒刑。<br>【名师点睛】对累犯以及因故意杀人、强奸、抢劫、绑架、放火、爆炸、投放危险物质或者有组织的暴力性犯罪被判处10年以上有期徒刑、无期徒刑的罪犯，不得假释。 |
| 条　件 | (1) 已实际执行一定的刑期，即被判处有期徒刑的犯罪分子，实际执行原判刑期1/2以上，被判处无期徒刑的犯罪分子，实际执行13年以上；<br>(2) 认真遵守监规，接受教育改造，确有悔改表现，释放后不致再危害社会。<br>【名师点睛】以上两个条件须同时具备。但根据《刑法》第81条的规定，如果有特殊情况，经最高人民法院核准，可以不受上述执行刑期的限制。所谓特殊情况，是指涉及政治性、外交性的情况等。 |

### 3. 减刑、假释的管辖法院及审理期限

| | |
|---|---|
| 死刑缓期 | 对被判处死刑缓期执行的罪犯的减刑，由罪犯服刑地的高级人民法院根据同级监狱管理机关审核同意的减刑建议书裁定。 |
| 无期徒刑 | 对被判处无期徒刑的罪犯的减刑、假释，由罪犯服刑地的高级人民法院，在收到同级监狱管理机关审核同意的减刑、假释建议书后1个月内作出裁定，案情复杂或者情况特殊的，可以延长1个月。 |
| 有期徒刑 | 对被判处有期徒刑和被减为有期徒刑的罪犯的减刑、假释，由罪犯服刑地的中级人民法院，在收到执行机关提出的减刑、假释建议书后1个月内作出裁定，案情复杂或者情况特殊的，可以延长1个月。 |
| 拘役、管制 | 对被判处拘役、管制的罪犯的减刑，由罪犯服刑地中级人民法院，在收到同级执行机关审核同意的减刑建议书后1个月内作出裁定。 |

### 4. 减刑、假释的审理(《最高人民法院关于减刑、假释案件审理程序的规定》)

| | |
|---|---|
| 公告程序 | 人民法院审理减刑、假释案件，应当在立案后5日内将执行机关报请减刑、假释的建议书等材料依法向社会公示。公示内容应当包括罪犯的个人情况、原判认定的罪名和刑期、罪犯历次减刑情况、执行机关的建议及依据。公示应当写明公示期限和提出意见的方式。公示期限为5日。 |
| 审判组织 | 人民法院审理减刑、假释案件，应当依法由审判员或者由审判员和人民陪审员组成合议庭进行。 |
| 应当开庭审理的情形 | 人民法院审理减刑、假释案件，可以采取开庭审理或者书面审理的方式。但下列减刑、假释案件，应当开庭审理：①因罪犯有重大立功表现报请减刑的；②报请减刑的起始时间、间隔时间或者减刑幅度不符合司法解释一般规定的；③公示期间收到不同意见的；④人民检察院有异议的；⑤被报请减刑、假释罪犯系职务犯罪罪犯，组织（领导、参加、包庇、纵容）黑社会性质组织犯罪罪犯，破坏金融管理秩序和金融诈骗犯罪罪犯及其他在社会上有重大影响或社会关注度高的；⑥人民法院认为其他应当开庭审理的。 |

续表

| | |
|---|---|
| 通知对象 | (1) 人民法院开庭审理减刑、假释案件，应当通知人民检察院、执行机关及被报请减刑、假释罪犯参加庭审；<br>(2) 人民法院根据需要，可以通知证明罪犯确有悔改表现或者立功、重大立功表现的证人，公示期间提出不同意见的人，以及鉴定人、翻译人员等其他人员参加庭审。<br>【名师点睛】减刑、假释案件的审理，不需要辩护人。 |
| 审理地点 | 开庭审理应当在罪犯刑罚执行场所或者人民法院确定的场所进行。有条件的人民法院可以采取视频开庭的方式进行。在社区执行刑罚的罪犯因重大立功被报请减刑的，可以在罪犯服刑地或者居住地开庭审理。 |
| 庭审活动 | 减刑、假释案件的开庭审理由审判长主持，应当按照以下程序进行：<br>(1) 审判长宣布开庭，核实被报请减刑、假释罪犯的基本情况；<br>(2) 审判长宣布合议庭组成人员、检察人员、执行机关代表及其他庭审参加人；<br>(3) 执行机关代表宣读减刑、假释建议书，并说明主要理由；<br>(4) 检察人员发表检察意见；<br>(5) 法庭对被报请减刑、假释罪犯确有悔改表现或立功表现、重大立功表现的事实以及其他影响减刑、假释的情况进行调查核实；<br>(6) 被报请减刑、假释罪犯作最后陈述；<br>(7) 审判长对庭审情况进行总结并宣布休庭评议。 |
| 审查内容 | 受理减刑、假释案件，应当审查执行机关移送的材料是否包括下列内容：①减刑、假释建议书；②终审法院的裁判文书、执行通知书、历次减刑裁定书的复制件；③证明罪犯确有悔改、立功或者重大立功表现具体事实的书面材料；④罪犯评审鉴定表、奖惩审批表等；⑤罪犯假释后对所居住社区影响的调查评估报告；⑥根据案件情况需要移送的其他材料。经审查，材料不全的，应当通知提请减刑、假释的执行机关补送。<br>【考点提示】审理减刑、假释案件，应当审查财产刑和附带民事裁判的执行情况，以及罪犯退赃、退赔情况。罪犯积极履行判决确定的义务的，可以认定有悔改表现，在减刑、假释时从宽掌握；确有履行能力而不履行的，在减刑、假释时从严掌握。 |
| 宣判方式 | 人民法院开庭审理减刑、假释案件，能够当庭宣判的应当当庭宣判；不能当庭宣判的，可以择期宣判。 |
| 书面审理 | (1) 书面审理减刑案件，可以提讯被报请减刑罪犯；<br>(2) 书面审理假释案件，应当提讯被报请假释罪犯。 |
| 裁判结果 | 人民法院审理减刑、假释案件，应当按照下列情形分别处理：<br>(1) 被报请减刑、假释罪犯符合法律规定的减刑、假释条件的，作出予以减刑、假释的裁定；<br>(2) 被报请减刑的罪犯符合法律规定的减刑条件，但执行机关报请的减刑幅度不适当的，对减刑幅度作出相应调整后作出予以减刑的裁定；<br>(3) 被报请减刑、假释罪犯不符合法律规定的减刑、假释条件的，作出不予减刑、假释的裁定。<br>在人民法院作出减刑、假释裁定前，执行机关书面申请撤回减刑、假释建议的，是否准许，由人民法院决定。 |

续表

| 公布文书 | 减刑、假释裁定书应当通过互联网依法向社会公布。 |
|---|---|
| 法院纠错 | 人民法院发现本院已经生效的减刑、假释裁定确有错误的，应当依法重新组成合议庭进行审理并作出裁定；上级人民法院发现下级人民法院已经生效的减刑、假释裁定确有错误的，应当指令下级人民法院另行组成合议庭审理，也可以自行依法组成合议庭进行审理并作出裁定。 |

5. 减刑、假释的监督(《人民检察院办理减刑、假释案件规定》)

| 监督分工 | (1) 对减刑、假释案件提请活动的监督，由对执行机关承担检察职责的人民检察院负责。<br>(2) 对减刑、假释案件审理、裁定活动的监督，由人民法院的同级人民检察院负责；同级人民检察院对执行机关不承担检察职责的，可以根据需要指定对执行机关承担检察职责的人民检察院派员出席法庭；下级人民检察院发现减刑、假释裁定不当的，应当及时向作出减刑、假释裁定的人民法院的同级人民检察院报告。 |
|---|---|
| 监督内容 | 具有下列情形之一的，人民检察院应当进行调查核实：①拟提请减刑、假释罪犯系职务犯罪罪犯，破坏金融管理秩序和金融诈骗犯罪罪犯，黑社会性质组织犯罪罪犯，严重暴力恐怖犯罪罪犯，或者其他在社会上有重大影响、社会关注度高的罪犯；②因罪犯有立功表现或者重大立功表现拟提请减刑的；③拟提请减刑、假释罪犯的减刑幅度大、假释考验期长、起始时间早、间隔时间短或者实际执行刑期短的；④拟提请减刑、假释罪犯的考核计分高、专项奖励多或者鉴定材料、奖惩记录有疑点的；⑤收到控告、举报的；⑥其他应当进行调查核实的。 |
| 列席会议 | 人民检察院可以派员列席执行机关提请减刑、假释评审会议，了解案件有关情况，根据需要发表意见。 |
| 对执行机关监督 | 人民检察院发现罪犯符合减刑、假释条件，但是执行机关未提请减刑、假释的，可以建议执行机关提请减刑、假释。 |
| 出庭监督 | 人民法院开庭审理减刑、假释案件的，人民检察院应当指派检察人员出席法庭，发表检察意见，并对法庭审理活动是否合法进行监督。出席法庭的检察人员不得少于2人，其中至少1人具有检察官职务。 |
| 对建议书的监督 | 人民检察院收到执行机关抄送的减刑、假释建议书副本后，应当逐案进行审查，可以向人民法院提出书面意见。发现减刑、假释建议不当或者提请减刑、假释违反法定程序的，应当在收到建议书副本后10日以内，依法向审理减刑、假释案件的人民法院提出书面意见，同时将检察意见书副本抄送执行机关。案情复杂或者情况特殊的，可以延长10日。 |
| 对法院裁定的监督 | (1) 人民检察院经审查认为人民法院减刑、假释裁定不当的，应当在收到裁定书副本后20日以内，依法向作出减刑、假释裁定的人民法院提出书面纠正意见；<br>(2) 人民检察院对人民法院减刑、假释裁定提出纠正意见的，应当监督人民法院在收到纠正意见后1个月以内重新组成合议庭进行审理并作出最终裁定；<br>(3) 人民检察院发现人民法院已经生效的减刑、假释裁定确有错误的，应当向人民法院提出书面纠正意见，提请人民法院按照审判监督程序依法另行组成合议庭重新审理并作出裁定。 |

## 6. 假释的考察与处理

| 考 察 | | 对于被假释的罪犯，在假释考验期限内，由社区矫正机构执行。 |
|---|---|---|
| 结 果 | 执行完毕 | 被假释的罪犯，在考验期内没有违反法律、行政法规和公安机关有关假释的监督管理规定的行为，则被认为原判刑罚已执行完毕，公安机关应当向本人宣布并通报原裁定假释的人民法院和原关押罪犯的刑罚执行机关，无需另外办理释放手续。<br>【名师点睛】假释期满是认为原判刑罚已执行完毕，而缓刑期满是原判刑罚不再执行。 |
| | 撤销假释 | (1) 罪犯在假释考验期限内犯新罪或者发现漏罪，应当撤销假释的，由审判新罪的人民法院撤销原判决、裁定宣告的假释，并书面通知原审人民法院和执行机关。<br>(2) 罪犯在假释考验期限内，有下列情形之一的，原作出假释判决、裁定的人民法院应当在收到执行机关的撤销假释建议书后1个月内，作出撤销假释的裁定：①违反禁止令，情节严重的；②无正当理由不按规定时间报到或者接受社区矫正期间脱离监管，超过1个月的；③因违反监督管理规定受到治安管理处罚，仍不改正的；④受到执行机关3次警告仍不改正的；⑤违反有关法律、行政法规和监督管理规定，情节严重的其他情形。<br>【名师点睛】人民法院撤销缓刑、假释的裁定，一经作出，立即生效。人民法院应当将撤销缓刑、假释裁定书送交罪犯居住地的县级司法行政机关，由其根据有关规定将罪犯交付执行。撤销缓刑、假释裁定书应当同时抄送罪犯居住地的同级人民检察院和公安机关。 |

【小试牛刀】

段某在甲市服刑期间，遵守监规，接受教育改造，确有悔改表现，于是监狱向甲市中级人民法院提出假释建议书，并由甲市法院作出假释裁定。在假释期间内，乙县公安机关发现段某曾参与当地一起组织卖淫案，于是将其抓获归案，并由乙县人民检察院起诉到乙县人民法院审判。该案中，应当由哪个机关撤销原来的假释裁定？

**答案：**乙县人民法院。

### 四、对新罪、漏罪的处理

新罪是指罪犯在服刑期间实施的犯罪。漏罪是指执行过程中发现的，罪犯在判决宣告以前所犯的尚未判决的罪行。

《刑事诉讼法》第262条第1款规定，罪犯在服刑期间又犯罪的，或者发现了判决的时候所没有发现的罪行，由执行机关移送人民检察院处理。

《刑事诉讼法》第264条规定，监狱和其他执行机关在刑罚执行中，如果认为判决有错误或者罪犯提出申诉，应当转请人民检察院或者原判人民法院处理。

人民法院或者人民检察院收到执行机关意见和材料或罪犯的申诉后，应当认真进行审查。如认为原判决或裁定在认定事实或者适用法律上确有错误，应按审判监督程序予以处理。如认为原裁判正确，应及时答复执行机关或申诉人。

# 第20章

# 未成年人刑事案件诉讼程序

▶ **复习提要**

　　2012年修改的《刑事诉讼法》新增了四个特别程序，未成年人刑事案件诉讼程序就是其中之一。为更好地保障未成年人的诉讼权利和其他合法权益，《刑事诉讼法》规定了未成年人刑事案件诉讼程序，对办案方针、原则、诉讼环节的特别程序作出规定。考生要重点掌握立法新增的未成年人案件的成年人在场制度、犯罪记录封存制度以及附条件不起诉制度的规定。

▶ **知识框架**

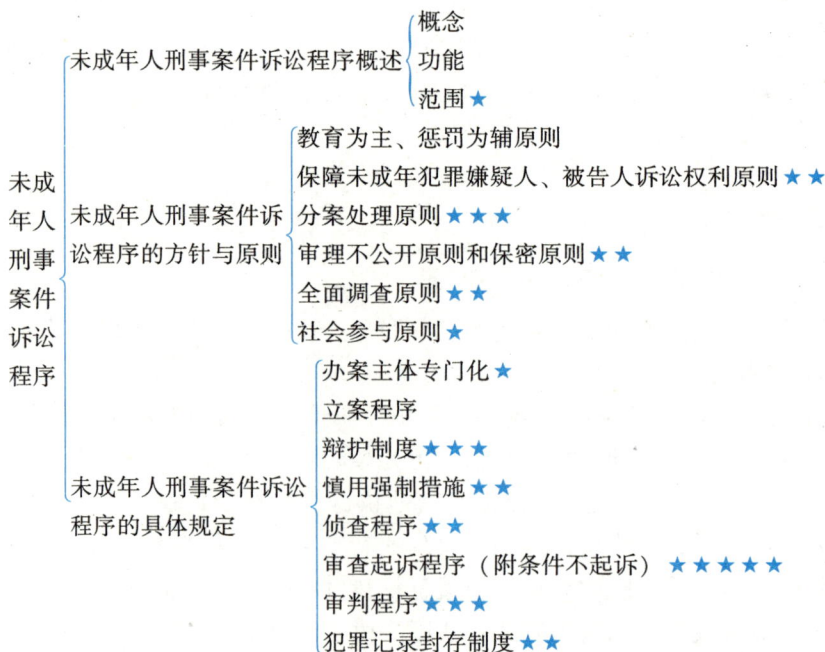

## 一、未成年人刑事案件诉讼程序概述

1. 概念

未成年人刑事案件诉讼程序，是指专门适用于未成年人刑事案件的侦查、起诉、审判、执行等程序的一种特别刑事诉讼程序。

2. 功能

未成年人司法关注行为人而不是行为本身，关注未成年人回归社会、恢复正常生活状态，而不是对犯罪行为本身的报应和制裁。因此，教育和保护贯穿未成年人司法保护程序的始终，也是其基本立场。

设立未成年人刑事案件诉讼程序，在于为涉罪未成年人提供着眼于其未来发展的处理、分流和矫正机制，避免简单惩罚等干预方式不当对其人格形成带来的负面影响。

3. 范围

未成年人刑事案件诉讼程序适用于未成年人涉嫌犯罪的案件。此外，刑事诉讼法及其相关司法解释中还有关于未成年被害人、证人参与刑事诉讼的特殊规定，也属于未成年人刑事案件诉讼程序的适用范围。

【名师点睛1】刑法中的未成年人犯罪，是指犯罪行为时已满14周岁、未满18周岁的刑事案件。但是刑事诉讼法中的未成年人一般是指诉讼过程中未满18周岁的人。

【考点提示】犯罪时和诉讼时均未满18周岁，必然适用未成年人刑事案件诉讼程序，但是犯罪时未满18周岁，诉讼时已经满18周岁的案件则未必适用未成年人刑事案件诉讼程序。

【名师点睛2】未成年人案件，年龄很重要。"周岁"，按照公历的年、月、日计算，从周岁生日的第二天起算。

**【小试牛刀】**

《刑事诉讼法》规定，未成年人犯罪的案件一律或一般不公开审理。关于该规定中未成年人"年龄"的理解，下列哪一选项是正确的？[1]

A. 张某被采取强制措施时17岁，不应当公开审理

B. 李某在审理时15岁，不应当公开审理

C. 钱某犯罪时16岁，不应当公开审理

D. 赵某被立案时18岁，不应当公开审理

4. 未成年人刑事案件诉讼程序与普通刑事诉讼程序的关系

未成年人刑事案件诉讼程序依然依附于普通程序，如果没有特别规定的内容，依然适用刑事诉讼法关于普通程序的规定。

## 二、未成年人刑事案件诉讼程序的方针与原则

### （一）教育为主、惩罚为辅原则

考虑到未成年人的特点，明确规定适用的诉讼原则以教育为主、惩罚为辅。同时明确要求人民法院、人民检察院和公安机关的特定司法人员来处理该类案件。

---

[1] B

【关联法条】《刑诉解释》第485条　法庭辩论结束后，法庭可以根据案件情况，对未成年被告人进行教育；判决未成年被告人有罪的，宣判后，应当对未成年被告人进行教育。

对未成年被告人进行教育，可以邀请诉讼参与人、刑事诉讼法第270条第1款规定的其他成年亲属、代表以及社会调查员、心理咨询师等参加。

适用简易程序审理的案件，对未成年被告人进行法庭教育，适用前两款的规定。

### （二）保障未成年犯罪嫌疑人、被告人的诉讼权利原则

人民法院、人民检察院和公安机关办理未成年人刑事案件，应当保障未成年人行使其诉讼权利，保障未成年人得到法律帮助，并由熟悉未成年人身心特点的审判人员、检察人员、侦查人员承办。

【关联法条】《刑事诉讼法》第270条第1款　对于未成年人刑事案件，在讯问和审判的时候，应当通知未成年犯罪嫌疑人、被告人的法定代理人到场。无法通知、法定代理人不能到场或者法定代理人是共犯的，也可以通知未成年犯罪嫌疑人、被告人的其他成年亲属，所在学校、单位、居住地基层组织或者未成年人保护组织的代表到场，并将有关情况记录在案。到场的法定代理人可以代为行使未成年犯罪嫌疑人、被告人的诉讼权利。

《刑事诉讼法》第267条　未成年犯罪嫌疑人、被告人没有委托辩护人的，人民法院、人民检察院、公安机关应当通知法律援助机构指派律师为其提供辩护。

《刑诉解释》第480条　在法庭上不得对未成年被告人使用戒具，但被告人人身危险性大，可能妨碍庭审活动的除外。必须使用戒具的，在现实危险消除后，应当立即停止使用。

### （三）分案处理原则

分案处理，即在处理未成年人刑事案件时，应当对未成年人案件与成年人案件实行诉讼程序分离、分案处理，对犯罪的未成年人与犯罪的成年人分别关押、分别执行。分案处理原则包含三个方面：

1. 在刑事诉讼中运用拘留、逮捕等强制措施关押未成年人时，必须与成年犯罪嫌疑人分开看管。

2. 在处理未成年人与成年人共同犯罪或者有牵连的案件时，尽量适用不同的诉讼程序，在不妨碍审理的前提下，坚持分案处理，包括分案侦查、分案起诉和分案审理。

3. 未成年人犯罪案件审理完毕交付执行阶段，不得与成年罪犯同处一个监所。

【关联法条】《刑事诉讼法》第269条第2款　对被拘留、逮捕和执行刑罚的未成年人与成年人应当分别关押、分别管理、分别教育。

《人民检察院办理未成年人刑事案件的规定》第51条　人民检察院审查未成年人与成年人共同犯罪案件，一般应当将未成年人与成年人分案起诉。但是具有下列情形之一的，可以不分案起诉：

（一）未成年人系犯罪集团的组织者或者其他共同犯罪中的主犯的；

（二）案件重大、疑难、复杂，分案起诉可能妨碍案件审理的；

（三）涉及刑事附带民事诉讼，分案起诉妨碍附带民事诉讼部分审理的；

（四）具有其他不宜分案起诉情形的。

对分案起诉至同一人民法院的未成年人与成年人共同犯罪案件，由未成年人刑事检察机构一并办理更为适宜的，经检察长决定，可以由未成年人刑事检察机构一并办理。

分案起诉的未成年人与成年人共同犯罪案件，由不同机构分别办理的，应当相互了解案件情况，提出量刑建议时，注意全案的量刑平衡。

《刑诉解释》第 464 条　对分案起诉至同一人民法院的未成年人与成年人共同犯罪案件，可以由同一个审判组织审理；不宜由同一个审判组织审理的，可以分别由少年法庭、刑事审判庭审理。

未成年人与成年人共同犯罪案件，由不同人民法院或者不同审判组织分别审理的，有关人民法院或者审判组织应当互相了解共同犯罪被告人的审判情况，注意全案的量刑平衡。

【小试牛刀】

成年人高甲教唆未成年人高乙实施诈骗犯罪，如检察院对高甲和高乙分案起诉，法院可否并案审理？

**答案**：对分案起诉至同一人民法院的未成年人与成年人共同犯罪案件，可以由同一个审判组织审理，但不等于并案审理。

### （四）审理不公开原则和保密原则

审判的时候被告人不满 18 周岁的案件，一律不公开审理。但是，经未成年被告人及其法定代理人同意，未成年被告人所在学校和未成年人保护组织可以派代表到场。到场代表的人数和范围，由法庭决定。到场代表经法庭同意，可以参与对未成年被告人的法庭教育工作。

对依法公开审理，但可能需要封存犯罪记录的案件，不得组织人员旁听。

【关联法条】《刑诉解释》第 469 条　审理未成年人刑事案件，不得向外界披露该未成年人的姓名、住所、照片以及可能推断出该未成年人身份的其他资料。

查阅、摘抄、复制的未成年人刑事案件的案卷材料，不得公开和传播。

被害人是未成年人的刑事案件，适用前两款的规定。

《刑诉解释》第 487 条　对未成年人刑事案件宣告判决应当公开进行，但不得采取召开大会等形式。

对依法应当封存犯罪记录的案件，宣判时，不得组织人员旁听；有旁听人员的，应当告知其不得传播案件信息。

【小试牛刀】

《刑事诉讼法》规定，审判的时候被告人不满 18 周岁的案件，不公开审理。但是，经未成年被告人及其法定代理人同意，未成年被告人所在学校和未成年人保护组织可以派代表到场。关于该规定的理解，下列哪些说法是错误的？[1]

A. 该规定意味着经未成年被告人及其法定代理人同意，可以公开审理

B. 未成年被告人所在学校和未成年人保护组织派代表到场是公开审理的特殊形式

---

[1]　AB

C. 未成年被告人所在学校和未成年人保护组织经同意派代表到场是为了维护未成年被告人合法权益和对其进行教育

D. 未成年被告人所在学校和未成年人保护组织经同意派代表到场与审判的时候被告人不满 18 周岁的案件不公开审理并不矛盾

### （五）全面调查原则

办理未成年人刑事案件，除了完成与成年人案件同样的查明案情、收集证据和确认犯罪人等各项工作外，诉讼活动还应当对未成年犯罪嫌疑人、被告人的生理与心理、监护教育和犯罪前后的表现等情况进行调查，必要时还要进行医疗检查和心理学、精神病学的调查分析，为教育、挽救未成年人确定有针对性的方案和方法，取得良好的教育改造效果。

【关联法条】《刑事诉讼法》第 268 条 公安机关、人民检察院、人民法院办理未成年人刑事案件，根据情况可以对未成年犯罪嫌疑人、被告人的成长经历、犯罪原因、监护教育等情况进行调查。

《刑诉解释》第 476 条 对人民检察院移送的关于未成年被告人性格特点、家庭情况、社会交往、成长经历、犯罪原因、犯罪前后的表现、监护教育等情况的调查报告，以及辩护人提交的反映未成年被告人上述情况的书面材料，法庭应当接受。

必要时，人民法院可以委托未成年被告人居住地的县级司法行政机关、共青团组织以及其他社会团体组织对未成年被告人的上述情况进行调查，或者自行调查。

《刑诉解释》第 484 条 对未成年被告人情况的调查报告，以及辩护人提交的有关未成年被告人情况的书面材料，法庭应当审查并听取控辩双方意见。上述报告和材料可以作为法庭教育和量刑的参考。

### （六）社会参与原则

刑事诉讼法所规定的其他合适成年人讯问到场和审判在场、社会背景调查和附条件不起诉的监督考察等都强调社会参与。

【关联法条】《刑诉解释》第 460 条 人民法院应当加强同政府有关部门以及共青团、妇联、工会、未成年人保护组织等团体的联系，推动未成年人刑事案件人民陪审、情况调查、安置帮教等工作的开展，充分保障未成年人的合法权益，积极参与社会管理综合治理。

## 三、未成年人刑事案件诉讼程序的具体规定

### （一）办案主体专门化

人民法院、人民检察院和公安机关办理未成年人刑事案件，应当保障未成年人行使其诉讼权利，保障未成年人得到法律帮助，并由熟悉未成年人身心特点的审判人员、检察人员、侦查人员承办。

【关联法条】《人民检察院办理未成年人刑事案件的规定》第 8 条 省级、地市级人民检察院和未成年人刑事案件较多的基层人民检察院，应当设立独立的未成年人刑事检察机构。地市级人民检察院也可以根据当地实际，指定一个基层人民检察院设立独立机构，统一办理辖区范围内的未成年人刑事案件；条件暂不具备的，应当成立专门办案组或者指定专人办理。对于专门办案组或者专人，应当保证其集中精力办理未成年人刑事案件，研

究未成年人犯罪规律，落实对涉案未成年人的帮教措施等工作。

各级人民检察院应当选任经过专门培训，熟悉未成年人身心特点，具有犯罪学、社会学、心理学、教育学等方面知识的检察人员承办未成年人刑事案件，并加强对办案人员的培训和指导。

**《刑诉解释》第462条** 中级人民法院和基层人民法院可以设立独立建制的未成年人案件审判庭。尚不具备条件的，应当在刑事审判庭内设立未成年人刑事案件合议庭，或者由专人负责审理未成年人刑事案件。

高级人民法院应当在刑事审判庭内设立未成年人刑事案件合议庭。具备条件的，可以设立独立建制的未成年人案件审判庭。

未成年人案件审判庭和未成年人刑事案件合议庭统称少年法庭。

**第463条** 下列案件由少年法庭审理：

（一）被告人实施被指控的犯罪时不满18周岁、人民法院立案时不满20周岁的案件；

（二）被告人实施被指控的犯罪时不满18周岁、人民法院立案时不满20周岁，并被指控为首要分子或者主犯的共同犯罪案件。

其他共同犯罪案件有未成年被告人的，或者其他涉及未成年人的刑事案件是否由少年法庭审理，由院长根据少年法庭工作的实际情况决定。

## 【小试牛刀】

赵某因涉嫌抢劫犯罪被抓获，作案时未满18周岁，案件起诉到法院时刚满18周岁。下列哪一说法是正确的？[1]

A. 本案由少年法庭审理

B. 对赵某不公开审理

C. 对赵某进行审判，可以通知其法定代理人到场

D. 对赵某进行审判，应当通知其监护人到场

### （二）立案程序

公安机关办理未成年人刑事案件时，应当重点查清未成年犯罪嫌疑人实施犯罪行为时是否已满14周岁、16周岁、18周岁的临界年龄。

【名师点睛】对于没有充分证据证明被告人实施被指控的犯罪时已经达到法定刑事责任年龄且确实无法查明的，应当推定其没有达到相应法定刑事责任年龄。相关证据足以证明被告人实施被指控的犯罪时已经达到法定刑事责任年龄，但是无法准确查明被告人具体出生日期的，应当认定其达到相应法定刑事责任年龄。

### （三）辩护制度

未成年犯罪嫌疑人、被告人没有委托辩护人的，人民法院、人民检察院、公安机关应当通知法律援助机构指派律师为其提供辩护。

【名师点睛】未成年人强制辩护制度适用的年龄以诉讼时为准。

【考点提示】重新开庭后，未成年被告人再次当庭拒绝辩护人辩护的，不予准许。重

---

[1] A

新开庭后，被告人已满 18 周岁的，再次当庭拒绝辩护人辩护的，可以准许，但被告人不得再次另行委托辩护人或者要求另行指派律师，由其自行辩护。

【小试牛刀】

审判中，未成年被告人段某当庭拒绝向律师为其辩护，法院审查理由后，允许其拒绝，并再次为其指派了黄律师做辩护人，重新开庭后，已经过完 18 周岁生日的段某，再次提出拒绝黄律师为其辩护，法院是否可以准许该请求？

**答案：**可以，但是段某只能自行辩护了。

### （四）慎用强制措施

在刑事诉讼中，对未成年犯罪嫌疑人应当慎重适用强制措施，尽量不用或少用。

【关联法条】《刑事诉讼法》第 269 条　对未成年犯罪嫌疑人、被告人应当严格限制适用逮捕措施。人民检察院审查批准逮捕和人民法院决定逮捕，应当讯问未成年犯罪嫌疑人、被告人，听取辩护律师的意见。

对被拘留、逮捕和执行刑罚的未成年人与成年人应当分别关押、分别管理、分别教育。

《人民检察院办理未成年人刑事案件的规定》第 14 条　审查逮捕未成年犯罪嫌疑人，应当重点审查其是否已满 14、16、18 周岁。

对犯罪嫌疑人实际年龄难以判断，影响对该犯罪嫌疑人是否应当负刑事责任认定的，应当不批准逮捕。需要补充侦查的，同时通知公安机关。

> **拓 展 阅 读**
>
> 根据《人民检察院办理未成年人刑事案件的规定》第 19 条第 1、2 款的规定，对于罪行较轻，具备有效监护条件或者社会帮教措施，没有社会危险性或者社会危险性较小，不逮捕不致妨害诉讼正常进行的未成年犯罪嫌疑人，应当不批准逮捕。
>
> 对于罪行比较严重，但主观恶性不大，有悔罪表现，具备有效监护条件或者社会帮教措施，具有下列情形之一，不逮捕不致妨害诉讼正常进行的未成年犯罪嫌疑人，可以不批准逮捕：①初次犯罪、过失犯罪的；②犯罪预备、中止、未遂的；③有自首或者立功表现的；④犯罪后如实交待罪行，真诚悔罪，积极退赃，尽力减少和赔偿损失，被害人谅解的；⑤不属于共同犯罪的主犯或者集团犯罪中的首要分子的；⑥属于已满 14 周岁不满 16 周岁的未成年人或者系在校学生的；⑦其他可以不批准逮捕的情形。

【小试牛刀】

根据《人民检察院办理未成年人刑事案件的规定》，关于检察院审查批捕未成年犯罪嫌疑人，下列哪些做法是正确的？[1]

A. 讯问未成年犯罪嫌疑人，应当通知法定代理人到场

B. 讯问女性未成年犯罪嫌疑人，应当有女检察人员参加

C. 讯问未成年犯罪嫌疑人一般不得使用戒具

---

〔1〕　ABCD

D. 对难以判断犯罪嫌疑人实际年龄，影响案件认定的，应当作出不批准逮捕的决定

### （五）侦查程序

未成年人刑事案件的侦查程序，除了贯彻上述全面调查原则、保密原则外，尤其应当注意采用与未成年人身心特点相适应的传唤和讯问方法。

**【关联法条】**《刑事诉讼法》第 270 条　对于未成年人刑事案件，在讯问和审判的时候，应当通知未成年犯罪嫌疑人、被告人的法定代理人到场。无法通知、法定代理人不能到场或者法定代理人是共犯的，也可以通知未成年犯罪嫌疑人、被告人的其他成年亲属，所在学校、单位、居住地基层组织或者未成年人保护组织的代表到场，并将有关情况记录在案。到场的法定代理人可以代为行使未成年犯罪嫌疑人、被告人的诉讼权利。

到场的法定代理人或者其他人员认为办案人员在讯问、审判中侵犯未成年人合法权益的，可以提出意见。讯问笔录、法庭笔录应当交给到场的法定代理人或者其他人员阅读或者向他宣读。

讯问女性未成年犯罪嫌疑人，应当有女工作人员在场。

审判未成年人刑事案件，未成年被告人最后陈述后，其法定代理人可以进行补充陈述。

询问未成年被害人、证人，适用第 1 款、第 2 款、第 3 款的规定。

《人民检察院办理未成年人刑事案件的规定》第 17 条第 5 款　未成年犯罪嫌疑人明确拒绝法定代理人以外的合适成年人到场，人民检察院可以准许，但应当另行通知其他合适成年人到场。

**【小试牛刀】**

甲、乙系初三学生，因涉嫌抢劫同学丙（三人均不满 16 周岁）被立案侦查。关于该案诉讼程序，下列哪些选项是正确的？[1]

A. 审查批捕讯问时，甲拒绝为其提供的合适成年人到场，应另行通知其他合适成年人到场

B. 讯问乙时，因乙的法定代理人无法到场而通知其伯父到场，其伯父可代行乙的控告权

C. 法庭审理询问丙时，应通知丙的法定代理人到场

D. 如该案适用简易程序审理，甲的法定代理人不能到场时可不再通知其他合适成年人到场

### （六）审查起诉程序

1. 听取意见与讯问未成年人

审查起诉中应当听取其父母或其他法定代理人、辩护人、未成年被害人及其法定代理人的意见。审查起诉中讯问未成年犯罪嫌疑人的程序，同上述侦查中的讯问要求。

2. 安排会见、通话

移送审查起诉的案件具备法定条件的，且其法定代理人、近亲属等与本案无牵连的，经公安机关同意，检察人员可以安排在押的未成年犯罪嫌疑人与其法定代理人、近亲属等

---

〔1〕 AC

进行会见、通话。会见通话时，检察人员可以在场。

### 3. 适用酌定不起诉

为了体现对未成年人的特殊保护，《人民检察院办理未成年人刑事案件的规定》对未成年人刑事案件适用酌定不起诉进行了特别的规定，鼓励对未成年人适用酌定不起诉进行审前分流，包括一般应当酌定不起诉和可以酌定不起诉两种情形。

| 一般应当酌定不起诉 | 对于犯罪情节轻微，具有下列情形之一，依照刑法规定不需要判处刑罚或者免除刑罚的未成年犯罪嫌疑人，一般应当依法作出不起诉决定：①被胁迫参与犯罪的；②犯罪预备、中止、未遂的；③在共同犯罪中起次要或者辅助作用的；④系又聋又哑的人或者盲人的；⑤因防卫过当或者紧急避险过当构成犯罪的；⑥有自首或者立功表现的；⑦其他依照刑法规定不需要判处刑罚或者免除刑罚的情形。 |
| --- | --- |
| 可以酌定不起诉 | 对于未成年人实施的轻伤害案件、初次犯罪、过失犯罪、犯罪未遂的案件以及被诱骗或者被教唆实施的犯罪案件等，情节轻微，犯罪嫌疑人确有悔罪表现，当事人双方自愿就民事赔偿达成协议并切实履行或者经被害人同意并提供有效担保，符合《刑法》第37条规定的，人民检察院可以依照《刑事诉讼法》第173条第2款的规定作出不起诉决定，并可以根据案件的不同情况，予以训诫或者责令具结悔过、赔礼道歉、赔偿损失，或者由主管部门予以行政处罚。 |

### 4. 附条件不起诉

（1）适用条件

对于犯罪时已满14周岁不满18周岁的未成年人，同时符合下列条件的，人民检察院可以作出附条件不起诉决定：

❶ 涉嫌刑法分则第四至六章规定的犯罪；

❷ 根据具体犯罪事实、情节，可能被判处1年有期徒刑以下刑罚；

❸ 犯罪事实清楚，证据确实、充分，符合起诉条件；

❹ 具有悔罪表现。

**【小试牛刀】**

关于附条件不起诉，下列哪一说法是错误的?[1]

A. 只适用于未成年人案件

B. 应当征得公安机关、被害人的同意

C. 未成年人涉嫌间谍罪，如果事实清楚，证据确实充分也可以适用

D. 有悔罪表现时，才可以附条件不起诉

（2）适用程序

| 听取意见 | 人民检察院在作出附条件不起诉的决定以前，应当听取公安机关、被害人、未成年犯罪嫌疑人的法定代理人、辩护人的意见，并制作笔录附卷。被害人是未成年人的，还应当听取被害人的法定代理人、诉讼代理人的意见。<br>**【名师点睛】**此处不需要公安机关、被害人同意。 |
| --- | --- |

---

[1]　BC

续表

| | |
|---|---|
| 听证程序 | 公安机关或者被害人对附条件不起诉有异议或争议较大的案件，人民检察院可以召集侦查人员、被害人及其法定代理人、诉讼代理人、未成年犯罪嫌疑人及其法定代理人、辩护人举行不公开听证会，充分听取各方的意见和理由。 |
| 送达程序 | 人民检察院作出附条件不起诉的决定后，应当制作附条件不起诉决定书，并在3日以内送达公安机关、被害人或者其近亲属及其诉讼代理人、未成年犯罪嫌疑人及其法定代理人、辩护人。<br>送达时，应当告知被害人或者其近亲属及其诉讼代理人，如果对附条件不起诉决定不服，可以自收到附条件不起诉决定书后7日以内向上一级人民检察院申诉。<br>人民检察院应当当面向未成年犯罪嫌疑人及其法定代理人宣布附条件不起诉决定，告知考验期限、在考验期内应当遵守的规定和违反规定应负的法律责任，以及可以对附条件不起诉决定提出异议，并制作笔录附卷。 |
| 变更措施 | 未成年犯罪嫌疑人在押的，作出附条件不起诉决定后，人民检察院应当作出释放或者变更强制措施的决定。 |
| 备案程序 | 人民检察院在作出附条件不起诉决定后，应当在10日内将附条件不起诉决定书报上级人民检察院主管部门备案。上级人民检察院认为下级人民检察院作出的附条件不起诉决定不适当的，应当及时撤销下级人民检察院作出的附条件不起诉决定，下级人民检察院应当执行。 |

（3）附条件不起诉的救济程序

| | | |
|---|---|---|
| 公安机关 | 复议 | 公安机关认为附条件不起诉决定有错误，要求复议的，人民检察院应当在收到要求复议意见书后的30日以内作出复议决定，通知公安机关。 |
| | 复核 | 上一级人民检察院应当在收到提请复核意见书后的30日以内作出决定，制作复核决定书送交提请复核的公安机关和下级人民检察院。经复核改变下级人民检察院附条件不起诉决定的，应当撤销下级人民检察院作出的附条件不起诉决定，交由下级人民检察院执行。 |
| 被害人 | | 被害人不服附条件不起诉决定，在收到附条件不起诉决定书后7日以内申诉的，由作出附条件不起诉决定的人民检察院的上一级人民检察院未成年人刑事检察机构立案复查。上级人民检察院经复查作出起诉决定的，应当撤销下级人民检察院的附条件不起诉决定，由下级人民检察院提起公诉，并将复查决定抄送移送审查起诉的公安机关。<br>【关联法条】《全国人大常委会关于〈中华人民共和国刑事诉讼法〉第二百七十一条第二款的解释》被害人对检察院附条件不起诉的决定，可以向上一级检察院申诉，但不可向法院自诉。 |
| 被不起诉人 | | 未成年犯罪嫌疑人及其法定代理人对人民检察院决定附条件不起诉有异议的，人民检察院应当作出起诉的决定。 |

【小试牛刀】

《全国人大常委会关于〈中华人民共和国刑事诉讼法〉第二百七十一条第二款的解释》规定，检察院办理未成年人刑事案件，在作出附条件不起诉决定以及考验期满作出不起诉决定前，应听取被害人的意见。被害人对检察院作出的附条件不起诉的决定和不起诉的决定，可向上一级检察院申诉，但不能向法院提起自诉。关于这一解释的理解，下列哪些选项是正确的？[1]

A. 增加了听取被害人陈述意见的机会

B. 有利于对未成年犯罪嫌疑人的转向处置

C. 体现了对未成年犯罪嫌疑人的特殊保护

D. 是刑事公诉独占主义的一种体现

（4）附条件不起诉的监督考察

| 考验期限 | 附条件不起诉的考验期为 6 个月以上 1 年以下，从人民检察院作出附条件不起诉的决定之日起计算。<br>【名师点睛】考验期不计入审查起诉期限。审查起诉期限自人民检察院作出附条件不起诉决定之日起中止计算，自考验期限届满之日起或者人民检察院作出撤销附条件不起诉决定之日起恢复计算。<br>【关联法条】《人民检察院办理未成年人刑事案件的规定》第 40 条第 2 款　考验期的长短应当与未成年犯罪嫌疑人所犯罪行的轻重、主观恶性的大小和人身危险性的大小、一贯表现及帮教条件等相适应，根据未成年犯罪嫌疑人在考验期的表现，可以在法定期限范围内适当缩短或者延长。 |
|---|---|
| 考验机关 | ①在附条件不起诉的考验期内，人民检察院应当对被附条件不起诉的未成年犯罪嫌疑人进行监督考察；<br>②未成年犯罪嫌疑人的监护人应当对未成年犯罪嫌疑人加强管教，配合人民检察院做好监督考察工作；<br>③人民检察院可以会同未成年犯罪嫌疑人的监护人、所在学校、单位、居住地的村民委员会、居民委员会、未成年人保护组织等的有关人员定期对未成年犯罪嫌疑人进行考察、教育，实施跟踪帮教。<br>【关联法条】《人民检察院办理未成年人刑事案件的规定》第 44 条　未成年犯罪嫌疑人经批准离开所居住的市、县或者迁居，作出附条件不起诉决定的人民检察院可以要求迁入地的人民检察院协助进行考察，并将考察结果函告作出附条件不起诉决定的人民检察院。 |

| 考验义务 | 应 当 | 被附条件不起诉的未成年犯罪嫌疑人，应当遵守下列规定：<br>①遵守法律法规，服从监督；<br>②按照考察机关的规定报告自己的活动情况；<br>③离开所居住的市、县或者迁居，应当报经考察机关批准；<br>④按照考察机关的要求接受矫治和教育。 |
|---|---|---|
| | 可 以 | 人民检察院可以要求被附条件不起诉的未成年犯罪嫌疑人接受下列矫治和教育：<br>①完成戒瘾治疗、心理辅导或者其他适当的处遇措施； |

---

[1]　ABC

续表

| 考验义务 | 可 以 | ②向社区或者公益团体提供公益劳动；<br>③不得进入特定场所，与特定的人员会见或者通信，从事特定的活动；<br>④向被害人赔偿损失、赔礼道歉等；<br>⑤接受相关教育；<br>⑥遵守其他保护被害人安全以及预防再犯的禁止性规定。 |
|---|---|---|

【小试牛刀】

未成年人段某因涉嫌盗窃被检察院适用附条件不起诉。关于附条件不起诉应当附带的条件，下列选项是正确的是:[1]

A. 完成一个疗程四次的心理辅导

B. 每周参加一次公益劳动

C. 每个月向检察官报告日常花销和交友情况

D. 离开所居住的市、县或者迁居，应当报经考察机关批准

## （5）附条件不起诉的处理结果

| 起 诉 | 被附条件不起诉的未成年犯罪嫌疑人，在考验期内有下列情形之一的，人民检察院应当撤销附条件不起诉的决定，提起公诉：<br>①实施新的犯罪的；<br>②发现决定附条件不起诉以前还有其他犯罪需要追诉的；<br>③违反治安管理规定，造成严重后果，或者多次违反治安管理规定的；<br>④违反考察机关有关附条件不起诉的监督管理规定，造成严重后果，或者多次违反考察机关有关附条件不起诉的监督管理规定的。<br>【考点提示】对于未成年犯罪嫌疑人在考验期内实施新的犯罪或者在决定附条件不起诉以前还有其他犯罪需要追诉的，人民检察院应当移送侦查机关立案侦查。 |
|---|---|
| 不起诉 | 被附条件不起诉的未成年犯罪嫌疑人，在考验期内没有上述情形，考验期满的，人民检察院应当作出不起诉的决定。 |

【小试牛刀】

**1.** 检察机关对未成年人童某涉嫌犯罪的案件进行审查后决定附条件不起诉。在考验期间，下列哪些情况下可以对童某撤销不起诉的决定、提起公诉?[2]

A. 根据新的证据确认童某更改过年龄，在实施涉嫌犯罪行为时已满18周岁的

B. 发现决定附条件不起诉以前还有其他犯罪需要追诉的

C. 违反考察机关有关附条件不起诉的监管规定，情节严重的

D. 违反治安管理规定，情节严重的

---

[1] D

[2] ABCD

**2.** 未成年人小周涉嫌故意伤害被取保候审，A 县检察院审查起诉后决定对其适用附条件不起诉，监督考察期限为 6 个月。关于本案处理，下列哪一选项是正确的？[1]

A. 作出附条件不起诉决定后，应释放小周

B. 本案审查起诉期限自作出附条件不起诉决定之日起中止

C. 监督考察期间，如小周经批准迁居 B 县继续上学，改由 B 县检察院负责监督考察

D. 监督考察期间，如小周严格遵守各项规定，表现优异，可将考察期限缩短为 5 个月

## （七）审判程序

| | |
|---|---|
| 告知权利 | 人民法院向未成年被告人送达起诉书副本时，应当向其讲明被指控的罪行和有关法律规定，并告知其审判程序和诉讼权利、义务。 |
| 简易程序 | 对未成年人刑事案件适用简易程序审理，应当征求未成年被告人及其法定代理人、辩护人的意见。<br>【考点提示】上述任何人员提出异议的，不适用简易程序。 |
| 法代到场 | 应当通知未成年犯罪嫌疑人、被告人的法定代理人或者其他合适的成年人到场。到场的法定代理人可以代为行使未成年被告人的诉讼权利。<br>【考点提示】上述程序同样适用于简易程序和询问未成年被害人、证人。 |
| 法庭设置 | 应当在辩护台靠近旁听区一侧为法定代理人或者其他成年亲属、代表设置席位。 |
| 庭审语言 | 发现有对未成年被告人诱供、训斥、讽刺或者威胁等情形的，审判长应当制止。 |
| 量刑建议 | 控辩双方提出判处管制、宣告缓刑等量刑建议的，应当向法庭提供有关未成年被告人能够获得监护、帮教以及对所居住社区无重大不良影响的书面材料。 |
| 法庭教育 | （1）法庭辩论结束后，法庭可以根据案件情况，对未成年被告人进行教育；判决未成年被告人有罪的，宣判后，应当对未成年被告人进行教育。<br>（2）对未成年被告人进行教育，可以邀请诉讼参与人、其他成年亲属、代表以及社会调查员、心理咨询师等参加。 |
| 补充陈述 | 未成年被告人最后陈述后，法庭应当询问其法定代理人是否补充陈述。 |
| 公开宣判 | （1）对未成年人刑事案件宣告判决应当公开进行，但不得采取召开大会等形式。<br>（2）对依法应当封存犯罪记录的案件，宣判时，不得组织人员旁听；有旁听人员的，应当告知其不得传播案件信息。 |
| 心理疏导 | 对未成年人刑事案件，人民法院根据情况，可以对未成年被告人进行心理疏导。 |
| 心理测评 | 经未成年被告人及其法定代理人同意，也可以对未成年被告人进行心理测评。 |
| 亲情会见 | 开庭前和休庭时，法庭根据情况，可以安排未成年被告人与其法定代理人或者其他合适的成年人会见。 |

---

[1]　B

## （八）犯罪记录封存制度

| | |
|---|---|
| 封存条件 | 犯罪的时候不满 18 周岁，被判处 5 年有期徒刑以下刑罚的，应当对相关犯罪记录予以封存。<br><br>**【关联法条】《刑诉解释》第 490 条**　犯罪时不满 18 周岁，被判处 5 年有期徒刑以下刑罚以及免除刑事处罚的未成年人的犯罪记录，应当封存。<br>　　2012 年 12 月 31 日以前审结的案件符合前款规定的，相关犯罪记录也应当封存。<br>　　司法机关或者有关单位向人民法院申请查询封存的犯罪记录的，应当提供查询的理由和依据。对查询申请，人民法院应当及时作出是否同意的决定。<br>**《人民检察院办理未成年人刑事案件的规定》第 62 条**　犯罪的时候不满 18 周岁，被判处 5 年有期徒刑以下刑罚的，人民检察院应当在收到人民法院生效判决后，对犯罪记录予以封存。<br>　　对于二审案件，上级人民检察院封存犯罪记录时，应当通知下级人民检察院对相关犯罪记录予以封存。<br>**《高检规则》第 507 条**　人民检察院对未成年犯罪嫌疑人作出不起诉决定后，应当对相关记录予以封存。具体程序参照本规则第 504 条至第 506 条的规定。 |
| 封存措施 | 犯罪记录被封存的，不得向任何单位和个人提供，但司法机关为办案需要或者有关单位根据国家规定进行查询的除外。依法进行查询的单位，应当对被封存的犯罪记录的情况予以保密。 |
| 解除封存 | 对被封存犯罪记录的未成年人，符合下列条件之一的，应当对其犯罪记录解除封存：<br>（1）实施新罪，且新罪与封存记录之罪数罪并罚后被决定执行 5 年有期徒刑以上刑罚的；<br>（2）发现漏罪，且漏罪与封存记录之罪数罪并罚后被决定执行 5 年有期徒刑以上刑罚的。 |

## 【小试牛刀】

关于犯罪记录封存的适用条件，下列哪些选项是正确的？[1]

A. 犯罪的时候不满 18 周岁

B. 被判处 5 年有期徒刑以下刑罚

C. 初次犯罪

D. 没有受过其他处罚

---

[1]　AB

# 第21章

# 当事人和解的公诉案件诉讼程序

## ▶ 复习提要

当事人和解的公诉案件诉讼程序也是2012年《刑事诉讼法》新增的四大特别程序之一。学习当事人和解的公诉案件诉讼程序，要掌握公诉案件和解与自诉案件和解、附带民事诉讼和解的区别，公诉案件和解程序的适用范围与适用条件，公诉案件和解的法律效果。

## ▶ 知识框架

当事人和解的公
诉案件诉讼程序
- 刑事和解的概念
- 刑事和解的适用条件 ★★
- 刑事和解适用案件范围 ★★★★
- 和解主体 ★★
- 和解事项 ★
- 和解的阶段和效果 ★★
- 和解协议 ★★★

## 一、刑事和解的概念

刑事和解有广义和狭义之分。广义的刑事和解既包括刑事公诉案件的和解也包括刑事自诉案件以及附带民事诉讼案件的和解；狭义的刑事和解仅指刑事公诉案件的和解。本章所指的刑事和解，如无特殊说明，仅指狭义的刑事和解，即公诉案件的刑事和解。

## 二、刑事和解的适用条件

| | |
|---|---|
| 积极条件 | （1）犯罪嫌疑人真诚悔罪，向被害人赔偿损失、赔礼道歉等；<br>（2）被害人明确表示对犯罪嫌疑人予以谅解；<br>（3）双方当事人自愿和解，符合有关法律规定；<br>（4）属于侵害特定被害人的故意犯罪或者有直接被害人的过失犯罪；<br>（5）案件事实清楚，证据确实、充分。 |
| 消极条件 | 犯罪嫌疑人、被告人在 5 年以内未曾故意犯罪。<br>【名师点睛】犯罪嫌疑人在 5 年内曾故意犯罪，无论该故意犯罪是否已经追究，均应当认定为上述的 5 年以内曾经故意犯罪。 |

【小试牛刀】

李某因琐事将邻居王某打成轻伤。案发后，李家积极赔偿，赔礼道歉，得到王家谅解。如检察院根据双方和解对李某作出不起诉决定，需要同时具备下列哪些条件？[1]

A. 双方和解具有自愿性、合法性

B. 李某实施伤害的犯罪情节轻微，不需要判处刑罚

C. 李某 5 年以内未曾故意犯罪

D. 公安机关向检察院提出从宽处理的建议

## 三、刑事和解适用案件范围

根据《刑事诉讼法》第 277 条的规定，仅在以下两类案件中可以适用刑事和解：

1. 因民间纠纷引起，涉嫌刑法分则第四、五章规定的犯罪案件，可能判处 3 年有期徒刑以下刑罚的。

2. 除渎职犯罪以外的可能判处 7 年有期徒刑以下刑罚的过失犯罪案件。

【名师点睛】 渎职罪的犯罪客体主要是国家机关的正常管理活动，其侵害的直接对象是国家利益而非公民个人人身权利、民主权利以及财产权利，"获得被害人谅解"这一条件无法满足，因此刑事和解无从适用。

【小试牛刀】

关于可以适用当事人和解的公诉案件诉讼程序的案件范围，下列哪些选项是正确的？[2]

A. 交通肇事罪      B. 暴力干涉婚姻自由罪

C. 过失致人死亡罪      D. 刑讯逼供罪

---

〔1〕 **ABC**。选项 D 的错误之处在于，是否向人民检察院提出从宽处理的建议是公安机关的自由裁量行为，并不是检察院作出不起诉决定需要具备的条件之一。选项 B 正确，因为题干中的检察院决定不起诉肯定是酌定不起诉，因此必须具备犯罪情节轻微的条件。

〔2〕 **AC**

## 四、和解主体

### (一) 参与和解

| | |
|---|---|
| 被害人 | (1) 被害人死亡的，其近亲属可以与被告人和解。<br>【名师点睛】近亲属有多人的，应当经同一继承顺序的所有近亲属同意。<br>(2) 被害人系无行为能力或者限制行为能力人的，其法定代理人、近亲属可以代为和解。<br>【考点提示】注意区分被害人死亡和丧失行为能力的差异。 |
| 犯罪嫌疑人、被告人 | (1) 被告人的近亲属经被告人同意，可以代为和解。<br>(2) 被告人系限制行为能力人的，其法定代理人可以代为和解。<br>【名师点睛】被告人的法定代理人、近亲属依照上述规定代为和解的，和解协议约定的赔礼道歉等事项，应当由被告人本人履行。 |

【小试牛刀】

甲因邻里纠纷失手致乙死亡，甲被批准逮捕。案件起诉后，双方拟通过协商达成和解。对于此案的和解，下列哪一选项是正确的?[1]

A. 由于甲在押，其近亲属可自行与被害方进行和解

B. 由于乙已经死亡，可由其近亲属代为和解

C. 甲的辩护人和乙近亲属的诉讼代理人可参与和解协商

D. 由于甲在押，和解协议中约定的赔礼道歉可由其近亲属代为履行

### (二) 促成和解

| | |
|---|---|
| 法 院 | 对符合和解条件的公诉案件，事实清楚、证据充分的，人民法院应当告知当事人可以自行和解；当事人提出申请的，人民法院可以主持双方当事人协商以达成和解。根据案件情况，人民法院可以邀请人民调解员、辩护人、诉讼代理人、当事人亲友等参与促成双方当事人和解。 |
| 检察院 | 人民检察院对于符合规定的公诉案件，可以建议当事人进行和解，并告知相应的权利义务，必要时可以提供法律咨询。 |

【名师点睛】人民法院和人民检察院并不是参与和解的主体，只是促成和解。

## 五、和解事项

| | |
|---|---|
| 可协商 | 双方当事人可以就赔偿损失、赔礼道歉等民事责任事项进行和解，并且可以就被害人及其法定代理人或者近亲属是否要求或者同意公安机关、人民检察院、人民法院对犯罪嫌疑人依法从宽处理进行协商。 |
| 不可协商 | 不得对案件的事实认定、证据采信、法律适用和定罪量刑等依法属于公安机关、人民检察院、人民法院职权范围的事宜进行协商。 |

---

〔1〕 C。被告人近亲属代为和解的前提的是经过被告人同意，选项A错误。被害人死亡，近亲属就是和解一方当事人，可以直接和对方和解。如果被害人没有死亡，只是丧失行为能力或者限制行为能力，法定代理人或者近亲属可以代为和解，选项B错误。和解协议约定的赔礼道歉等事项，应当由被告人本人履行，选项D错误。

## 六、和解的阶段和效果

| 和解阶段 | | 公安机关、人民检察院和人民法院在办理刑事案件过程中都有权对双方当事人的和解进行审查并主持制作和解协议书和作出相应的处理决定。<br>【考点提示】刑事和解可以适用于公安机关立案开始直至人民法院作出最终判决的全部程序阶段。在不同的诉讼阶段，由不同的办案机关负责刑事和解的具体工作。 |
|---|---|---|
| 和解效果 | 公安机关 | 公安机关可以向人民检察院提出从宽处理的建议。 |
| | 检察院 | （1）人民检察院可以向人民法院提出从宽处罚的建议；<br>（2）对于犯罪情节轻微，不需要判处刑罚的，可以作出不起诉的决定。<br>【关联法条】《高检规则》第520条 人民检察院对于公安机关移送审查起诉的案件，双方当事人达成和解协议的，可以作为是否需要判处刑罚或者免除刑罚的因素予以考虑，符合法律规定的不起诉条件的，可以决定不起诉。对于依法应当提起公诉的，人民检察院可以向人民法院提出从宽处罚的量刑建议。 |
| | 法院 | 人民法院可以依法对被告人从宽处理。<br>【关联法条】《刑诉解释》第505条 对达成和解协议的案件，人民法院应当对被告人从轻处罚；符合非监禁刑适用条件的，应当适用非监禁刑；判处法定最低刑仍然过重的，可以减轻处罚；综合全案认为犯罪情节轻微不需要判处刑罚的，可以免除刑事处罚。<br>共同犯罪案件，部分被告人与被害人达成和解协议的，可以依法对该部分被告人从宽处罚，但应当注意全案的量刑平衡。 |

【小试牛刀】

对于适用当事人和解的公诉案件诉讼程序而达成和解协议的案件，下列哪一做法是错误的?[1]

A. 公安机关可以撤销案件

B. 检察院可以向法院提出从宽处罚的建议

C. 对于犯罪情节轻微，不需要判处刑罚的，检察院可以不起诉

D. 法院可以依法对被告人从宽处罚

## 七、和解协议

| 和解协议的制作与审查 | 双方当事人和解的，公安机关、人民检察院、人民法院应当听取当事人和其他有关人员的意见，对和解的自愿性、合法性进行审查，并主持制作和解协议书。<br>【关联法条】《刑诉解释》第499条 对公安机关、人民检察院主持制作的和解协议书，当事人提出异议的，人民法院应当审查。经审查，和解自愿、合法的，予以确认，无需重新制作和解协议书；和解不具有自愿性、合法性的，应当认定无效。和解协议被认定无效后，双方当事人重新达成和解的，人民法院应当主持制作新的和解协议书。 |
|---|---|

[1] A

续表

| 和解协议的制作与审查 | 第500条　审判期间，双方当事人和解的，人民法院应当听取当事人及其法定代理人等有关人员的意见。双方当事人在庭外达成和解的，人民法院应当通知人民检察院，并听取其意见。经审查，和解自愿、合法的，应当主持制作和解协议书。 |
|---|---|
| 和解协议的签名 | 【关联法条】《刑诉解释》第501条第2~4款　和解协议书应当由双方当事人和审判人员签名，但不加盖人民法院印章。<br>　　和解协议书一式三份，双方当事人各持一份，另一份交人民法院附卷备查。<br>　　对和解协议中的赔偿损失内容，双方当事人要求保密的，人民法院应当准许，并采取相应的保密措施。<br>《高检规则》第516条第3款　和解协议书应当由双方当事人签字，可以写明和解协议书系在人民检察院主持下制作，检察人员不在当事人和解协议书上签字，也不加盖人民检察院印章。 |
| 协议书内容 | （1）双方当事人的基本情况。<br>（2）案件的主要事实。<br>（3）犯罪嫌疑人真诚悔罪，承认自己所犯罪行，对指控的犯罪没有异议，向被害人赔偿损失、赔礼道歉等；赔偿损失的，应当写明赔偿的数额、履行的方式、期限等。<br>（4）被害人及其法定代理人或者近亲属对犯罪嫌疑人予以谅解，并要求或者同意公安机关、人民检察院、人民法院对犯罪嫌疑人依法从宽处理。 |
| 协议的履行 | 【关联法条】《刑诉解释》第502条第1款　和解协议约定的赔偿损失内容，被告人应当在协议签署后即时履行。<br>《高检规则》第517条　和解协议书约定的赔偿损失内容，应当在双方签署协议后立即履行，至迟在人民检察院作出从宽处理决定前履行。确实难以一次性履行的，在被害人同意并提供有效担保的情况下，也可以分期履行。<br>【名师点睛】和解协议应当即时履行，但是附带民诉中的调解协议约定的损失赔偿内容可以分期履行。 |
| 协议的无效 | 犯罪嫌疑人或者其亲友等以暴力、威胁、欺骗或者其他非法方法强迫、引诱被害人和解，或者在协议履行完毕之后威胁、报复被害人的，应当认定和解协议无效。已经作出不批准逮捕或者不起诉决定的，人民检察院根据案件情况可以撤销原决定，对犯罪嫌疑人批准逮捕或者提起公诉。 |
| 协议的反悔 | 【关联法条】《刑诉解释》第502条第2款　和解协议已经全部履行，当事人反悔的，人民法院不予支持，但有证据证明和解违反自愿、合法原则的除外。<br>《高检规则》第521条　人民检察院拟对当事人达成和解的公诉案件作出不起诉决定的，应当听取双方当事人对和解的意见，并且查明犯罪嫌疑人是否已经切实履行和解协议、不能即时履行的是否已经提供有效担保，将其作为是否决定不起诉的因素予以考虑。<br>　　当事人在不起诉决定作出之前反悔的，可以另行达成和解。不能另行达成和解的，人民检察院应当依法作出起诉或者不起诉决定。<br>　　当事人在不起诉决定作出之后反悔的，人民检察院不撤销原决定，但有证据证明和解违反自愿、合法原则的除外。 |

续表

| | |
|---|---|
| 和解后的附带民事诉讼 | **【关联法条】**《刑诉解释》**第503条** 双方当事人在侦查、审查起诉期间已经达成和解协议并全部履行，被害人或者其法定代理人、近亲属又提起附带民事诉讼的，人民法院不予受理，但有证据证明和解违反自愿、合法原则的除外。<br><br>**第504条** 被害人或者其法定代理人、近亲属提起附带民事诉讼后，双方愿意和解，但被告人不能即时履行全部赔偿义务的，人民法院应当制作附带民事调解书。 |

**【小试牛刀】**

甲因琐事与乙发生口角进而厮打，推搡之间，不慎致乙死亡。检察院以甲涉嫌过失致人死亡提起公诉，乙母丙向法院提起附带民事诉讼。关于本案处理，下列哪些选项是正确的?[1]

A. 法院可对附带民事部分进行调解

B. 如甲与丙经法院调解达成协议，调解协议中约定的赔偿损失内容可分期履行

C. 如甲提出申请，法院可组织甲与丙协商以达成和解

D. 如甲与丙达成刑事和解，其约定的赔偿损失内容可分期履行

---

[1] ABC。和解协议约定的赔偿损失内容，被告人应当在协议签署后即时履行，选项D错误。注意选项BD的区别，民事赔偿的调解内容是可以约定分期的，但是刑事和解的赔偿内容法律规定应当即时履行的。

# 犯罪嫌疑人、被告人逃匿、死亡案件违法所得的没收程序

## ↘ 复习提要

　　犯罪嫌疑人、被告人逃匿、死亡案件违法所得的没收程序也是2012年《刑事诉讼法》新增的四大特别程序之一。本章要重点掌握该程序的适用条件、公安机关如何提出没收建议、检察院如何审查和申请、法院如何审理和处理。尤其要注意法院在审理犯罪嫌疑人、被告人逃匿、死亡案件违法所得的没收程序和审理普通公诉案件上的差异。注意，该程序并不是针对被追诉人刑事责任的追究程序，而是仅仅针对违法所得的处置程序。

## ↘ 知识框架

犯罪嫌疑人、被告人逃匿、死亡案件违法所得的没收程序
- 概念和特点
- 适用条件 ★★★
- 没收对象 ★★
- 程序的启动 ★
- 审理程序 ★★★
- 审理结果 ★★★
- 二审程序 ★★★
- 法院审理程序中的转换 ★★
- 没收程序的审限
- 裁定生效后的救济措施 ★

## 一、概念和特点

犯罪嫌疑人、被告人逃匿、死亡案件违法所得的没收程序，是指当某些案件中犯罪嫌疑人、被告人逃匿或者死亡时，追缴其违法所得及其他涉案财产所特有的方式、方法和步骤。

【考点提示】要区分本章中的没收程序和前面执行程序中所涉及的没收财产刑的刑罚。犯罪嫌疑人、被告人逃匿、死亡案件违法所得的没收程序并不以定罪为前提，而没收财产刑的刑罚是以定罪为前提。

> ### 📖 拓 展 阅 读
>
> 一方面，该程序本身注重追求诉讼效率，关注的是如何防止因犯罪嫌疑人、被告人逃匿、死亡而引起的诉讼拖延和国有资产流失问题；另一方面，该程序涉及的是犯罪嫌疑人、被告人的财产权利，易于进行救济。因此，在犯罪嫌疑人、被告人逃匿、死亡案件违法所得的没收程序中，我们不需要预先解决犯罪嫌疑人、被告人的定罪量刑问题，也不受无罪推定、禁止双重危险等原则的约束。

## 二、适用条件

对于贪污贿赂犯罪、恐怖活动犯罪等重大犯罪案件，犯罪嫌疑人、被告人逃匿，在通缉1年后不能到案，或者犯罪嫌疑人、被告人死亡，依照刑法规定应当追缴其违法所得及其他涉案财产的，人民检察院可以向人民法院提出没收违法所得的申请。

【关联法条】《高检规则》第523条　对于贪污贿赂犯罪、恐怖活动犯罪等重大犯罪案件，犯罪嫌疑人、被告人逃匿，在通缉1年后不能到案，依照刑法规定应当追缴其违法所得及其他涉案财产的，人民检察院可以向人民法院提出没收违法所得的申请。

对于犯罪嫌疑人、被告人死亡，依照刑法规定应当追缴其违法所得及其他涉案财产的，人民检察院也可以向人民法院提出没收违法所得的申请。

犯罪嫌疑人实施犯罪行为所取得的财物及其孳息以及犯罪嫌疑人非法持有的违禁品、供犯罪所用的本人财物，应当认定为前两款规定的违法所得及其他涉案财产。

根据上述条文规定，犯罪嫌疑人、被告人逃匿、死亡案件违法所得的没收程序主要概括为两种情形：

| | |
|---|---|
| 跑了 | 对于贪污贿赂犯罪、恐怖活动犯罪等重大犯罪案件，犯罪嫌疑人、被告人逃匿，在通缉1年后不能到案，依照刑法规定应当追缴其违法所得及其他涉案财产的。<br>【关联法条】《刑诉解释》第508条　具有下列情形之一的，应当认定为刑事诉讼法第280条第1款规定的"重大犯罪案件"：<br>（一）犯罪嫌疑人、被告人可能被判处无期徒刑以上刑罚的；<br>（二）案件在本省、自治区、直辖市或者全国范围内有较大影响的；<br>（三）其他重大犯罪案件。 |
| 死了 | 对于犯罪嫌疑人、被告人死亡，依照刑法规定应当追缴其违法所得及其他涉案财产的。<br>【名师点睛】当犯罪嫌疑人、被告人死亡时，案件范围不限于贪污贿赂犯罪、恐怖活动犯罪，也不限于重大犯罪案件，只要有违法所得及其他涉案财产需要追缴的，均可适用违法所得没收程序。 |

### 三、没收对象

实施犯罪行为所取得的财物及其孳息，以及被告人非法持有的违禁品、供犯罪所用的本人财物。

【小试牛刀】

下列哪一选项不属于犯罪嫌疑人、被告人逃匿、死亡案件违法所得没收程序中的"违法所得及其他涉案财产"?[1]

A. 刘某恐怖活动犯罪案件中从其住处搜出的管制刀具

B. 赵某贪污案赃款存入银行所得的利息

C. 王某恐怖活动犯罪案件中制造爆炸装置使用的所在单位的仪器和设备

D. 周某贿赂案受贿所得的古玩

### 四、程序的启动

#### （一）侦查机关提出意见书

| 公安机关 | 对于符合违法所得没收情形的，依照刑法规定应当追缴其违法所得及其他涉案财产的，经县级以上公安机关负责人批准，公安机关应当写出没收违法所得意见书，连同相关证据材料一并移送同级人民检察院。 |
| --- | --- |
| 人民检察院 | 在自侦案件侦查过程中，对于符合上述情形的案件，应当写出没收违法所得意见书，连同案卷材料一并移送有管辖权的人民检察院侦查部门，并由有管辖权的人民检察院侦查部门移送本院公诉部门。 |

#### （二）检察院审查意见书

| 主管部门 | 人民检察院审查侦查机关移送的没收违法所得意见书，向人民法院提出没收违法所得的申请以及对违法所得没收程序中调查活动、审判活动的监督，由公诉部门办理。<br>【关联法条】《高检规则》第525条　没收违法所得的申请，应当由与有管辖权的中级人民法院相对应的人民检察院提出。 |
| --- | --- |
| 审查程序 | (1) 人民检察院应当在接到公安机关移送的没收违法所得意见书后30日以内作出是否提出没收违法所得申请的决定。30日以内不能作出决定的，经检察长批准，可以延长15日。<br>(2) 对于公安机关移送的没收违法所得案件，经审查认为不符合《刑事诉讼法》第280条第1款规定条件的，应当作出不提出没收违法所得申请的决定，并向公安机关书面说明理由；认为需要补充证据的，应当书面要求公安机关补充证据，必要时也可以自行调查。<br>(3) 公安机关补充证据的时间不计入人民检察院办案期限。 |
| 监督程序 | (1) 人民检察院发现公安机关应当启动违法所得没收程序而不启动的，可以要求公安机关在7日以内书面说明不启动的理由。经审查，认为公安机关不启动理由不能成立的，应当通知公安机关启动程序。<br>(2) 人民检察院发现公安机关在违法所得没收程序的调查活动中有违法情形的，应当向公安机关提出纠正意见。 |

[1] C

续表

| 程序切换 | 没收转公诉 | 在审查公安机关移送的没收违法所得意见书的过程中，在逃的犯罪嫌疑人、被告人自动投案或者被抓获的，人民检察院应当终止审查，并将案卷退回公安机关处理。 |
|---|---|---|
| | 公诉转没收 | 在人民检察院审查起诉过程中，犯罪嫌疑人死亡，或者贪污贿赂犯罪、恐怖活动犯罪等重大犯罪案件的犯罪嫌疑人逃匿，在通缉1年后不能到案，依照刑法规定应当追缴其违法所得及其他涉案财产的，人民检察院可以直接提出没收违法所得的申请。 |

【名师点睛】法院不能主动开启违法所得没收程序。如果犯罪嫌疑人、被告人逃匿的，人民法院应当根据《刑事诉讼法》第200条的规定中止审理；如果犯罪嫌疑人、被告人死亡的，人民法院应当根据《刑事诉讼法》第15条的规定终止审理。如果符合没收违法所得条件的，应当再由人民检察院提出没收违法所得的申请，人民法院不能直接作出没收违法所得的裁定。

## 五、审理程序

| 管辖法院 | 没收违法所得及其他涉案财产的申请，由犯罪地或者犯罪嫌疑人、被告人居住地的中级人民法院进行审理。 |
|---|---|
| 审判组织 | 合议庭。 |
| 对申请的审查 | 对没收违法所得的申请，人民法院应当在7日内审查完毕，并按照下列情形分别处理：①不属于本院管辖的，应当退回人民检察院；②材料不全的，应当通知人民检察院在3日内补送；③属于违法所得没收程序受案范围和本院管辖，且材料齐全的，应当受理。 |
| 财产保全 | 人民检察院尚未查封、扣押、冻结申请没收的财产或者查封、扣押、冻结期限即将届满，涉案财产有被隐匿、转移或者毁损、灭失危险的，人民法院可以查封、扣押、冻结申请没收的财产。 |
| 公告程序 | 人民法院受理没收违法所得的申请后，应当在15日内发出公告。公告期间为6个月。 |
| 申请参诉 | 犯罪嫌疑人、被告人的近亲属和其他利害关系人有权申请参加诉讼，也可以委托诉讼代理人参加诉讼。<br>【名师点睛】对申请没收的财产主张所有权的人，应当认定为"其他利害关系人"。犯罪嫌疑人、被告人的近亲属和其他利害关系人申请参加诉讼的，应当在公告期间提出，在公告期满后申请参加诉讼，能够合理说明原因，并提供证明申请没收的财产系其所有的证据材料的，人民法院应当准许。 |
| 审理方式 | 利害关系人申请参加诉讼的，人民法院应当开庭审理。没有利害关系人申请参加诉讼的，可以不开庭审理。 |
| 举证责任 | 人民法院对没收违法所得的申请进行审理，人民检察院应当承担举证责任。人民法院对没收违法所得的申请开庭审理的，人民检察院应当派员出席法庭。 |

### 六、审理结果

| 裁定没收 | 人民法院经审理，对经查证属于违法所得及其他涉案财产，除依法返还被害人的以外，应当裁定予以没收。 |
|---|---|
| 裁定驳回 | 对不属于应当追缴的财产的，应当裁定驳回申请，解除查封、扣押、冻结措施。 |

### 七、二审程序

| 上诉、抗诉 | 对于人民法院作出的裁定，犯罪嫌疑人、被告人的近亲属和其他利害关系人或者人民检察院可以提出上诉、抗诉。 |
|---|---|
| 二审结果 | 第二审人民法院经审理，应当按照下列情形分别作出裁定：<br>(1) 原裁定正确的，应当驳回上诉或者抗诉，维持原裁定。<br>(2) 原裁定确有错误的，可以在查清事实后改变原裁定；也可以撤销原裁定，发回重新审判。<br>(3) 原审违反法定诉讼程序，可能影响公正审判的，应当撤销原裁定，发回重新审判。 |

### 八、法院审理程序中的转换

| 没收程序转诉讼程序 | 没收程序中，在逃的犯罪嫌疑人、被告人自动投案或者被抓获的，人民法院应当终止审理。检察院向原法院提起公诉的，可以由同一审判组织审理。<br>【名师点睛】人民法院不能主动将没收程序转换为公诉程序，需要由检察院向法院提起公诉。<br>【关联法条】《高检规则》第537条　在审理案件过程中，在逃的犯罪嫌疑人、被告人自动投案或者被抓获，人民法院按照刑事诉讼法第283条第1款的规定终止审理的，人民检察院应当将案卷退回侦查机关处理。 |
|---|---|
| 诉讼程序转没收程序 | 在审理案件过程中，被告人死亡或者脱逃，符合没收程序条件的，人民检察院可以向人民法院提出没收违法所得的申请。人民检察院向原受理案件的人民法院提出申请的，可以由同一审判组织依照本章规定的程序审理。<br>【名师点睛1】人民法院也不能主动将公诉程序转换为没收程序，需要由检察院向法院提起申请。<br>【名师点睛2】《六机关规定》第38条第2款规定，诉讼审理中，被告人死亡的，应当裁定终止审理；被告人脱逃的，应当裁定中止审理。人民检察院可以依法另行向法院提出没收违法所得的申请。向原受理案件的人民法院提出申请的，可以由同一审判组织审理。 |

### 九、没收程序的审限

审理申请没收违法所得案件的期限，参照公诉案件第一审普通程序和第二审程序的审理期限执行。公告期间和请求刑事司法协助的时间不计入审理期限。

### 十、裁定生效后的救济措施

#### (一) 犯罪嫌疑人、被告人到案，被提起公诉的

没收违法所得裁定生效后，犯罪嫌疑人、被告人到案并对没收裁定提出异议，人民检察院向原作出裁定的人民法院提起公诉的，可以由同一审判组织审理。人民法院经审理，

应当按照下列情形分别处理：

1. 原裁定正确的，予以维持，不再对涉案财产作出判决。

2. 原裁定确有错误的，应当撤销原裁定，并在判决中对有关涉案财产一并作出处理。

## （二）犯罪嫌疑人、被告人没有到案的

人民法院生效的没收裁定确有错误的，应当依照审判监督程序予以纠正。已经没收的财产，应当及时返还；财产已经上缴国库的，由原没收机关从财政机关申请退库，予以返还；原物已经出卖、拍卖的，应当退还价款；造成犯罪嫌疑人、被告人以及利害关系人财产损失的，应当依法赔偿。

【关联法条】《高检规则》第 536 条第 3 款　最高人民检察院、省级人民检察院认为下级人民法院按照违法所得没收程序所作的已经发生法律效力的裁定确有错误的，应当按照审判监督程序向同级人民法院提出抗诉。

【小试牛刀】

**1.** A 市原副市长马某，涉嫌收受贿赂 2000 余万元。为保证公正审判，上级法院指令与本案无关的 B 市中级法院一审。B 市中级法院受理此案后，马某突发心脏病不治身亡。关于此案处理，下列哪一选项是错误的？[1]

A. 应当由法院作出终止审理的裁定，再由检察院提出没收违法所得的申请

B. 应当由 B 市中级法院的同一审判组织对是否没收违法所得继续进行审理

C. 如裁定没收违法所得，而马某妻子不服的，可在 5 日内提出上诉

D. 如裁定没收违法所得，而其他利害关系人不服的，有权上诉

**2.** 李某（女）家住甲市，系该市某国有公司会计，涉嫌贪污公款 500 余万元，被甲市检察院立案侦查后提起公诉，甲市中级法院受理该案后，李某脱逃，下落不明。关于李某脱逃后的诉讼程序，下列选项正确的是：[2]

A. 李某脱逃后，法院可中止审理

B. 在通缉李某 1 年不到案后，甲市检察院可向甲市中级法院提出没收李某违法所得的申请

C. 李某的近亲属只能在 6 个月的公告期内申请参加诉讼

D. 在审理没收违法所得的案件过程中，李某被抓捕归案的，法院应裁定终止审理

---

〔1〕　B。选项 B 错误，因为法院不能直接启动犯罪嫌疑人、被告人逃匿、死亡案件违法所得的没收程序，是依据检察院的申请来启动的。

〔2〕　ABD。根据《刑诉解释》第 513 条第 2、3 款的规定，犯罪嫌疑人、被告人的近亲属和其他利害关系人申请参加诉讼的，应当在公告期间提出。犯罪嫌疑人、被告人的近亲属应当提供其与犯罪嫌疑人、被告人关系的证明材料，其他利害关系人应当提供申请没收的财产系其所有的证据材料。犯罪嫌疑人、被告人的近亲属和其他利害关系人在公告期满后申请参加诉讼，能够合理说明原因，并提供证明申请没收的财产系其所有的证据材料的，人民法院应当准许。选项 C 错误。

# 第23章

# 依法不负刑事责任的精神病人的强制医疗程序

**复习提要**

依法不负刑事责任的精神病人的强制医疗程序也是2012年《刑事诉讼法》新增的四大特别程序之一。重点掌握强制医疗程序的适用条件、启动程序、决定程序、救济程序、执行程序、解除程序、监督程序。

**知识框架**

依法不负刑事责任的精神病人的强制医疗程序

- 概念和特征
- 强制医疗程序的适用条件 ★ ★ ★
- 强制医疗的启动程序 ★ ★
- 审理决定程序 ★ ★
- 法院对检察院申请强制医疗程序案件的处理结果 ★ ★
- 法院在检察院提起的公诉案件中作出强制医疗的决定 ★
- 对强制医疗决定的救济方式 ★ ★
- 强制医疗决定的执行
- 强制医疗的解除 ★
- 检察院对强制医疗决定的监督 ★

## 一、概念和特征

强制医疗是出于避免社会危害和保障精神疾病患者健康利益的目的而采取的一项对精神疾病患者的人身自由予以一定限制并对其所患精神疾病进行治疗的特殊保安处分措施。

强制医疗程序有以下几个特征：

| 1. 适用对象的特殊性 | 我国强制医疗的适用对象是实施暴力行为，危害公共安全或者严重危害公民人身安全，经法定程序鉴定依法不负刑事责任的精神病人。 |
| --- | --- |
| 2. 适用措施的强制性 | 如果行为人符合强制医疗的法定适用条件，不论本人或其家属是否同意，只要经人民法院决定都应强制入院，在专门的医疗机构中接受监护隔离和康复治疗。 |
| 3. 适用目的的双重性 | (1) 通过积极康复治疗，使被强制对象恢复健康、改善精神状况，从而达到维护精神病人身体健康利益的目的。<br>(2) 通过强制性医疗，消除被强制对象的人身危险性。使其不再对社会公众构成威胁，实现保障公众安全、维护社会和谐有序的目的。 |

【名师点睛】从性质上说，强制医疗是针对精神病人的一种社会防卫措施，而非刑罚措施。

## 二、强制医疗程序的适用条件

1. 实施了危害公共安全或者严重危害公民人身安全的暴力行为。

【名师点睛】 立法将强制医疗的适用对象局限于具有暴力倾向以及主动攻击意识的精神病人，这在客观上要求行为人实施了暴力行为并造成了一定的危害结果，即对公共安全造成了危害或者严重危害了公民的人身安全。

2. 经法定程序鉴定属依法不负刑事责任的精神病人。

在侦查、审查起诉阶段，公安机关、人民检察院有权启动精神病鉴定程序。在审判阶段，针对控辩双方有争议的鉴定意见进行核实时，法院可以启动重新鉴定或者补充鉴定。犯罪嫌疑人的辩护人、近亲属有权申请启动精神病鉴定程序。

3. 有继续危害社会的可能。

【小试牛刀】

公安机关在案件侦查中，发现打砸多辆机动车的犯罪嫌疑人何某神情呆滞，精神恍惚。经鉴定，何某属于依法不负刑事责任的精神病人。关于公安机关对此案的处理，下列哪一选项是正确的?[1]

A. 写出强制医疗意见书，移送检察院向法院提出强制医疗申请

B. 撤销案件，将何某交付其亲属并要求其积极治疗

C. 移送强制医疗机构对何某进行诊断评估

D. 何某的亲属没有能力承担监护责任的，可以采取临时的保护性约束措施

---

[1] B

### 三、强制医疗的启动程序

| | | |
|---|---|---|
| 公安机关 | | 公安机关发现精神病人符合强制医疗条件的，应当写出强制医疗意见书，移送人民检察院。<br>【名师点睛】公安机关没有直接启动强制医疗程序的权力，只是提出意见书，移送人民检察院。对实施暴力行为的精神病人，在人民法院决定强制医疗前，公安机关可以采取临时的保护性约束措施。 |
| 人民检察院 | 主管部门 | 人民检察院审查公安机关移送的强制医疗意见书，向人民法院提出强制医疗的申请以及对强制医疗决定的监督，由公诉部门办理。<br>【关联法条】《高检规则》第541条　强制医疗的申请由被申请人实施暴力行为所在地的基层人民检察院提出；由被申请人居住地的人民检察院提出更为适宜的，可以由被申请人居住地的基层人民检察院提出。 |
| | 审查程序 | （1）人民检察院应当在接到公安机关移送的强制医疗意见书后30日以内作出是否提出强制医疗申请的决定。<br>（2）对于公安机关移送的强制医疗案件，经审查认为不符合《刑事诉讼法》第284条规定条件的，应当作出不提出强制医疗申请的决定，并向公安机关书面说明理由；认为需要补充证据的，应当书面要求公安机关补充证据，必要时也可以自行调查。<br>（3）公安机关补充证据的时间不计入人民检察院办案期限。 |
| | 监督程序 | 人民检察院发现公安机关应当启动强制医疗程序而不启动的，可以要求公安机关在7日以内书面说明不启动的理由。经审查，认为公安机关不启动理由不能成立的，应当通知公安机关启动程序。 |
| | 申请程序 | 对于公安机关移送的或者在审查起诉过程中发现的精神病人符合强制医疗条件的，人民检察院应当向人民法院提出强制医疗的申请。<br>【关联法条】《高检规则》第548条　在审查起诉中，犯罪嫌疑人经鉴定系依法不负刑事责任的精神病人的，人民检察院应当作出不起诉决定。认为符合刑事诉讼法第284条规定条件的，应当向人民法院提出强制医疗的申请。 |
| 人民法院 | | 人民法院在审理案件过程中发现被告人符合强制医疗条件的，可以作出强制医疗的决定。<br>【名师点睛】法院不能主动开启审判程序，不能主动开启没收程序，但是可以主动作出强制医疗的决定。 |

【名师点睛】启动强制医疗程序的方式有两个：检察院申请和法院决定。公安机关只是提出强制医疗的意见书，并不能向法院申请启动该程序。

【小试牛刀】

犯罪嫌疑人刘某涉嫌故意杀人被公安机关立案侦查。在侦查过程中，侦查人员发现刘某行为异常。经鉴定，刘某属于依法不负刑事责任的精神病人，需要对其实施强制医疗。关于有权

启动强制医疗程序的主体，下列选项正确的是：[1]

    A. 公安机关

    B. 检察院

    C. 法院

    D. 刘某的监护人、法定代理人以及受害人

## 四、审理决定程序

| | |
|---|---|
| 管辖法院 | 依法不负刑事责任的精神病人强制医疗的案件，由被申请人实施暴力行为所在地的基层人民法院管辖；由被申请人居住地的人民法院审判更为适宜的，可以由被申请人居住地的基层人民法院管辖。 |
| 审判组织 | 人民法院受理强制医疗的申请后，应当组成合议庭进行审理。 |
| 对申请的审查处理 | 对人民检察院提出的强制医疗申请，人民法院应当在7日内审查完毕，并按照下列情形分别处理：①不属于本院管辖的，应当退回人民检察院；②材料不全的，应当通知人民检察院在3日内补送；③属于强制医疗程序受案范围和本院管辖，且材料齐全的，应当受理。 |
| 权利保障 | （1）人民法院审理强制医疗案件，应当通知被申请人或者被告人的法定代理人到场。<br>（2）被申请人或者被告人没有委托诉讼代理人的，人民法院应当通知法律援助机构指派律师为其提供法律帮助。<br>（3）审理人民检察院申请强制医疗的案件，应当会见被申请人。 |
| 审理方式 | 审理强制医疗案件，应当组成合议庭，开庭审理。<br>【名师点睛】被申请人、被告人的法定代理人请求不开庭审理，并经人民法院审查同意的除外。<br>【关联法条】《高检规则》第549条　人民法院对强制医疗案件开庭审理的，人民检察院应当派员出席法庭。 |
| 审理期限 | 人民法院经审理，对被申请人或者被告人符合强制医疗条件的，应当在1个月以内作出强制医疗的决定。 |

## 五、法院对检察院申请强制医疗程序案件的处理结果

| | |
|---|---|
| 1. 符合强制医疗条件的 | 应当作出对被申请人强制医疗的决定。 |
| 2. 被申请人属于依法不负刑事责任的精神病人，但不符合强制医疗条件的 | 应当作出驳回强制医疗申请的决定。 |
| 3. 被申请人具有完全或者部分刑事责任能力，依法应当追究刑事责任的 | 应当作出驳回强制医疗申请的决定，并退回人民检察院依法处理。 |

【名师点睛】针对强制医疗的申请，法院只能作出"决定"。

---

[1]　BC

### 六、法院在检察院提起的公诉案件中作出强制医疗的决定

法院在审理过程中发现被告人可能符合强制医疗条件的，应当依照法定程序对被告人进行法医精神病鉴定。经鉴定，被告人属于依法不负刑事责任的精神病人的，应当适用强制医疗程序进行审理。人民法院审理后，应当按照下列情形分别处理：

| 1. 被告人符合强制医疗条件的 | 应当判决宣告被告人不负刑事责任，同时作出对被告人强制医疗的决定。 |
| --- | --- |
| 2. 被告人属于依法不负刑事责任的精神病人，但不符合强制医疗条件的 | 应当判决宣告被告人无罪或者不负刑事责任；被告人已经造成危害结果的，应当同时责令其家属或者监护人严加看管和医疗。 |
| 3. 被告人具有完全或者部分刑事责任能力，依法应当追究刑事责任的 | 应当依照普通程序继续审理。 |

【关联法条】《刑诉解释》第534条　人民法院在审理第二审刑事案件过程中，发现被告人可能符合强制医疗条件的，可以依照强制医疗程序对案件作出处理，也可以裁定发回原审人民法院重新审判。

### 七、对强制医疗决定的救济方式

1. 被决定强制医疗的人、被害人及其法定代理人、近亲属对强制医疗决定不服的，可以向上一级人民法院申请复议。

【关联法条】《刑诉解释》第543条　人民检察院认为强制医疗决定或者解除强制医疗决定不当，在收到决定书后20日内提出书面纠正意见的，人民法院应当另行组成合议庭审理，并在1个月内作出决定。

【名师点睛】被决定强制医疗的人、被害人及其法定代理人、近亲属不服法院强制医疗决定是申请复议，检察院认为决定不当是提出书面纠正意见，注意二者的区别。

2. 对不服强制医疗决定的复议申请，上一级人民法院应当组成合议庭审理，并在1个月内，按照下列情形分别作出复议决定：

（1）被决定强制医疗的人符合强制医疗条件的，应当驳回复议申请，维持原决定；

（2）被决定强制医疗的人不符合强制医疗条件的，应当撤销原决定；

（3）原审违反法定诉讼程序，可能影响公正审判的，应当撤销原决定，发回原审人民法院重新审判。

【关联法条】《刑诉解释》第538条　对本解释第533条第1项规定的判决、决定，人民检察院提出抗诉，同时被决定强制医疗的人、被害人及其法定代理人、近亲属申请复议的，上一级人民法院应当依照第二审程序一并处理。

【小试牛刀】

法院受理叶某涉嫌故意杀害郭某案后，发现其可能符合强制医疗条件。经鉴定，叶某属于依法不负刑事责任的精神病人，法院审理后判决宣告叶某不负刑事责任，同时作出对叶某强制

医疗的决定。关于此案的救济程序，下列哪一选项是错误的?[1]

A. 对叶某强制医疗的决定，检察院可以提出纠正意见

B. 叶某的法定代理人可以向上一级法院申请复议

C. 叶某对强制医疗决定可以向上一级法院提出上诉

D. 郭某的近亲属可以向上一级法院申请复议

## 八、强制医疗决定的执行

人民法院决定强制医疗的，应当在作出决定后5日内，向公安机关送达强制医疗决定书和强制医疗执行通知书，由公安机关将被决定强制医疗的人送交强制医疗。

**【关联法条】**《刑事诉讼法》第285条第3款　对实施暴力行为的精神病人，在人民法院决定强制医疗前，公安机关可以采取临时的保护性约束措施。

**【名师点睛】**注意临时保护性约束措施不属于刑事强制措施，因为它的适用对象并非犯罪嫌疑人、被告人。

## 九、强制医疗的解除

| 启动方式 | 建议解除 | 强制医疗机构应当定期对被强制医疗的人进行诊断评估。对于已不具有人身危险性，不需要继续强制医疗的，应当及时提出解除意见，报决定强制医疗的人民法院批准。 |
| --- | --- | --- |
|  | 申请解除 | 被强制医疗的人及其近亲属申请解除强制医疗的，应当向决定强制医疗的人民法院提出。被强制医疗的人及其近亲属提出的解除强制医疗申请被人民法院驳回，6个月后再次提出申请的，人民法院应当受理。 |
| 法院审查 |  | 人民法院应当组成合议庭进行审查，并在1个月内，按照下列情形分别处理：①被强制医疗的人已不具有人身危险性，不需要继续强制医疗的，应当作出解除强制医疗的决定，并可责令被强制医疗的人的家属严加看管和医疗；②被强制医疗的人仍具有人身危险性，需要继续强制医疗的，应当作出继续强制医疗的决定。<br>人民法院应当在作出决定后5日内，将决定书送达强制医疗机构、申请解除强制医疗的人、被决定强制医疗的人和人民检察院。决定解除强制医疗的，应当通知强制医疗机构在收到决定书的当日解除强制医疗。 |

## 十、检察院对强制医疗决定的监督

人民检察院认为强制医疗决定或者解除强制医疗决定不当，在收到决定书后20日内提出书面纠正意见的，人民法院应当另行组成合议庭审理，并在1个月内作出决定。

**【关联法条】**《高检规则》第551条　人民法院在审理案件过程中发现被告人符合强制医疗条件，作出被告人不负刑事责任的判决后，拟作出强制医疗决定的，人民检察院应当在庭审中发表意见。

**【小试牛刀】**

**1.** 犯罪嫌疑人刘某涉嫌故意杀人被公安机关立案侦查。在侦查过程中，侦查人员发现刘

---

[1]　C

某行为异常。经鉴定，刘某属于依法不负刑事责任的精神病人，需要对其实施强制医疗。法院审理刘某强制医疗一案，下列做法不符合法律规定的是：[1]

    A. 由审判员和人民陪审员共 3 人组成合议庭

    B. 鉴于刘某自愿放弃委托诉讼代理人，法院只通知了刘某的法定代理人到场

    C. 法院认为刘某符合强制医疗的条件，依法对刘某作出强制医疗的裁定

    D. 本案受害人不服法院对刘某强制医疗裁定，可申请检察院依法提起抗诉

**2.** 甲将乙杀害，经鉴定甲系精神病人，检察院申请法院适用强制医疗程序。关于本案，下列哪一选项是正确的?[2]

    A. 法院审理该案，应当会见甲

    B. 甲没有委托诉讼代理人的，法院可通知法律援助机构指派律师担任其诉讼代理人

    C. 甲出庭的，应由其法定代理人或诉讼代理人代为发表意见

    D. 经审理发现甲具有部分刑事责任能力，依法应当追究刑事责任的，转为普通程序
       继续审理

---

[1]　BCD

[2]　A。选项 B，法院"应当"而非"可以"通知，选项 B 错误。选项 C，甲可以自己发表意见，不是必须由其法定代理人或诉讼代理人代为发表意见，选项 C 错误。选项 D，被申请人具有完全或者部分刑事责任能力，依法应当追究刑事责任的，应当作出驳回强制医疗申请的决定，并退回人民检察院依法处理，选项 D 错误。

# 第24章

## 涉外刑事诉讼程序与司法协助制度

▶ **复习提要**

　　涉外刑事诉讼程序，是指诉讼活动涉及外国人、无国籍人或者需要在国外进行的刑事诉讼所特有的方式、方法和步骤。本章主要掌握涉外程序所适用的案件范围；涉外程序中的特有原则；刑事司法协助的主体、内容、程序。尤其需要掌握的内容为涉外诉讼与国内诉讼的差异。

▶ **知识框架**

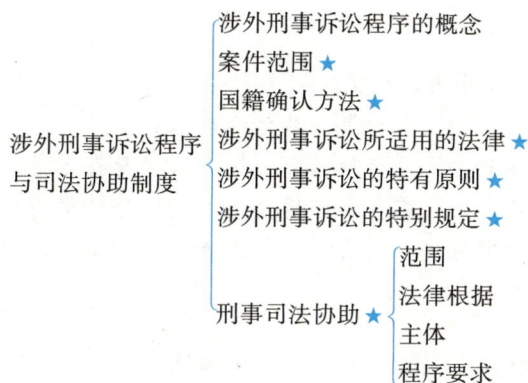

涉外刑事诉讼程序与司法协助制度

- 涉外刑事诉讼程序的概念
- 案件范围 ★
- 国籍确认方法 ★
- 涉外刑事诉讼所适用的法律 ★
- 涉外刑事诉讼的特有原则 ★
- 涉外刑事诉讼的特别规定 ★
- 刑事司法协助 ★
  - 范围
  - 法律根据
  - 主体
  - 程序要求

## 一、涉外刑事诉讼程序的概念

涉外刑事诉讼程序，是指诉讼活动涉及外国人（包括无国籍人）或需要在国外进行的刑事诉讼所特有的方式、方法和步骤。简言之，涉外刑事诉讼程序，就是涉外刑事诉讼所特有的方式、方法和步骤。

【名师点睛】涉外刑事诉讼与涉外案件的刑事诉讼不同。涉外刑事诉讼是指刑事诉讼活动涉及外国人或者某些诉讼活动需要在国外进行这两种情况。涉外刑事诉讼包括涉外案件的刑事诉讼，但又不仅指涉外案件的刑事诉讼。在司法实践中，有些案件不是涉外案件，但由于案发时或案发后的一些特殊情况，使得这些案件的诉讼活动涉及外国人或者需要在国外进行。例如，目击案件发生的证人是外国人或虽是中国人，但诉讼时已身在国外；案件发生后，犯罪嫌疑人、被告人潜逃国外等。

## 二、案件范围

涉外刑事诉讼程序所适用的案件范围包括两类：

| 1. 涉外刑事案件 | （1）中国公民在中华人民共和国领域内对外国公民、无国籍人及外国法人犯罪的案件； |
| --- | --- |
| | （2）外国公民、无国籍人或外国法人在中华人民共和国领域内对中国国家、组织或者公民实施犯罪的案件； |
| | （3）外国公民、无国籍人或者外国法人在中华人民共和国领域内侵犯外国公民、无国籍人或者外国法人的合法权利、触犯中国刑法，构成犯罪的案件； |
| | （4）中华人民共和国缔结或者参加的国际条约所规定的，中国有义务管辖的国际犯罪行为； |
| | （5）外国人、无国籍人、外国法人在中华人民共和国领域外对中国国家或公民实施按照中国《刑法》规定最低刑为3年以上有期徒刑的犯罪案件，但按照犯罪地法律不受处罚的除外。 |
| 2. 某些诉讼活动需要在国外进行的案件 | （1）某些刑事诉讼活动需要在国外进行的非涉外刑事案件； |
| | （2）外国司法机关管辖的，根据国际条约或者互惠原则，外国司法机关请求中国司法机关为其提供刑事司法协助的案件，等等。 |

【小试牛刀】

下列哪些案件适用涉外刑事诉讼程序？[1]

A. 在公海航行的我国货轮被索马里海盗抢劫的案件

B. 我国国内一起贩毒案件的关键目击证人在诉讼时身在国外

C. 陈某经营的煤矿发生重大安全事故后携款潜逃国外的案件

D. 我驻某国大使馆内中方工作人员甲、乙因看世界杯而发生斗殴的故意伤害案件

## 三、国籍确认方法

1. 外国人的国籍，根据其入境时的有效证件确认。

2. 国籍不明的，根据公安机关或者有关国家驻华使、领馆出具的证明确认。

---

〔1〕　ABC

3. 国籍无法查明的，以无国籍人对待，适用本章有关规定，在裁判文书中写明"国籍不明"。

### 四、涉外刑事诉讼所适用的法律

涉外刑事诉讼是中国刑事诉讼活动的一个组成部分，因而它所适用的实体法和程序法都应是中国的法律以及中国参加或者缔结的国际条约或国际公约，不存在适用外国实体法和程序法的问题。即使中国司法机关接受外国司法机关的请求，协助他们调查取证、查缉罪犯，也应按照中国刑事诉讼法规定的方法、步骤进行。

### 五、涉外刑事诉讼的特有原则

涉外刑事诉讼的特有原则，是指司法机关及诉讼参与人进行涉外刑事诉讼时所应遵守的行为准则。

#### （一）适用中国刑事法律和信守国际条约相结合的原则

司法机关及诉讼参与人在进行涉外刑事诉讼时，除了要遵守中国刑法和刑事诉讼法外，还应当遵守中国缔结或者参加的国际条约中有关刑事诉讼程序的具体规定，除非中国对该条款有保留。

#### （二）外国籍犯罪嫌疑人、被告人享有中国法律规定的诉讼权利并承担诉讼义务的原则

具有外国国籍的犯罪嫌疑人、被告人（包括无国籍人及外国国籍法人）在涉外刑事诉讼中，依照中国刑事诉讼法和其他法律的有关规定，享有诉讼权利，承担诉讼义务。既不享有本国法规定的诉讼权利，也不遵循本国法所规定的诉讼义务。

#### （三）使用中国通用的语言文字进行诉讼的原则

1. 司法机关在进行涉外刑事诉讼时，使用中国通用的语言进行预审、法庭审判和调查询问。

2. 人民法院审判涉外刑事案件，使用中华人民共和国通用的语言、文字，应当为外国籍当事人提供翻译。

3. 人民法院的诉讼文书为中文本。外国籍当事人不通晓中文的，应当附存外文译本，译本不加盖人民法院印章，以中文本为准。

4. 外国籍当事人通晓中国语言、文字，拒绝他人翻译，或者不需要诉讼文书外文译本的，应当由其本人出具书面声明。

【名师点睛】不能以使用中国通用的语言文字进行诉讼为理由，强迫外国籍当事人尤其是懂中国通用的语言文字的外国籍当事人使用中国通用的语言文字来回答司法人员的讯问、询问和书写诉讼文书、发表辩护等意见；应当允许他们使用国籍国通用的或他们通晓的语言文字。也不能在使用中国通用的语言文字方面无原则地迁就外国籍犯罪嫌疑人、被告人，如果外国籍当事人以不懂中国通用的语言文字为由拒收诉讼文书，送达人应当在有见证人在场的情况下，把文件留在他的住处或者羁押场所，并记录在卷。该诉讼文书即认为已经送达。

#### （四）外国籍当事人委托中国律师辩护或代理的原则

1. 外国籍被告人委托律师辩护，或者外国籍附带民事诉讼原告人、自诉人委托律师代理诉讼的，应当委托具有中华人民共和国律师资格并依法取得执业证书的律师。

2. 外国籍被告人在押的，其监护人、近亲属或者其国籍国驻华使、领馆可以代为委托辩护人。其监护人、近亲属代为委托的，应当提供与被告人关系的有效证明。

3. 外国籍当事人委托其监护人、近亲属担任辩护人、诉讼代理人的，被委托人应当提供与当事人关系的有效证明。经审查，符合刑事诉讼法、有关司法解释规定的，人民法院应当准许。

4. 外国籍被告人没有委托辩护人的，人民法院可以通知法律援助机构为其指派律师提供辩护。被告人拒绝辩护人辩护的，应当由其出具书面声明，或者将其口头声明记录在案。被告人属于应当提供法律援助情形的，依照《刑诉解释》第45条规定处理。

【名师点睛】此处不等于必须委托中国辩护人或者代理人，如果外国人以非律师身份出现是可以的，但是不能享有律师的相关权利，只能享有一般的辩护人、代理人的权利。

【小试牛刀】

外国人或者无国籍人在中国进行刑事诉讼，需要委托律师担任辩护人或代理人时，下列哪种说法是正确的?[1]

A. 应当委托中国律师担任

B. 可以委托中国律师担任

C. 可以委托外国律师担任

D. 既可以委托中国律师担任，也可以委托外国律师担任

## 六、涉外刑事诉讼的特别规定

### (一) 管辖

第一审涉外刑事案件，除《刑事诉讼法》第20~22条规定的以外，由基层人民法院管辖。必要时，中级人民法院可以指定辖区内若干基层人民法院集中管辖第一审涉外刑事案件，也可以依照《刑事诉讼法》第23条的规定，审理基层人民法院管辖的第一审涉外刑事案件。

### (二) 特定事项通知有关国家驻华使、领馆

【关联法条】《刑诉解释》第396条　涉外刑事案件审判期间，人民法院应当将下列事项及时通报同级人民政府外事主管部门，并通知有关国家驻华使、领馆：

(一) 人民法院决定对外国籍被告人采取强制措施的情况，包括外国籍当事人的姓名(包括译名)、性别、入境时间、护照或者证件号码、采取的强制措施及法律依据、羁押地点等；

(二) 开庭的时间、地点、是否公开审理等事项；

(三) 宣判的时间、地点。

涉外刑事案件宣判后，应当及时将处理结果通报同级人民政府外事主管部门。

对外国籍被告人执行死刑的，死刑裁决下达后执行前，应当通知其国籍国驻华使、领馆。

外国籍被告人在案件审理中死亡的，应当及时通报同级人民政府外事主管部门，并通

[1] A

知有关国家驻华使、领馆。

### （三）探视、会见、旁听

**【关联法条】**《刑诉解释》398条　人民法院受理涉外刑事案件后，应当告知在押的外国籍被告人享有与其国籍国驻华使、领馆联系，与其监护人、近亲属会见、通信，以及请求人民法院提供翻译的权利。

1. 外国籍被告人在押，其国籍国驻华使、领馆官员要求探视的，可以向受理案件的法院所在地的高级人民法院提出。

2. 外国籍被告人在押，其监护人、近亲属申请会见的，可以向受理案件的人民法院所在地的高级人民法院提出。

**【名师点睛】**被告人拒绝接受探视、会见的，可以不予安排，但应当由其本人出具书面声明。

3. 公开审理的，外国籍当事人国籍国驻华使、领馆官员要求旁听的，可以向受理案件的法院所在地的高级人民法院提出申请，人民法院应当安排。

### （四）限制出境

1. 对涉外刑事案件的被告人，可以决定限制出境。

2. 对开庭审理案件时必须到庭的证人，可以要求暂缓出境。

3. 作出限制出境的决定，应当通报同级公安机关或者国家安全机关；限制外国人出境的，应当同时通报同级人民政府外事主管部门和当事人国籍国驻华使、领馆。

4. 人民法院决定限制外国人和中国公民出境的，应当书面通知被限制出境的人在案件审理终结前不得离境，并可以采取扣留护照或者其他出入境证件的办法限制其出境；扣留证件的，应当履行必要手续，并发给本人扣留证件的证明。

5. 对需要在边防检查站阻止外国人和中国公民出境的，受理案件的人民法院应当层报高级人民法院，由高级人民法院填写口岸阻止人员出境通知书，向同级公安机关办理交控手续。

6. 控制口岸不在本省、自治区、直辖市的，应当通过有关省、自治区、直辖市公安机关办理交控手续。紧急情况下，确有必要的，也可以先向边防检查站交控，再补办交控手续。

### （五）跨国委托书的程序要求

外国籍当事人从中华人民共和国领域外寄交或者托交给中国律师或者中国公民的委托书，以及外国籍当事人的监护人、近亲属提供的与当事人关系的证明，必须经所在国公证机关证明，所在国中央外交主管机关或者其授权机关认证，并经我国驻该国使、领馆认证，但我国与该国之间有互免认证协定的除外。

### （六）来自境外的证据材料的运用

1. 对来自境外的证据材料，人民法院应当对材料来源、提供人、提供时间以及提取人、提取时间等进行审查。经审查，能够证明案件事实且符合刑事诉讼法规定的，可以作为证据使用，但提供人或者我国与有关国家签订的双边条约对材料的使用范围有明确限制的除外。

2. 材料来源不明或者其真实性无法确认的，不得作为定案的根据。

3. 当事人及其辩护人、诉讼代理人提供来自境外的证据材料的，该证据材料应当经所在国公证机关证明，所在国中央外交主管机关或者其授权机关认证，并经我国驻该国使、领馆认证。

**【小试牛刀】**

W 国人约翰涉嫌在我国某市 A 区从事间谍活动被立案侦查并提起公诉。关于本案诉讼程序，下列哪一选项是正确的？[1]

A. 约翰可通过 W 国驻华使馆委托 W 国律师为其辩护

B. 本案由 A 区法院一审

C. 约翰精通汉语，开庭时法院可不为其配备翻译人员

D. 给约翰送达的法院判决书应为中文本

## 七、刑事司法协助

刑事司法协助，是指一国的法院或其他的司法机关，根据另一国的法院或其他司法机关的请求，代为或者协助实行与刑事诉讼有关的司法行为。

### （一）范围

| 狭 义 | 狭义的刑事司法协助是指与审判有关的刑事司法协助，它包括送达刑事司法文书、询问证人和鉴定人、搜查、扣押、有关物品的移交以及提供有关法律资料等。 |
|---|---|
| 广 义 | 广义的刑事司法协助除了狭义上的刑事司法协助以外，还包括引渡等内容。 |

**【小试牛刀】**

下列哪一项不属于狭义的刑事司法协助？[2]

A. 询问证人　　　　　　　　　B. 引渡

C. 搜查　　　　　　　　　　　D. 扣押

### （二）法律依据

1. 国家间共同参加的国际公约。

2. 国家间签订的刑事司法协助条约。

3. 国家间临时达成的关于刑事司法协助的互惠协议。

4. 国内的法律规定。

**【名师点睛】** 如果外国法院请求的事项同中华人民共和国的主权、安全或者社会公共利益不相容以及违反中国法律的，应当予以驳回；不属于我国法院职权范围的，应当予以退回，并说明理由。

### （三）主体

刑事司法协助的主体，是指请求提供刑事司法协助和接受请求提供刑事司法协助的司法机关，包括请求国的司法机关和接受请求国的司法机关。在主张刑事司法协助狭义说的国家，刑事司法协助的主体仅指人民法院；在主张刑事司法协助广义说的国家，刑事司法

---

[1] D
[2] B

协助的主体，除了法院外，还包括检察机关、公安机关。

我国主张刑事司法协助广义说，因此，我国的公安机关、检察机关和人民法院都是刑事司法协助的主体。

### （四）程序要求

1. 请求与我国签订司法协助协定的国家的法院代为一定诉讼行为的，必须由所在省、自治区、直辖市高级人民法院报经最高人民法院审查同意。

2. 与我国签订司法协助协定的国家的法院请求我国法院代为一定诉讼行为的，应当由最高人民法院审查后转达。

【小试牛刀】

关于检察院进行刑事司法协助的范围，下列哪些选项是正确的？[1]

A. 受别国委托暂时扣押逃往我国的别国犯罪嫌疑人

B. 送达刑事诉讼文书

C. 通报刑事诉讼结果

D. 移交物证、书证和视听资料

---

[1] BCD

# 厚大法考（北京）2018 年面授课程教学计划

| 班次系列 | | 授课期间 | 天 数 | 标准学费 | 2017.11—2018.6 阶段性优惠方案 | | | | | | |
|---|---|---|---|---|---|---|---|---|---|---|---|
| | | | | | 11.9-12.8 | 12.9-1.8 | 1.9-3.8 | 3.9-4.8 | 4.9-5.8 | 5.9-6.8 | 6.9-7.8 |
| 大成班系列 | 大成私塾班 | 3.12-9.9 | 182 天 | 158000 | 限额招生 10 人，历经 4 年精心打磨，荣为经典，尊享 10 人专属自习室，一对一跟踪辅导，量身打造个性化学习方案。2018 年 1 月 1 日前报名包住宿（精品单人间）。 | | | | | | |
| | 大成尊享班 | 3.12-9.9 | 182 天 | 79800 | 2018 年 1 月 1 日前报名包住宿（精品双人间），2018 意外未过，2019 免费重读 VIP 班（不含住宿费），限额招生 20 人。 | | | | | | |
| | ★大成 VIP 班 | 3.12-9.9 | 182 天 | 48800 | 35800 | 37800 | 39800 | 41800 | 无优惠 | 无优惠 | 无优惠 |
| | ★大成保过班 | 4.8-9.9 | 155 天 | 29800 | 19800 | 20800 | 21800 | 22800 | 无优惠 | 无优惠 | 无优惠 |
| | ★大成集训班 | 5.13-9.9 | 120 天 | 25800 | 17800 | 18800 | 19800 | 20800 | 21800 | 无优惠 | 无优惠 |
| | ★大成精英班 | 6.10-9.9 | 92 天 | 19800 | 13580 | 14080 | 14580 | 15080 | 15580 | 16080 | 无优惠 |
| 精品班系列 | 精品通关班 | 3.10-9.9 | 99 天 | 14800 | 10300 | 10800 | 11300 | 11880 | 无优惠 | 无优惠 | 无优惠 |
| | ★精品全程班 | 7.5-9.9 | 67 天 | 10800 | 7780 | 8280 | 8780 | 9280 | 9780 | 10280 | 无优惠 |
| 暑期学生系列 | 大学生通关班 | 3.10-9.9 | 99 天 | 14800 | 10300 | 10800 | 11300 | 11880 | 无优惠 | 无优惠 | 无优惠 |
| | ★大学生全程班 | 7.5-9.9 | 67 天 | 10800 | 7780 | 8280 | 8780 | 9280 | 9780 | 10280 | 无优惠 |
| 周末班系列 | ★周末全程班 | 3.10-9.9 | 59 天 | 10800 | 7780 | 8280 | 8780 | 9280 | 无优惠 | 无优惠 | 无优惠 |
| | 周末精英班 | 3.10-8.19 | 51 天 | 8980 | 6180 | 6680 | 7180 | 7680 | 无优惠 | 无优惠 | 无优惠 |
| 冲刺系列 | 高分卷四班 | 8.5 | 1 天 | 1280 | 850 | 900 | 950 | 1000 | 无优惠 | 无优惠 | 无优惠 |
| | 点睛冲刺班 | 9.2-9.9 | 8 天 | 4580 | 3280 | 3480 | 3680 | 3880 | 4080 | 4280 | 无优惠 |

优惠措施：

1. 各期阶段性优惠政策生效要件为：在各阶段优惠期内成功办理报名手续并交齐全款。未在阶段优惠截止时间内交齐全款，按交齐全款的时间阶段收费。

2. 实行"团报优惠"：2~4 人团报每人优惠 100 元；5 人以上（含 5 人）团报每人优惠 200 元。

3. 老学员报名以上班次在现阶段优惠基础上享受 9 折优惠（大成私塾、大成尊享班次除外）。

4. 2018 年面授学员报名之日即可成为厚大法考注册会员，享受厚大法考专业网络辅导、4009-900-600 全程跟进指导服务。

联系方式：

报名地址：北京市海淀区苏州街 20 号银丰大厦 2 号楼南侧二层

咨询热线：4009-900-600

官　　网：http://www.houdask.com

北京厚大官微　　北京厚大官博

# 厚大法考（上海）2018年面授课程教学计划

| 班次系列 | | 授课期间 | 标准学费 | 2017.11—2018.6阶段性优惠方案 | | | | | | |
|---|---|---|---|---|---|---|---|---|---|---|
| | | | | 11.11-12.10 | 12.11-1.10 | 1.11-2.10 | 2.11-3.10 | 3.11-4.10 | 4.11-5.10 | 5.11-6.10 |
| 至尊系列 | 至尊私塾班 | 3.15-考前 | 100000 | 高端专辅班次无优惠;限招12人;赠送全程单人间住宿,6人专属自修小教室。 | | | | | | |
| | 至尊班 | 3.15-9.5 | 69800 | 45000 | 50000 | 55000 | 60000 | 无优惠 | 无优惠 | 无优惠 |
| | | | | 赠送全程4人间住宿;10人专属自修小教室,小组辅导、大班面授;可享阶段优惠。 | | | | | | |
| 大成系列 | 大成长训班 | 3.15-9.5 | 32800 | 23800 | 24800 | 25800 | 26800 | 无优惠 | 无优惠 | 无优惠 |
| | 大成特训班 | 4.15-9.5 | 28800 | 19800 | 20800 | 21800 | 22800 | 23800 | 无优惠 | 无优惠 |
| | 大成集训班 A模式 | 5.18-9.5 | 22800 | 15800 | 16800 | 17800 | 18800 | | 19800 | 无优惠 |
| | 大成集训班 B模式 | | 22800 | B模式无优惠;座位前三排,导学师跟踪辅导,限额招生。 | | | | | | |
| | 大成精英班 | 5.18-8.28 | 18800 | 12800 | 13800 | 14800 | 15800 | | 16800 | 无优惠 |
| 轩成系列 | 轩成集训班 | 6.22-9.5 | 15800 | 10300 | 10800 | 11300 | 11800 | 12300 | 12800 | 13800 |
| | 轩成精英班 | 6.22-8.28 | 12800 | 8300 | 8800 | 9300 | 9800 | 10300 | 10800 | 11300 |
| 周末系列 | 系统强化班 | 3.10-6.17 | 5980 | 4180 | 4480 | 4780 | 4980 | 无优惠 | 无优惠 | 无优惠 |
| | 周末精英班 | 3.10-8.19 | 8980 | 6480 | 6980 | 7480 | 7980 | 无优惠 | 无优惠 | 无优惠 |
| | 周末全程班 | 3.10-9.5 | 11800 | 8080 | 8580 | 9080 | 9580 | 无优惠 | 无优惠 | 无优惠 |
| | 周末特训班 | 6.23-9.5 | 7980 | 5280 | 5580 | 5880 | 6180 | 6480 | 6780 | 6980 |
| | 周末通关班 | 3.10-9.5 | 15800 | 协议班次无优惠;如2018年不过关,第二年免学费重读周末精英班。 | | | | 无优惠 | 无优惠 | 无优惠 |
| | 周末长训班 | 3.10-6.17(周末) 7.7-9.5(脱产) | 15800 | 10800 | 11800 | 12800 | | 无优惠 | 无优惠 | 无优惠 |
| 暑期系列 | 暑期特训班 | 8.10-9.5 | 6980 | 4880 | 5180 | 5480 | | 5780 | 6080 | 6380 |
| | 暑期精英班 | 7.7-8.28 | 8980 | 6480 | 6980 | 7480 | | 7980 | 8280 | 8580 |
| | 暑期全程班 A模式 | 7.7-9.5 | 10800 | 7480 | 7980 | 8480 | | 8980 | 9480 | 9980 |
| | 暑期全程班 B模式 | | 10800 | B模式无优惠;座位前三排,导学师跟踪辅导,限额招生。 | | | | | | |
| | 暑期通关班 | 7.7-9.5 | 13800 | 协议班次无优惠;如2018年不过关,第二年免学费重读暑期精英班。 | | | | | | |
| 冲刺 | 点睛冲刺班 | 8.29-9.5 | 4580 | 2980 | | 3280 | | 3580 | | 3980 |

**优惠措施：**

1. 多人报名可再享团报优惠：2~4人团报每人优惠100元；5人以上（含5人）团报每人优惠300元。

2. 厚大面授老学员报名再享9折优惠（限3月10日前报名）。

3. 厚大非面授老学员（学习包、在线360班次等）报名再享100元优惠。

4. 厚大面授老学员报名至尊班，在阶段优惠基础上专享优惠5000元，不再叠加其他优惠。

5. 赠送所报班次全程配套图书及内部资料。

**联系方式：**

【上海分校】上海市静安区汉中路158号汉中广场1214室　电话：021-61070881　61070880

【松江分部】上海市松江大学城文汇路1128弄121室　电话：021-67663517　15800916552

【青浦分部】上海市青浦区上海政法学院厚大服务岗亭　电话：15800915916

上海厚大官博

# 厚大法考（南京、杭州）2018 年面授课程教学计划

| 班次系列 | | 授课期间 | 标准学费 | 2017.11—2018.6 阶段性优惠方案 | | | | | | |
|---|---|---|---|---|---|---|---|---|---|---|
| | | | | 11.11－12.10 | 12.11－1.10 | 1.11－2.10 | 2.11－3.10 | 3.11－4.10 | 4.11－5.10 | 5.11－6.10 |
| 周末系列 | 系统强化班 | 3.10-6.17 | 5980 | 4180 | 4480 | 4780 | 4980 | 无优惠 | 无优惠 | 无优惠 |
| | 周末精英班 | 3.10-8.19 | 8980 | 6480 | 6980 | 7480 | 7980 | 无优惠 | 无优惠 | 无优惠 |
| | 周末全程班 | 3.10-9.5 | 11800 | 8080 | 8580 | 9080 | 9580 | 无优惠 | 无优惠 | 无优惠 |
| | 周末特训班 | 6.23-9.5 | 7980 | 5280 | 5580 | 5880 | 6180 | 6480 | 6780 | 6980 |
| | 周末通关班 | 3.10-9.5 | 15800 | 协议班次无优惠；如 2018 年不过关，第二年免学费重读周末精英班。 | | | | 无优惠 | 无优惠 | 无优惠 |
| | 周末长训班 | 3.10-6.17(周末) 7.7-9.5(脱产) | 15800 | 10800 | 11800 | 12800 | | 无优惠 | 无优惠 | 无优惠 |
| 暑期系列 | 暑期特训班 | 8.10-9.5 | 6980 | 4880 | 5180 | 5480 | | 5780 | 6080 | 6380 |
| | 暑期精英班 | 7.7-8.28 | 8980 | 6480 | 6980 | 7480 | | 7980 | 8280 | 8580 |
| | 暑期全程班 A 模式 | 7.7-9.5 | 10800 | 7480 | 7980 | 8480 | | 8980 | 9480 | 9980 |
| | 暑期全程班 B 模式 | | 10800 | B 模式无优惠；座位前三排，导学师跟踪辅导，限额招生。 | | | | | | |
| | 暑期通关班 | 7.7-9.5 | 13800 | 协议班次无优惠；如 2018 年不过关，第二年免学费重读暑期精英班。 | | | | | | |
| 冲刺 | 点睛冲刺班 | 8.29-9.5 | 4580 | 2980 | | 3280 | | 3580 | | 3980 |

# 厚大法考（苏州、扬州）2018 年面授课程教学计划

| 班次系列 | | 授课期间 | 标准学费 | 2017.11—2018.6 阶段性优惠方案 | | | | |
|---|---|---|---|---|---|---|---|---|
| | | | | 11.11－1.10 | 1.11－3.10 | 3.11－4.10 | 4.11－5.10 | 5.11－6.10 |
| 暑期系列 | 暑期精英班 | 7.10-8.27 | 7680 | 5080 | 5580 | 6080 | 6580 | 7080 |
| | 暑期全程班 A 模式 | 7.10-9.5 | 9280 | 6080 | 6580 | 7080 | 7580 | 8080 |
| | 暑期全程班 B 模式 | | 9280 | B 模式无优惠；座位前三排，导学师跟踪辅导，限额招生。 | | | | |
| | 暑期通关班 | 7.10-9.5 | 12800 | 协议班次无优惠；如 2018 年不过关，第二年免学费重读暑期精英班。 | | | | |
| 冲刺 | 点睛冲刺班（苏州） | 8.29-9.5 | 4580 | 2980 | | 3280 | 3580 | 3980 |

南京、杭州、苏州、扬州分校优惠措施：

1. 多人报名可再享团报优惠：2~4 人团报每人优惠 100 元；5 人以上（含 5 人）团报每人优惠 300 元。
2. 厚大面授老学员报名再享 9 折优惠（限 3 月 10 日前报名）。
3. 厚大非面授老学员（学习包、在线 360 班次等）报名再享 100 元优惠。
4. 赠送所报班次全程配套图书及内部资料。

南京厚大官博　　杭州厚大官微

联系方式：

【南京分校】南京市鼓楼区汉中路 108 号金轮大厦 10C2 室　　电话：025-84721211/86557965
【杭州分校】浙江省杭州市江干区下沙 2 号大街 515 号智慧谷大厦 1009 室　　电话：0571-28187005/28187006
【苏州分校】苏州市姑苏区苏州大学王健法学院模拟中庭厚大办公室　　电话：15921101351
【扬州分校】扬州市华扬西路 198 号扬州大学扬子津校区笃行楼 311 室　　电话：15921103927

# 厚大法考（广州、深圳）2018年面授课程教学计划

| 班次系列 | | 授课期间 | 标准学费 | 2017.11—2018.5阶段性优惠价格 | | | | | | 赠送资料 |
|---|---|---|---|---|---|---|---|---|---|---|
| | | | | 12.10前 | 1.10前 | 2.10前 | 3.10前 | 4.10前 | 5.10前 | |
| 大成系列 | 至尊私塾班 | 3.17-9.8 | 100000 | 限招10人，教辅团队私人订制，一对一辅导；独立自习室，个性化复习方案，一次高分通关，送二人间住宿。 | | | | | | （八大部门法）厚大全程讲义 |
| | 至尊班（深圳） | 3.17-9.8 | 69800 | 46800（送四人间住宿，限额招生30人） | 49800 | 59800 | 64800 | 69800 | 已开课 | |
| | 大成集训班 | 5.15-9.8 | 22800 | 15800 | 16800 | 17800 | 19800 | 20800 | 21800 | |
| | 大成精英班 | 5.15-8.28 | 18800 | 12800 | 13800 | 14800 | 15800 | 16800 | 17800 | |
| | 轩成集训班 | 6.19-9.8 | 16800 | 11800 | 12300 | 12800 | 13300 | 13800 | 14300 | |
| 周末系列 | 系统强化班 | 3.17-6.24 | 4980 | 4080 | 4480 | 4680 | 4880 | 已开课 | | 厚大讲义 |
| | 周末精英班 | 3.17-8.19 | 8980 | 7980 | 8280 | 8580 | 8780 | 已开课 | | （八大部门法）厚大全程讲义 |
| | 周末特训班 | 6.30-9.8 | 7980 | 6580 | 6780 | 6980 | 7180 | 7380 | 7580 | |
| | 周末全程班 | 3.17-9.8 | 11800 | 8980 | 10000 | 11000 | 11500 | 已开课 | | |
| | 周末通关班 | 3.17-9.8 | 15800 | 签协议，2018年不过，第二年免学费重读周末精英班，限招30人。 | | | | | | |
| 暑期系列 | 暑期精英班 | 7.10-8.28 | 8980 | 7580 | 7880 | 8180 | 8380 | 8480 | 8580 | |
| | 暑期全程班 | 7.7-9.5 | 10800 | 8580 | 9180 | 9480 | 9680 | 9880 | 9980 | |
| | 大三VIP通关班 | 7.7-9.5 | 13800 | 签协议，2018年不过，第二年免学费重读暑期精英班，限招50人。 | | | | | | |
| | 私塾班 | 3.17-6.24(周末)/7.7-9.5 | 15800 | 12500 | 13000 | 13800 | 14300 | 已开课 | | |
| | 法考考研直通班 | 大三VIP通关班+法考接力班 | 26800 | 签协议，2018年法考不过，第二年免学费重读暑期精英班。 | | | | | | 厚大全程讲义+法硕包 |
| 冲刺 | 厚大点睛班 | 9.1-9.8 | 4580 | 2980 | | 3280 | | 3580 | | 点睛密题 |

**优惠措施：**

1. 2~4人团报每人优惠100元，5人以上（含5人）团报每人优惠200元。

2. 报名之日起可成为厚大法考注册会员，享受厚大法考强大网络资源辅导服务。

3. 报名之日起即享受400+专业导学师全程跟踪指导法考复习。

**联系方式：**

【广州分校】广州市天河区龙口东路19号广东法官学院1楼

　　　　　　电话：020-85588201/87595663

【深圳分校】深圳市罗湖区解放路4008号深圳大学继续教育学院B座11楼

　　　　　　电话：0755-22231961

新浪微博：@广州厚大法考　　@深圳厚大法考

广州订阅号

深圳订阅号

# 厚大法考（郑州）2018 年面授课程教学计划

| 班次 | 授课时间 | 课时 | 标准学费（元） | 11.8前 | 11.9–12.8 | 12.9–1.8 | 1.9–3.8 | 3.9–4.8 | 4.9–5.8 | 班次特色 |
|---|---|---|---|---|---|---|---|---|---|---|
| 周末强化班 | 3.17–7.1 | 34天视频 | 3380 | 2180 | 2380 | 2580 | 2880 | 无优惠 | | 内部加密课程,夯实基础。 |
| 大成通关班 | 3.17–9.10 | 100天视频+面授 | 11800 | 7880 | 8380 | 8880 | 9380 | 9880 | 无优惠 | 为在校学生专设,内部加密课与面授课程完美结合,多角度讲解知识点,全程名师授课,跟踪辅导,制订复习方案。 |
| 大成保过班（全日制） | 5.12–9.10 | 121天视频+面授 | 22800 | 无优惠,意外未通过退一万,签订协议 | | | | | | 全名师阵容授课、高端教辅团队盯人式辅导,小班自习,个性化诊断、制订复习方案、定期纠偏、心理辅导、实体法带读、多角度讲解直击考点,考前信息速递。 |
| 大成集训班（全日制） | 5.12–9.10 | 121天视频+面授 | 12800 | 8880 | 9380 | 9880 | 10380 | 10880 | 无优惠 | 全名师、全课程、军事化管理封闭式教学,个性化诊断,团队辅导,定期纠偏,多角度讲解直击考点。考前信息速递。 |
| 大成精英班（全日制） | 5.12–8.27 | 108天视频+面授 | 11800 | 7880 | 8380 | 8880 | 9380 | 9880 | 无优惠 | 全名师、全课程、军事化管理封闭式教学,团队辅导,定期纠偏,多角度讲解直击考点。 |
| 暑期集训班（全日制） | 7.7–9.10 | 66天面授 | 9800 | 6880 | 7380 | 7880 | 8380 | 8880 | 9380 | 短时高效,全名师阵容,超长课时,性价比高,多角度覆盖知识点,考前信息速递。 |
| 暑期精英班（全日制） | 7.7–8.27 | 52天面授 | 8800 | 5880 | 6380 | 6880 | 7380 | 7880 | 8380 | 短时高效,全名师阵容,超长课时,性价比高,多角度覆盖知识点,考前信息速递。 |
| 点睛押题班 | 9.3–9.10 | 8天面授 | 3980 | 2380 | 2680 | 2980 | 3280 | 无优惠 | | 临门一脚,尽收考前信息。 |

**优惠措施：**

1. 在阶段优惠基础上 3 人以上（含 3 人）团报每人优惠 180 元，5 人以上（含 5 人）团报每人优惠 280 元，10 人以上（含 10 人）团报每人优惠 380 元。
2. 老学员报名在阶段优惠基础上除大成保过班外其他班次均享受 500 元优惠。
3. 报郑州厚大任何班次均赠送 8 个部门法考前聚焦 2 小时课程。
4. 2018 年 1 月 8 日前报暑期集训班即可享受大成通关课程（报暑期集训班送 3.17~6.24 周末强化班）。
   若国家考试政策变动不能参加考试全额退费。

**联系方式：**

报名地址：中原区建设路与桐柏路交叉口绿城数码大厦 1208 室
（地铁 1 号线五一公园站 E 出口即到）

咨询热线：13663834893 郭老师（微信同号）
13213125778 李老师（微信同号）
18538069326 杨老师（微信同号）　QQ 群：463398476

郑州厚大微信公众号　　郑州厚大法考官方群 QQ：463398476

# 厚大在线360

360 Online

就来厚大在线360
陪伴式**网络辅导班**

厚大在线360目前开办的各种班次共有四种：至尊班、VIP班、特训班、短训班。所有班次既提供给学员相关的"学习内容"，也提供给学员相关的"方法指导"和"行为管理"。"学习内容"由厚大名师和部门导学师提供，"方法指导"和"行为管理"由班主任负责。各班次梳理如下：

## 360 至尊班

**17800元/人**

学习期限：2017年12月6日~2018年9月15日

### 🎯 学习内容、方法指导、行为管理

**适用人群**

屡考不过者、零基础者、自制力弱者。

**班次特色**

内容最全面、梳理最细致、管理最严格、训练最繁重。

1. 学习内容：（1）使用教材：学习包中理论卷、真题卷、实务卷、各科讲义。
   （2）听课课程：晚课为周末班课件录播、早课为导学师直播重点梳理、打透，午课为10题训练讲解；周末难点串讲课。
   （3）习题训练：每日10题+每科自测题。
   （4）学习阶段：先修、系统强化、强化提高、金题串讲、点睛、考前押题2小时、考前内参、考试中卷四押题。
2. 方法指导："四轮驱动学习方法"，具体指导学员如何看书、如何听课、如何做题训练、如何快速解决疑难；并就上述环节如何搭配咬合、每个环节出现的个性化问题进行解决。
3. 行为管理：通过周一到周五每天的微信查询学员学习进度、具体纠偏整风，使学员的思想和行动处于正确的运行轨道上。

## VIP班

**9800元/人**

学习期限：2017年12月6日~2018年9月15日

### 🎯 学习内容、方法指导、行为管理

**适用人群**

考试成绩在300~340分之间，自制力较强的考生。

**班次特色**

全程训练、覆盖全面、侧重提高。

1. 学习内容：（1）使用教材：学习包中理论卷、真题卷、实务卷、各科讲义。
   （2）听课课程：晚课为周末班课件录播、午课为10题训练讲解；周末难点串讲。
   （3）习题训练：每日10题+每科自测题。
   （4）学习阶段：先修、系统强化、强化提高、金题串讲、点睛、考前押题2小时。
2. 方法指导："四轮驱动学习方法"，具体指导学员如何看书、如何听课、如何做题训练、如何快速解决疑难；并就上述环节如何搭配咬合、每个环节出现的个性化问题进行解决。
3. 行为管理：通过班主任每周2次的微信查询，监督指导学员学习，使学员的思想和行动处于正确的运行轨道上。

## 360 特训班

**7800元/人**

学习期限：2018年6月21日~9月15日

### 适用人群

前期学过一遍，基础较好，亟待提高者。

### 班次特色

定位快、清除准、背诵狠、提升猛。

### 学习内容、方法指导、行为管理

1. 学习内容：（1）使用教材：各科电子讲义、真题卷、实务卷、119必背系列。
   （2）听课课程：晚课为周末班课件录播、午课为10题训练讲解；周末难点串讲。
   （3）习题训练：每日10题+每科自测题。
   （4）学习阶段：小法+卷四、点睛阶段、考前2小时。
2. 方法指导：做题定位难点、整改清除难点、背诵巩固难点。
3. 行为管理：通过班主任每周2次的微信查询，监督指导学员学习，使学员的思想和行动处于正确的运行轨道上。

---

## 360 短训班

**5800元/人**

学习期限：2018年8月26日~9月15日

### 适用人群

基础较好，需要短促突击提高者。

### 班次特色

让必考点在心中有数、让卷四题在笔下从容。

### 学习内容、方法指导、行为管理

1. 学习内容：（1）使用教材：卷四电子讲义、点睛班讲义、考前2小时讲义。
   （2）听课课程：卷四直播课程、点睛班和考前2小时8科课件。
   （3）习题训练：卷四训练题目。
   （4）学习阶段：卷四精讲、点睛、考前2小时。
2. 方法指导：卷四写作方法论。
3. 行为管理：卷四作业批改。

## 在线360优秀导学师全阵容

# 2018年法考暑期大学生全程班

## 班次详情

**授课时间：**7月7日—9月初（详见各地教学计划）
**标准学费：**10800元
**授课课时：**440课时
**附赠图书：**本班课程配套资料
**本班特色：**全程由厚大签约法考名师根据大学本科教学与法律职业资格考试不同特点，针对性系统讲解，循环教学，快速提高法考知识，保证一次性通关！含高时效高含金量的点睛冲刺班。

## 课程设置

**第一阶段：**119系统强化阶段
**第二阶段：**168金题串讲阶段
**第三阶段：**高分卷四阶段
**第四阶段：**点睛冲刺阶段

## 教学服务特色

1. 报名后400+导学师通过电话、微信等方式跟进学员学习，建立学习档案，根据学员的自身特点进行定期跟踪辅导，督促自制力差的学员坚持学习；
2. 制订每一个阶段的复习计划，让没有计划的学员有方向感的学习；
3. 通过网络平台推送每日知识点、每日题目、让学员利用琐碎时间积累知识点；
4. 专业导学师在线答疑，帮助解决学员学习专业问题；
5. 学员信息中心共享学习资料；
6. 报名之日起可成为厚大法考注册会员，享受厚大法考强大网络资源教学服务。

## 优惠政策

1. 老学员优惠（详见各地招生计划）
2. 团报优惠（详见各地招生计划）
3. 阶段优惠（详见各地招生计划）

## 联系方式

咨询热线：4009-900-600—1
官网地址：http://www.houdask.com

厚大法考官网